요한이서, 요한삼서, 유다서의 이해

지키심을 입은 교회

세상에서 자신을 지키는

진리와 사랑의 코이노니아

요한이서, 요한삼서, 유다서의 이해

지키심을 입은 교회

세상에서 자신을 지키는 진리와 사랑의 코이노니아

채영삼 지음

초판 1쇄 인쇄 2022년 12월 3일
초판 1쇄 발행 2022년 12월 15일

발행처 도서출판 이레서원
발행인 문영이
출판신고 2005년 9월 13일 제2015 - 000099호

기획, 마케팅 김정태
편집 송혜숙, 오수현
총무 곽현자

경기도 고양시 일산동구 백석로71번길 46, 1층 1호
Tel. 02)402 - 3238, 406 - 3273 / Fax. 02)401 - 3387
E-mail: jireh@changjisa.com
Facebook: facebook.com/jirehpub

책값은 표지에 있습니다.

ISBN 978-89-7435-612-5 03230

요한이서, 요한삼서, 유다서의 이해

지키심을 입은 교회

세상에서 자신을 지키는
진리와 사랑의 코이노니아

Koinonia Kept from the World

채영삼 지음

이레서원

| 추천사 |

저자는 '오직 성경'(sola Scriptura)이 또한 '모든 성경'(tota Scriptura)이라는 확신 위에서 요한이서, 요한삼서, 유다서를 다룬다. 이 책은 성경에서 (오바댜를 제외하고) 가장 짧은데다가 교회가 가볍게 여겨 온 서신들에 대한 저자의 남다른 사랑이 돋보이는 역작이다. 저자는 본문의 의미와 교훈을 알기 쉬우면서도 유려하게 풀어낸다. 또한 한국 교회의 문제 및 그 문제에 대한 진단과 처방을 적절하게 제시한다. 한국 교회를 거짓 가르침과 세상의 영향으로부터 지키고자 하는 사람들, 한국 교회가 교회다운 교회가 되기를 바라는 사람들은 목회자와 교인을 막론하고 반드시 이 책을 읽어야 한다. **길성남** (전)고려신학대학원, 신약학

채영삼 교수의 '공동서신의 이해' 시리즈는 한국의 신약학계에 큰 획을 긋는 공헌이다. 세계 신학계에서도 한 저자가 공동서신 분야에 이렇게 방대한 저술을 완성한 것은 매우 희귀한 일이다. 더욱이, 유다서를 공동서신의 대미로 부각한 것은 참으로 놀랄 만한 공헌이다. 세상을 이기는 해법이 이 책에 담겨 있다. 탄탄하고 설득력 있는 주석, 건전한 성경 신학, 그리고 탁월한 목회적 적용이 일관되게 흐르고 있다. 한국 교회의 강단은 이 책으로 인해 더욱 풍성해지고 균형을 잡게 될 것으로 확신한다. **김추성** 합동신학대학원대학교, 신약학

채영삼 교수가 야심차게 기획했던 공동서신의 신학을 다룬 책들 중 마지막 결정판으로서, 흔히 사용되는 '자료 비평적' 접근이 아닌, '정경적'(canomical) 접근을 통해 요한이서, 요한삼서, 유다서를 바라봄으로써 한층 더 깊은 이해를 제공한다. 공동서신을 연구하고자 하는 모든 사람이 꼭 읽어야 할 필독서이며, 매우 귀중한 보석과 같은 작품이다. 지금까지 '공동서신의 이해' 시리즈를 위해 옥고(玉稿)를 집필해 준 저자에게 깊은 감사를 표한다. **신현태** 장로회신학대학교, 신약학

『지붕 없는 교회: 야고보서의 이해』로부터 시작된 '공동서신의 이해' 시리즈를 마무리하는 뜻깊은 역작이다. 요한이서, 요한삼서, 유다서의 각 본문을 찬찬히 주해하면서, 교회가 거짓 가르침이나 그릇된 지도자를 만났을 때 어떻게 교회의 본질, 특히 코이노니아를 잘 지켜 낼 수 있는지를 섬세히 설명해 나간다. 오늘날 수많은 혼란과 미혹에 직면해 있는 한국 교회 성도들이 그 교회의 본질을 깨달아 확고히 지켜 내는 은혜를 누리게 도와줄 것이다. **양용의** (전)에스라성경대학원대학교, 신약학

이 책을 끝으로 '공동서신' 연구의 긴 여정을 마무리하는 저자에게 진심으로 축하와 감사와 경의를 표한다. 성경 원문과 여러 번역본과 선행 연구들에 대한 철저한 학문적 검토와 깊은 영적 묵상을 거쳐 내놓은 이 책은, 거짓된 세상의 위협에 맞서 싸우는 성도들이

꼭 갖추어야 할 영적 전투 매뉴얼이다. 이 책을 읽는 모든 분이 세상 속에서 우리를 지키시는 성삼위 하나님의 은혜를 새롭게 깨닫고, 더 나아가서 스스로의 믿음을 굳건히 지켜나갈 수 있는 새 힘을 얻게 되리라 확신한다. **이두희** 대한성서공회 성경번역연구소 소장

학문적인 치열한 연구를 드러내는 책은 쉽지는 않지만 간혹 만날 수 있다. 그러나 하나님의 깊은 세계를 보여 주는 책을 찾기는 극히 어렵다. 채영삼 교수는 늘 학문적 성취를 넘어서 하나님의 세계의 풍성함과 오묘함을 보여 주는 월클(world class) 성경 교사이다. 그의 강해는 늘 내 가슴을 뛰게 한다. 하나님의 말씀으로 감동과 흥분을 경험하기 원하는가? 지금 당장 이 책을 구입해서 읽으라. **이우제** 백석대학교, 설교학

교회가 가장 사랑하던 복음서(마태복음)의 연구자 채영삼 교수가, 교회가 하찮게 여기거나 오독한 공동서신을 외롭게 천착하여, 그 마지막 노작을 출간하게 된 것을 진심으로 축하한다. 특히나 요한이서와 삼서, 그리고 유다서를 묶어 흔하지 않은 조합으로 해석해 낸 혜안과 통찰을 높이 평가하는 바이다. 이 '공동서신의 이해' 시리즈를 디딤돌 삼아, 바울서신에만 길들여진 현대의 독자들이, 원사도들을 통해서 들려주시는 하나님의 음성을 새롭게 듣게 되기를 소망한다. **장동수** (전)한국침례신학대학원, 신약학

드디어 채영삼 교수의 '공동서신의 이해' 시리즈가 완성되었다. 그동안 우리의 성경 읽기에 있던 빈틈을 메우고, 길 잃은 교회를 향한 사도들의 외침을 복원하여 마침내 대안적 영성의 샘으로 인도해 준 저자에게 '한국 교회의 성경 교사'라는 칭호가 아깝지 않다. 교회를 지키고 싶은 이들에게 이 책을 권한다. **정성국** 아신대학교, 신약학

종교개혁 시대의 구호 가운데 하나인 '오직 성경으로!'(Sola Scriptura)는 '성경 전체로!'(Tota Scriptura)라는 구호와 함께할 때 비로소 온전한 의미가 드러난다. 그런 면에서 너무나 오랫동안, 그리고 여전히 하찮은 책들로 여겨지던 공동서신에 대해 통찰력 있는 총괄적 연구를 마무리하는 이 책은 한국 교회의 부족한 부분을 채워 주는 단비와 같은 역할을 할 것이다. **정창욱** 총신대학교, 신학과

몇 날이고 밤을 새지 않고는 쓸 수 없는 책이 있다. 그런 책을 들여다보면 저자의 빼곡한 서재가, 수북이 쌓인 서적과 널브러진 자료들이, 때 묻은 필기구가, 글쓰기에 온통 빠져 있는 저자의 모습이 보인다. 요한이서, 요한삼서, 그리고 유다서를 풀어내는 이 책이 바로 그렇다. 이 책은 유수한 학자들과 치열하게 토론하면서 본문 속으로 끈질기게 파고들어 가 공동서신을 꿰뚫는 뜻을 현실로 끌어내어 성경과 우리를 불꽃 튀듯 부딪히게 만든다. 이로써 오랜 시간 공동서신 연구에 매진해 온 채영삼 교수의 걸작 시리즈가 마침내 완결되었다. 자랑스럽다. **조병수** 프랑스 위그노 연구소 대표

추천사 · · 4
머리말 · · 8

전체 서론 13
1. 사도들의 행적과 그들의 편지 16
2. 예루살렘의 정통 신학 19
3. '온전한 신앙' - 공동서신과 바울서신 21
4. 공동서신의 신학적 주제 25
5. '지키심을 입은 교회' - 요한이서, 요한삼서, 유다서를 총괄하는 주제 27

제1권 요한이서, 요한삼서 31
서론
1. 요한이서, 요한삼서의 저자는 누구인가? 33
2. 요한이서, 요한삼서, 그리고 요한일서 중, 어느 서신이 먼저 기록되었는가? 36
3. '진리로 지키심을 입은 교회', 요한이서의 기록 배경과 주제 39
4. '사랑으로 지키심을 입은 교회', 요한삼서의 기록 배경과 주제 43
5. 요한이서와 요한삼서의 문학적 구조 48

제1장 요한이서, '진리로 지키심'을 입은 교회 51
1. '영원히 거하는 진리'(1-3절) 54
- 삶으로 내리는 뿌리 교회를 하나로 묶는 것 · · 78
- 삶으로 내리는 뿌리 '사랑 안에서' 참된 것을(1) · · 97
2. 진리 안에서 걸어감(4-6절) 100
3. '속여 길 잃게 만드는' 거짓 가르침을 분별하라(7-9절) 109
- 삶으로 내리는 뿌리 사랑 안에서 '참된 것'을(2) · · 117
- 삶으로 내리는 뿌리 말씀이 끌고 가는 삶 · · 139
4. 기쁨이 넘치는 코이노니아(10-11절) 141
- 삶으로 내리는 뿌리 중요한 건 바뀌지 않는 미래, 그리고 육체 · · 152

제2장 요한삼서, '사랑으로 지키심'을 입은 교회 157
1. 사랑을 입은 자(1-4절) 161
- 삶으로 내리는 뿌리 신약의 '8중(八重) 복음' · · 176
2. 사랑으로 행하는 자(5-8절) 179
- 삶으로 내리는 뿌리 '여기까지 찾아오신 하나님' · · 192
3. 사랑을 잊은 자(9-10절) 195
- 삶으로 내리는 뿌리 지워져야 할 이름 · · 204
4. 사랑의 코이노니아(11-15절) 205

- 삶으로 내리는 뿌리 인격이 회복되는 교회 ·· 216
- 삶으로 내리는 뿌리 배낭여행자와 교회 ·· 218

제2권 유다서 223

서론

1. 예수님의 친형제 유다의 '모범' 226
2. '거짓 교사들'의 특징과 정체는? 229
3. 유다서의 기록 시기, 우주관과 기록 목적 232
4. 유다서의 문학적 구조 236

제1장 유다서, 세상에서 자신을 지키는 교회 243

1. '지키심'에 대한 확신과 축복(1-3절) 245
2. 거짓 교사들의 문제와 처방(3-4절) 257
   - 삶으로 내리는 뿌리 경험과 신앙 ·· 281
3. '자신의 지위를 지키지 못한' 자들(5-7절) 283
   - 삶으로 내리는 뿌리 인간 구성의 해체 ·· 321
4. '거짓 교사들의 특징(1): 주(主)의 권위를 훔치는 교만(8-10절) 325
   - 삶으로 내리는 뿌리 십자가와 하늘의 법정 ·· 342
5. 거짓 교사들의 특징(2): 자기 지위와 처소를 떠남과 온갖 악행들(11-13절) 345
   - 삶으로 내리는 뿌리 '기복교'와 기독교 그리고 성경적 가치 ·· 387
6. 거짓 교사들의 특징(3): '경건치 않음'(14-16절) 390
   - 삶으로 내리는 뿌리 선거철과 교회의 품격 ·· 402
7. 거짓 교사들의 실체(17-19절) 404
   - 삶으로 내리는 뿌리 참회 ·· 412
8. 대책과 전략, 치유와 경계를 위한 조치(20-23절) 414
   - 삶으로 내리는 뿌리 성도가 성경을 알아야, 교회를 지킨다 ·· 432
9. 송영과 확신(24-25절) 435

에필로그 447

'지키심의 은혜' 안에서, 자신을 '지키는' 교회 449

부록 459

요한이서, 요한삼서, 유다서 저자 사역 461

기초 참고 문헌 466

| 머리말 |

『지키심을 입은 교회: 요한이서, 요한삼서, 유다서의 이해』는 〈신약의 이해〉 시리즈 가운데 '공동서신의 이해' 중 마지막 책이다. 요한이서와 삼서 그리고 유다서를 정경적으로 한 묶음으로 보고, '지키심을 입은 교회'라는 주제를 통해 이 세 권의 책을 이해해 보고자 한 시도이다. 이렇게 한 것에 대해, 다소간 설명이 필요할 듯하다.

통상, 요한이서와 삼서는 요한일서와 함께 '요한서신'으로 분류하여 다루고, 크게는 '요한 문헌' 안에서 설명한다. 유다서는 베드로후서와 함께 묶어 주해서를 내는 것이 관행이다. 학계의 이런 관행의 배경에는, 역사 비평학 특히 '자료 비평'적인 방법론이 전제되어 있다. 요한일서, 이서, 삼서는, 동일 저자 또는 학파에 의해 기록된 것으로 보고, 유다서와 베드로후서는 '자료'의 측면에서 서로 비슷한 내용이 많기 때문에, 하나로 묶어 다루어 왔던 것이다.

그런데 이 책은 왜 '요한이서와 삼서 그리고 유다서'를 한 덩어리로 묶어서 설명하는가? 그럴만한 타당성은 있는 것인가? 그렇다. 그 이유는, 이 책이 '자료 비평적'인 접근이 아니라, '정경적'(canonical)인 접근 방식을 택했기 때문이다.

신약성경 안에서, 요한이서와 삼서 그리고 유다서는 '연속적으로' 배열되어 있다. 교회는 초기부터 지금에 이르기까지 오랜 세월 동안, 요한이서와 삼서 그리고 유다서를 '연속적으로' 읽어 왔다. 그렇다면 이 세 권의 책을 연결하는 어떤 '일관된 흐름'이 있지 않을까?

이 책은 그런 흐름이 있다고 본 결과물이다. 이 책의 서론과 에필로그에서 자세히 설명하겠지만, 그 흐름의 요체는 다음과 같다. 먼저, 요한일서가 '코이노니아'에 대한 '신학적 설명'이라면, 요한이서와 삼서는 그런 '코이노니아'의 '실제적인 사례'들을 다룬다는 점에서, 요한일서와 나머지 요한이서, 삼서는 서로 확연히 구분된다.

한편 유다서는 베드로후서와 비슷한 내용도 많지만, 그 '주제에 있어서'는 요한일서의 마지막 부분과 깊이 연관되어 있다. 요한일서의 끝부분은 하나님의 '지키심'과 그에 근거해서 '자신을 지키는' 것의 중요성을 강조한다(요일 5:18, 21). 그렇다면, 구체적으로 '어떻게' 자신을 지킬 수 있다는 것인가? 정경적으로 보면, 요한일서를 다 읽은 독자는 자연스럽게 이런 질문을 하게 되는 것이다.

흥미롭게도, 뒤이어 나오는 요한이서와 삼서는 구체적인 교회의 '사례들'을 들어서, 교회가 거짓 가르침이나 독단적인 지도자를 만났을 때 '어떻게 자신을 지킬 수 있는지'를 보여 준다. 요한일서가 '코이노니아'의 '출현과 그 신학적 토대'를 다룬 책이라면, 요한이서와 삼서 그리고 유다서는, 그 '코이노니아'를 어떻게 실제로 '지켜 낼 것인가'를 다룬 실천적인 책들이다. 더 흥미로운 것은, 요한이서와 삼서 뒤에 나오는 유다서를 열고 닫는 중심 주제가 바로 하나님의 '지키심'(유 1:1)과 우리가 '자기를 지킴'(유 1:21)이라는 사실이다.

그러니까 '지키심을 입은 교회'라는 주제는, 정경적으로 보면, 요한일서 끝부분에서 시작하여, 요한이서와 삼서를 통해 그 실제적 사례들을 다루면서, 유다서에서 절정에 이르는 '총괄적(overarching) 주제'라는 것이다. 유다서는 이 주제에 관한 하나의 결론 역할을 하면서, 거짓 교사들에 맞서 교회가 하나님의 지키심의 은혜를 통해 어떻게 자신을 지켜 낼 수 있는지, 그 전략과 함께 '지키심에 관련된 참된 경건'의 내용을 제시한다.

모쪼록, 교회가 이 책을 통해, '하나님의 지키심의 은혜와 자신을 지켜 내는 경건에 관하여 새롭게 깨닫고 배우며 행할 수 있는 계기가 되기를 기도한다. 무엇보다, 이 책을 마지막으로 공동서신에 대한 해설이 완성되었다는 사실이 감개무량하다. 말로 다 할 수 없이 하나님께 감사드린다. 마태복음을 전공한 학자로서, 야고보서부터 시작해서 공동서신 7권 모두를 깊이 있게 연구하게 된 것은 전적으로 하나님의 인도하심과 은혜였다.

그간 공동서신의 이해를 위해 쓴 책들을 통해, 공동서신을 새롭게 보았다는 성도, 신학생, 목회자들의 이야기를 들을 때마다 참으로 감사하고 기쁘다. 하나님의 말씀인 성경을 이 땅의 교회에 더욱 풍성하게 들려줄 수 있다는 것은, 말로 다 할 수 없는 기쁨이다.

앞으로도 교회가 공동서신 속에 묻혀 있는 '보화들'을 더욱 캐내어 소유하고 누리기를 기도한다. 교회의 영적 샘물이 말라 가는 이때에, 공동서신 각 권은 목마른 교회의 영적 갈증을 해소해 줄, 수없이 많은 샘(泉)들을 품고 있는 미지(未知)의 숲이다.

로마서와 갈라디아서의 말씀을 중심으로 형성된 교회와 신앙이 있다면, 야고보서나 베드로전서나 후서 그리고 요한서신이나 유다서가 형성해 낸 교회와 신앙의 특징적인 모습들도 있을 것이다. 부디 이 땅의 교회가, 공동서신의 말씀에 기초한 교회들을 세워 가면서, 이 시대의 많은 도전과 난관들을 극복해 내고, '오래되고도 새로운' 정통 교회의 풍성한 영성을 찾아 마음껏 누릴 수 있기를 기대한다. 공동서신은, 개신교회가 아직 충분히 탐험하지 못한 '블루오션'(blue ocean)이며, 초기 교회의 깊고도 풍요한 신학과 신앙이 담겨 있는 영성의 보고(寶庫)이다.

결국, 답은 성경에 있다. 교회는 '오직 성경'(*sola scriptura*)으로 돌아가되, '모든 성경'(*tota scriputra*)으로 돌아가야 한다. 거기에 기존의 '정경적 편향성'으로는 잘 보이지도 않고, 제대로 다룰 수도 없으며, 그래서 효과적으로 해결하지 못했던, '낯선 도전들'을, 비로소 돌파해 나갈 수 있게 해 주는 풍성한 해법들이 감추어 있기 때문이다.

'공동서신의 이해' 시리즈를 마쳤으니, 앞으로 무엇을 연구할지 생각해 본다. 요한서신의 세계에 발을 디딘 김에, 요한의 세계로 더 깊이 들어가 요한복음이나 요한계시록을 탐험해 보는 것도 유익하리라 생각한다. 앞으로도 주께서, 주의 교회를 위하여, 주의 발아래서 말씀을 배울 기회를 주시리라 기대하고 기도한다. 이 책도 감사한 마음으로, 주의 발 앞에 내려놓는다. 오직 주의 교회를 든든히 지켜 나가는 일에 귀하게 쓰이기를 소원한다.

그동안도, 이레서원 식구들은 '공동서신의 이해' 시리즈를 완성해 가는 이 여정에 늘 함께해 주었다. 김기섭 사장님, 나기영 부사장님, 송혜숙 과장님, 김정태 실장님, 그리고 오래전 함께 일했던 최창숙님, 이혜성님과의 즐거운 동행도 생각난다. 또 함께 수고하는 오수현 과장님, 곽현자 과장님에게도 감사드린다. 모두 하나님 나라의 귀한 동역자들로서 도움을 아끼지 않으신 분들이다. 이제 이 책은 교회의 손에 들려 있다. 사랑하는 주의 교회가 더욱 든든해져 가기를 기도한다.

2022년 늦가을, 천안에서
채영삼

전체 서론

공동서신 속의 요한이서, 요한삼서 그리고 유다서

Koinonia of Truth and Love Kept from the World

요한이서와 삼서, 그리고 유다서는 어떤 서신인가? 이 질문에 답하기 위해서는, 먼저 이 서신들이 포함되어 있는 공동서신의 특징을 살피는 것이 중요하다. '공동서신'(Catholic Epistles)이란 단지 수신자가 특정되어 있지 않고 여러 교회에 보낸 서신이라는 특징 외에, 저자들이 예루살렘을 중심으로 한 초기 교회의 유력한 지도자들이었다는 사실에도 큰 의미가 있다.

무엇보다, 동방과 서방의 초기 교회로부터 존재해 온 신약의 정경 목록들 가운데서 대표적인 것으로, 아타나시우스(Athanasius)의 39번째 부활절 편지(367년)에서 보듯이, 야고보서, 베드로전서, 베드로후서, 요한일서, 요한이서, 요한삼서, 그리고 유다서는 모두 초기 교회로부터 공동서신이라는 하나의 정경 모음으로 묶어져 보존되고 전달되어 온 중요한서신들이다.

초기 교회가 '공동서신'으로 묶어서 보존한 이 정경 모음집은 '어떤 이유에서' 서로 하나의 정경 모음집으로 묶였던 것인가? 단지, 이 서신들의 저자들이 예루살렘의 사도들이기 때문이었는가? 혹은, 그들이 쓴 서신들 간에 전체로서 하나의 일관된 '신학적 통일성'이 있기 때문인가? 만일 '공동서신의 신학'이라는 것이 존재한다면, 그 안에서 요한이서와 삼서 그리고 유다서가 가진 신학적 다양성과 특징 및 그 역할은 무엇인가?

1. 사도들의 행적과 그들의 편지

공동서신에 관련된 이러한 중대한 질문들에 답하기 위해 시도된 방법론으로서, 20세기 초반부터 본격화된 '정경화 과정의 해석학'(Hermeneutics of the canonical process)이 있다.[1] 이 방법론의 골자는, 공동서신이 신약의 정경으로 자리 잡는 과정을 추적함으로써, 공동서신의 중요성과 권위, 바울서신과의 관계, 그리고 공동서신의 신학적 특징들을 찾는 것이다. '정경화 과정의 해석학'에서는 크게 두 가지 질문을 제기한다. 첫째, 공동서신의 각 권을 연결하는 요소는 무엇이며 지금의 순서대로 배열된 이유는 무엇인가? 둘째, 애초에 공동서신은 어떤 목적, 무슨 이유로 신약에 포함되었는가?

첫 번째 질문에 대한 대답은, 공동서신을 바울서신과 비교할 때 그 의미가 더욱 선명해진다. 바울서신은 공동체와 개인에게 보낸 서신들로 나눌 수 있지만, 각 그룹 안에서는 길이 순서로 배열되어 있다. 예컨대 로마서가 가장 먼저 나오는 이유는, 신학적 중요성 때문이 아니라 로마서가 가장 긴 서신이기 때문이다. 하지만 공동서신의 경우는 다르다. 야고보서보다 요한일서가 더 길고, 유다서보다 요한삼서가 더 짧다. 즉, 공동서신의 경우는 길이 순서대로 배열된 것이 아닌 것이다. 어떤 원칙이 있기에, 공동서신은 야고보서, 베드로전서, 베드로후서, 요한일서, 요한이서, 요한삼서, 그리고 유다서의 순차를 따라 배열되었을까?

여기서 대두되는 것이, 사도들의 행적과 설교, 가르침 등을 기록한 사도행전의 중요성이다. 대표적으로, 주후 2세기경 이레네우스(Irenaeus)는 어떤 책이 신약의 정경(canon)이 되기에 합당한지 아닌지를 결정하는 데 있어서 사도

---

1 Karl-Wilhelm Niebuhr and Robert W. Wall (ed.), *The Catholic Epistles & Apostolic Tradition: A New Perspective on James to Jude* (Waco, Texas: Baylor University Press, 2009), 13-40; 채영삼, "공동서신의 새 관점", 761-796.

행전을 판정의 근거로 삼았다. 사도행전이 초기 교회에서 어떤 책이 정경인지를 결정하는 중요한 근거로 사용된 이유는, 예수님의 부활 승천 후, 예수님께서 임명하신 사도들의 일치된 견해에서 오는 권위가 곧 교회를 향한 예수 그리스도의 권위를 대변했기 때문이다. 초기 교회에서 어떤 책이 신약의 정경으로 인정받으려면 사도들의 공통된(catholic) 입장과 지지가 필요했고, 그것을 확인할 수 있는 기준으로서 사도들의 설교와 행적을 보존하고 있는 사도행전이 결정적 역할을 했던 것이다.

여기서 '정경화 과정의 해석학'의 중요한 원리가 생기는데, 이는 '사도행전에 나타난 사도들의 권위와 그들의 관계는, 그들이 쓴 서신들의 권위와 관계들에 일치한다'는 원리이다.[2] 이처럼 사도행전은 신약에서 서신들을 이해하고자 할 때 대조하며 읽어 보아야 할 '서사적 서론'(narrative introduction)의 역할을 한다. 예컨대 사도행전에서 사도 베드로와 사도 요한은 늘 짝을 이루어 다니며 함께 사역하고, 두 사도를 언급하는 순차도 '베드로와 요한'으로 고정되어 있다(행 1:13; 3:1-4[x3]; 4:13). 사도행전 4:19-20의 경우, 먼저 나오는 19절은 베드로가 한 말이고, 그 뒤를 잇는 20절은 요한이 한 말인데, 이런 순차는 공동서신에서도 베드로전후서가 먼저 나오고 그 뒤에 요한서신이 배열되는 형태로 반영되는 것이다.

그렇다면 야고보서가 공동서신의 맨 앞에 위치해 있는 것은 어떻게 설명할 수 있을까? 사도행전 15장은 첫 번째 예루살렘 총회의 상황을 묘사하는데, 여기서 주의 형제 야고보는 '사도들 위에 있는 사도적 권위'를 가진 총회장으로서 초기 교회의 최고 권위자로 등장한다. 당시 총회의 안건은, 안디옥에서 올라온 전도자 바울이 전하는 '오직 예수 그리스도를 믿음으로 하나님의 백성이 되는 복음'에 관한 것이었다. 총회는 예루살렘의 바리새파 그리스도인

---

2 채영삼, "공동서신의 새 관점", 777; 또한, R. Wall, "The Priority of James," *Catholic Epistles & Apostolic Tradition*, 159-160.

이 반대하는 가운데, 사도 베드로가 바울의 '오직 믿음'의 복음을 지지하면서 혼선되는 양상에 빠지지만, 결국 야고보가 나서서 법정의 주문(主文)과 같은 연설을 함으로써, 바울의 '이신칭의'(justification by faith)의 복음을 인준하는 것으로 종결된다(행 15:16-17).

야고보는 이 총회의 권위 있는 연설 석상에서, 하나님께서 그 아들 예수 그리스도를 통해 새 언약 백성을 모으시는 바로 그때가 이제 이르렀으며, 이때가 바로 '다윗의 무너진 장막을 다시 짓는'(행 15:16) 때이며, 동시에 하나님의 이름으로 일컬음을 받는 '모든 이방인들이 돌아오는'(행 15:17) 때임을 선포한다. 이로써 '총회장' 야고보는, 예루살렘에 본거지를 두고 있는 '유대파 그리스도인들'과 안디옥의 바울을 지원하는 '이방인 그리스도인들'을 하나로 묶어 내는, 목회적이고도 신학적인 그리고 정치적인 지도력을 발휘하는 모습을 보여 주는 것이다.

사도행전에 나타난 주의 형제 야고보의 이러한 권위와 지도력은, 그가 쓴 서신인 야고보서에 그대로 반영된다. 야고보서는 공동서신 중에 맨 앞에 놓이면서, 로마 전역에 '흩어져 있는 열두 지파'(약 1:1)에게 보내는 일종의 '총회장 서신'의 역할을 하는 것이다. 그 뒤를 따라 짝을 이루며 나오는 베드로전후서와 요한서신의 순차 역시, 사도행전에 나타나는 예루살렘의 사도들의 권위와 그들의 상호 관계를 반영하고 있음을 알 수 있다(행 4:19-20). 또한, 공동서신의 이런 순차는, 사도 바울 자신이 '야고보, 게바(베드로), 요한'을 '교회의 기둥들'로 인정하고 존중한 순차와도 정확히 일치한다(갈 2:9).

사도행전과 사도들이 쓴 서신들 간의 이와 같은 상응 관계는, 공동서신의 여러 신학적 주제들을 이해할 때에도 중요한 빛을 던진다. 사도행전 15장에서 확인할 수 있는 것처럼, '오직 그리스도, 오직 믿음'의 복음에 관하여 예루살렘의 사도들이 바울과 함께 일치된 견해를 가졌다는 사실은, 그들이 쓴 공동서신과 바울서신 간의 관계에도 그대로 반영되기 때문이다.[3] 예컨대, 로마서나 갈라디아서에서 '율법의 행함이 아니라 예수 그리스도를 믿음으로'(롬 3:19-28; 갈 2:16-3:2)라는 복음은, 야고보서의 '행함이 있는 믿음'(약 2:14-26)과 충돌하지 않을 것을 충분히 예상할 수 있는 것이다.

이런 점에서 공동서신은 '반(反)바울적'이 아니라 '비(非)바울적'이며, 바울신학을 보완하고 더불어 조화를 이루어 교회의 '온전한 신앙'을 추구한 사도들의 일치된 노력의 결과였다. 예루살렘 총회에서 사도 바울과 예루살렘의 사도들이 협력했듯이, 그들의 서신들도 서로 보완, 협력하는 관계에 놓여 있다. 그들은 '함께, 공동으로' 온전한 신앙과 신학을 통해 주의 교회를 세워 갔던 것이다.

2. 예루살렘의 정통 신학

공동서신은 애초에 무슨 이유로, 어떤 목적으로 신약성경에 포함되었는가? 이것이 '정경화 과정의 해석학'이 묻는 두 번째 질문이다. 이 질문과 관련해서 사도행전에 나타난 사도들의 행적과 그들의 쓴 서신들 간의 관계를 살피다 보면, 초기 교회에는 두 개의 중심축, 혹은 두 개의 중심적인 베이스캠프가 있었다는 확신에 이르게 된다.

즉, 예수님의 승천 후 초기 교회에는, 사도 바울이 로마에까지 이르는 '선교의 전초 기지'로 삼았던 안디옥만 있었던 것이 아니다. 당시 급속히 팽창하던 초기 교회에서 발생하던 제반 문제들을 다루며, 로마 전역에 흩어진 새 언약 백성 전체를 향해 지도력을 발휘했던 예루살렘이 그 '컨트롤타워'의 역할

3 채영삼, "공동서신에 나타난 구원과 선한 행실", 154-205.

을 하고 있었다는 사실이다.

당시 예루살렘은 구약과 유대교로부터 내려오는 언약과 율법의 전통이 뿌리 깊게 남아 있는 전통의 본거지였다. 동시에, 예수 그리스도의 죽음과 부활, 승천, 그리고 오순절의 성령께서 교회에 강림하신 모든 결정적인 새 언약 성취의 사건이 일어났던 초기 교회의 중심적인 장소였다.

안디옥이 바울을 통해 새 언약의 복음이 로마 세계 전역으로 퍼져 나가는 선교의 베이스캠프였다면, 예루살렘은 선교사 바울이 이방인 교회들을 세워 나가면서 생겨났던 '오직 믿음, 오직 은혜'의 복음에 대한 여러 가지 오해와 이를 기반으로 하는 '반(反)율법주의, 무(無)율법주의'와 같은 거짓 가르침들을, 예루살렘 사도들의 '정통 신앙'으로 바로잡는 중앙 통제소 역할을 했다(행 15장).

초기 교회의 신약의 정경 목록들 가운데, '사도행전 다음에 곧바로 공동서신을 배열'하는 순차가 훨씬 더 많다는 사실은, 이런 점에서 진지하게 고찰해 보아야 할 대목이다. 아타나시우스의 39번째 부활절 편지에 언급된 정경 목록과 함께, 4세기의 예루살렘의 씨릴(Cyril of Jerusalem)이나 나지안조스의 그레고리우스(Gregory of Nazianzus), 그리고 라오디게아 공의회(주후 397년)가 남긴 무게 있는 정경 목록들이, 사복음서와 사도행전을 언급한 후에 곧바로 공동서신을 먼저 배치하고 그다음 바울서신을 위치시키고 있다는 사실은 놀랍고 흥미롭다.

아타나시우스의 정경 목록의 경우, '사도들의 행적과 가르침'(*the acts and the teachings of the apostles*)이라는 표현 뒤에 '즉, 공동서신'('called Catholic Epistles')이라고 명시하는데, 이는 사도행전에 기록한 '사도들의 행적'이나 그들이 남긴 '가르침들'이 굳이 특정하지 않아도 예루살렘의 사도들의 행적과 가르침을 전제하고 있음을 의미한다.

이처럼 초기 교회의 신약 '정경 목록들'의 경우, 사도행전 다음에 공동서신을 위치시키는 목록들이 고대의 것일수록 그리고 동방 교회의 영향력 아래서 더욱 분명했다는 사실은 공동서신의 이해와 해석에 매우 중요한 빛을 던져 준다.[4] 더욱 흥미로운 사실은, 사도행전 다음에 공동서신을 배치하는 경우를 '헬라적 순차'(Greek order)라고 부르고, 사도행전 다음에 바울서신이 위치하는 경우를 '라틴적 순차'(Latin order)라고 부르는데, 신약성경을 필사한 '고대의 사본들'의 경우에는, 주후 10세기까지 사도행전 다음에 공동서신을 위치시키는 '헬라적 순차'가 압도적으로 많다는 것이다.[5]

그렇다면, 신약 정경 목록에 사도행전 다음으로 공동서신이 배치된 정경적 순차가 의미하는 바는 무엇인가? 정경 목록의 이런 배열은, 신약성경을 읽는 교회가 예수 그리스도의 복음을 바로 알고자 할 때, 우선 사복음서를 읽고 그 다음 사도행전을 통해 사도들의 일치된 복음의 해석과 증언을 배운 후에, 곧바로 예루살렘의 사도들이 로마 전역에 '흩어진 교회들'(약 1:1; 벧전 1:1-2)에게 보낸 공동서신을 읽는다면, 초기 교회의 정통 신학과 신앙에 대해 제대로 알 수 있다는 의미이기도 하다.

3. '온전한 신앙' – 공동서신과 바울서신

그렇다면 바울서신이 공동서신 뒤에 배열된 '헬라적 순차'가 시사하는 바

---

4 채영삼, "공동서신의 새 관점," 790-791.

5 현재까지 동방 정교회에서 사용하는 성경은 '헬라적 순차'를 따른다. 한국 교회가 사용하는 신약성경에 사도행전 다음에 바울서신이 배열되는 '라틴 순차'는, 5세기의 히에로니무스(Hieronymus, '제롬')가 번역한 라틴 벌게이트(Vulgate)의 영향 때문인 것으로 알려져 있다. 장동수, "신약성경의 정경 순서가 신약전서의 이해에 미치는 영향", 59-83, 현대의 많은 비평본에서 헬라적 순차가 채택되고 있다. 특히, 2017년에 캠브리지의 Tyndale House에서 편집 발간한, Dirk Jongkind, et al eds., *The Greek New Testament* (Wheaton: Crossway, 2017)는 공동서신에 대한 재평가를 요구하고 있다.

는 무엇인가? 이는, 사복음서와 사도행전 그리고 공동서신을 통해 예수 그리스도와 하나님 나라의 복음을 배운 이후에, '부가적으로'(*'In addition,'* 아타나시우스, 39번째 부활절 편지에서처럼) 그 복음이 특히 유대교나 율법에 관련해서 어떤 의미를 갖고 있는지를 알고자 하는 경우, 공동서신에 뒤이어 나오는 바울서신을 읽으면 보충이 된다는 의미로 해석할 수도 있다. 만일 교회가 먼저 공동서신을 읽고 그 빛 아래에서 바울서신을 이해한다면, 바울이 선포하는 '오직 믿음, 오직 은혜'의 복음을 오해하는 일은 있을 수 없다는 초기 교회의 '정경적 독법(讀法)'을 제시하는 것이다.

초기 교회의 신학과 신앙에 관하여 공동서신의 규범적인 권위를 인정하는 이런 전통은, 5세기 중반 아우구스티누스(St. Augustinus)가 그의 책 '*On Faith and Works*('믿음과 행함에 관하여')라는 책에서 사도 바울의 가르침을 오해한 자들을 바로잡는 방식에도 그대로 반영되어 있다. 아우구스티누스는 '오직 믿음, 오직 은혜'의 복음을 오해하여 '불 가운데서 구원을 얻는다'(고전 3:11-15)든지, '죄가 더한 곳에 은혜가 넘친다'(롬 5:20)는 말씀을 오해하고 남용하는 오류를 바로잡기 위하여, '행함이 없는 믿음은 죽은 것'(약 2:17, 20, 26)이며 '물 없는 샘'(벧후 2:16)이나 '비 없는 구름'(유 1:12)과 같다고 지적한다.

즉 아우구스티누스는 바울서신의 '오직 믿음'의 교리를 오해하고 악용하는 자들을 바로잡기 위해 바울서신의 다른 본문들이 아니라, 오히려 공동서신의 가르침을 불러오는 것이다.[6] 아우구스티누스의 이런 방식은, 사도 바울의 획기적인 복음 전파 과정에서 '이신칭의'의 복음을 오해한 자들을 바로잡기 위해, 일찍이 예루살렘의 사도들이 로마 전역에 흩어진 교회에 공동서신을 보낸 초기 교회의 전통을 충실히 반영한 것이라 할 수 있다.

그렇다면, 공동서신은 '애초에' 어떤 이유로 신약성경에 포함되었는가? 이

---

6 Darian Lockett, A*n Introduction to the Catholic Epistles* (London: T&T Clack, 2012), 5, 123-142.

것이 정경화 과정의 해석학이 묻는 두 번째 질문이다. 말하자면, 신약성경이 굳이 공동서신을 포함하고 보존해 온 데에는, 공동서신이 바울서신의 '믿음과 행함'의 문제를 보완하는 정도에 그치지 않는, 보다 적극적인 이유가 있었다는 것이다. 만일 초기 교회에 필요한 모든 신학과 신앙의 내용이 바울서신 안에 들어 있다면, 굳이 예루살렘의 저자들이 나서서 서신을 쓸 필요가 없지 않았겠는가.

'이신칭의' 교리의 재발견으로 촉발된 종교개혁의 후예인 개신교의 경우, 공동서신의 정경적 역할과 의미를 폄하하거나 간과하는 경우가 일반적이다. 루터(Martin Luther)에게서 시작한 '정경적 편향성' 즉, '이신칭의'의 복음이 잘 드러난 신약의 책들은 '정경 중의 정경'(canon within the canons)으로 드높이고, '이신칭의'의 복음과 충돌하는 듯이 보이는 야고보서는 '지푸라기 서신'이라 폄하하는 태도는, 개신교회의 장점이자 동시에 약점으로 작용해 왔다. 하지만, 이런 태도는 초기 교회를 함께 세워 갔던, 예루살렘의 사도들과 안디옥의 젊은 선교사 바울이 보여 주었던 협력과 조화, 균형과 온전함의 정신과는 거리가 멀다.

종교개혁가들은 중세의 교권과 제도적 교회의 타락에 맞서, '오직 성경으로' 돌아갈 것을 외쳤다. 오늘날 개신교회는, 우리가 돌아가야 할 그 '오직(sola) 성경'이 또한 '모든(tota) 성경'임을 깨달아야 한다. 복음은 하나이지만, 이루 말할 수 없이 풍성하다. 그것은, 시대마다 교회가 맞닥뜨리는 대적들의 공격이 그만큼 다양하고 복잡하기 때문이기도 하다. 전통을 계승한다는 것은, 각 시대의 교회가 처한 고유한 문제를 끌어안고, 성경과 전통 속의 샘에서 새로운 생수(生水)를 길어 올리는 것을 뜻한다.

초기 교회에서 예루살렘의 사도들도, 바울이 유대교와 맞서 '칭의'의 복음을 펼치는 동안, 그 '칭의'의 복음을 단지 반복해서 전달하지 않았다. 그들은 초기 교회의 본부에 해당하는 예루살렘의 모든 전통을 배경으로, 당시의 교회가 상대해야 했던 '또 다른' 대적에 맞서, 과연 예수 그리스도의 복음은 무엇이며, 교회는 어떻게 살아야 하는지에 대해 고민했고, 그 결과로서 공동서신을 교회에 남겼던 것이다.

그러므로 예루살렘의 사도들이 기록한 공동서신은 단순히 바울이 전한 '이신칭의'의 복음을 오해한 자들을 바로잡기 위한 것만은 아니었다. 보다 적극적인 이유가 있었다. 그것은, 공동서신이 '로마'라고 하는 당시의 거대하고 유혹적이며 동시에 갈등과 핍박의 근원지였던 '세상'을 상대해야 했던 초기 교회의 신학적, 목회적 필요에 응답했던 서신들의 모음집이라는 사실에서 찾을 수 있다.[7]

예수 그리스도 이후, 초기 교회가 맞닥뜨렸던 '맞상대'(counter-part)가 크게 둘이 있었는데, 하나는 옛 언약의 율법과 성전을 중심으로 한 유대교였고, 다른 하나는 전혀 다른 이방 신들을 섬기는 강력한 제국 로마 곧 세상이었다. 이 둘, 즉, 유대교와 로마는 초기 교회가 예수 그리스도의 복음을 설명하는 주요 배경들이었던 것이다. 중요한 것은, 바울이 주로 '유대교'(Judaism)를 상대해서 예수 그리스도의 복음을 설명했다면, 예루살렘의 사도들은 주로 '로마'(Rome)라고 하는 세상을 상대해서 그 복음을 설명하려 했다는 점이다.

물론, 사도 바울의 서신에 나타난 신학을 당시 로마 제국을 상대로 한 '하나님 나라의 선포'로 읽을 수도 있다. 하지만 공동서신 어디에서도, 로마서나 갈라디아서에서처럼 '율법 아래서 행하는 율법의 행위'와 '칭의'의 문제가 집중적으로 다루어지지 않는다는 사실은, 상대적으로 로마서나 갈라디아서가 유대교와 직접적으로 부딪히며 정리되어 나오는 복음의 변증을 특징으로 갖고 있음을 드러낸다. 반면에, 공동서신은 당시 로마라고 하는 거대한 세속 사회 속에 존재해야 했던 초기 교회의 정황과 신학적, 신앙적 대응에 관해 일관

---

7 채영삼, 『공동서신의 신학』, 특히, 8-12, 46-59 참조.

되고도 집중적인 방식으로 서술하고 있다는 점이 특징이다.

4. 공동서신의 신학적 주제

그렇다면, '공동서신의 일관된 신학'도 가능한가? 그렇다고 본다. 공동서신 각 권의 면면을 실제로 살펴보면, '세상을 맞닥뜨린 교회'(the church facing the world)라는 주제는 공동서신의 각 권을 관통함을 알 수 있다. 야고보서의 핵심 의제는, 하나님과 세상 사이에서 갈등하는 교회가 '나뉜 마음' 때문에 당하는 시험, 고난(약 1:6, 8; 4:4), 교회 공동체 내에서의 차별(약 2:4), 그리고 말씀을 떠난 말을 통해 일어난 온 세상의 혼란(약 3:9)에 관한 것들이다.

베드로전서가 다루는 핵심 주제는 '도대체, 교회는 로마를 어찌 해야 하는가?'(what to do with Rome?)라는 질문에 잘 요약되어 있다. 실제로 베드로전서는 '세상 속의 교회'가 받은 복음이 무엇이며(벧전 1:2-4) 세상 속에서 교회가 '여행자요 임시 거주 외국인(벧전 1:1-2; 2:11)으로서, 열방을 향한 제사장의 사명을 새롭게 받는 새 언약의 공동체'(벧전 2:9, 12-21)라고 선언한다.

베드로후서는 베드로전서와 신학적 전망에서 짝을 이루는 서신으로서, 베드로전서가 '세상 속의 교회'를 다룬다면 베드로후서는 '교회 속의 세상'의 문제를 다룬다. 베드로전서의 '썩지 않고 더럽지 않고 쇠하지 않는 기업, 나라'(벧전 1:4)의 복음은, 베드로후서가 소개하는 '영원한 나라'(벧후 1:11) 곧 '의가 거하는바 새 하늘과 새 땅'(벧후 3:13)에서 그 절정에 이르며, 베드로전후서의 신학적 근간은 모두 역으로 이 '세상'이 더러움 곧 죄, 썩어짐 곧 죽음, 쇠함 곧 허무함에 갇혀 있다는 신학적 전망 속에서 진행된다(벧전 1:15, 18, 23; 벧후 1:4; 2:20; 3:6).

요한서신에 들어오면, 교회는 세상과 심각한 분리와 대립 구도 안에 놓인다. 요한일서와 요한이서의 배경은, 교회 안에 있다가 밖으로 나간 이단적 적대자들을 분명히 언급한다(요일 2:19; 요이 1:7). 예수 그리스도께서 육체로 오셨음을 부인하는 이단적 적대자들은 결국 세상에 속한 자들이며 그 세상 배후에 있는 악한 자 마귀와의 '연대'(solidarity) 아래 놓여 있는 자들이다(요일 4:5-6; 5:19). 그래서 요한서신의 주제는 '세상을 이기는 교회'로 요약될 수 있다(요일 5:4-5). 이제 베드로전서에서처럼 세상 속을 지나가는 교회나 베드로후서의 경우처럼 교회 속에 있는 세상을 다루는 것이 아니라, 본격적으로 세상과 분리되어 세상을 이기는 교회를 다루는 것이다.

특히 요한서신은 세상을 이기는 교회의 본질을 '코이노니아'(κοινωνία)에서 찾는데, '세상'을 의미하는 '코스모스'(κόσμος)는 요한서신이 가장 많이 사용하는 용어 중 하나일 만큼 '코이노니아'와 대조적 관계를 이루며 강조되는 배경이다(총 24회). 그렇다면 '코이노니아'로서의 교회가 어떻게 '코스모스' 곧 세상을 이긴다는 것인가? 이 질문에 답을 찾는 것이 곧 요한서신의 핵심을 이해하는 것이 될 것이다. 그리고 그 명확한 단서는, 하나님의 아들 예수 그리스도가 '세상을 이기신' 사실에 놓여 있다(요 16:33; 요일 5:3-4).

교회가 '세상을 이긴다'는 것은, 하나님의 아들이 세상을 이기신 그 승리에 근거한다. 즉, 교회는 그 아들의 진리와 의, 영원한 생명을 받아 누림으로써 세상을 이긴다. 그 아들을 세상에 보내신 아버지 하나님의 사랑 안에 거하는 코이노니아 공동체로서, 교회는 악한 자와 연대한 코스모스의 거짓과 죄와 죽음 그리고 증오와 허무의 코스모스를 이겼고, 이기고 있고, 온전히 이길 것이다.

무엇보다 세상에 대한 승리는 폭력이나 정치적 힘이나 군사력으로서가 아니라, 그 아들의 진리와 아버지의 사랑으로 대표되는 삼위 하나님의 능력으로 되는 것인데, 요한이서는 그 아들의 진리의 코이노니아를 통해, 그리고 요한삼서는 그 아들을 세상에 보내신 아버지의 사랑의 코이노니아를 통해 승리함을 강조한다.

그렇다면 유다서는 어떤 주제로 공동서신의 대미를 장식하는가? 유다서는 공동서신의 맨 끝에 위치하는 만큼 공동서신의 결론이라고도 할 수 있다. 그런 점에서, 유다서의 마지막 부분에 나오는 어떤 '의심하는 자들'(디아크리노메누스, διακρινομένους, 유 1:22)이라는 표현이, 야고보서의 맨 처음 단락에 나오는 '의심하는 자'(디아크리메노스, διακρινόμενος, 약 1:6)와 같은 부류의 신자를 가리킨다는 사실은 놀랍고도 흥미롭다. 둘 다 세상의 여러 가지 시험에 든 자들로서, 이는 공동서신이 다루는 가장 근본적인 문제를 나타낸다고 할 수 있는 것이다.

결국 유다서는 '세상에서 자신을 지키는 교회'라는 결론으로 공동서신의 대미를 장식한다. '지킨다'는 모티브는, 유다서의 처음과 나중에 모두 언급됨으로써 유다서를 열고 닫는 가장 큰 주제이다(유 1:1, 21). 그러니까 세상 속의 교회에게 맡겨진 가장 중요한 과제는, 요한서신이 강조하는 대로 '세상을 이기는 이김'(요일 5:4)을 주 예수 그리스도께서 다시 오셔서 완성하시는 그날까지 힘써 싸워 지켜 내는 일이라는 뜻이다. 그렇다면 교회가 세상에서 자신을 지킨다는 것은 구체적으로 무엇을 어떻게 한다는 것인가? 이 질문이 유다서를 이해하는 데에 핵심적인 열쇠를 제공할 것이다.

5. '지키심을 입은 교회' – 요한이서, 요한삼서, 유다서를 총괄하는 주제

유다서의 주제를 '지키심을 입은 교회'라고 할 때, 이 주제는 공동서신이라는 정경 모음집 안에서 특별히 요한일서의 마지막 부분 즉 5장 끝부분에서 이미 시작되고 있음을 알 수 있다. 18절에서 요한은 "하나님께로부터 난 자가 그를 지키고 계셔서(테레이, τηρεῖ)"라고 말한다. 여기서 '지키는' 주체는 '하나님께로부터 난 자' 곧 하나님의 아들 예수 그리스도이시다. 그러니까 요한은 '교회를 지킨다'고 할 때 먼저 하나님의 주권적 은혜에 의한 보호하심을 전제하는 것이다.

그러나 '언약'의 구조가 단지 은혜 주심만으로 되어 있지 않고, 은혜를 전제하여 요구하는 계명이 따라오듯이, 요한일서 5장의 '교회를 지킴'의 주제도 이에 상응한다. 18절에는 '하나님의 아들의 지키심'이 은혜로 주어지지만, 맨 끝 절인 21절에서는 명확하게 그 은혜에 기초한 요구, 계명이 제시된다. "자녀들이여, 여러분 자신을 그 우상들로부터 안전하게 지켜 내십시오(풀락싸테, φυλάξατε)."

그러니까 18절과 21절은 '지킴'이라는 동일한 주제를 언약적 구조 안에서, 하나님의 주권적인 은혜에 기초한 변개할 수 없는 확고한 '지키심'과(예컨대, 롬 8:1-39; 요일 2:1-2; 2:28-3:9; 4:7-21), 그에 따라 새 언약 백성에게 주어지는 요구로서의 철통같이 자신을 '지켜야 하는' 사명이 서로 완벽하게 짝을 이루어 제시되고 있다.

요한일서의 마지막은 이런 면에서 상당히 의도적이다. 정경적으로 볼 때, 요한일서의 마지막 단락, 특히, 마지막 구절은 독자에게 새로운 질문과 도전을 불러일으킨다. 그렇다면 도대체 어떻게 하는 것이 '자신을 우상들로부터 안전하게 지켜 내는' 것일까?

요한일서의 뒤를 이어 배열되는 요한이서와 삼서는 바로 이 질문에 대한 정경적인 답변이 아닐까? 실로, 요한이서가 실천적인 상황에서 잘 보여 주는 대로 '진리'를 지키지 못하면 교회는 이 세상에서 자신을 지키지 못하게 된다(요이 1:7-11). 교회가 진리를 지키면, 그 진리가 세상으로부터 그 교회를 지켜 주는 것이다.

요한삼서 역시 동일한 질문 곧, '하나님이 지키시는 교회를 교회 자신은 어떻게 지켜 내야 하는가'라는 도전에 대한 답을 제시한다. 그것은 '하나님의 사랑'이 끝까지 살아 있게 하는 것, '하나님의 사랑'의 본질적인 증거인 '그 아들을 세상에 보내신 사랑' 곧 세상에 예수 그리스도의 복음을 전하는 일에 얼마나 진지하며 얼마나 생생하게 살아 있는가에 달려 있다는 것이다. 교회가 하나님의 사랑을 언제고 잃어버리지 않을 때, 그 사랑이 교회를 세상의 모든 우상 숭배의 썩어짐과 비참으로부터 지켜 준다는 것이다.

확실히, 요한이서와 요한삼서는 요한일서의 마지막 구절이 던지는 도전에 대한 실천적 상황을 통한 응답이다. 정경적으로 보면, 그렇게 배열되어 있다는 인상을 피할 수 없다. 더 확실한 증거는, 요한일서가 마지막으로 던진 '교회가 세상에서 자신을 지키는' 이 문제에 관하여 공동서신의 결론에 해당하는 유다서가 본격적으로 대답을 제공한다는 사실이다.

유다서 역시 요한일서 5:18, 21의 경우처럼, '지킴'이라는 주제로 시작하고 끝을 맺는다. 유다서 1절에서 '예수 그리스도로 말미암아 지키심을 입은(테테레메노이스, τετηρημένοις)'이나 24절에 '여러분을 지키실(플락싸이, φυλάξαι) 능력'이라는 표현은, 요한일서 5:18에서처럼 하나님 편의 주권적인 은혜에 근거한 보호하심을 선포하는 대목이다. 반면에 대조적으로 유다서의 맺음말 부분인 21절에 기록된 '여러분 자신을 하나님의 사랑 안에서 지켜 내십시오(테레사테, τηρήσατε)'라는 언약적 요구는, 요한일서의 맨 마지막 구절인 5:21의 '여러분 자신을 그 우상들로부터 안전하게 지켜 내십시오'라는 요구와 정확히 상응한다.

이렇게 보면 요한일서 5:18, 21과 유다서 1:1, 21은, 마치 커다란 우산처럼 요한일서 5장부터 시작해서 요한이서, 요한삼서, 그리고 유다서 전체를 포괄하여, '세상 속에서 자신을 지키는 교회'라는 주제를 통해 하나로 묶는 핵심 본문의 역할을 한다는 사실을 알 수 있다. 이것은 그저 우연의 일치일까? 아니면, 의도적인 정경적 배열의 결과일까?

어떤 경우이든, '지키심'의 주제가 요한일서가 남겨 둔 숙제이며, 요한이서와 삼서 그리고 유다서가 본격적으로 씨름하는 주제라는 사실에는 변함이 없다. 그렇다면 유다서에서 '예수 그리스도로 말미암아 지키심을 입었다'(유 1:1)는 것은 도대체 무슨 의미이며, 오늘날 우리에게 어떤 의미인지를 물어야 한다. 그리고 '자신을 하나님의 사랑 안에서 지켜 낸다'(유 1:21)는 것은 또한 구체적으로 어떤 의미이며 어떻게 하는 것인지를 찾아내야 한다. 이것이 공동서신의 정경적 문맥이라는 커다란 틀 안에서, 요한이서와 요한삼서 그리고 무엇보다 유다서를 이해할 수 있는 해석학적 열쇠를 찾는 길일 것이기 때문이다.

이제 우리는 '세상에서 교회를 지켜 내는' 일의 중요성을 염두에 두면서, 과연 요한이서와 요한삼서는 이 문제에 관한 어떠한 해법을 제시하는지를 살펴볼 때가 되었다. 교회가 세상에서 자신을 지킨다는 것은, 무엇보다 하나님께서 교회를 지키심에 대한 철저한 이해가 전제되어야 한다. 새 언약 백성은, 새 언약의 은혜에 철저히 기초해 있기 때문이다. 동시에, 교회는 그 새 언약의 은혜가 자신의 존재를 관통하게 함으로써, 자발적으로 자기 자신을 세상으로부터 지켜 내어, 오직 삼위 하나님 안에 거하는 교회, 오직 그 안에서 새 하늘과 새 땅의 영광과 충만으로 변화해 가는 교회가 되어야 한다.

제1권

서론

요한이서, 요한삼서
"진리와 사랑의 코이노니아"

Koinonia of Truth and Love

앞서 우리는 공동서신 안에서 요한서신과 유다서가 어떤 역할을 하며 어떤 메시지를 전달하고자 하는지를 가늠했다. 이런 큰 그림 안에서, 우선 요한이서와 요한삼서에 대해 기본적으로 알아야 할 서론적 내용들을 구체적으로 살펴보자. 요한이서와 요한삼서는 어떤 책들인가?

1. 요한이서, 요한삼서의 저자는 누구인가?

요한이서와 삼서는 모두 발신자를 '장로'(호 프레스뷔테로스, 'ο πρεσβύτερος)로 명시한다(요이 1:1; 요삼 1:1). 그렇다면 당연히 '장로'라 불리는 동일 인물이 두 서신을 기록한 것으로 생각할 수 있다. 혹시, 요한이서의 '장로'와 요한삼서의 '장로'는 서로 다른 인물일 수 있을까? 논리적으로는 가능하겠지만, 그렇게까지 주장하는 학자들은 찾아보기 어렵다. 두 서신 모두 '진리와 사랑'으로 시작하는 인사말이 잘 보여 주듯이, 두 서신이 사용하는 용어들이나 문체, 다루는 문제 상황이나 강조하는 주제 등을 면밀히 대조해 볼 때, 두 서신이 동일 저자의 서신이라는 사실은 거의 확실하기 때문이다.

한편, 요한이서와 삼서를 기록한 그 '장로'가 사도 요한이 아니라는 주장은 애초부터 있어 왔다. 주후 1세기경 에베소에는 사도 요한 외에 또 다른 '장로 요한'이라는 인물이 있었다고 전해지는데, 파피아스나 유세비우스 그리고 히에로니무스('제롬') 같은 교부들은 요한이서와 삼서의 저자가 '사도 요한'이 아니라 바로 이 '장로 요한'이라고 주장한바 있다(Kruse, 36).

결국, 요한이서와 삼서가 동일한 저자 곧 '장로'의 서신들임을 의심할 여지는 없다. 다만 '그 장로'가 사도 요한이 아닐 수도 있을 가능성이 남아 있는 것이다. 그런데 '그 장로'가 기록한 요한이서와 삼서가, '사도 요한'이 기록한 것이 분명한 요한일서와 그 주제나 문체, 내용에 있어서 깊은 연관성이 있다는 사실을 부인하기 어렵다.

그러므로 만일 요한일서의 저자와 요한이서와 삼서의 저자가 동일 인물이라면, 요한이서와 삼서는 동일한 '장로'의 작품이므로, 결국 요한일서, 이서, 삼서는 모두 동일 인물 즉 '장로인 사도 요한'의 작품이라고 할 수 있게 된다. 정말 그러한가? 그럴 가능성이 높다.

무엇보다 요한이서가 요한일서와 맺는 관계가 선명하기 때문이다. '진리와 사랑'을 강조하는 것이나 '교제를 통한 기쁨의 충만'(요이 1:12; 요일 1:4)이라는 모티브뿐 아니라, 특히 '예수 그리스도께서 육체로 임하심을 부인하는' 이단적 가르침을 문제 상황으로 다루는 요한이서의 적대자가, 정확히 요한일서가 대적하는 적대자의 정체, 아마도 가현설론자(docetist)인 '케린투스'(Cerinthus) 이단과 정확히 일치한다(요이 1:7; 요일 2:19, 22; 4:2; 5:6-7).[8]

결국, 요한이서와 삼서는 같은 '장로'의 서신이고, 요한이서는 분명히 요한일서의 저자가 기록한 것이므로, 따라서 요한삼서 역시 요한일서의 저자와 동일 인물이라고 결론지을 수 있다. 실제로 대다수의 학자들이 요한일서, 이서, 삼서는 그 저자에 관한 한 동일한 출처를 가지고 있다고 판단한다(Brown, 68; Yarborough, 329; Kruse, 36).

다만 요한서신 전체가 동일한 저자의 서신이라고 할 때, 그 저자가 '사도

8 채영삼, 『코이노니아와 코스모스: 요한일서의 이해』, 20-25.

요한'이라기보다는 '요한 학파(學派)'라고 생각하기도 하지만, 굳이 그런 가설을 설정할 이유도 충분하지 않다. 요한서신 배후에 실재했던 어떤 공동체에 대한 고고학적 증거들이 없는 바에, 편집 비평적인 가설들만으로는 그런 '학파'의 존재를 증명할 수 없기 때문이다.

성경의 저자에 관한 보다 확실한 증거는, 그 본문 자체가 주장하는 바의 진실성과 또한 그 본문이 기록된 시기에 근접한 초기 교회의 증언들이라 할 수 있다.[9] 고대의 문서일수록 그 문서가 발생한 그 시대의 고고학적 증언이 무게를 갖기 마련이다. 요한이서는 주후 2세기경에 이미 세베대의 아들 사도 요한의 저술로 수용되었고, 주후 200년경 알렉산드리아의 클레멘트(Clement of Alexandria)는 요한이서를 명확하게 "처녀들(교회)에게 기록된 요한의 두 번째 서신"이라고 증언한다(*GCS* 17, 215; Brown, 127-128).

또한 주후 250년경 오리게네스(Origenes)는, "요한(사도 요한)이 어느 정도 길이가 되는 서신을 남겼으며, 아마도 전적으로 그의 것이라 하기는 어렵더라도, 그 두 번째와 세 번째 서신도 남겼다"고 증언함으로써, 다소 의구심을 남기기는 하지만 요한이서와 삼서 역시 사도 요한의 저작으로 확인해 준다(Jobes, 31). 결국 아타나시우스(Athanasius)의 39번째 부활절 편지에 기록된 신약 정경 목록에서, 요한이서와 삼서는 요한일서와 함께 완연히 사도 요한의 저작으로 공식적으로 인정되기에 이른다(주후 367년).

이처럼 요한일서의 저자가 사도 요한의 글이라는 교부들의 다양한 증언들에 근거할 때,[10] 요한이서와 삼서 역시 사도 요한의 서신으로 보는 것이 합리적이다. 결국, 요한일서가 사도 요한의 저작이고 요한일서와 요한이서의 명

9 Lewis R. Donelson, *Pseudepigrapha and Ethical Argument in the Pastoral Epistles*, Hermeneutische Untersuchungen zur Theologie 22 (Tübingen: Mohr Siebeck, 1986), 7-11.

10 채영삼, 『코이노니아와 코스모스: 요한일서의 이해』, 34 참조. 이레네우스는 이단에 관한 변증서에서 요한일서 2:18-22, 4:1-3, 5:1 그리고 요한이서 1:7, 8등을 인용한다(*Haer*. 3.16.18).

확한 관계를 매개로 하여 추적해 보면, 세 서신은 동일 저자, 곧, 사도 요한의 서신이라고 보기에 무리가 없다.

2. 요한이서, 요한삼서, 그리고 요한일서 중, 어느 서신이 먼저 기록되었는가?

전통적으로 대부분의 신약의 정경 목록들에서 요한일서, 이서, 삼서는 지금의 순서대로 배열되어 있다. 다만, 이 세 서신들 중, 어느 서신이 먼저 기록되었는지에 대해서는 이견들이 있다. 신약에 배열된 대로 요한일서, 이서, 삼서의 순차로 기록되었다고 보는 경우도 있지만, 요한이서와 삼서가 일서보다 먼저 기록되었다고 보기도 한다. 또는 세 서신이 동시에 기록되어 한 묶음으로 전달되었다고 보는 학자도 있다.

이 세 서신 중 어떤 서신이 먼저 기록되었느냐를 아는 것이 그리 중요한가? 사실 기록된 순차 자체보다는, 그렇게 생각하는 이유, 즉, 그런 순차로 기록된 '계기'를 아는 것은 요한이서와 삼서를 이해하는 데 도움이 될 수도 있다. 예를 들어 요한이서와 삼서가 먼저 기록되었고, 요한일서는 나중에 '독자적으로' 기록되었다고 보는 경우라면, 요한이서와 삼서를 이해하는 데에 요한일서를 그 긴밀한 배경으로 활용하기가 어려울 것이다.

한편 요한서신이 거의 동시에 한 묶음으로 기록되었고, 요한이서는 요한일서의 서론 격으로 가이오의 교회에서 읽히도록 전해졌으며, 요한삼서 역시 데메드리오에 의해 가이오의 교회에 전달되도록 기록된 '동봉 편지'라고 보기도 한다. 이럴 경우 세 서신은, 서로 긴밀한 관계에 놓여 서로를 설명하는 자료로 충분히 활용될 수 있는 것이다.

세 서신의 기록된 순차에 관해서, 요한삼서 1:9가 언급하는바, 그 '장로'

가 요한삼서 전에 쓴 편지가 요한이서인지 일서인지 아니면 또 다른 서신인지 확인할 길은 없다. 한 가지 분명해 보이는 것은, 요한이서가 요한일서 후에 기록된 것으로 보이는 정황이다. 즉 요한일서는 '예수께서 육체로 오신 것을 부인하는 이단'이 수신자 교회 공동체 안에 있다가 그 공동체 밖으로 분리되어 나가 버린 그 '초기의 상황'을 묘사한다(요일 2:19, 22). 반면에 요한이서의 경우는, 이미 외부에 있는 '예수께서 육체로 오신 것을 부인하는 이단'이 밖으로부터 수신자 교회 안으로 침투해 들어가려는 위험에 대해 경고하는 상황을 다룬다(요이 1:7).

두 서신에서 적대자들의 정황을 살펴보면, 요한일서가 요한이서의 상황보다는 앞서 일어난 경우를 묘사한다고 보는 것이 더 적절한 것이다(Jobes, 26). 물론 논리적으로, 요한이서가 요한일서의 상황 이전을 묘사하는 것일 가능성도 있다. 하지만 요한일서에서 결국 '예수께서 육체로 오신 것을 부인'하고 분리되어 나갔던 그 적대자들이, '처음부터' 한동안은 부르심을 입은 참된 성도들과 구분되지 않은 채로 그 교회 안에 머물렀다는 사실은, 그 이단이 발생하게 된 초기 상황을 가리키는 것으로 판단된다.

요한이서의 상황은 요한일서의 기록 후에, 이미 정체가 드러난 이단이 타 지역 교회로 침투하려는 위험에 대한 경고라고 보는 것이 훨씬 타당해 보인다(Brown, 90). 주제나 내용적으로도, 요한일서가 그들과 함께 있다가 분리해 나간 그 적대자들에 대한 '교리적, 신학적' 문제를 깊이 있게 논박하는 것에 비해, 요한이서는 이미 분리되어 나간 적대자들이 다른 도시의 교회들을 오염시키려는 '실제적인 상황'을 다룬다는 차이가 선명하다.

확실한 사실은, 요한일서와 이서는 공통적으로 '예수께서 육체로 오신 것'을 부인하는 이단의 발생과 활동을 문제 상황으로 다룬다는 점이다. 그래서 '가현설적 이단'의 실제적인 도전에 응답하는 요한이서를, 그런 이단에 대한 보다 체계적인 변증서에 해당하는 요한일서에 동봉된 실천적인 편지로 보는 견해도 그리 어색하지 않다.

한편 요한삼서는 장로 요한이 가이오에게 보내는 서신인데(요삼 1:1), 요한일서, 이서, 삼서 중 삼서가 가장 먼저 기록된 서신이라는 견해도 있다. 장로 요한이 자신의 교회에서 가현설적 거짓 가르침을 가르치는 자들이 디오드레베가 있는 지역 교회에 가서 문제를 일으켰고, 장로는 그것을 모른 채로 가이오에게 편지했으며, 나중에 그가 있는 교회를 방문했을 때 비로소 그 사실을 알게 되었다는 것이다. 디오드레베와 협의하에 거짓 교사들을 받아들이지 않기로 하고 보낸 서신이 요한이서이며, 나중에 이를 위한 신학적이고 체계적인 변론서를 쓴 것이 요한일서라는 주장이다(Price, 110-119).

하나의 가설로서 생각해 볼 수 있지만, 이를 뒷받침하는 증거를 찾기 어렵다. 먼저, 요한삼서 1:9가 언급하듯이, 이미 장로 요한은 디오드레베가 순회 전도자를 받아들이지 않는 것에 대해 잘 알고 있었고, 편지까지 써서 경고한 듯하다. 무엇보다, 요한삼서에는 일서와 이서에 공통적으로 나오는 '예수가 육체로 오심을 부인하는 이단'에 대한 언급이 없다. 그러므로 요한삼서에서 문제 삼는 디오드레베가, 요한일서나 이서에서 언급하는 그 '가현설적 이단'과 어떤 관계에 있었는지에 관해서는 아무런 단서를 찾을 수 없다.

요한삼서의 본문은, 디오드레베가 '으뜸 되기를 좋아하는' 자라는 사실 외에 그 인물에 관한 다른 정보를 제공하지 않기 때문이다(요삼 1:9). 결국, 요한삼서가 기록된 순차에 관해서나 전해진 계기에 대해서는 확실한 것이 없다. 다만 요한삼서가 '진리와 사랑'을 강조하는 점에서 요한이서와 닮아 있고, 특히 '사랑의 코이노니아'를 강조하는 점에서 요한일서의 내용과 연속적이라는 사실은 쉽게 확인된다(Kruse, 42).

요한삼서 역시, 요한이서의 경우처럼 요한일서의 교리적이고 신학적인 가르침에 대한 '실천적이고 구체적인 예시'를 보여 주는 서신의 역할을 한다. 그 상황이 요한이서의 경우에는 '적대자들의 침투'에 관한 현실적인 문제였지만, 요한삼서의 경우에는 전도자들을 환대하는 '사랑의 코이노니아'에 관한 현실적인 문제였다는 점이 다를 뿐이다.

3. '진리로 지키심을 입은 교회', 요한이서의 기록 배경과 주제

요한이서의 수신자는 '택하심을 입은 부녀'라고 되어 있는데(요이 1:1), 이는 '부녀'로 인격화된 지역 교회의 '믿음의 자녀들' 즉, '자매 교회'(sister church)를 가리킨다고 보는 견해가 일반적이다(Brown, 65; Yarborough, 334). 그렇다면 어느 지역에 있던 교회들일까? 본문에서 확인할 방법은 없다. 다만 '장로'가 에베소를 중심으로 활동했던 사도 요한을 가킨다면, 그의 영향력이 미쳤던 서머나나 버가모에 있던 자매 교회들을 가리킬 수도 있다. 테르툴리아누스(Tertullianus)가 말한 것처럼 '폴리카르포스('폴리캅')가 요한에 의해 서머나의 감독으로 임명되었다'는 것이 사실이라면 그럴 가능성은 더욱 농후해진다.[11]

이러한 정황을 고려하면, 요한이서는 1세기 전후 아시아의 에베소 교회에서 발단되었던 '예수께서 육체로 오신 것을 부인하는' 가현설적 이단이 인근 지역 자매 교회들로 침투해 들어가려는 것을 경고한 사도 요한의 편지로 보인다. 이런 역사적 배경의 재구성이 타당하다면, 요한계시록 2-3장에 묘사된 1세기 전후 소아시아의 일곱 교회들의 정황이 요한이서의 상황에 빛을 던져줄 수도 있다.

당시 에베소를 비롯한 소아시아의 일곱 교회는, 아시아의 경제적 풍요함에 따른 극심한 유혹과 타락, 그리고 유대교나 로마의 이방 종교들에 뿌리를 둔 각종 거짓 가르침들의 미혹뿐 아니라, 다신교적 우상 숭배나 1세기 말에 더

11 Schnabel, *Early Church Mission*, 823. 외경인 Acts of John('요한행전')에는, 서머나의 시민들이 에베소에 사람을 보내, 사도 요한이 서머나에 오도록 요청하는 대목이 나온다.

욱 점증해 갔던 황제 숭배의 압박 등, 여러 가지 시험들에 시달리기 시작했던 지역이었다. 요한이서에서 적대적인 이단의 활동과 그 배경, 분위기를 알고자 할 때, 요한계시록 2-3장에 나오는 에베소, 서머나, 버가모 등의 교회들의 정황을 떠올려 보면, 요한이서에 대한 이해가 보다 입체적이 될 수 있다.

특히 에베소와 버가모에는 '니골라 당'으로 알려진 이단이 있었다고 기록되어 있는데(계 2:6, 15), 이레네우스는 니콜라우스(Nicolaus)를 사도행전에 나오는 일곱 집사들 중 한 사람이라고 지목하면서(행 6:5), 그를 중심으로 발생한 소위 '니골라 당' 이단이 '영지주의적인 가현설적 이단'인 케린투스의 가르침과 연관된 것이라고 증언한다(*Against Heresies* 1.26.3). 이레네우스의 증언이 사실이라면, 요한계시록 2장이 묘사하는 소아시아의 에베소 교회나 버가모 교회에 침투한 '니골라 당' 이단의 거짓 가르침은, 사실상 요한일서와 이서의 주된 적대자인 '예수가 육체로 오신 것을 부인하는' 가현설론자였던 '케린투스' 이단과 같거나 최소한 유사한 부류일 가능성이 높다(요일 2:19, 22; 4:2; 요이 1:7).

대부분의 학자는 니골라 당의 교훈이 매우 이른 시기의 영지주의적 이단의 가르침이며, 아마도 소아시를 배경으로 하는 요한일서의 적대자와 같은 부류일 것이라는 데에 동의한다.[12] 결국 니골라 당은, 사도 바울이 말한 '자유'를 곡해한 반율법적인 방임주의와 당시 로마의 변두리였던 소아시아에서 강화되기 시작했던 황제 숭배에 물든 혼합주의(syncretism)적 이단의 모습을 갖고 있다고 할 수 있다.

그러므로 요한이서 2:7이 묘사하는 이단의 정체를 구체적으로 확정할 수는 없다 해도, 이들은 요한일서의 수신자 교회에서부터 파생되어 소아시아의 다른 도시의 자매 교회들 안으로 침투하려던 '케린투스'와 같은 '가현설적 이

---

12 Osborne, *Revelation*, 120-121.

단'의 한 종류인 것으로 보인다. 이들이 '니골라 당'과 정확히 어떤 관계인지도 알 수 없으나, 니골라 당의 경우처럼 바울의 '이신칭의'의 복음, '자유'의 복음을 오해한 것과 당시 로마 사회의 우상 숭배적인 행태와 혼합된 형태의 변질된 거짓 복음을 전한 것은 분명하다.

요한이서 1:7이 명확히 묘사하는 거짓 가르침은, 예수 그리스도께서 '육체로 세상에 들어오셨다'는 사실을 부인하는 것인데, 이런 주장의 실상은, 예수 그리스도의 '성육신과 육체로 죽고 부활하신 복음'을 당시 그레코로만 사회의 철학과 경제, 사회와 문화를 지배했던 '이원론'(dualism)의 견고한 세속적 세계관을 통해 변질시킨 혼합된 거짓 복음이었던 것이다(참조. 『코이노니아와 코스모스: 요한일서의 이해』, 27-35).

요한이서의 이단의 본질은, 요한일서가 논박하는 것처럼, '하나님 아들'이 육체로 세상에 오셨고, 하나님의 아들이자 사람으로서 십자가에서 죽으셨으며, 그리고 육체로 부활하시고 다시 세상에 오신다는 정통 교리 자체를 부인함으로써, 아버지 하나님께서 '세상에 보내셔서'(요일 4:14), 세상에 '생명의 말씀으로 나타나신'(요일 1:1-2) 그 아들의 구원 사역 자체를 무효화하려는 사탄의 계략을 충실히 실행하려는 것이다.

이 세상을 일시적으로 장악한 악한 자 마귀는, 예수 그리스도의 구속의 '사건들'을 취소시키지 못할 바에야, 이번에는 그 '구속 사건'에 대한 '사실, 진리'를 왜곡함으로써, 계속해서 이 세상을 자신의 악한 영향력 안에 가두어 두려고 한다(요일 4:1-2; 5:19). 이 때문에 요한이서에서 이단과 싸우는 일의 중요성은, '육체로 이 세상에 오신' 그 아들을 통해 이미 이 세상에 침투한 하나님의 나라를 증거하고 지켜 내며 온전히 성취하는 '진리 대결'의 전쟁이 되는 것이다. 이렇게 함으로써 교회(코이노니아)는, 세상(코스모스)을 자신의 것으로 회복하시려는 하나님의 구원 계획에 대한 마귀의 저항과 반격에 맞서 자신을 지켜 내는 것이다.

이런 질문을 해 보자. 요한이서가 요한일서와 같은 이단의 문제와 해법을 공유하면서도, 요한일서와는 다르게 나름대로의 특징적 공헌을 하는 부분이 있다면 그것은 무엇일까? 우리는 이 단서를 요한일서의 끝부분에서부터 확인할 수 있다. 즉, 요한일서를 마무리하는 5:18-21에서는 독특한 주제가 전개되는데, 그것은 특별히 '지키심'에 관련된 권면이다.

요한일서는, '예수께서 육체로 오심을 부인'하는 이단과 결별한 수신자 공동체에게, 예수 그리스도를 믿는다는 것은 '악한 자의 코스모스'(요일 5:19)에 속한 자들과 분리되는 것이며, 동시에 '삼위 하나님과의 코이노니아'(요일 1:1-10)에 속하여 그 안에 거하며 사는 것이라고 가르친다. 이것이, "하나님께로부터 난 자가 그를(하나님께로부터 난 자들, 성도) 지키신다"고 확증하는 이유이고(요일 5:18), 하나님께로부터 난 자녀들 역시 "자신을 그 우상들로부터 안전하게 지켜 내라"는 권면을 받는 이유이다(요일 5:21).

그러니까, 요한일서의 마지막은 하나님의 아들 안에서 '지키심을 받은' 은혜를 선포하면서, 또한 그 은혜에 근거해서 '너희 자신을 세상으로부터 지키라'는 요구로 마무리되는 것이다(요일 5:21). 그렇다면, 교회가 어떻게 세상으로부터 자신을 지켜 낼 수 있다는 말인가? 요한이서는, 바로 이런 질문에 대한 '구체적인 사례'를 제공한다. 이것이 요한일서와 요한이서가 순차적으로 배열된 정경적인 의도일 것이다.

결국, 요한이서는 요한일서가 마지막에 부탁한 그 '너희 자신을 우상에게서 지키라'는 명령을 교회가 도대체 구체적으로 어떻게 실행할 수 있는지를 보여 주는 '예시'인 셈이다. 요한이서는 교회가 어떻게 해야 세상에서 자신을 지킬 수 있다고 가르치는가? 요한이서의 주된 강조점은 '거짓 가르침'을 분별하고 저항하며, 이를 받아들이지 말고, 결단코 이와 뒤섞이지 말아야 한다고 경고한다.

오늘날도 마찬가지이다. 교회가 어떻게 해야 세상에서 자신을 지킬 수 있는가? 재정이 튼튼해야 하는가? 건물이 좋아야 하는가? 정부가 탄압을 하지 말아야 하는가? 이 모든 것들이 필요할 수 있다. 하지만 절대적인 조건은 아니다. 재정이 흔들리고, 건물에서 쫓겨나고, 정부가 탄압하더라도, 교회가 악한 자 마귀 아래 놓여 있는 이 세상으로부터 자신을 진정으로 지켜 내는 길은 '진리'로 말미암는 것이다.

오직 '예수 그리스도에 관한 순전하고 온전한 진리'만이 교회를 세상으로부터 교회답게 지켜 낼 수 있는 가장 필수적이고, 가장 강력한 방식이다. 동시에, 예수 그리스도의 복음, 그분과 그분의 나라에 관한 진리는 '교리에 관한 책'으로 보장되는 것이 아니라는 것도 중요하다. 예수 그리스도의 순전하고 온전한 진리는, 그 진리를 믿고 순종하여 따르는 '살아 있는 신자들의 공동체'를 통해서 보전된다. 말씀이 육신이 되어 세상에 오신 것처럼, 예수 그리스도에 관한 진리도 '살과 피를 가진' 살아 있는 교회의 신앙과 삶 속에서 '성육화(成肉化)'되어야 하는 것이다. 이것이 요한이서의 핵심 메시지이다.

4. '사랑으로 지키심을 입은 교회', 요한삼서의 기록 배경과 주제

요한삼서 역시 요한이서의 경우와 마찬가지로 교회가 어떻게 세상에서 자신을 지켜 낼 수 있는지에 관한 예시를 보여 준다. 하지만 요한이서와는 또 다른 중요한 주제를 강조하고 교훈한다. 그것은 아버지 하나님의 사랑을 입은 교회는, 세상에서 '그 사랑'을 지켜 냄으로써 자신을 지켜 낸다는 사실이다. 요한삼서의 주제는 '사랑으로 지키심을 입은 교회'라 할 수 있다. 요한삼서는 그 시작부터 끝까지 '사랑'에 대한 언급으로 가득 차 있다. 1절에서 6절까지 무려 5회나 언급될 뿐 아니라, '사랑하는 자여'라는 호격도 서신 전체에서 문단이 전환되는 부분마다 3회에 걸쳐 반복된다(요삼 1:2, 5, 11).

편지를 쓰는 장로는 수신자를 처음부터 '사랑하는 가이오'라 부를 만큼 '사랑'을 강조한다. '가이오'는 누구인가? 신약에는 '가이오'라는 이름을 가진 세 인물이 등장하는데, 바울의 선교 여행에 참여했던 동반자요 마게도니아 출신인 가이오(행 19:29), 더베 출신의 가이오(행 20:4), 그리고 고린도에서 회심한 자들 가운데 한 사람인 가이오(고전 1:14; 롬 16:23)이다.

요한삼서의 수신자인 가이오가 이 셋 중 한 인물인지, 아니면 같은 이름을 가진 또 다른 사람인지는 확인할 길이 없다. 요한삼서의 본문에 근거해서, 수신자였던 그 '가이오'가 어떤 인물인지를 재구성할 수 있을 뿐이다. 그는 장로 요한의 '사랑을 받았던' 인물이다. 장로는 그를 참으로 '사랑하는 자'로 부르며 진심으로 축복한다(요삼 1:1-2). 왜 그런가? 가이오가 '진리 안에서 행하는' 사람이었기 때문이다(요삼 1:3).

가이오가 '진리 안에서 행했다'는 것은 어떤 의미인가? 문맥을 통해 정황을 살펴보면, 가이오가 자신의 지역에 있는 교회를 방문하는 순회 전도자들을 '사랑으로 환대하고 접대하는' 일을 잘하고 있었다는 뜻임을 알 수 있다(요삼 1:5-6). 주의 이름을 위하여 이방인들 가운데로 나아가서 복음을 전하는 전도자들을 영접하는 일, 그것이 '진리를 위하여 함께 수고하는 사랑'인 것이다(요삼 1:6-8). 가이오는 이런 식으로 진리 안에서 사랑으로 행한 모범적인 형제였다.

장로 요한은, 가이오가 그 지역 교회에서 악한 일을 행하던 디오드레베를 본받지 말고 계속해서 선을 행하기를 권면한다. 순회 전도자들을 접대하지 않았던 디오드레베의 악행을 본받지 말라는 것이다(요삼 1:9-11). 가이오는, 장로 요한이 '속히 얼굴과 얼굴을 대하여 교제하기'를 원할 만큼 진리와 사랑 안에서 가깝고 깊은 코이노니아를 나누었던 인물임이 분명하다(요삼 1:13-14). 또한 장로가 그 지역 교회의 믿음의 형제자매들의 안부를 위탁할 만큼 신뢰받는 지도자였을 것이다(요삼 1:15).

결국 요한삼서에서 가이오라는 인물은, 진리 안에서 순회 전도자들을 환대하고 섬기는 사랑을 대표하는 인물이다. 즉, 가이오는 교회가 세상에서 자신을 지키려 할 때 이 사랑의 행위가 얼마나 결정적인지를 보여 주는 특징적인 인물로 소개되는 것이다. 한편, 요한삼서에는 가이오라는 인물과 극단적으로 대립되는 '디오드레베'라는 인물이 등장하는데(요삼 1:9-11), 이는 가이오의 경우와는 반대로 '복음 전도자들을 환대하지 않는' 경우를 보여 주는 대표적 예이다.

디오드레베는 무슨 이유로 순회 전도자들을 환대하지 않았는가? 여러 가지 가설들이 많지만, 핵심적인 관건은 두 가지이다. 첫째는, 디오드레베와 장로 요한 사이의 '갈등의 본질'이 무엇이었는가 하는 문제이고, 둘째는, 디오드레베가 요한이서와 일서에서 문제가 되었던 그 가현설적 '이단의 가르침을 받아들인 자였는가' 하는 문제이다.

먼저, 장로 요한과 디오드레베 사이의 갈등의 상황을 짚어 보면, 학자들은 두 견해로 나뉜다. 디오드레베가 잘못했다는 주장이 있고, 반대로 장로 요한이 문제가 있었다는 주장이다.[13] 전통적인 견해는, 장로 요한이 아시아 지방을 포괄하는 부권적인 선교 조직체의 지도자였던 반면, 디오드레베는 지역의 개교회 지도자로서 중앙 조직과 치리에 대해 반발하고 있었다는 '교회법적' 해석이 있다(Harnack). 이와 유사하게, 흩어진 교회의 지도자로서 장로가 지역의 개교회를 조직적으로 결합하고자 시도했을 때, 이에 반대하는 지역 교회 사이의 갈등으로 보는 '교회 조직적 해석'도 제시되었다(Fischer).

반대로 장로 요한 쪽이 문제가 있었다는 해석도 있다. 디오드레베가 속한 지역 교회는 성령의 역사를 통해 은사 운동이 활발했는데, 중앙에 있던 장로 요한의 교회가 직제와 조직을 강요하면서 생긴 문제라고 보는 경우, 또는 디

---

13 이하 학자들의 다양한 견해에 관해서는, Kruse, *The Letters of John*, 45-46을 참조하라; 또한, 채영삼, 『공동서신의 신학』, 742-745 참조.

오드레베가 정통 보수였고, 장로 요한이 새로운 신학을 제시했으리라는 가설이다(Käsemann). 한편, 장로 요한이 속한 공동체에서 이단적 분리주의자들이 나와 지역 교회들을 교란시켰을 때, 디오드레베는 당연히 그런 상황에서 누구도 순회 선교사들을 지지하지 말라고 명령했을 뿐인데, 장로 요한이 오해를 한 것이라고 보는 견해도 있다(Storm).

이런 다양한 가설은, 요한이서의 수신자 교회의 정황을 재구성하는 데 여러 가능성을 보여 주지만, '본문 안에서 그리고 역사적으로' 그리 설득력 있는 증거를 찾지 못한다. 특히, 디오드레베가 장로 요한의 교회에서 분리되어 나온 이단의 영향을 받아 거짓 가르침에 물들었다는 주장은, 본문 안에서 그 단서를 찾을 수 없다(Strecker, 264; Kruse, 46).

본문에서 확인할 수 있는 '사실들'만을 정리하면, 첫째, 디오드레베가 장로 요한이 파송한 순회 전도자들을 대접하고 섬기기를 거절했다는 것이다(요삼 1:9). 둘째, 그가 이렇게 한 이유로 장로가 특정한 이유는, 그가 '으뜸 되기를 좋아하는' 것이다(요삼 1:9). 디오드레베가 무엇을 믿었느냐에 관한 것이 아니라, 그의 '성품과 태도'를 지적하는 표현이다. 셋째, 디오드레베는 순회 전도자들을 환대하지 않았을 뿐 아니라, 그들을 맞아들이고자 했던 성도들도 교회 밖으로 내쫓았다(요삼 1:10).

도대체 그가 이렇게까지 한 이유가 무엇이었는가? 교리적인 이유라는 명시는 찾을 수 없다. 장로는 그의 행위가 '악한 것'이라고만 규정한다(요삼 1:11). 디오드레베가 '유대주의적인 폐쇄적 선교관'을 가졌기 때문에, 이방인 선교를 담당했던 순회 전도자들을 거절한 것이라고 보는 설명도 가능성이 있다(조병수, 473-475). 이 견해는 디오드레베의 '폐쇄적' 리더십을 설명해 주고, 그가 이방인 선교를 거부할 만큼 '하나님의 사랑'을 막아섰던 근본적인 이유를 가늠하게 해 준다. 하지만, 이런 가설을 지지하는 근거를 본문에서 찾기는 어렵다.

요한삼서의 본문에서 잠시 눈을 돌려, 요한서신 전체의 배경이 되는 요한계시록 2-3장에 나타난 아시아의 일곱 교회의 정황을 되짚어 보면, 요한삼서가 묘사하는 디오드레베와 같은 우려스러운 지도자의 사례들을 확인해 볼 수 있다. 예를 들면, 디오드레베가 이방인 선교의 길을 막아 버린 것은 에베소 교회가 실패한 모습과 유사하다.

에베소 교회가 '처음 사랑을 버렸다'는 것은, 그들이 더 이상 이방인들을 향해 복음 전도를 비롯한 선교 사역에 열심을 내지 않게 되었다는 의미이기 때문이다(계 2:1-7). 여기서 '주님께 대한 사랑이 식었다'는 말은, 그들이 더 이상 복음을 전하는 선교 행위에 열심을 내지 않는 것에 대한 관용적인 표현이기도 하다(Schnabel, 819-820). 이런 점에서, 장로 요한이 가이오의 '사랑의 행위'를 칭찬하는 그 정황이 이방인 선교를 담당한 순회 전도자들을 접대한 행위를 가리킨다는 사실은 의미심장하다.

버가모 교회의 경우 '발람의 교훈을 지키는 자들'이 있다고 했는데, 이들의 특징은 교회 안에서 가르치고 인도하는 교사나 지도자의 위치에 있으면서도, '경건을 이익의 재료'로 사용하는 등, 탐욕에 연단된 자들이었다(계 2:12-17). 동시에, 그들은 교회 내에서 분당과 분열의 원인이 되었다는 점도 주목해야 한다(참조. 벧후 2:3, 15). 디오드레베 역시, 이방인을 향한 순회 전도자들에 대한 물질적인 섬김과 봉사를 독단적으로 막았다는 점에서, 그가 비인격적일 뿐 아니라 '탐욕적'인 지도자였을 가능성을 배제할 수 없다.

라오디게아 교회는 스스로 부요하다 부족한 것이 없다고 생각하여, '뜨겁지도 않고 차지도 않게' 되기까지 선교와 사랑의 열심을 잃어버린 교회로 알려져 있다(계 3:17-19). 이는, 당시 부유했던 소아시아 지역의 한 단면을 반영하며, 요한삼서의 디오드레베가 장악했던 당시 교회의 시대적 정황을 간접적으로 엿볼 수 있게 해 준다.

결국, 디오드레베는 이방인들에게 대가를 받지 않고 복음을 전하는 순회 전도자들을 접대하는 일을 거절했다. 본문이 확인해 주는 이유들에는, 그가 '으뜸 되기를 좋아했고', 자신의 지위와 권세를 휘둘러 순회 전도자들을 접대하고자 하는 성도까지 내쫓을 만큼 그 지역 교회를 독재적으로 지배했다는 점들이 포함된다.

혹시, 디오드레베의 그런 권력욕과 함께 재물에 대한 탐욕도 그 동기로 작동한 것은 아닐까? 그래서 장로 요한은 우회적으로나마 그것을 본받지 말아야 할 '악한 일'(요삼 1:11)이라고 한 것은 아닐까? 어쩌면, 오늘날 디오드레베와 같은 교회 지도자들을 주변에서 찾는 것은 그리 어렵지 않은 일이 아닐까? 이런 가능성들은 본문 연구를 통해 상세히 검토해 보아야 할 주제들이다.

5. 요한이서와 요한삼서의 문학적 구조

요한일서에 비하면, 요한이서와 요한삼서의 구조는 상대적으로 파악하기 용이한 편이다. 앞서 밝혔듯이 두 서신은, 코이노니아로서의 교회 공동체가 예수 그리스도의 '지키심을 입고' 있으며, 그래서 교회 자신도 스스로를 세상의 우상들로부터 '지켜야 한다'는 요한일서의 마지막 부탁을 구체적인 사례를 통해 보여 준다(요일 5:21). 요한이서는 '진리'를 지킴으로써, 그리고 요한삼서는 '사랑'을 지킴으로써 그렇게 할 수 있다는 사실을 예시함으로써, 요한일서의 신학을 보다 실천적으로 구현하는 정경적 역할을 한다. 결국, 요한이서와 요한삼서는 '사랑과 진리의 코이노니아'로서의 교회 공동체를 지켜 가는 일의 중요성을 가르친다. '지키심을 입은 교회'라는 동일한 주제를 공유하는 두 서신의 문학적 구조를 비교하여 정리하면 다음과 같다.[14]

---

14 요한이서, 요한삼서의 문학적 구조에 관한 또 다른 자세한 도표는, 채영삼, 『공동서신의 신학』, 728을 참조하라.

'지키심을 입은 교회'	요한이서	요한삼서
	'진리의 코이노니아'	'사랑의 코이노니아'
A. 인사말	'함께할 진리'(1-3절)	'사랑하는 자여'(1-4절)
B. 주제	진리를 행함(4-6절)	사랑의 증거(5-8절)
C. 문제	미혹하는 자(7-9절)	교만한 자(9-10절)
D. 해법	진리로 지킴(10-11절)	사랑으로 지킴(11-12절)
E. 맺는말	코이노니아의 기쁨(12-13절)	코이노니아의 기쁨(13-15절)

요한이서와 요한삼서를 관통하는 전체 주제는 '지키심을 입은 교회'이다. 요한이서는 '진리의 코이노니아'를, 요한삼서는 '사랑의 코이노니아'를, 실제 교회들의 예시적 정황을 들어 강조한다. 두 서신은 모두 1세기 편지 양식에 부합하는 인사말과 맺는말을 포함하고 있다. 각 서신에서 인사말의 내용은 그 강조점이 조금씩 다른데, 고대의 서신에서 인사말은 그 서신의 본론의 주제를 미리 암시한다는 점에서 중요하다(A와 B).

요한이서의 인사말은 '진리'라는 주제를 부각시키는 방식으로 기록되었다(요이 1:1-3). 한편, 요한삼서의 인사말은 '사랑'이라는 주제를 부각시킨다. 두 서신 모두 인사말에 이어서 본론에서는, 주제에 관련된 '사례'를 제시한다. 요한이서는 '계명대로 진리에 행하는 자녀들'을 칭찬하며 진리의 계명을 지키는 것을 강조하고(요이 1:4-6), 요한삼서는 가이오가 이방인 가운데서 복음을 전하는 순회 전도자를 접대한 사실을 두고 그의 사랑의 섬김을 칭친한다(요삼 1:5-8).

두 서신의 본론에는 모두, 핵심적인 문제 상황이 제시된다(C). 요한이서가 다루는 문제는, '예수 그리스도께서 육체로 임하신 것을 부인하는' 거짓 가르침을 전하는 자들과 그로 인해 생길 수 있는 파괴적인 결과를 경고한다(요이 1:7-9). 요한삼서의 문제는 전혀 다르다. 가이오와 가까이 있는 지역 교회에서 순회 전도자들을 거부하고 그들을 접대하고자 하는 성도들까지 내쫓은 독재적인 목회자 디오드레베의 경우를 거론하며 경고한다(요삼 1:9-10).

두 서신 모두, 각 서신이 예시로 든 문제 상황에 대한 해법과 권면을 기록한다(D). 요한이서는 거짓 가르침을 전하는 자들과 교제하지 않은 것이 교회를 진리로 지키는 길임을 권면한다(요이 1:10-11). 요한삼서는 이방인 선교를 위한 환대와 섬김의 선행을 계속하는 것이, 교회를 사랑으로 지키는 길임을 권면한다(요삼 1:11-12).

마지막으로 두 서신 모두 요한일서의 중심 주제에 맞게, '코이노니아의 기쁨'을 기대하고 약속하면서 서신을 맺는다(E). 요한이서는 직접 '기쁨'이라는 단어를 언급하면서(참조. 요일 1:4), 직접 면대하여 나누고 사귐의 연합을 이어가기를 기대하는 말로 마무리한다(요이 1:12-13). 요한삼서 역시 직접 대면하여 나누고 사귀는 코이노니아의 기쁨을 기대하며 마무리된다(요삼 1:13-15).

마치 쌍둥이 서신처럼, 두 서신이 모두 '지키심'이라는 동일한 주제를 공유하면서도, 각기 '진리'와 '사랑'이라는 주제를 강조하는 문학적 구조를 따라 배열하고 있음을 알 수 있다. 요한이서와 삼서는, 요한일서가 설명하는 '세상(코스모스)을 이기는 코이노니아'로서의 교회의 실제 모습을, 교회 현장의 구체적인 문제 상황과 이에 대한 해결책을 통해 입체적이고 생동감 있게 전달한다.

제1장

요한이서
'진리로 지키심'을 입은 교회

오래전 한 학생에게서 예기치 않은 전화를 받았다. 학교에 잘 다니고 있던 신학생이었는데, 다급하고 불안해하는 목소리였다. '지금 곧 어떤 분하고 성경 공부를 하러 가야 하는데, 가도 좋겠느냐'는 것이었다. 누군지 물어보았는데, 아르바이트하는 곳에서 종종 자신을 도와주는 친절한 '집사님'이었다고 했다. 의심쩍어, '무슨 성경 공부냐'고 물었는데, 이야기를 들어 보니 한국 교회를 미혹에 빠뜨리고 있는 그런 이단 종파인 것이 분명했다.

주변에 이런 일들이 많다. 믿음은 있지만 잘못된 거짓 가르침에 노출되기가 쉽고, 또 쉽게 속아 넘어가 길을 잃게 되는 경우이다. 예수를 믿고, 교회에 다닌다고 해서 다 끝난 것이 아니다. '진리의 길'을 벗어나지 않도록 깨어 있어야 한다. 우리 주변에 들끓는 거짓 가르침을 분별할 수 없다면, 그리고 그런 거짓 가르침을 거절하고 올바른 성경 말씀에 뿌리를 내리고 성장할 수 없다면, 그 결과는 너무 불행할 것이다.

이런 점에서 요한이서는 오늘날 교회에게 꼭 필요한서신이다. 요한이서의 배경은 요한계시록 2-3장에 기록되어 있는 소아시아의 일곱 교회일 가능성이 높다. 1세기 전후 소아시아의 초기 교회들은 여러 모양으로 '거짓 가르침'에 시달렸다. 에베소 교회로 하여금 그 처음 사랑에서 떠나게 만들었던 '니골라 당'(계 2:6, 15)이나, 서머나 교회를 핍박했던 '훼방하는 유대인들 곧 사탄의 회당'(계 2:9), 그리고 버가모 교회로 하여금 책망을 받게 만든 '발람의 교훈을 지키는 자들'(계 2:14)의 위협이 그 사례이다. 요한이서가 다루는 거짓 가르침의 문제는, 당시의 교회들에게 있어 그만큼 중요한 문젯거리였다.

1. '영원히 거하는 진리'(1-3절)

고대의 서신은 통상 그 인사말에서부터 본론에서 하고자 하는 메시지의 단서들을 꺼내어 언급하는데, 요한이서도 예외가 아니다. 요한이서는 인사말에서부터 '진리'를 강조한다. 그렇게 하는 이유는, 서신의 본론에서 교회가 거짓 가르침으로부터 자신을 지키는 일이 얼마나 중요한지를 설득하고자 하기 때문이다. 이런 강조점을 염두에 두고, 이제 '장로'가 지역 교회에게 축복 인사를 건네는 요한이서 1-3절의 본문을 찬찬히 읽어 보자.[15]

> 1 장로는 택하심을 입은 부녀와 그 자녀들에게 편지합니다. 내가 진리 안에서 사랑하고 또 나뿐만 아니라 진리를 알게 된 모든 자들이 그렇게 하는 것은, 2 우리 안에 그리고 우리와 함께하는 자들 안에 영원토록 거하는 진리 때문입니다. 3 은혜와 긍휼과 평강이, 하나님 아버지께로부터 그리고 예수 그리스도, 그 아버지의 아들로부터 와서, 진리와 사랑 안에서 우리들과 함께할 것입니다.

때로 인사말은, 요한삼서의 경우처럼 수신자의 행동을 칭찬하고 축복하면서 기분 좋게 시작하기도 한다(요삼 1:1-4). 요한이서도 4절에서는 이웃 교회의 형제들이 진리 안에서 행하는 것을 '크게 기뻐한다'고 표현한다. 하지만 1-3절을 자세히 들여다보면, 발신자인 '장로'는 '진리 안에서 행하는 것'이

---

15 이후에 소개되는 요한이서, 요한삼서 그리고 유다서의 본문은, Nestle-Aland, *Novum Testamentum Graece* 27판과 28판의 헬라어 원문과 다른 한글 번역본들을 고려하여 번역한 사역(私譯)임을 밝혀 둔다.

얼마나 중요한지를 강조하고 싶어서 서두르고 있다는 인상을 받는다. 단 세 구절 안에서 '진리'라는 단어를 무려 4회나 사용한 것만 보아도 이를 짐작할 수 있다.

1세기 전후 그레코로만 사회의 일상적인 편지에서, 상대방에게 인사를 건네는 데 '진리'를 그렇게 강조하는 것은 찾아보기 힘든 경우일 것이다. 대개는 수신자의 안부를 묻거나 건강과 안녕을 빌기 때문이다. 이런 점에서 더욱, 요한이서는 기독교 서신다운 특이함을 나타낸다. 왜 인사말에서부터 그렇게 '진리'를 강조하는 것일까?

'장로' – 나중에, 더 낮은 곳으로

이런 질문을 마음에 품고 1-3절을 살펴보자. 우선, 1절에서 편지의 발신자인 '그 장로'(호 프레스뷔테로스, ὁ πρεσβύτερος)는 누구인가? 여기서 '장로'라는 칭호는 단순히 '나이 든 원로' 정도의 의미라기보다는, 신약 시대나 그 후 사도 시대에 활동했던 '지역 회중의 목회적 지도자'를 가리킨다고 보는 것이 적절하다. 그러니까 '장로'는, 주로 지역 교회의 양 무리를 돌보고 섬기는 목회적 사역을 하는 지도자였다.

장로의 이런 역할을 언급하는 첫 번째 사례로서, 주후 40년대 중반 큰 흉년이 들었을 때 안디옥에 있던 바나바와 사울이 유대에 있던 예루살렘 교회의 '장로들'에게 부조금을 보낸 경우를 들 수 있다(행 10:27-30). 이 '장로들'은 사도들과 함께 주후 49년에 있었던 예루살렘 총회에도 참여했는데(행 15:2, 4, 6, 22-23; 16:4), 사도들과는 또 다르게, 실제적으로 양 무리의 신앙과 삶의 처지를 돌아보고 돕는 역할을 했던 '목자들', 즉 목양을 담당했던 '목회자들'에 가까웠다고 할 수 있다(행 14:23; Yarborough, 329-330).

오늘날 '목사'의 직무에는 가르치는 '교사'와 돌보는 '목자'(shepherd)의 사역이 함께 포함되어 있는데, 초기 교회에서 '장로'의 역할에도 교사와 목자의 사역이 함께 맡겨져 있었던 것이다. 이처럼 사도 요한은 자신을 지역 교회의 '장로'로 부르며 목회적 문제를 다루고 있다. 그가 에베소 지역에 오래 머물며 인근의 서머나나 버가모와 같은 도시들에 있는 지역 교회들에 관여하며, 그들을 감독하고 섬겼던 사실은 초기 교회에 널리 알려져 있었다.[16]

유세비우스는 사도 요한에 대해 이렇게 증언한다: "현재(즉, 트라얀 황제의 즉위 시작 연도, 주후 98년), 예수께서 사랑하셨던 바로 그 제자인 요한, 사도요 동시에 복음 전파자인 그가 아직도 아시아 어딘가에서 살아 있으며, 거기서 교회를 섬기고 있는데, 이는 도미티안 황제 사망 후, 그가 추방된 섬에서 돌아왔기 때문이다. 그가 지금껏 생존해 있다는 것은, 두 증인들에 의해 확실히 인정되었는데, 적어도 이레네우스와 알렉산드리아의 클레멘트에 의해 그러하다"(*Hist. eccl.* 3.23.1-2).

이 증언에서 '사도'였던 요한이 동시에 '복음 전파자'였다는 사실을 주목할 필요가 있다. 예수님이 사랑하던 제자요 그의 어머니 마리아를 돌보고 있었던 예루살렘의 '기둥과 같은 사도'였던 요한은, 자신이 '복음 전도자'였다는 사실을 잊지 않았다는 것이다. 그가 '아시아 어딘가', 아마도 에베소 지역을 중심으로 '교회를 섬기고 있었다'는 사실도 흥미롭다. 실제로 이레네우스는 "주의 제자, 주의 품에 안겨 기대었던 요한은 아시아에 있는 에베소에 있었던 기간 동안 복음서를 기록하였다"(*Haer.* 3.1.1)고 증언한다.

이는 알렉산드리아의 클레멘트의 증언과도 대체로 일치한다: "사도 요한은 밧모섬에서의 유배 생활 후에 다시 에베소로 돌아와 살았으며, 거기서부터 인접한 이방인들의 지역에 초청받아 선교 활동을 했는데, 어떤 곳에서는

16 요한이서와 요한삼서의 저자인 '장로'가 동시에 요한일서의 저자인 '사도 요한'이라는 논증은, 이 책의 〈서론〉의 3. 요한이서의 기록 배경과 주제, '진리로 지키심을 입은 교회'에서 다루었다. 또한, 사도 요한과 요한 문헌의 관계를 설명하는 『코이노니아와 코스모스: 요한일서의 이해』, 31-41을 참조하라.

감독들을 임명했고, 다른 곳에서는 전체 교회들의 조직을 정비했으며, 또 다른 곳에서는 성령에 의해 선택된 어떤 자들을 임명하여 세우기도 했다"(*Hist. eccl.* 3.23.6). 이 기간 동안 사도 요한이 요한서신을 기록한 흔적도 남아 있다. 이레네우스는 자신의 이단에 관한 변론서에서 요한일서 2:18-22, 4:1-3, 5:1, 요한이서 1:7, 8 등을 인용한다(*Haer.* 3.16.18).[17]

초기 교회 교부들의 이러한 증언들은, 요한이서의 저자인 '사도'요 '장로'였던 요한에 대해 중대한 이해를 제공한다. 요한은 '주의 형제 야고보'(행 15:6, 13; 약 1:1; 유 1:1) 그리고 베드로와 더불어 예루살렘의 최고 지도자 중 한 사람이었다. 바울도 이 세 인물을 초기 교회를 떠받치는 '기둥과 같은 사도들'(갈 2:9)로 인정한바 있다. 그런 권위 있는 인물이었던 사도 요한이, 예루살렘에서 멀리 떨어진 소아시아의 지역에 흩어진 교회들을 섬기는 선교사요 장로의 역할을 하며 여생을 보냈다는 사실은, 오늘날의 교회가 기억해야만 하는, 교회의 아름다운 '섬김'의 전통이다.

예루살렘의 또 다른 주요한 지도자요 권위 있는 사도였던 베드로의 경우도 마찬가지이다. 그는 로마의 변두리였던 아나톨리안 반도에 흩어진 성도들에게 자기 자신을 소개하면서, 자신을 '함께 장로 된 자'로 소개한다(벧전 1:1-2; 5:1). 오늘날로 치면 '총회장급'에 해당하는 초기 교회의 최고 지도자들은, 한결같이 그 인생의 후반부에 선교 지역의 교회들을 가르치고 목양하는 '장로' 즉, 목회자로서 살다가 순교했던 것이다.[18]

신앙은 처음만큼이나 '나중'이 중요하다. 초기 교회를 세워 갔던 최고의 권위자들, 교회 지도자들이 어떻게 자신의 신앙 여정의 후반기를 보냈는지를 아는 것은, 우리에게 큰 감화와 교훈이 된다. 사도 요한은, 초기 교회의 주요

---

17 Schnabel, *Early Christian Mission*, 819-842.

18 '주의 형제'요 예루살렘 교회의 실질적인 권위자였던 총회장 '야고보'의 사역과 죽음에 관하여는, 채영삼, 『지붕 없는 교회: 야고보서의 이해』, 20-23을 참조하라.

한 지도자였지만 자신이 '복음 전도자'라는 사실을 잊지 않았다. 그는 부질없는 권력 싸움에 매몰되지 않았고, 자신의 생애의 끝에 다다르기까지 '복음 전파'의 열정과 '진리'에의 헌신을 잊지 않았던 것이다. 예루살렘을 등지고, 외지고 멀리 떨어진 선교지로 나아가, 온갖 거짓 가르침과 유혹, 핍박과 위협과 맞서 싸우며, 지역 교회의 양 무리를 돌보고 섬기는 낮은 자리를 자처한 진실한 신앙이었다.

이것을 잊지 말아야 한다. 신앙은 '올라가는' 싸움이 아니라, 끝까지 '내려가는' 싸움이다. 그만큼 경건하고 윤리적이기 때문만이 아니라, 성도는 '이미' 죄와 죽음을 이기시고 하늘에 오르시어 하나님 보좌 우편에 앉으신 주와 '함께 그 하늘 보좌에 앉은' 영광을 누리고 있는 존재이기 때문이다(엡 2:4-6; 벧전 3:22; 계 4:8-11; 5:5-14). 거꾸로 말하면, 오직 주 예수 그리스도 안에서 그와 함께 이미 하늘의 영광을 누리고 있는 자라야, 지금 여기 이 땅에서 낮은 자리로 내려가, 그 사역을 주님의 사랑으로 기쁨으로 감당할 수 있다는 뜻이다. 기꺼이 지역 교회의 장로라 불리기를 주저하지 않으며, 외진 지역에서 주의 교회를 세우며 여생을 마감했던 초기 교회의 권위자 사도 요한의 편지를 계속해서 마음으로 따라가며 읽어 보자.

'부녀' – 적대감 앞에 선 교회의 정결함

1절에서 "택하심을 입은"(엑클렉테, ἐκλεκτῇ)이라는 표현은 짧지만 강렬한 여운을 남긴다. '택하심을 입었다'는 것은 그렇게 영광스러운 것이다. 그것은 결코 잃을 수도 없고, 함부로 잊어서도 안 되며, 누구에게도 빼앗겨서는 안 되는 은혜의 선물이다. 요한이서 1:1의 문맥은, '택하심을 입은'이라는 문구가 무엇을 의미하는지 구체적으로 설명하지 않는다. 어쩌면 그 이전이나 함께 동봉한 편지들에서 자세히 설명한 내용을 전제하기 때문일 수도 있다.

예컨대 요한일서에서 '택하심을 받았다'는 것은, '하나님의 자녀가 되었다'는 것과 같은 뜻이다. 예수 그리스도의 대속(代贖)을 통해 죄 사함을 받고 중생하여, 죄짓지 않게 하는 '하나님의 씨'를 받은 사실과 더불어(요일 2:1-2; 3:9-10), 마귀의 일을 멸하신 예수 그리스도와 함께 부활 생명을 누린다는 것을 의미한다(요일 3:4-8). 또한, 성도가 '택하심을 입어' 하나님의 자녀가 되었다는 것은, 주께서 얻으신 그 '영광'을 받아 함께 누리며, 지금 이 땅에서도 '그 영광에 따라' 온전히 성화되어 간다는 뜻이다(요일 2:28-3:2).

이런 관점에서 보면, '택하심을 입은'이라는 형용사는 단순히 '부녀에게'(퀴리아, κυρίᾳ)를 묘사하는 역할에 그치는 것이 아니라, '진리'라는 주제를 이해하기 위한 단서가 됨을 알 수 있다. 1절에서 '택하심을 입은'이라는 표현은, 곧 이어 3절까지 4회나 반복되는 '진리'라는 단어와 깊은 관계에 놓여 있는 것이다. 택하심을 받은 그 은혜와 특권은, 교회가 그 택하심의 복음, 그 복음에 관한 진리를 굳게 지킬 때에만, 빼앗기지 않고 지켜 낼 수 있기 때문이다.

한편, 택하심을 입은 '부녀'는 누구를 가리키는가? 혹자는, '퀴리아'라는 호칭 자체가 그레코로만 문화에서 많은 회중으로 구성된 시민 조직의 단위를 가리킬 수도 있다고 언급하기도 한다(Strecker, 334). 하지만 대부분의 학자는 '부녀'(퀴리아)가 택하심을 받은 '교회'를 가리킨다고 본다. 일찍이 주후 200년경 알렉산드리아의 클레멘트는 요한서신을 두고 "처녀들에게 기록된 요한의 두 번째 서신"이라 명명하면서, "택하심을 입은 부녀"나 "택함받은 자매의 자녀들"(요이 1:1, 13)이라는 표현은 '교회'를 가리킨다고 명확히 해석한바 있다(*GCS* 17, 215; Brown, 1128).

중요한 점은, 1절의 '부녀와 그 자녀들'이 이웃 지역 교회에 속한 하나님의 백성들이라는 사실 자체보다, 이런 표현이 요한이서를 이해하는 데에 어떤 도움을 주는가이다. 요한은 수신자 교회를 왜 굳이 '부녀와 그 자녀들'이라 표현했는가? 추측이지만, 이는 당시 1세기 로마의 종교나 정치, 사회 문화적 배경 속에서 '예수 그리스도의 교회'를 공개적으로 표현하는 것을 부담스러워했던 한 단면일 수 있다. 로마에서 황제 숭배가 국가 차원에서 본격화되는 것이 2세기경 트라얀 황제 통치 이후라고 볼 때, 1세기 후반에는 황제 숭배로 인한 공식적인 탄압은 심하지 않았다 해도, 점증하는 사회적 적대감을 충분히 의식할 수는 있었을 것이다.

요한서신의 배경이 되는 요한계시록 2-3장의 일곱 교회들이 위치했던 소아시아 지역은, 이미 1세기경에 교회들이 설립된 지역이고, 동시에 로마의 행정력이 충분히 미쳤던 곳이라 더욱더 갈등이 증폭되어 가고 있었다. 당시, 한 분 하나님과 한 주(主) 되신 예수 그리스도를 예배하고 섬기며 따르는 그리스도인들은, 다신교를 믿는 로마인들로부터 '무신론자들'이라든지 '인류를 증오하는 자들' 또는 '참아 줄 수 없이 교만한 자들', '폭동을 일으키는 무리들'이라는 식으로, 사회적 따돌림을 당하기도 했다.

심지어 로마인들은, 그리스도인들의 성찬식을 오해하여 '식인종자들'이라 욕하거나, 성도 간에 서로 형제자매로 부르는 교회의 관행을 두고 '근친상간자들'이라 비난하기도 했다(채영삼, 『십자가와 선한 양심: 베드로전서의 이해』, 167-169 참조). 요한이서에서 수신자인 인근 지역의 교회를 '부녀와 그의 자녀'로 부르는 데에는, 이렇듯 예수 그리스도를 따르는 자들을 공개적으로 호칭하는 것이 관행이 되기 어려운 당시의 사회적 적대감을 의식하는 정황이 반영되었기 때문이기도 할 것이다.

동시에, 주의 교회를 '부녀'(婦女)로 묘사하는 데에는 그런 세상의 적대적인 공격, 즉 그것이 유혹이든 핍박이든, 세상으로부터 교회를 향하여 밀려오는 공격에 대하여, 교회가 '주의 거룩한 신부'로서 끝까지 '정결함'을 지켜 내야 할 특권과 사명을 강조하는 의미가 담겨 있을 것이다. 실제로 성경은 언약 백성을 향하여, '여자나 신부'로 묘사하는데(사 54:1, 6, 13; 렘 6:2; 31:21, 32; 요 3:19; 갈 4:25-26; 엡 5:22; 계 12:1-6; Yarborough, 334), 이는 요한이서가 수신자 교회를 '부녀'로 호칭하는 맥락과 전혀 다르지 않다.

그러므로 1절에서 수신자를 '부녀'로 부르는 것은 이유 없이 택한 호칭이 아니다. 수신자 교회가 그 지역에서 적대감이나 핍박을 받고 있다는 것과, 그렇기 때문에 그들이 '주의 신부'로서 세상의 거짓과 부패에 맞서 타협하지 않고, 끝까지 교회로서의 '정결함'을 지켜 내야 하는 특권과 사명을 가진 자들임을 상기시키는 표현이라 할 수 있다.

'세상 속의 교회'의 변하지 않는 목적은, 세상에서 세상의 방식대로 승리하는 것이 아니다. 소금의 목적이 그 소금이 그 위에 뿌려진 '고기'가 되는 것이 아니며, '등잔'의 목적이 그 등잔 불빛이 밝히는 세상의 '어둠'이 되는 것이 아닌 것과도 같은 이치이다. 교회는 오직 교회가 될 때, '세상에서' 이기든 지든, 반드시 '세상을' 이기게 된다. 십자가에 달려 죽으신 주 예수 그리스도께서 '내가 세상을' 이기었다 하셨기 때문이다(요 16:33). 또한, 바로 여기에 사도 요한이 선포한 '세상을 이긴 믿음'의 비밀이 있다(요일 5:1-4).

'진리' – 무엇이며, 왜 중요한가?

요한이서 1:1은 발신자와 수신자를 언급한 후에, 곧바로 이 편지에서 가장 중요한 주제를 가리키는 단어를 꺼낸다. '진리'이다. 진리란 무엇인가? 진리가 무엇이기에, 장로는 '진리 안에서 사랑한다'고 했을까? 진리 없이, 그냥 사랑한다고 하면 안 되는가? 그저 건강과 안녕을 빌고, 다치지 말고 아프지 말고 잘 지내라고 하는 것이 통상적인 사랑의 표현 아닌가? 왜 굳이 '진리 안에서 사랑한다'는 것인가? '진리 밖에서'는 사랑할 수 없기 때문인가? 진리는 무엇이며, 사랑은 무엇인가? 아니, 진리와 사랑이 서로 무슨 관계가 있다는 말인가?

이런 질문들에 답하기 위해, 먼저 '진리'라는 말이 가진 다양한 의미와 그 맥락을 살펴볼 필요가 있다. 자주 쓰이는 말이지만 '진리'라는 단어를, 성경적인 맥락과 일상적인 맥락, 그리고 요한서신에서 사용되는 맥락 안에서 이해하려면, 다소 상세한 설명이 필요하다. 아래의 도표는 '진리'(ἀλήθεια, 알레떼이아)라는 용어가 가질 수 있는 여러 가지 의미들을 한눈에 볼 수 있도록 정리해 놓은 것이다.

'진리'의 의미

(A) 히브리적 배경:	신실함, 말씀이 육신이 됨
(B) 헬라적 배경:	하늘에 있는 원형
(C) 구속사적 차원:	예수 그리스도 자신
(D) 사실, 인격적 관계:	일치, 정합성, 진실함
(E) 세상과 마귀와 대조:	거짓, 미혹이 아닌 하나님의 뜻

(A) 히브리적 배경에서 – '신실함, 말씀이 육신이 됨': 어떤 단어가 갖는 의미를 알고자 한다면 그 단어가 사용되는 문맥을 살펴야 한다. 단어의 의미는 그 단어가 사용되는 문맥에 따라 결정되기 때문이다. '진리'란 무엇인가? 성경적으로 보면, 우선 구약적 배경에서 '진리'가 어떤 의미로 사용되었는지 물을 수 있다. 히브리어에서 '진리'에 해당하는 용어는 '에메트'(אמת)인데, 이는 '신실(信實)함, 정말로 그러함'의 의미이다.

그래서 구약적으로 '진리'라는 말은, 우리가 통상 하나님의 말씀에 '아멘'(amen) 하고 응답할 때처럼 '진실로 그러합니다' 또는 '그 말씀이 실제로 이루어질 것을 믿습니다'라고 할 때의 의미에 가깝다. 구약적 배경에서 '진리'라는 것은, 하나님의 약속에 관한 한 어떤 불가능한 조건이나 언약 백성의 불순종이나 연약함, 심지어는 그들의 배신과 반역에도 불구하고, 끝내 그 말씀을 현실로 이루어 내시는 하나님의 신실하심의 표현인 것이다(참조. 사 55:10-11).

하나님의 말씀은 반드시 실현된다. 이것이 구약의 언약 사상의 핵심이고, 하나님의 신실함이 드러나는 방식이며, 하나님의 말씀이 '진리'인 이유이다. 요한복음에서, 태초부터 계셨던 '말씀'이 드디어 '육신'이 되었다든지, 예수 그리스도 안에 은혜와 함께 '진리'가 충만하다든지 하는 것도 이런 맥락이다(요 1:1, 14). 예수 그리스도가 '진리'라는 말은, 하나님께서 오래전부터 선지자들을 통해 여러 부분과 여러 모양으로 하신 말씀이 끝내 종말에 나타나신 '그 아들의 오심을 통해' 성취되었다는 의미인 것이다(히 1:1-2; 요 14:6).

같은 맥락에서, 요한일서에서 '진리'라는 단어는 1:6에 처음 나오지만, 그 개념은 이미 1:1-2에서부터 완연히 드러난다. '태초부터 있어 온 생명의 말씀'이 드디어, 그 아들의 오심으로 말미암아 역사 안에 '나타내신바 되었다'는 것이다.[19] 역사 이전에도 영원했고 역사 이후에도 영원할 생명이, 드디어 이 역사 안에, 이 세상 안에 '나타나, 실재(reality)가 되었다(!)'는 것이다. 결국 '진리'란 이런 맥락에서, '하나님의 말씀이 참되시다, 진실로 그러하시다'라는 고백에 상응하는 '구속사적 성취'(fulfillment)의 실재를 가리킨다고 할 수 있다.

(B) 헬라적 배경에서 – '하늘에 있는 원형': '진리'를 뜻하는 헬라어 '알레떼이아'(ἀληθεία)는 원래 문자적으로는 부정(否定)을 의미하는 접두사 '알파'(ἀ)와 '잊는다'는 의미인 '레떼'(λήθη)가 합성된 단어인데, 헬라의 철학에서는 '회상'(回想)이라는 개념과 깊은 관계가 있다. 헬라의 철학자들은, 진리를 찾기 위해서는 '망각(忘却)을 거슬러 올라가야' 한다고 믿었기 때문이다. 소크라테스

19 채영삼, "요한일서의 faner-용어 사용과 '나타남'의 신학적 의미," 499-546을 참조하라.

는 이런 사상에 근거해서 '대화법'을 사용했는데, 대화를 통해서 어떤 존재의 '잊힌 원형, 곧 그 이상적인 상태인 이데아(Idea)'를 되찾을 수 있다고 믿었다.

예를 들어 '정의(justice)란 무엇인가'를 묻고 정의의 원래의 개념, 그 이데아를 찾고자 한다면, 일단 정의와 유사한 것들에 대해서 질문하고, 또한 정의와는 다른 불의(不義)가 무엇인지를 물으면서, 서로를 비교하는 가운데 점차 '정의의 가장 순수한 개념'으로 '회귀'하는 것이다. 이렇게 해서 결국에는, 우리가 부분적으로나 왜곡되게 알고는 있지만 실제로는 잃어버린 그 원래의 '정의의 이데아'를 되찾을 수 있다고 생각한 것이다.

이런 배경에서 진리란, 변화에 종속되지 않고 그래서 변질되지 않은 순수한 이데아의 세계에 남아 있는 '원형'(元型, *arche*)에 가까운 개념이다. 또한 헬라 철학은 이 '원형들', 즉 '이데아'들이 변질된 것이 결정적으로 '망각' 그러니까 '지적인 결함' 때문이라고 보았다. 그들에게 '구원'에 이르는 길은, '죄에 대한 참회나 회개' 같은 것이 아니라 '잊힌 진리'를 찾아 회상하는 철학적 방법이 되었던 것이다.

플라톤으로 대표되는 헬라 철학자들은 이런 식의 '이데아들의 세계'가 있다고 믿었다. 그리고 그런 이데아의 이상적인 세계와 분리된 현실 세계 즉 변화와 소멸에 종속된 물질적 세계를 나누는 '이원론적' 세계관을 만들어 냈던 것이다. 이들에게 구원이란 '지적인 회상'을 통해서, 변화하고 소멸하는 물질 세계를 벗어나 수학이나 음악처럼 순수하게 추상적인 정신세계로 탈출하는 것으로 생각되었다.

'진리'(알레떼이아)에 관한 이러한 헬라적 이해를, 앞서 설명한 히브리적인 구약적 이해와 대조해 보면, 여러모로 차이점들이 발견된다. '진리'를 하나님의 말씀이 실제로 성취되는 신실함으로 보는 구약적 관점은 주로 진리 개념의 '역사적'이고 '수평적'(horizontal)인 차원을 드러낸다고 할 수 있다. 대조적으로 헬라적인 이해는, 진리 개념의 '공간적'이고 또 '수직적'(vertical)인 차원을 보다 명확하게 드러낸다고 할 수 있을 것이다.

흥미롭게도, 구약을 배경으로 하지만 헬라 세계를 염두에 두고 기록된 요한복음에서 예수님은 '말씀이 육신이 되신, 진리' 자체이실 뿐 아니라, 자주 '위로부터' 오신 분으로 묘사되는 것을 볼 수 있다. 거듭난다는 것, 성령으로 난다는 것은 곧 '위로부터 나는' 것이며, 예수님은 곧 '위로부터 오시는 이'이시고(요 3:3, 7, 31), '하늘로부터 오는 생명의 떡'(요 6:48-51)이시다.

또한 요한복음의 예수님은 보다 직접적으로, '내가 하늘에서 내려온 것은 내 뜻을 행하려 함이 아니요 나를 보내신 이의 뜻을 행하려 함이니라'(요 6:38)고 밝히시는데, 이는 자신이 '하늘에서 내려온' 하나님의 말씀, 하나님의 형상과 영광의 '본체 곧 원형'이라는 맥락에서 '참, 진짜'의 의미를 갖는 것이다. 이렇듯 1세기 당시의 헬라 문화에서 통용되던 '원형'으로서의 '진리' 개념은, 원래부터 성경에 있던 '하늘에 간직되어 있던 거룩한 세계'를 드러내고 표현하는 데에 효과적인 수단으로 작용한다.

(C) **구속사적 차원 – '예수 그리스도 자신'**: 결론적으로, 이렇듯 '진리' 개념의 구약적인 배경과 당시의 헬라적인 배경이 함께 어우러져, 예수 그리스도께서 어떻게 진리가 되시는지를 입체적으로 잘 드러내는 본문들 가운데 하나가, 히브리서 8:5-6이다: "그들이 섬기는 것은 하늘에 있는 것의 모형과 그림자라 모세가 장막을 지으려 할 때에 지시하심을 얻음과 같으니 이르시되 삼가 모든 것을 산에서 네게 보이던 본을 따라 지으라 하셨느니라 그러나 이제 그는 더 아름다운 직분을 얻으셨으니 그는 더 좋은 약속으로 세우신 더 좋은 언약의 중보자시라."

'진리'에 관한 히브리적이고 헬라적인 의미를 절묘하게 합쳐 놓은 이 본문은, 예수 그리스도가 어떻게 '수직적이고 공간적'으로, 하늘에 있는 성전의 원형을 이 땅에 가져오신 '참성전'이시며, 동시에 어떻게 그가 '수평적이고 역사적인' 차원에서 옛 언약에서보다 더 항구적이며 온전한 새 언약의 영원한 대제사장이신지를 '종합적으로' 보여 준다. 본문은 먼저, 옛 언약 백성이 세웠고 그 안에서 섬겼던 돌로 지은 성전은 사실 하늘에 있는 진짜, 참성전의 '모형과 그림자'라고 말한다. 여기서 '모형'(휘포데이그마, ὑποδείγμα)이라는 말은, 마치 오늘날 실제 건물을 짓기 전에 그 축소된 모양을 보여 주는 모형 작품과 같은 의미이다.

'그림자' 역시 실체가 아니고, 그 실체의 모양을 대략적이고 희미하게나마 알려 주는 최소한의 이미지에 해당한다. 그런데 이제, 그 그림자가 나타내는 '실체' 곧 '진리'가 '원형' 그대로 나타났다는 의미이다. 마치 인천공항에서 한 어린아이가 손에 보잉 707 장난감 비행기를 든 채, 자신의 눈앞에서 실제 크기의 보잉 707 비행기가 착륙하는 장면을 목격하는 것과 같다고 할 수 있다. 진리라는 것은 이렇듯, 원래부터 영원토록 하늘에 간직되어 있던 원형이 드디어 이 세상 안에 들어와 '나타난바 되었다'는 의미와 관련된다. 그래서 하나님의 말씀이 드디어 '육신'이 되었다는 것이며(요 1:14), 그 '태초부터 있어 온 생명의 말씀'이 실제로 이 세상 안에 나타나서, 사람들이 '듣고 눈으로 보고 손으로 만진바' 실체가 되었다는 의미이다(요일 1:1-2).

동시에, 위에서 예로 든 히브리서 8:5-6의 말씀은 예수 그리스도가 '진리'가 되시는 또 다른 차원 곧 '수평적이고 역사적인' 차원을 강조한다. 예수 그리스도는 옛 언약에서 자신의 죄를 위해서도 제물을 드려야 하고 또한 죽을 수밖에 없어서 다른 사람으로 교체해야 하는 그런 한계가 있는 제사장이 아니다. 그분은 새 언약 곧 '더 좋은 언약의 성취'를 통해, 자기 백성을 하늘의 성전 안으로 인도하는 영원한 대제사장이 되신 것이다.

그러므로 육신을 입고 세상에 오신 예수 그리스도는, 그 자신이 하늘에 있는 참성전의 '실체'요 동시에 하나님의 말씀을 신실하게 성취하셨다는 의미에서 '진리'가 되신다. 예수 그리스도께서 '나는 진리'라고 말씀하셨을 때(요 14:6), 그 '진리'는 구약적 배경으로나 헬라적 배경으로나, 그 자신이 하나님의 말씀의 신실한 '성취'이며 하늘에 있는 영원한 '원형'(元型)의 나타남이라는 의미를 모두 포함하는 것이다.

(D) **사실, 인격적 관계 – '일치, 정합성, 진실함'**: 앞서 언급했지만, 저자가 한 단어를 통해 의미하는 바는, 그 단어가 가진 원래의 의미들의 풍성함에도 불구하고, 최종적으로는 저자가 그 단어를 사용한 해당 문맥에 따라 결정된다. 요한이서에 사용된 '진리'라는 용어를 이해하고자 할 때(1:1-4)는, 주후 1세기 전후의 히브리적, 헬라적 배경들이 뒤섞인 신약 시대의 역사적, 문화적 배경을 고려하는 것이 반드시 필요하다.

하지만 일상생활에서 사용하는 '진리'라는 단어의 경우는, 위에서 다룬 식으로 히브리적, 헬라적 배경과는 거리가 멀 것이다. 또한 일상이라고 말하지만, 그 '일상'이 어느 시대, 어느 문화에서나 다 같은 맥락은 아니다. '일상'이라는 문맥(context)도 그 시대의 사회적 통념과 문화에 따라 달라지기도 하기 때문이다. 근대 이후, 과학과 이성(理性)이 지배하는 세계에서 '진리'는 주로, 누구에게나 보편타당한 '사실'(fact) 관계 또는, 관찰된 사실들이 한 가지 결론을 향하는 일종의 '정합성'(coherence)을 가리켰다고 할 수 있다.

하지만 오늘날처럼 상대주의가 극대화된 포스트모던 사회에서 '진리'란 '취향'(taste)이라는 뜻에 가깝게 사용된다. 해외여행을 하고 돌아온 청소년들이 '역시, 대한민국이 진리야!'라고 말할 때나, 카페에 들어가서 '역시 커피는 카푸치노가 진리야!'라고 말하는 것은, 진리란 절대적인 것이 아니라, 각 개인이 자신의 주관이나 가치관대로 선택하는 것이라는 이 시대의 사상과 풍조를 드러내는 한 현상이기도 하다.

물론, 시대마다 조금씩 다르게 사용되는 '진리'의 개념이라도, 거기에 어떤 '진리'의 요소가 부분적으로 포함되어 있음을 알 수 있다. 예컨대 자신의 개인적 취향을 '진리'라고 말하는 것은, 그 진리가 자기 자신에게 '진실로 그러하다'는 상태를 표현하고 강조한다. 또한, 창밖에 실제로 비가 오는데 '오늘은 비가 오네'라고 말할 때나, '내가 청소할게'라고 말하고 나서 실제로 방을 청소하는 행위를 할 때, 말과 현실 또는 말과 행동 사이의 '일치, 정합성'을 통해, 거기에는 불일치가 아닌 '진리'로서의 또 다른 면이 드러나는 것이다.

이와 유사하게, 요한서신의 '진리' 개념 역시, 보다 일상적인 의미로서 단순히 '사실과 부합하는, 그리고 어떤 '일관되고 정합적인' 상태를 가리키기도 한다. 예컨대 요한일서는, 하나님과 사귐이 있다고 말하면서 어둠 가운데 행하면 그것은 '거짓말'이고 그래서 '진리'를 행하지 않는 것이라고 한다(요일 1:6). 마찬가지로, 하나님을 안다고 말하면서 그의 계명을 지키지 않으면 그 사람은 '거짓말'하는 자요, '진리'가 그 속에 있을 수 없다(요일 2:4).

사실 요한일서의 이런 본문들에서 '진리'라는 단어는, 단순히 '사실과 일치하지 않는다'는 것 이상의 의미를 갖는다. 여기서도 '진리'는, 단순히 말과 행동이 다른 불일치라는 뜻 이외에도, '하나님의 신실함'이나 '참된 것의 원형'으로서의 '예수 그리스도의 임재' 또는 그 '말씀의 열매'가 없다는 뜻도 포함되어 있기 때문이다(요일 1:10).

한 걸음 더 나아가면, 요한서신이 말하는 '진리' 개념에는 '인격적 관계'에서 매우 중요한 '진실성'(integrity)까지 포함된다. 하나님과 사귐이 있다고 하면서 어둠 가운데 행한다든지, 하나님을 안다고 말하면서 그의 계명을 지키지 않는 상태는 모두, 하나님과의 관계 곧 하나님과의 코이노니아에 있어서 진실성을 상실한 경우이기 때문이다. 그래서 '진리'란 또한 관계에 진실한 것, 그 사람이 맺고 있는 '관계의 진실성'을 가리키기도 한다.

(E) 세상과 마귀와 대조 – 거짓, 미혹이 아닌 하나님의 뜻: 마지막으로, 요한서신이 '진리'라고 말할 때 그것은 완연히 '거짓'과 대조되는 개념이라는 사실을 짚어 보아야 한다. 이야기가 조금 복잡해졌지만, 우리는 '진리'라는 개념에 대한 이해를 통해 요한이서가 가진 풍성한 세계관을 조금이나마 엿보고 맛보게 될 것이다. 그리고 이렇게 되어야, 요한이서가 세상 속의 교회를 향하

여 왜 그토록 '진리'를 강조했어야 했는지를 가늠하게 될 것이다.

요한서신이 전제하는 우주관 또는 세계관에는 한 가지 결정적인 사실이 버티고 있다. 그것은 요한일서 5:19가 밝히는바, "우리는 알고 있습니다. 우리는 하나님께로부터 났고, 온 세상은 악한 자 안에 처해 있다는 것"이라는 사실이다. 그 '악한 자'가 누구인가? 마귀이다. 마귀의 특징은 무엇인가? 첫째가 '거짓말쟁이'이다. 둘째가 '죄를 범한 자'이고, 셋째가 의인을 '증오하는 자'이며, 넷째가 '살인하는 자'이다(요 8:44; 요일 3:8, 12). 요한서신의 배경이 되는 '코스모스'(세상)를, 일시적이고 제한적이기는 하지만 자기의 손아귀에 장악한 마귀의 이러한 특징을 아는 것은, 요한서신이 전하는 예수 그리스도가 누구인지를 파악하는 중요한 열쇠가 된다.

그러므로 요한서신에서 '진리'는, 온 세상이 '악한 자 아래 처해 있다'고 하는 묵시론적인(apocalyptic) 세계관을 전제로 이해되어야 한다. 요한일서가 예수 그리스도를 처음부터 '말씀'이요 '진리'로 소개하는 이유도 바로 여기에 있다(요일 1:1, 6, 8, 10). 하나님께서 보내신 그 아들 예수 그리스도께서 육체를 입고 들어오신 그 세상은, 다름 아닌 악한 자 마귀가 일시적으로 장악한 세상이며, 무엇보다 그 마귀의 권세와 그 악한 자의 권세 아래 놓여 있는 '코스모스'의 가장 큰 특징이 바로 '거짓'이기 때문이다.

요한이서에서도 마찬가지이다. 장로가 인사말에서부터 언급한 '진리'의 의미를 이해하고자 할 때(1절), 수신자 교회가 처해 있는 세상은 악한 자 마귀 아래 놓여 있고, 마귀의 권세의 가장 큰 특징이 '거짓'이라는 사실을 염두에 두고 읽어야 하는 것이다. 그렇게 해야 요한이서가 그토록 강조하는 것처럼, 세상 속의 교회가 왜 '진리로 지키심'을 입어야만 하는지를 온전히 이해할 수 있게 될 것이기 때문이다.

결론적으로, 요한이서 1:1의 인사말에서, '장로'가 예수 그리스도의 신부와 같은 '부녀' 된 교회에게, '진리'를 아는 모든 믿음의 형제자매들이 그들을

'사랑한다'고 말한 것은 무슨 의도였던가? 그것은 무엇보다, 저들이 하나님께서 신실하게 성취하신 새 언약의 복된 상태에서 결코 떠나지 말기를 바라는 마음에서였을 것이다. 또한 모든 것이 헛되고 부질없는 세상에서, 교회야말로 하늘의 거룩하고 영원한 영광의 본체이신 예수 그리스도를 가졌다는 사실에서 전혀 흔들리지 말기를 바라는 간구에서였을 것이다.

그리고 저들이 세상의 그 어떤 거짓 가르침과도 타협하지 않고 끝까지 영적이고 전인격적인 정결함을 지켜 냄으로써, 하나님과 주 예수 그리스도께 충성된 교회가 되기를 바라는 간절함에서 나온 인사였을 것이다. 결국 장로 요한이 진리 안에서 '부녀' 된 수신자 교회를 사랑한다고 인사한 것은, 그 진리로 말미암아 결단코 '세상에 지지 말고, 세상을 이기는' 교회가 되라는 간절한 소원을 말하고자 함이다(요일 5:4-5).

진리와 사랑, 아들과 아버지

신약의 서신에 나오는 인사말은 본론의 주제를 엿보게 해 주는 '창'(window)의 역할을 한다. 요한이서 1:1-2의 인사말에서 그렇게 본론으로 열려 있는 창문은, 바로 '진리'라는 단어이다. 그래서 이 단어가 쓰인 1-2절의 문맥을 살피는 것은, 장로 요한이 편지의 중심부에서 하고자 하는 이야기가 무엇인지를 엿볼 수 있는 중요한 통로가 된다.

1절 하반절인 "내가 진리 안에서 사랑하고 또 나뿐만 아니라 진리를 알게 된 모든 자들이 그렇게 하는 것은…"이라는 표현은 '진리'에 대해서 무엇을 알려 주는가? 두 가지를 생각해 볼 수 있다. 첫째는, 성도가 서로 사랑하는 것은 '진리 안에서'이며 '진리'와 깊은 관련이 있다는 것이다. 둘째는, '진리를 알게 된 모든 자들'이 '한마음으로' 수신자 교회를 문안하고 있다는 사실이다. 이는 진리와 연합의 문제를 생각하게 한다.

우선, 진리와 사랑의 관계를 생각해 보자. 지금 장로 요한은, '내가 진리 안에서(엔 알레떼이아, ἐν ἀληθείᾳ) 사랑하고'라며 인사한다(1절). 그냥 사랑하면 안 되는가? 그냥 다치지 말고 건강하라고 하고, 어려운 일 없이 만사 잘되기를 바란다고 인사하면 안 되는가? 그것은 사랑이 아닌가? 그것도 사랑 어린 인사가 될 수 있을 것이다. 하지만 장로는 굳이 '진리 안에서' 사랑한다고 한다. 그렇다면 '진리 밖에서'는 사랑할 수 없다는 이야기인가?

말꼬리를 잡는 질문인 것처럼 보이지만, 요한서신을 면밀히 읽어 보면 장로의 이런 표현들에는 매우 중요한 '신학적' 이해가 전제되어 있음을 알 수 있다. 요한복음에서와 같이 요한일서에서 가장 중요한 신학적 뼈대가 되는 선언은, '아버지 하나님께서 그 아들을 세상에 보내셨다'는 선교적(missional) 구원 행동에 관한 선포이다. 요한복음 3:16이 이 중심적인 메시지를 선포한다. "하나님이 세상을 이처럼 사랑하사 독생자를 주셨으니." 요한일서 4:14도 이 중심 메시지를 재확인한다. "그래서 우리가 보았고 증거하는 것은, 아버지께서 그 아들을 세상의 구주로 보내셨다는 것입니다."

바로 이것이, 요한이서가 다루고자 하는 핵심 메시지이기도 하다. 아버지 하나님께서 그 아들을 진실로, '세상에, 세상 안으로(!)' 보내셨기 때문이다. 이것이 요한서신이 공히 선포하는, 예수 그리스도께서 '육체로'(!) 세상에 오셨다는 선언의 근거이다(요일 2:22; 4:2; 요이 1:7). 여기서 중요한 것은, 누가, 무엇 때문에, 그 아들을 세상에 보내셨는가 하는 것이다. 누가 보내셨는가? 아버지 하나님께서 보내셨다. 무엇 때문에, 무엇이 근거가 되었는가? 그 아버지 하나님이 세상을 '이처럼 사랑하사' 보내신 것이다. 사랑 때문이었다.

그 아들이 세상에 가져오지 않았다면, 알 수도 없고 받을 수도 없고 누릴 수도 없는 그런 '아버지의 사랑'이 그 아들을 통해 세상 안으로 쏟아져 들어온 것이다. 그것을 예수께서 공생애 기간 동안 목자 없는 양 같은 이들에게 보여 주신 '긍휼'이라 해도 좋고(마 9:35-36), 십자가에서 증거된 아버지의 '사랑'이라고 해도 좋고(롬 5:8; 요일 4:9), 죽음을 이기신 그 아들의 부활 생명을 통해 우리를 거듭나게 하신 하나님의 '긍휼'이라고 해도 좋다(벧전 1:3-4). 모두, '그 아들을 통해' 우리에게 쏟아부으신 '아버지의 사랑'이다.

아버지 하나님께서 사랑 때문에 세상에 보내신 '그 아들'은 어떻게 나타나는가? 요한복음과 마찬가지로 요한일서도 그 아들을, 특징적으로 '말씀'이나 '진리'로 표현한다. 그 아들은 '태초부터 하나님과 함께 계셨던 말씀' 곧 '태초부터 있어 온 생명의 말씀'이시다. 그는 '육신에 되어 우리 가운데 거하신 말씀'이시며 '육체로 오셔서', 우리가 '눈으로 본 바요 주목하고 우리 손으로 만진바' 된 그 말씀이다(요 1:1, 14; 요일 1:1-2).

그 '육체로 오신 말씀'은 그래서 '진리'이다. 하나님의 약속이 신실하게 성취되어 끝내 육체로 나타나신 말씀이라는 의미에서 '진리'이고, 또한 하늘에 속한 영원한 영광, 하나님의 형상의 본체가 육신을 입고 나타나셨다는 의미에서도 '진리'이다. 그래서 주께서 '나는 진리'라고 하신 것이다(요 14:6; 참조. 빌 2:6-8). 요한일서에 사용되는 '진리'도 종종 '말씀'이신 그 아들을 가리킴은 물론이다(요일 1:6, 8, 10; 2:6, 14, 21; 4:4).

이처럼, 요한서신에서 '진리'와 '사랑'은 그저 막연하고 추상적인 개념들이 아니다. '진리'는 생명의 말씀이신 '그 아들'을, '사랑은' 그 아들을 세상에 보내신 '아버지 하나님'을 대표하고 상징하는 용어이다. 그러니까 진리와 사랑은, 아들과 아버지 하나님이 우리에게 경험되는 바를, 우리에게 가장 소중한 가치로 표현하는 방식이라고 할 수도 있다.

'하나님 아버지와 그 아들 예수 그리스도'라고 하면 이는 신학적으로 각각 하나님을 설명하는 신학(神學)과 그리스도를 설명하는 기독론(基督論)으로 표현될 수 있다. 하지만 요한서신은 이런 신학적 차원을 교회론(教會論)적으로 표현한다. 즉, 우리가 경험할 수 있는, 교회를 위한 덕목과 신앙적 가치로 표현하는 것이다. 그래서 그 아들은 '진리'로, 그 아버지는 '사랑'으로 전달되고 표현되는 것이다. 교회의 삶을 위한 목회적인 방식이 아닐 수 없다.

요한이서 1:1에서 장로가 '진리 안에서 사랑하는'이라 표현했을 때, 그것은 신학적으로 '그 아들을 믿는 믿음 안에서'라는 뜻이며, 또한 '그 아들을 세상에 보내신 아버지의 사랑으로 사랑하는'이라는 의미인 것이다. 이제 모든 것이 명확해진다. 왜냐하면 이제야 비로소, 교회가 왜 '진리 안에서' 사랑하는 것이 그렇게도 중요하고 결정적인지 이해할 수 있게 되었기 때문이다.

그러니까 '진리 안에서 사랑하는'이라는 인사말은 그저 건강하기를 빌고 잘되기를 바라는 정도의 표현과는 천양지차이다. 왜 그러한가? 겉보기에는 그저 단순히 관례적으로 보이지만, 그 신학적 전제가 매우 견고하고 탄탄한 하나님의 구원 행동에 근거해 있기 때문이다. 즉, 만일 '진리 없이, 진리 밖에서' 사랑한다면 그것은 곧, '예수 그리스도를 믿지 않거나 부인'하고도, 하나님의 사랑을 나누고 교제할 수 있다는 거짓 주장이 되는 것이다.

그래서 요한이서의 장로는 1:7에서, 예수 그리스도께서 육체로 오신 것을 부인하는 거짓 교사들과 교제하지 말라고 경고한 것이다. 왜 그런가? 그들이 '예수 그리스도께서 육체로 오신 것'을 부인한다는 것은 '그 아들을 세상에 보내신 아버지'를 부인하는 것과 같기 때문이다. 요한일서는 "그 아들을 부인하는 자는 그 아버지를 가지고 있지 않고, 그 아들을 고백하는 자는 그 아버지를 가졌습니다"라고 단언한다(요일 2:23). 그 아들을 부인하는 자는 곧 그 아들을 세상에 보내신 아버지를 "거짓말쟁이로 만들어 버린" 것이기 때문이다(요일 5:10).

결국, 요한이서 1:1에서 장로가 수신자 교회를 '진리 안에서 사랑한다'는 말은, '그 아들 안에서 아버지의 사랑으로 사랑한다'는 말이고, 그래서 '진리가 아니라면'이라는 가정은 곧 '그 아들이 육체로 오신 것을 믿지 않는다면'이라는 뜻으로서, 신학적으로 결정적인 진리를 부인하는 상황을 전제하는 것임을 알 수 있다. 여기서 우리는 교회와 진리에 관한 매우 중요한 사실을 깨닫게 된다. '진리가 없는 사랑은, 사랑이 되지 않는다'는 교훈이다.

말은 단순해 보이지만, 그 의미는 한없이 깊고, 그 실제적인 적용은 결코 쉽지 않다. 우리는 얼마나 자주 '사랑한다' 또는 '사랑하자'고 말하는가? 그런데 왜 우리가 하는 사랑은 자주 사랑이 되지 않는가? 사랑한다고 해서 사랑하는데, 왜 점점 더 황폐해지고, 파괴되고, 죽어 가고, 허망해지는가? 사랑은 쉬운 것 같지만 너무나 어렵다. 성도들은 평생을 교회 안에서 사랑을 연습한다. 그것이 그렇게 어렵다. 처음에는 '자신이 사랑하는 방식대로' 사랑한다. 모두가 그렇게 하기 때문에 문제가 발생한다. 부부도 사랑하지만, 결국 자기 방식대로 사랑하다가 지치고 실망하고 고통당한다. 목회자도 마찬가지이다. 평생을 교회를 사랑해서 자기 자신을 쏟아붓는다. 그런데 그 사랑의 헌신 끝이 다 아름답지는 않다.

사랑은 누구나 하지만, 아무나 되는 대로 할 수 있을 만큼 간단한 일이 아니다. 장로 요한이 간결하게 표현했지만, 사실 사랑의 비밀은 '진리 안에서'라는 말 속에 숨어 있다. 진리가 없는 사랑은, 사랑이 되지 않기 때문이다. 그래서 사랑을 하려면, 진리를 얻고 진리를 배우고 진리를 행해야 한다. 하나님 아버지가 우리를 얼마나 사랑하는지를 알고 싶다면, 기도 응답으로 병 낫고 사업 잘되는 것으로 체험할 수도 있지만, 결국 그 무엇보다, 그 아들을 알고, 그의 안에 거하여 그를 사랑하고 닮아 가며, 그를 순종하며 따라가야 한다.

그 아들 안에, 그리고 오직 그 아들 안에만, 아버지의 온전한 사랑이 차고 넘치기 때문이다. '진리 안에서' 사랑할 때, 우리의 사랑은 비로소 상대방을 살려 낸다. 상대방에게 가장, 그리고 절대적으로 필요한 사랑을 줄 수 있게 된다. 세상이 알지도 못하고 줄 수도 없는, 가장 깊고 영적이며, 동시에 가장 현실적이고 생생한, 뜨겁고 살리는 사랑을 쏟아부을 수 있게 된다. 그런 사랑이 그 아들을 우리에게 보내신 아버지의 자신의 사랑이기 때문이다.

그 아들을 받은 자에게는 누구나, 그의 거듭난 심령 안에 이렇게 뜨거운 아버지의 사랑이 부어져 있다. 그 아들을 믿고, 그 아들 안에 거하는 순간마다, 그 아들을 그에게 주신 아버지의 사랑은 언제나 뜨겁게 부어진다. 또한 오직 그 아들을 믿고 함께 고백하는 성도의 교제 안에서만, 그 아들을 보내신 아버지의 사랑이 차고 넘치게 된다. 아들이 있는 자에게는 아버지가 있다. 사랑은 진리를 통해서 온다. 진리는 사랑을 비로소 사랑이 되게 한다. 사랑하려면, 진리 안에 거해야 한다.

'하나 되게' 하는 진리

다시금 말하거니와, 장로 요한이 인사말에서 언급하는 '진리'와 '사랑'은 요한서신의 문맥 안에서는 각각 '그 아들 예수 그리스도'와 '그 아들을 세상에 보내신 하나님 아버지'를 대신하고 대표하는 표현이다. 한 걸음 더 나아가서 1-2절이, 진리가 교회와 갖는 관계에 대해 알려 주는 바가 있다. 즉, 1절에서 "나뿐만 아니라 진리를 알게 된 모든 자들이 그렇게 하는 것은"이라는 표현은, 장로 요한을 포함하는 '진리의 공동체'가 형성되었다는 사실을 전제한다.

'말씀, 곧 진리'가 교회를 창조한다. 교회를 창조하는 것은, 하나님의 말씀이다. '생명의 말씀'이 나타나자, 그 아들을 믿어 성령 안에서 하나님과 교제하는 '코이노니아'가 창조되었다(요일 1:1-4). 교회는 이렇게 태어난다. '교회가 말씀을 지어낸 것'이 아니다. 초기 교회가 이렇게 저렇게 생존하려고 애쓰다 보니 점점 더 예수의 기적 이야기도 만들고 부활 이야기도 끼워 넣은 것이 아니다. 이것은, 사건이 발생한 순차를 거꾸로 뒤집는 오류이다.

먼저 예수 그리스도가 계셨고, 그리고 교회가 태어났다. 교회가 복음서의 이야기를 지어낸 것이 아니라, 복음서가 증언하는 그 말씀이신 예수 그리스도께서 교회를 창조하신 것이다. 예수께서, '생명의 말씀'이신 하나님의 아들이, 그를 믿는 자들을 통해 이 땅에 '삼위 하나님과의 코이노니아'를 창조하신 것이다. 하나님의 말씀 곧 진리는, 교회를 창조하고 '하나'로 묶어 낸다. 교회가 연합할 수 있는 그 능력은 그러므로 진리에서 나온다.

이런 의미에서, 1절 하반절에서 장로가 거짓 가르침의 위협 앞에 놓여 있는 수신자 교회를 향해, '진리를 알게 된 모든 자들'이 함께 수신자 교회를 '사랑한다'고 하는 인사는, 교회를 하나 되게 하는 진리의 끈을 훼손해서는 안 된다는 부탁이기도 한 것이다. 교회를 교회 되게 하는 것은 무엇인가? 장 칼뱅(J. Calvin)에 의하면, 그것은 말씀과 성례이다. 그런데 성례는 말씀에 따라 제정된 것이므로 결국 교회를 교회 되게 하는 본질은 '하나님의 말씀, 진리'인 것이다.

교회가 다른 것들은 다 잃는다 해도, 진리만큼은 놓쳐서는 안 되는 이유가 여기에 있다. 다른 것들을 놓치면 '부족한' 교회가 되지만, 진리를 버리면 '교회 아닌 것'으로 변질되기 때문이다. 설교자는 항상 이런 유혹을 받는다. 교회를 성장시키기 위해 하나님의 말씀을 가감하려는 유혹이다. 하나님의 말씀에서 무엇을 빼거나 덧붙여서 진리를 희석하는 유혹이다. 이유는 다양하다. 성도들이 아직 '어리기 때문에', 진리대로 선포하면 '교회를 나오지 않을까 봐', '헌금이 줄어들까 봐', '상처 받을까 봐' 등등.

물론 진리의 말씀은 반드시 사랑 안에서 전달되어야만 한다. 사랑이 없이 진리를 선포하는 것은 자기만족에 그친다. 상대방이 진리를 받을 수 있도록 충분한 사랑으로 설득하지 않는다면, 그것은 진리조차 전달하지 못하는 일이 되는 것이다. 하지만 교회의 본질을 지키고 건강한 성장을 위해, 진리를 포기하지 않는 일은 아무리 강조해도 지나치지 않는다. 교회는 본질적으로 '진리의 기둥과 터'이다(딤전 3:15).

성도들도 마찬가지 유혹을 받는다. 자기 구역이나 부서에서 서로 끈끈하게 연합하기 위해서 여러 친목을 도모하는 활동을 하게 된다. 볼링도 치고 등산도 하고 함께 몰려다니며 먹고 마실 수 있다. 하지만 하나로 연합하기 위해 하는 그 모든 친목 활동의 중심에, 종종 '진리의 말씀'을 함께 묵상하고 배우고 나누는 교제가 빠지는 경우가 많다. '참된 생명의 떡을 나누는 코이노니아'가 없는 친목 모임은, 결국 모래 위에 세운 집이요 바람에 나는 겨와 같을 것이다.

진실한 성도의 교제의 중심에는 항상 진리의 말씀이 굳게 자리 잡고 있어야 한다. 살아 있는 생명의 말씀을 먹고 마시는 참된 성찬의 자리가 항상 베풀어져야 하는 것이다. 예수 그리스도의 생명을 전달하는 말씀을 선포하는 설교나, 예수 그리스도의 피와 살을 먹고 마시는 성찬에 참여하는 것은, 둘 다 생명의 말씀이신 예수 그리스도를 받아 그의 생명에 참여하는 코이노니아의 서로 다른 방식일 뿐이다.

교회는 어떤 특정한 인물을 중심으로 하나가 되는 것이 아니다. 교회는 특정한 위치나 건물을 중심으로 하나가 되는 것도 아니다. 그것들은 필요하지만 수단에 지나지 않는다. 그 사실을 잊으면 안 된다. 교회는 오직 그 안에서 선포되고 나누어지는 말씀으로 하나가 된다. 온 성도가 함께 믿음과 사랑으로 먹고 마시는 '진리의 말씀'으로만 하나가 된다. 교회는 본질상 눈에 보이지 않는 믿음의 공동체이며, 끝까지, 주님 오시는 그날까지, 오직 하나님의 말씀으로 자신을 지켜 내는 '진리의 공동체'이다.

교회를 하나로 묶는 것

진리를 아는 것은 뜻밖에도 아주 중요하다.
어떤 사람이 진리를 명확히 알고 있다면
그를 통해 사람들은 '진리의 길'에
함께 머무를 수 있다.

교회를 교회 되게 하는 본질은 찬양이나,
모임이나 교제나, 헌금이나 봉사가 아니다.
그보다 우선되는 것, 그 중심에 있어야 하는 것은,
'진리' 곧 우리 주 예수 그리스도여야 한다.

보이지 않는 그 진리가,
교회의 틀을 세우고, 사람들을 묶어 낸다.
명확하게, 바르게 '진리의 기둥과 터'로 세워 나간다.
사역자는 먼저 뚜렷한 진리의 사람이 되어야 한다.

영원토록 거하는 진리

어떤 사람이 진리의 말씀에서 떠나는 것을 보면, 얼마나 안타까우며 속상한가. 가족 가운데 오래도록 믿지 않는 식구를 보는 일은 또 얼마나 고통스러운가. 한동안 잘 성장한다는 소문이 난 교회가 순식간에 불미스러운 일로 내분이 일어나고, 결국 교회의 덕을 무너뜨리게 될 때, 이는 얼마나 안타깝고 불행한 일인가.

장로 요한이 1절에서 수신자 교회에게 '진리 안에서 사랑한다'고 한 것이나, '진리를 알게 된 모든 자들'이 함께 문안한다고 말한 것은, 이렇듯 위기에 처한 교회를 향한 안타까운 마음에서 나온 표현일 것이다. 비록 다른 도시에 떨어져 있지만, 진리의 말씀으로 함께 '하나 된 교회'에 속한 형제자매로서 건네는 안타깝고도 따뜻한 문안인 것이다.

장로는 이제 2절에서 '교회를 하나 되게 하는 진리'가 또 다른 의미에서 얼마나 중요한지를 이야기한다. 그것은 진리가 '우리 안에 거(居)하고 있다'는 사실과 또한 그 진리가 우리 안에 '영원히' 거하고 있다는 기쁜 소식에 관한 것이다. 이로써 장로는, 거짓 가르침의 유혹을 받고 위협을 당하는 수신자 교회가 '자신들 안에 거하는' 그 진리가 '영원한' 것임을 깨닫고, 결단코 흔들리지 말아야 한다는 기대를 전달하는 셈이다.

'우리 안에 영원토록 거하는 진리'란 무슨 뜻인가? 그저 좋게 들리게 하려는 표현에 불과한 것인가? 그렇지 않다. '진리'를 묘사하는 요한이서 1:2의 표현은 범상치 않다. 첫째, 그 진리가 우리 안에 '내주'(內住, indwelling)한다고 주장한다. 둘째, 그 진리가 '영원토록' 우리 안에 거한다고 선언한다. 둘 다, 예수 그리스도의 복음에 대한 요한의 깊은 이해에서 우러나오는 표현들이다. 먼저 우리 안에 내주하는 진리에 대해 살펴보자. 어떻게 해서 진리가 우리 '안에 거하게' 되었을까?

이런 표현은, 그저 막연하게 진리가 내 마음속에 있다든지, 단순히 내가 진리를 마음에 품고 있다는 '주관적'인 상태를 묘사하는 것이 아니다. 이는 우선적으로, 진리가 내 안에 거하게 된 '객관적인 구속-사건'(redemptive history)을 전제로 한다. 무슨 말인가? 요한은 신자의 중생 곧 거듭남을 설명하는 데 특별히 '말씀'의 역할을 강조한다. 성도가 믿고 받아들인 예수 그리스도는 처음부터 '생명의 말씀'이셨다(요일 1:1). 그래서 요한은 계속해서 그 말씀 곧 진리가 '그의 안에 있다' 또는 '없다'는 식으로 표현한다(요일 1:8, 10; 2:4, 14).

거듭난 성도 안에 거하는 '주께 받은 기름 부음'(요일 2:27)의 정체 역시, 그것이 성령을 가리킨다 해도, 그저 성령 단독만으로 역사한다기보다 성도 안에 거하는 말씀 또는 진리와 함께 역사하며 내주하시는 성령을 가리키는 것으로 보는 적절하다. 더 나아가서 요한은, 신자의 중생이 '말씀'을 통해 이루어질 뿐 아니라, 거듭난 성도 안에 내주하는 그 '말씀'이 신자의 성화(聖化) 곧 거룩해짐의 결정적인 요인이라고 설명한다. 요한일서 3:9가 언급하는 거듭난 성도 안에 거하는 '그의 씨'(스페르마 아우투, σπέρμα αὐτου) 곧 '하나님의 씨'는, 성도 안에서 성령을 통해 역사하는 '말씀'을 가리키기 때문이다.[20]

이것이 뭐 그리 새롭고 중요한가? 중요하다. 그리고 새롭다. 왜냐하면 사도 바울의 서신들의 경우, 예수 믿고 거듭난 신자 안에 거하는 실체는 주로 '그리스도' 또는 '그리스도의 영, 곧 성령'으로 묘사되기 때문이다(롬 8:9-11; 갈 2:20). '말씀이 내주한다'는 직접적인 표현은 거의 나타나지 않는다(참조. 고후 3:3). 반면에, 요한일서뿐 아니라 공동서신에 속한 서신들은 그 궤를 달리한다. 신자가 거듭나는 과정도 그리고 그 결과로서 중생한 신자 안에 거하는 실체도, 주로 '말씀'으로 묘사되기 때문이다.

---

20 자세한 논증을 위해서는, 채영삼, "요한일서 3:9의 '그의 씨'(σπέρμα αὐτοῦ)의 의미, 공동서신의 전통 그리고 새 언약의 성취", 574-632를 참조하라.

예컨대 야고보서는, 서신 전체를 걸쳐 성령에 대한 언급을 거의 하지 않지만(참조. 약 4:5), 신자의 중생을 특징적으로 '하나님 아버지께서 진리의 말씀으로 낳으신' 사건으로 묘사한다. 그리고 그 중생의 결과는 거듭난 신자를 '능히 구원할바, 그의 마음에 심긴 말씀'이라고 선포한다(약 1:18, 21). 이것이 야고보서가 전하는 기쁜 소식, 곧 복음의 실체이다.

베드로전서도, 신자가 거듭나게 되는 것은, 당연히 성령의 역사를 포함하지만 특별히 '썩지 아니하는 말씀'으로 된 것으로 설명한다. 그렇게 중생한 성도는, 그 '썩지 않는 씨, 곧 살았고 영원한 말씀'의 생명을 먹고 마심으로써, 즉 말씀의 '신령한 젖'을 사모함으로써 성장하게 된다(벧전 1:23-2:2). 이것에 베드로전서가 설명하는 구원론의 골자이다.

이처럼 공동서신은 '말씀-구원론'이라 부를 수 있을 만큼, 신자의 중생을 언급할 때 주로 '말씀'의 역사와 그 말씀의 '내주'를 강조한다. 이런 강조의 배경은 무엇인가? 그저 우연히 이렇게 표현하게 된 것인가? 아니다. 그것은 명백히 새 언약의 성취(!)의 확신에서 오는 담대한 선포이다. 그러니까, 애초에 복음을 듣고 믿은 신자 안에 '그 말씀이 영원히 거한다'는 사실은, 이제 예수 그리스도께서 새 언약의 종말론적인 그 약속들을 성취하셨다는 기쁜 소식의 결과인 것이다.

생각해 보라. 구약에서 모세의 언약 아래서 '율법, 하나님의 법'은 어디에 기록되어 있었는가? 두 돌 판에 기록되었다. 그런데 지금은 어디에 기록되어 있는가? 언약 백성이 하나님의 '말씀'과 맺는 관계가 특징적으로, '우리 안에 영원토록 거하는 진리'(요이 1:2)에서처럼, 이렇게 '내면적'(interior)이고 또한 '영원'(perpetual)하다는 것은, 결코 우연한 표현이 아니다. 그것은 새 언약의 내용이 성취되었다는 명백한 증거이다.

그렇다면, '새 언약'이란 도대체 무엇인가? 구약성경에서 새 언약을 명시하는 대표적인 본문인 예레미야 31:31-33과 에스겔 36:22-28에 의하면(참조. 사 40-55장), 장차 메시아 곧 예수 그리스도를 통해 성취될 새 언약의 내용은 아래와 같이 여덟 가지 항목으로 정리될 수 있다(채영삼, "요한일서 3:9의 '그의 씨'의 의미", 604-610).

새 언약의 여덟 가지 내용

(a) 영원한 속죄(렘 31:34)

(b) 마음에 기록된(심어진) 말씀(렘 31:33)

(c) 성령의 내주(겔 36:26–27; 37:1–14)

(d) 새 마음('거듭난 심령의 새롭게 된 양심', 겔 36:26)

(e) 말씀을 순종하는 새 백성(겔 36:27; 37:24; 렘 31:33)

(f) 열방의 회복(렘 31:34; 겔 36:16–24; 37:38)

(g) 하나님의 이름과 영광(겔 36:20–23; 렘 31:34; 사 40:5)

(h) 새 하늘과 새 땅(겔 36:28–38; 37:15–28; 사 11:1–10; 51:1–11)

이렇게 대략 여덟 가지 항목이 새 언약의 본질적인 내용에 속한다. 새 언약은, 구약에서 하나님께서 제시하신 아브람의 언약, 모세의 언약, 다윗의 언약, 그리고 노아의 언약 등 여러 가지 옛 언약들을 종합하여 새롭게 갱신한 것이다. 종말에 그의 기름 부으신 메시아를 통해 '하나님의 나라, 하늘나라'를 이 땅에 이루시기 위한 영원한 약속들이다.

그 내용을 보면, 새 언약이 성취될 때는 우선적으로 영원한 속죄가 일어난다(a). 단지 짐승의 피로 속죄하는 것이 아니고, 자기 죄를 위하여 속죄해야 하는 한계가 있는 제사장이 하는 것이 아닌, 영원한 대제사장이 오셔서 영원한 속죄 제물로 영원한 속죄를 이루신다. 복음서는 한결같이 그 절정 부분에 이르러, 이 영원한 속죄를 위한 새 언약이 성취되는 장면을 기록한다(마 26:27-28; 막 14:23-24; 눅 22:20; 참조. 고전 11:23-25). 히브리서는 보다 상세하게 그 새 언약의 속죄가 옛 언약의 제한된 제사 제도보다 얼마나 탁월한 것인지를 설명한다(히 9:15; 12:24).

새 언약의 성취는 여기서 그치지 않는다. 이것이 중요하다. 오늘날 많은 그리스도인들이 새 언약의 내용을 떠올릴 때 자주 '영원한 속죄'의 약속에서 멈추는 경우가 많다. 하지만 새 언약의 복음, 곧 하나님 나라의 복음은 속죄 그 이상으로, 더 충만한 은혜와 더 놀라운 사명 가운데로 우리를 인도한다. 그것이 새 언약의 두 번째 내용으로 언급된 '마음에 기록된(심어진) 말씀'에 관한 언약이다(b).

관련된 본문인 예레미야 31:33의 내용을 정확히 확인해 보자: "그러나 그 날 후에 내가 이스라엘 집과 맺을 언약은 이러하니 곧 내가 나의 법을 그들의 속에 두며 그들의 마음에 기록하여 나는 그들의 하나님이 되고 그들은 내 백성이 될 것이라 여호와의 말씀이니라."

먼저, 예레미야 31:33 하반절 '나는 그들의 하나님이 되고 그들은 내 백성이 될 것이라'는 말씀은 언약이 언급되는 곳마다 반복되는 '언약 공식'(covenant formula)이다. 성경의 모든 언약이 성취하고자 하는 핵심 내용이 바로 여기에 들어 있다. 하나님이 자기 백성의 하나님으로 인정되시며, 그들은 제사장 나라로서 그의 온전한 백성이 되는 것이다(출 19:5-6; 벧전 2:9-10). 흥미롭게도, 요한일서가 그토록 공들여 설명하는 '삼위 하나님과의 코이노니아 공동체' 교회는, 바로 이 새 언약이 성취되어 하나님과 그의 언약 백성이 드디어 '내면적이고도 영원한' 언약적 연대(solidarity)와 사귐을 누리는 종말의 새 백성을 가리킨다(참조. 『코이노니아와 코스모스: 요한일서의 이해』, 91-95, 199-211,

386-391).

여기서 중요한 것은, 이러한 언약 공식이 성취된 최종 결과로서 '새 언약의 코이노니아'가 창조되는 과정이 단지 '영원한 속죄'에서 그치는 것이 아니라는 사실이다. 다음 단계들이 많이 남아 있다. 새 언약의 성취로 인해 영원한 속죄가 가능해진 자체도, 참으로 놀랍고 영원토록 찬송할 은혜이다. 하지만 새 언약 백성인 교회는, 여기서 멈추면 안 된다. 영원한 속죄는, 새 언약 신앙의 끝이 아니라 시작과 기초이기 때문이다. 새 언약 성취의 목적이요 최종 결과인 '하나님의 나라'가 임하는 그날을 위해, 영원한 속죄보다 더 나아가야 할 길이 있고, 영원한 속죄를 믿는 그 믿음 위에 세워야 할 신령한 집이 있다(참조. 유 1:3, 20).

비유로 말해 보자. 과연 어떤 농부가, 밭을 갈고 그 밭에서 온갖 더러운 쓰레기며 잡동사니들을 걷어내고 굳은 땅을 갈아엎은 후에, 아무것도 하지 않고 그 밭을 버려두겠는가? 그렇게 하는 농부는 없다. 새 언약을 성취함으로써 자신의 나라를 회복하려는 하나님께서도 그렇게 하지 않으신다. 하나님께서도 농부처럼, 잘 갈아엎은 밭처럼 깨끗해진 사람의 마음 밭에다, 장차 때가 되면 거둘 하늘의 열매를 바라며 '썩지 않는 씨앗'을 심으신다.

이것이 바로, '마음에 기록한, 또는 심어진 말씀'에 해당하는 새 언약의 두 번째 내용이다. 우리가 '흠 없고 죄 없으신 하나님의 어린양'이신 예수 그리스도를 통해 '영원한 속죄'를 받은 까닭은(히 7:23-8:13; 9:12-15), 하나님께서 드디어 우리의 심령에 그의 '살았고 영원하신 말씀'을 심으시려는 것이 그 목적이기 때문이다(벧전 1:23-25). '썩지 않는 생명의 말씀'을 우리 안에 심으셔서, 그 하늘의 생명이 싹을 틔우고 꽃을 피워 끝내 이 땅에서 하늘의 열매를 맺게 될 때, 모든 열방과 나라들이 그 신령하고 선한 의(義)의 열매를 먹고, 끝내 하나님의 크고 거룩하신 이름이 온 땅에서 영광을 얻으시는 그날이 오게 하는 것이다. 이것이 영원한 속죄로 시작하는 새 언약의 궁극적 목적이다(마 5:13-

15; 벧전 2:11-16; 계 22:2).

그러므로 새 언약 백성 된 교회는, 죄 사함받은 자신의 심령에 '하나님의 말씀이 심겨져' 있음을 알아야 한다. 이것은 구약의 모세 언약 아래서 율법을 받은 것과 결정적인 대조를 이룬다. 모세의 언약 아래서 하나님의 말씀 곧 율법은 돌 판에 기록되었기 때문이다. 하지만 옛 언약 백성은, 돌 판에 기록되어 주어진 그 하나님의 법을 어기고 무시했다. 광야 신학교에서 무려 40년 동안 하나님의 말씀의 능력과 진실됨을 배우고 익혔음에도 불구하고, 그들은 그 선교의 땅, 축복의 땅 가나안에 들어갔을 때, 열방들이 지켜보는 앞에서 그 율법을 버렸고 짓밟음으로써, 온 땅의 왕 되신 하나님의 크고 거룩하신 이름을 땅바닥에 떨어뜨렸다.

그 결과는 참혹했다. 그들은 끝내 그 약속의 땅에서 쫓겨나 열방 가운데 흩어진 양 무리처럼, 수치스럽고 고통스러운 길고 긴 포로기로 들어가게 된 것이다(참조. 렘 31:31-32; 겔 36:16-23). 그러면, 하나님이 포기하셨는가? 그렇지 않다. 하나님의 말씀은 반드시 성취된다는 것이 언약 사상이다(사 55:10-11). 이스라엘의 실패는 하나님의 약속을 좌절시키지 못한다. 하나님께서는 오히려 옛 언약을 갱신하셔서 더 큰 은혜와 더 큰 사명을 골자로 하는 새 언약을 제정하셨다. 더 놀라운 은혜로, 더 철저한 방식으로 다가오기로 하신 것이다.

즉, 이번에는 그의 법과 규례, 그의 복음과 계명의 말씀을 돌 판이 아니라, 아예 자기 백성의 심령에 기록해 버리겠다고 선언하셨다(렘 31:33). 바로 이것이 지금 요한이서 1:2가 '우리 안에 영원토록 거하는 진리'라고 증언한 실체의 배경이다. 어쩌다가 우연히 그렇게 된 것이 아니다. 오직 하나님의 신실하신 계획에 따라, 약속하신 새 언약의 성취로 말미암아 우리 안에 이루어진 놀랍고도 크신 은혜의 역사인 것이다.

종말에 하나님께서 새 언약을 따라 메시아 곧 자기 아들을 보내셨고, 그가 십자가에서 대속 제물로 죽으심으로써 믿는 모든 자에게 '영원한 속죄'를 이루어 주셨다. 그뿐 아니라, 부활하셔서 하늘에 오르시어 하나님 보좌 우편에 앉으셨고, 거기로부터 성령을 교회에게 보내 주셨다. 그 성령께서 복음의 말씀을 통해 믿는 이들 안에 역사하심으로써, 그들 안에 '새 언약의 복음과 계명, 그 영원하신 생명의 말씀'을 친히 기록하신 것이다.

야고보서 1:18, 21은 바로 이 새 언약의 성취로서 '마음에 기록하신 말씀'이 얼마나 놀라운 구원의 능력인지를 선포한다. 세상에서 여러 가지 시험들로 인해 나뉜 우리의 '두 마음'을 근본적으로 치유하고 봉합하는 능력은, 오직 중생한 그 성도의 심령에 '심겨 있는 말씀'에 있다. 성도의 온전한 구원은 이렇듯 '능히 구원할 마음에 심긴 말씀'을 모든 '온유함으로 받음'으로써 이루어진다.

공동서신은 이런 식으로 새 언약의 내용 가운데서 특징적으로 '마음에 기록된 말씀'의 성취를 증언하고 강조한다. 베드로전서 역시, 성도가 거듭나는 것은 그의 안에 '썩어질 (세상의) 씨앗'이 아니라, '썩지 아니할 영원한 말씀의 씨앗'이 심기는 것이라고 설명한다(벧전 1:23-25). 이것이 중생이 일어날 때 이루어지는 일이다. 베드로전서의 이런 묘사는 단순히 복음의 중요성을 강조하려는 것이 아니다. 드디어 '새 언약이 성취되었다!'는 선포를 하고 싶은 것이다. 그래서 그 새 언약의 성취에 따라 '하나님의 나라가 가까이 왔다'는 것이다(벧전 1:3-4; 벧후 1:11; 3:13).

한 가지 더 주목해야 하는 점은, 성도의 심령에 심긴 '썩지 않는 씨앗'은 '살았고 영원한 말씀'으로서, 지금도 지나가고 있고 또 영원히 사라져 버릴 '하나님께 반역하는 이 세상'과 뚜렷이 대조된다는 사실이다. 중생한 성도 '안에 심겨지고 거하는 말씀'은, 세상의 유혹이나 핍박으로 나뉜 마음도 치유하는 능력의 말씀일 뿐 아니라(약 1:2-11, 18-21), 풀의 꽃과 같이 사라지는 세상과 대조되는 '살았고 영원한 복음'이다(벧전 1:25).

중생한 성도의 심령 안에 거하는 '썩지 않는 씨앗인 생명의 말씀'은, 세상을 장악하고 있는 악한 자 마귀를 대적하여 승리할 수 있는 능력의 말씀이기도 하다. 세상이나 세상에 있는 것들은 다 지나갈지라도, 자신 안에 심겨 있고 영원토록 거하는 '말씀'(진리)을 지켜 내는 성도는, 그 영원한 말씀과 함께 운명을 같이한다. 곧 그의 안에 거하는 영원한 말씀처럼, 그도 역시 영원히 거하게 될 것이다(요일 2:14-17).

이런 의미에서, 요한이서 1:2의 인사말 중에 '우리 안에 영원토록 거하는 진리, 말씀'은, 수신자 교회가 맞닥뜨린 세상의 거짓 가르침의 유혹과 협박을 능히 이기고도 남게 하는 능력이다. 이것이 복음, 기쁜 소식이다! 예수 그리스도의 복음의 말씀을 듣고, 그 생명의 말씀이 그들 안에 거하는 새 언약 백성은, 그러므로 얼마든지 세상을 이길 수 있다.

그 '생명의 말씀'이신 예수 그리스도께서 "담대하라, 내가 세상을 이기었노라!"(요 16:33) 하셨기 때문이며, 바로 그 말씀, 진리이신 그분이 그들 안에 영원히 거하고 있기 때문이다. 그는 또한 다시 오셔서 온 세상을 심판하시고 새 하늘과 새 땅을 완성할 분이시다. 바로 그 목적을 위하여, 하나님께서 새 언약 백성의 심령 안에 '기록하신, 심어 놓으신' 영원한 생명의 말씀은, 그들 안에서 하늘 생명의 싹을 틔우며, 점차 하늘 영광의 꽃을 피우고, 끝내 열방을 살려 내는 생명나무의 열매를 맺게 할 것이다.

새 언약 백성 '안에 영원토록 거하는' 말씀은 결단코 그들을 떠나지 않는다. 그 말씀을 그들의 심령 안에 심은 것은, 그들 자신으로 말미암은 것이 아니기 때문이다. 그들은 예수 그리스도께서 육체로 세상에 오셨다는 복음을 듣고 믿었지만, 성령의 역사를 통하여 그 아들이신 생명의 말씀을 그들 안에 기록하고 거하게 하신 분은, 새 언약을 성취하신 하나님 자신이시다. 이제 죄도, 사망도, 이 세상이나 하늘의 정사와 권세들도, 그리고 이 세상을 잠시 장악한 악한 자 마귀도, 그 생명의 말씀이 그 안에 영원토록 거하는 교회를 '장악하지' 못한다(요일 5:18). 아무것도, 아무도, 그 말씀이 그 안에 거하는 성도를 결단코 하나님의 손에서 빼앗지 못한다.

그러므로 교회여, 힘을 다해 말씀을 지키라. 목숨을 걸고 진리를 지키라. 우리가 지킨 말씀이 우리를 지켜 준다. 우리가 마음을 다하고 뜻을 다하고 힘을 다하여 지켜 낸 그 진리가 결국 우리를 지켜 낸다. 세상에 진리의 말씀보다 강한 것은 없다. 말씀은 빛이다. 빛을 이길 어둠은 없다. 말씀은 생명이다. 죽음은 부활 생명에 삼킨바 된다. 우리 안에 거하는 영원한 진리의 말씀이 우리를 지켜 주신다. 우리도 힘써 그 말씀을 지켜, 우리 자신을 세상으로부터, 거짓으로부터, 악한 자로부터 지켜 내야 한다.

'은혜, 긍휼, 평강' – 색다른 인사

거짓 가르침의 위험을 맞닥뜨린 수신자 교회에게 전하는 장로 요한의 인사의 특징은 '진리'에 있다. 그 '진리'는, 발신자와 수신자 모두에 관해 중요한 사실을 알려 준다. 그들을 하나로 묶고 연합하게 하는 것은 오직 진리이며, 그 진리는 주께서 성취하신 새 언약의 결과로서 '그들 안에 영원토록 거하는 말씀'이다. 비록 서로 다른 도시에 떨어져 있지만, 그리스도인들은 자신 안에 거하는 진리를 통해 서로 교통하고 사랑하는 내면적이고 인격적인 교제를 영원토록 누린다.

이것이 교회이다. 적대적이고 위협적인 세상 한복판에서도, 그 아들의 진리와 아버지의 사랑 안에서 '우리와 너희가 함께'(요일 1:3-4) 누리는 '영원한 코이노니아'의 공동체이다. 이제 장로 요한은 서신을 보낸 이유를 설명하는 본론을 꺼내기 전에, 축복을 기원하며 인사말을 마무리한다. 짧은 축복의 인사말이지만, 3절 안에는 깊은 신학적 진리들이 함축되어 있다. 무슨 인사말 정도에 그리 깊은 의미가 있겠는가라고 생각할 수도 있지만, 간단한 인사말도 그 배경이 있기 마련이다.

'어르신, 진지 드셨어요?' 또는 '밤새 별일 없으셨지요?'라는 인사는, 전쟁 후의 지독한 가난에서 벗어나려고 온 국민이 애쓰고 있었던 시대를 배경으로 한다. 요즘은 어떤 인사말들을 주고받는가? 90년대 이후 나라가 괄목할 만한 경제 성장을 이루어 가고 있었을 때는, '여러분, 부자 되세요'라든가 '돈벼락 나세요, 대박 나세요' 같은 인사말들을 주고받지 않았던가. 밥을 굶는 것이 더 이상 문제가 되지 않을 뿐 아니라, 부동산이든 주식이든 재산을 불릴 가능성이 넘쳐나고 또 그것이 큰 목적이 되었던 시대상을 반영했던 인사말들이다.

인사말에는 이처럼 그 시대의 배경과 관심이 여지없이 드러난다. 1세기 당시 로마에서 사람들이 통상 주고받는 편지에서, 평범한 로마 사람들의 인사는, 건강이나 사업의 번창을 기원하거나 종종 신의 가호를 의탁하는 정도였다. 하지만 위에 언급한 3절이 보여 주는 인사말의 내용은, 나름대로 신학적인 근거를 배경으로 한 아주 탄탄한 기독교적인 복음 이해와 가치관을 드러내는 표현들로 가득하다. 당시 그리스도인들은, 시대의 상황과 가치관을 배경으로 생겨난 인사말들이 아니라, 복음과 신앙의 은혜와 가치관을 반영하는 다른 인사말을 주고받았던 것이다. 특별히 '은혜, 긍휼, 평강'은 전형적으로 삼위 하나님의 사역의 특징을 대표하는 용어들이고, '진리와 사랑 안에서'라는 표현 역시 삼위 하나님의 존재와 사역을 요약적으로 드러낸다. 이를 간단하게 도표로 그려 보자.

	성자 하나님	성부 하나님	성령 하나님
3a절	은혜	긍휼	평강
3b절	진리	사랑	'안에서, 함께'

먼저 '은혜와 긍휼과 평강' 이 세 단어를 깊이 생각해 보자. '은혜'(χάρις, 카리스)란 무엇인가? 기독교 신앙에서 '은혜'란 존재하는 모든 것의 시작이고 영

원한 기초이다. 창조주 하나님을 믿는 그리스도인에게 있어서, 모든 것은 은혜로 시작한다. 지은바 된 모든 것이, 하나님께서 창조하셔서 우리에게 은혜로 주신 선물이기 때문이다.

은혜의 세계

우리가 누리는 자연, 생명, 시간, 호흡, 사랑 그 어떤 것도, 애초에 우리 스스로, 우리의 힘으로 만든 것이 없다. 전부 '주어진 선물'이다. 오직 하나님만이 여호와(YHWH) 곧 '스스로 있는 자'이시고(출 3:14), 다른 모든 피조물과 그 피조물의 일부인 인간은 전적으로 '하나님께 의존하는' 존재인 것이다. 그러므로 우리는 자랑할 것이 없다. "네게 있는 것 중에 받지 아니한 것이 무엇이냐 네가 받았은즉 어찌하여 받지 아니한 것같이 자랑하느냐"(고전 4:7) 하신 그대로이다.

세상이 하나님을 떠나 하나님을 대적하고 있다는 가장 큰 증거 중 하나는, 바로 세상이 '은혜를 잊은, 은혜 없는 곳'이 되어 버렸다는 사실이다. 그래서 하나님 없는 세상의 가장 큰 표시는 '비(非)은혜'이다. 사람들이 흔히 말하는 '세상에는 공짜가 없다'는 말은, 은혜 없는 세상의 척박함을 엿보게 한다. 학생이 학교를 빠지고 시험을 보지 않았는데, 교수가 A+라는 성적을 주는 일이 있던가? 그런 일이 있다면 그것은 불공정이고 불법이 될 것이다.

'극히 적은 돈을 투자하고도 아주 짧은 기간에 엄청난 이자를 준다'는 유혹에 빠져 그나마 가진 재산마저 날리는 사람들이 얼마나 많은가. 세상은 그런 '공짜' 또는 그런 '뜻밖의 은혜(?)'가 가능한 곳이 아니다. 3시간 자면 붙고 4시간 자면 떨어지는 것이 대학 입시고, '일찍 일어나는 새가 벌레를 잡는 곳'이다.

이런 세상만사의 원리를 과학적으로 구현하면 '인과율'(因果律, causality)이 된다. 원인 없는 결과가 어디에 있는가? '아니 땐 굴뚝에 연기가 날까?' 이런 것이다. 이런 세상의 '비은혜'의 본질은, 세상의 모든 철학이나 종교를 통해서도 잘 드러난다. 모든 게 다 '인과응보'(因果應報)다. 악한 일은 반드시 대가를 치르게 된다. '업보'(業報, *Karma*)의 굴레에서 벗어나 해탈하려면, 억겁의 윤회를 통해 선행의 공덕을 쌓아야 하는 것이다.

내 힘으로, 내가 원인을 만들어서, 내가 그 결과를 얻지 않으면 다른 길이 없는, 철저한 원인과 결과의 사슬로 묶인 닫힌 세상이다. 이것이 하나님을 떠나 '은혜'의 실재(reality)를 상실한 세상의 모습이다. '내가 땀 흘려 수고한 것으로 먹어야 사는' 곳이다(창 3:17). 세상에서 태어나서 어려서부터 세상을 경험하고 그런 경험을 토대로 지식과 가치관이 형성된 사람에게, '비은혜'의 세상은 당연하고 자연스럽고 또한 '공정'하기까지 하다.

하지만 성경이 말하는 세상은 '원래' 그렇지 않다. 세상은 '은혜' 위에 기초해 있고, 그 은혜가 없이는 존재하지도 못한다. 하나님께서 창조하셔서 우리에게 '선물'로 주시지 않았다면 아무것도 존재하지 않기 때문이다. 오늘도 우리가 누리는 모든 것은, 하나님께서 은혜로 주신 선물들이다. 그래서 그리스도인들은 '모든 것이 하나님의 은혜'요, '나의 나 된 것이 하나님의 은혜'라고 고백하는 것이다.

하지만 '은혜'를 알지 못하는 세상이, 어떻게 '은혜의 세계'에 눈을 뜰 수 있을까? 그것은 예수 그리스도의 복음과 성령의 역사를 통해서만 가능하다. 십자가를 보라! 죄의 삯은 사망이다(롬 6:23). 세상이 그 아래 종속되어 있는 그 '원인과 결과의 법칙'에 의해, 죄를 지은 모든 사람은 그 결과인 사망에 이를 수밖에 없다. 그런데 십자가에 달리신 그 아들은 죄가 없으신 분이다. 어찌 된 것인가?

성경은 죄 없으신 하나님의 아들이 십자가에 달려 죽으신 것은, 죄 있는 우리를 대신하셨기 때문이라고 설명한다. 그것은 이해하기 어렵다. 세상 사람들이 가장 이해하기 어려워하는 것이 '대가(代價) 없는 은혜'이다. 내가 잘못했는데 누군가가 자원해서 나 대신 그 잘못의 대가를 치르는 일을 본 적이 거의 없고, 그런 '불공정(?!)한 은혜'는 받아들이기 어렵기 때문이다.

긍휼을 입은 자들

그래서 세상 사람들에게 '은혜'란 가장 이해하기 어려운 말 중 하나이다. 오직 서로를 진정으로 깊이 사랑할 때만, 사람들은 기꺼이 기쁨으로 '대가 없는 선물'을 주고받는다. 그래서 은혜란 진실한 사랑을 전제하고 수반한다. 이것이 지금 장로 요한이 '은혜와 긍휼과 평강'의 인사를 하는 성경적인 배경이다. 누가 십자가의 '대가 없는 죄 사함의 은혜'를 우리에게 주셨는가? 아버지 하나님이시다. 왜 우리 대신 자신의 아들을 형벌에 내주셨는가?

'긍휼'(엘레오스, ἔλεος) 때문이다. '하나님이 세상을 이처럼 사랑하사' 독생자를 보내어 저로 말미암아 우리를 살리셨다(요 3:16; 요일 4:7-10). 그래서 성경은, 예수 그리스도를 통해 드러나고 증거된 은혜의 배후에는 언제나 아버지 하나님의 '긍휼'이 있다는 사실을 증거한다. 우리가 아직 죄인 되었을 때에 하나님께서 우리를 대신하여 그 아들을 죽음에 내주심으로써, 우리에 대한 자신의 사랑을 확증하셨다(롬 5:8).

하나님께서 그 아들을 보내셔서 우리로 거듭나게 하사 부활 생명을 얻게 하신 것도, 바로 하나님의 '그 많으신 긍휼' 때문이다(벧전 1:3-4). 이로써 그 아들을 믿음으로 은혜를 받은 그리스도인들 안에는, 언제나 차고 넘치는 아버지 하나님의 사랑이 영원토록 거한다(요일 1:14-19). 그러므로 그 아들의 은혜를 경험한 사람에게 이 세상은 단지 철저한 '인과응보'에 갇힌 심판의 세상이 아니다.

그 아들을 통해 특별한 은혜를 경험한 성도에게, 이 세상은 애초부터 하나님께서 사랑 가운데서 주신 선물이라는 사실이 알아지고 경험되기 시작하는 것이다. 모든 것이 그대로인데, 모든 것이 새롭다! 밝게 빛나는 태양은 나를 향한 하나님의 뜨거운 사랑의 표현이고, 밤하늘에 펼쳐진 무수한 별들은 하나님의 예술적인 솜씨와 영광을 드러내는 예술작품이 된다.

거리에 흔한 가로수들도 햇살에 반짝이는 푸른 잎들이 모두 손뼉을 치며 하나님을 찬송하고, 세상은 더 이상 황량한 사막이 아니라 마치 어린아이가 아빠의 손을 잡고 거니는 숲속길이나 놀이터처럼 변한다. 우리는 더 이상 우주를 떠도는 먼지가 아니라, 하나님 아버지 품 안에 안긴 사랑받는 자녀들이 된다. 무엇보다 더 이상 '타인은 나의 지옥'이 아니라, 사랑을 나누고 함께 기쁨을 누릴 이웃으로 다가온다.

이렇듯 우리가 그 아들의 은혜를 받아들이면, 그야말로 눈이 떠지고, 빛이 들어와, 그 빛 가운데 서게 된다. 그 빛과 생명 안에서, 우리는 비로소 하나님이 누구시며, 내가 누구이며, 이웃이 누구인지를 보게 되는 것이다. '은혜는 자연을 회복한다'는 진리가 바로 이것이다. 결국 장로 요한이 요한이서 1:3에서 '은혜와 긍휼과 평강'을 언급했을 때, 그 은혜는 특별히 그 아들 예수 그리스도를 통해 우리가 받은 은혜요, 그 긍휼은 또한 그 아들을 우리에게 보내신 아버지 하나님의 사랑을 가리킨다는 사실을 알게 된다.

평강을 누리는 자들

'평강'은 무엇인가? 만일 은혜가 그 아들의 사역을, 그리고 긍휼은 아버지 하나님의 구원 행동을 전제한다면, 나머지 하나인 '평강'은 주로 성령 하나님의 구원 행동을 가리킬 것이다. 이렇게 해서, 수신자 교회에게 '은혜와 긍휼과 평강'을 기원하는 장로 요한의 인사는 그 내용상 각기, 성자와 성부와 성령의 역사를 전제하는 축복의 기원인 셈이다.

'평강'(에이레네, εἰρήνη)이란 마치 전쟁에서 승리해서 더 이상 적군이 침입하거나 위협할 수 없는 안정되고 생명이 충만한 평안한 상태를 가리킨다. 누가 이런 평강을 그리스도인에게 줄 수 있는가? 삼위 하나님의 역사이지만, 주로 성령 하나님께서 우리로 하여금 이 평강을 '누리게' 하신다. 승리한 자들이 누리는 이런 평화는, 우선적으로 하나님의 사랑과 그 사랑의 의지에 순복하신 그 아들의 죽으심과 부활 승천의 구속 사건에 근거한다. 하나님의 사랑이 승리한 것이고, 예수 그리스도께서 순종하심으로써 승리한 것이다.

하지만, 그런 예수 그리스도의 승리가 믿는 성도의 심령에 '실재'(reality)가 되게 하는 역사, 그리스도의 승리를 '나의 승리'로 소유하고 체험하게 하시는 역사는 오직 성령 하나님의 사역이다. 그래서 수신자 교회를 향해 '은혜와 긍휼과 평강'이 충만하기를 기원하는 것은, 그들이 또한 그 아들과 아버지와의 교제, 그 삼위 하나님과의 코이노니아 속에서 흔들림 없이 거하기를 권면하는 기원이나 다름없다.

이런 맥락에서, 3절에서 '은혜와 긍휼과 평강이…' 다음에 나오는 "하나님 아버지께로부터 그리고 예수 그리스도, 그 아버지의 아들로부터 와서, 진리와 사랑 안에서 우리들과 함께할 것입니다"라는 본문은 우연한 연결이 아님을 알 수 있다. 은혜는 그 아들을, 긍휼은 그 아버지 하나님을 지칭하는 대표적인 개념이기 때문이다. 그렇다면 3절 중, 하반절에서, 우리에게 '평강'을 경험하게 하시는 성령 하나님에 대한 언급은 어디에 있는가?

흥미롭게도 성령 하나님 자신에 대한 언급은 '진리와 사랑 안에서 우리들과 함께할 것입니다'라는 축복의 인사말의 행간에 혹은 그 배후에 숨어 있다. 무슨 뜻인가? 이렇게 물어보자. 교회는 과연 '어떻게 해서' 하나님의 사랑과 그 아들의 승리를 자신의 것으로 삼아, 이 험한 세상 한복판에서 '평강'을 누릴 수 있게 되는가? 위의 인사말 속에 답이 있다. '진리와 사랑 안에 거함으로써'이다. 앞서 설명한바 있지만, 진리는 그 아들을 그리고 사랑은 아버지 하나님을 대표하고 상징하는 언어이다. 그렇다면, '진리와 사랑 안에서'라는 표현은 곧 '그 아들과 아버지와의 교제 안에서(엔, ἐν)' 또는 그 교제로 '말미암아'라는 의미이다.

성령 하나님은 어디로 가셨는가? 바로 그다음 본문인 '우리들과 함께할 것입니다'에 숨어 있다. 정확히 말하면, 그 '함께'(메타, μετά)라는 표현에 숨어 있다. 성령님은 우리와 함께 계시며 우리 안에 임재하여 계시는 하나님이시기 때문이다. 하지만 신약성경이 삼위 하나님의 존재와 사역을 묘사할 때, 아버지 하나님과 그 아들 예수 그리스도는 직접 언급하지만, 성령 하나님의 존재와 사역은 종종 감추어지는 경우가 많다(예. 벧전 1:2-3, 13-23).

성령 하나님을 생각하면 가끔, 한 집안에서 자신은 궂은일을 도맡아 하며 평생을 희생하면서도 언제나 아버지를 높이고 아들을 자랑하며 그 뒤에 숨는 어머니 같은 존재가 떠오르기도 한다. 지금 요한이서 1:3의 인사말에서도 예외가 아니다. 그 아들과 아버지는 분명히 언급된다. 하지만 성령에 대한 언급은 없다. 그럼에도, 우리로 하여금 그 아들과 아버지와의 사귐 안에 '거하게 함으로써' 은혜와 긍휼을 받아 평화를 누리게 하시는 분은 성령 하나님이시다. 성령 하나님이야말로 '교제의 영' 곧 '코이노니아의 영'이신 하나님이시다.

이 세상 어디에 '은혜'가 있는가? 이 세상은 비은혜의 차가운 세상이다. 세상이 정해 놓은 기준, 스스로가 정해 놓은 기준에 못 미치면 수치와 모멸을 경험할 수밖에 없는, 율법주의적(legalistic) 정신이 지배하는 냉혹한 세상이다. 이 세상에 '사랑'이 어디에 있는가? 사랑, 사랑, 말로는 많이 하고 노래로 부르고 영화로 만들어 멋지게 보이게 하지만, 사랑은 고단하고 어렵고 찾기 힘든, 마치 사막의 오아시스 같은 것이다.

이 세상 어디에 '평화'가 있는가? 나라마다 전쟁 무기를 쌓아 놓고, 국민들은 굶어 죽거나 가난에 허덕여도 서로 자기를 공격할까 하는 공포감에 더 많은 살상 무기들, 시한폭탄들을 만드는 대책 없는 경쟁에 몰두한다. 무엇을 해도, 두려움은 사라지지 않는다. 도대체, 평화는 어디에 있으며, 어떻게 가능한가?

장로 요한은, 수신자 된 부녀 교회에게 마지막으로 축복의 인사말을 건넨다. 세상이 아무리 냉혹하고 잔인해도 '여러분과 우리'는 그 아들 안에서 놀라운 은혜를 누리고 있으며 앞으로도 더욱 그러하기를 기원한다고. 세상이 비록 차갑고 증오로 가득하다 해도, '여러분과 우리'는 아버지 하나님의 뜨거운 긍휼 안에 거하고 있으며 더욱 그러하기를 기원한다고. 세상이 아무리 무섭게 위협하고 협박해도, '여러분과 우리'는 이미 그 아들 안에서 승리했으며, 그 아버지의 사랑 안에서 아무런 두려움이 없는 평안을 누리고 있다고.

이것이 바로 '교회'라고. 교회는 하나님의 은혜와 그 아들의 긍휼과 성령의 평강으로 지켜지는 것이라고. 그러니 무슨 일이 있어도, 이 은혜와 긍휼과 평강을 누리게 하는, 그 아들과 아버지와의 코이노니아 안에 거하라고. 그 어떤 위협이 와도, 삼위 하나님과 함께 거하는 이 코이노니아를 떠나지 말라고. 그것이 이 악한 자의 코스모스(세상)를 이기고 평강을 누리는 유일한 길이라고. 우리는 그런 교회라고, 장로 요한은 굳게 확신하며 축복하고 있는 것이다.

삶으로 내리는 뿌리

'사랑 안에서' 참된 것을(1)

오랫동안 가르치고 설교하고 상담하고 이런저런 경험을 하면서 거듭해서 깨닫게 되는 소중한 진리가 있다. 보기에는 쉽지만, 실제로 그렇게 살려면 오랜 연습과 실패를 딛고 훈련과 연단을 거쳐야 비로소 내 것이 되는 그런 진리이다. 그리고 이 진리는 모든 인간관계의 핵심이다. 사람이 사람을 만나 관계를 맺고 영향을 주고받는 거의 모든 영역에서 요구되는 지혜이기 때문이다.

그것은 '사랑 안에서, 참된 것을, 말하고, 행하라'는 것이다(참조. 엡 4:15). 단순해 보이지만, 여기에는 네 가지 필수적인 요소가 들어 있다. 첫째는 '사랑 안에서'라는 조건이다. 둘째는 내용이 '참된 것'이어야 한다는 것이다. 셋째는 그것을 '말하라'는 것이다. 마지막은 말한 바를 '행하라'는 것이다. 이 네 가지 중 어느 하나가 빠지면 무언가 문제가 생기고, 그런 관계는 온전해지지 않는다. 생각해 보라. 참된 것 그러니까 명백한 진리를 말하고 행동했는데, 거기에 사랑이 없다면 어떤 결과가 오겠는가?

우리는 이런 경우를 거의 모든 영역에서 자주 대한다. 상대방의 처지를 깊이 이해하고 공감하는 사랑 없이 무슨 옳은 말을 한다 해도, 그것은 대부분 어긋나는 결과를 가져온다는 것을, 우리는 여러 관계를 통해 뼈저리게 깨닫게 된다. 부부간의 대화도, 부모와 자식 간의 대화도, 직장 동료 간에도, 단지 옳은 것을 말하는 것만으로는, 전달도 안 되고 그 관계가 바로 고쳐지지도 않는다. 사랑이 있어야 한다. 사랑이 빠지면, 아무리 옳은 말을 해도 전달조차 되지 않기 때문이다.

그래서 설교할 때마다, 엎드려 절박하게 기도한다. 청중을 향한 하나님의 뜨거운 사랑이 내 심령을 채우기 전까지는, 입을 열지 말아야 한다는 사실, 입을 열어도 냉랭할 뿐이라는 사실을 잘 알고 있기 때문이다. 사람은 사랑을 받고 그 사랑이 느껴지지 않으면, 마음을 열지 않는다. 그래서 진리는, 사랑 가운데서 전해져야 한다.

머릿속으로는 알지만, 실제로는 매번 어렵다. 조금 범위를 넓혀 보자. 오늘날 보수 교회는 세상을 향해 '그건 죄야! 하나님이 반드시 심판하실 끔찍한 죄야!'라고 지적하는 것은 쉽게 하지만, 그런 중대한 진리를 '사랑 안에서' 하는지에 관해서는 의문이 든다. 불경건한 죄에 대한 하나님의 엄위한 심판의 진노라도, 그런 죄인을 향한 하나님의 뜨거운 긍휼 안에서, 그들의 고통과 짐을 대신 질 만큼이나 깊은 사랑 안에서, 표현하는 것은 쉽지 않다.

하나님은 사랑 없이 진리를 전달하지 않으신다. 그것이 십자가이다. 죄의 결과가 얼마나 끔찍하고 참혹하며, 하나님께서 죄를 얼마나 싫어하시는지를 전달하실 때, 하나님은 그것을 단지 '정죄와 심판만으로' 하지 않으셨다. 죄를 심판하셨고 죄인에게 형벌을 선언하셨지만, 그 형벌의 십자가에 매달리신 분은 우리가 아니라 하나님 아버지의 아들 자신이셨다. 하나님은 사랑이 아니면, 진리를 말씀하지도 전달하지도 않으신다.

우리도 그렇게 실천할 수 있을까? 매번 어렵다. 일터에서, 교회에서, 가까운 가족 관계에서, 누군가에서 참된 것, 진리, 엄정한 공의를 말하고 실행해야 할 때, 우리는 그 대상을 위해 엎드려 충분히 기도하고, 충분히 그 사람을 향한 하나님의 사랑에 젖어야 한다. 진심으로 진리를 전하고자 한다면 말이다. 조금 더 넓은 사회적인 관계를 생각해 보아도, 십자가의 길은 우리가 따라야 할 지혜와 생명의 길이라는 사실이 명확하게 드러난다.

사회적 관계 속에서, 우리가 옳은 것을 행하고자 하고 정의를 실현한다고 말해도, 그것이 참된 사랑 안에서 행해지지 않으면 쉽게 위선적인 것으로 전락하는 경우를 얼마나 자주 보게 되는가. '자, 이제 공정(公正)하게 합시다'라고 말하고 아주 공정한 법을 정해서 시행한다고 할지라도, 상대방의 처지를 진실하게 생각하고 배려하는 긍휼과 사랑이 빠져 있다면, 그런 공정, 그런 정의는 아주 쉽게 차별이나 착취를 그럴싸하게 정당화하는 위선이 될 수 있지 않은가.

마이클 샌들이라는 학자가 '공정이라는 착각'이라고 불렀듯이, 오늘날의 사회는 겉으로는 공정한 법, 정의로운 규칙을 따라 부를 축적하게 하고 사회적 지위를 얻도록 하는 것 같지만, 사실은 이미 부모나 국가나 그 개인이 타고난 특정 조건들에 의해 결정되는 측면이 크다. 그래서 '긍휼, 사랑을 전제로 하지 않는 공정'은 집단 이기주의밖에 되지 않는 것이다.

우리 사회에서 '흙수저, 은수저, 금수저'라고 부르며 부모에게 물려받은 처지를 비유해서 말하는 것도 그런 이유가 아니겠는가. 성장의 기회가 많았던 경제 개발 시대에는, 누구나 경쟁의 규칙에 따라 노력하기만 하면 '개천에서 용 나는 시대'였다. 하지만 경제 성장이 정체되고 기회가 줄어든 오늘날은 '한강에서 용을 양식하는 시대'라고들 하지 않는가. 이런 사회에서 '내가 성공했다'는 것은 그만큼 많은 은혜를 입고 살았다는 뜻밖에 되지 않는다.

그래서 애초에 그런 좋은 환경을 갖지 못한 이웃들에게 한없이 빚진 마음을 가져야 마땅한 것이다. 이렇듯 우리가 정의와 공정을 외칠 때에도, 우리는 긍휼을 기억하고, 이웃을 기억하고, 사랑을 기억해야만 한다. 하나님께서 십자가를 통해 죄에 대한 엄위한 심판을 행하셨을 때에도, 연약한 우리를 향한 그분의 뜨거운 긍휼 안에서 하셨다.

그것이 십자가 사건이다. 진리는 '사랑 안에서' 드러날 때, 비로소 치유의 능력을 갖기 때문이다. 그래서 십자가는 하나님께서 우리에게 오신 길이지만, 또한 우리가 세상 한복판을 지나며 날마다 하나님께로 걸어가야 하는 길이기도 하다.

2. 진리 안에서 걸어감(4-6절)

장로 요한은 이제 인사말을 마치고, 본격적으로 하고자 하는 메시지를 전하려 한다. 앞의 1-3절과 비교했을 때, 본론이 시작되는 4-6절에서 가장 먼저 눈에 띄는 단어는 '계명'이다. 이 계명이란 무엇인가? 왜 장로는 계명이라는 말을 강조하기 시작했는가? 우리는 앞서 '진리'라는 말에 대해 많은 설명을 했다. 장로는 수신자 교회가 특별히 진리의 문제에 있어서 큰 도전과 위험에 직면했음을 알고 편지를 쓰고 있다. 그리스도인으로서 사랑하는 일도 진리 안에서라야 가능하고 의미가 있음도 살펴보았다.

이제 장로는 '계명'이라는 주제를 꺼내서 수신자의 상황을 보다 명확하게 진단하고, 그 엉킨 실타래를 풀어 주고자 하는 듯하다. 그래서 4-6절의 본문을 이해하기 위해서는 '계명'이라는 말을 잘 살펴보아야 할 것이다. 이런 문제의식을 마음에 품고 본문을 천천히 읽어 보자.

> 4 내가 크게 기뻐하는 것은, 아버지께로부터 받은 계명을 따라 당신의 자녀들이 진리 안에서 걸어가는 것을 알게 되었기 때문입니다. 5 그래서 이제 당신에게 간절히 원하는바, 부녀여, 이것은 새 계명으로 당신에게 쓰는 것이 아니라 처음부터 우리가 가진 것이니, 우리가 서로 사랑하자는 것입니다. 6 그 사랑은 이것이니 곧 우리가 그의 계명들을 따라 걸어가는 것이요, 그 계명은 이것이니 곧 여러분이 처음부터 들은 바대로 그 안에서 걸어가는 것입니다.

우선 4-6절까지 '계명'(엔톨레, ἐντολή)이라는 단어가 무려 4회나 반복되어 나온다는 사실에 주목해 보자. 장로는 '계명'이 무엇이기에 이리도 거듭해서 강조하는가? 혹시 수신자 교회에서 이 '계명'과 관련된 논란이 생겼던 것은 아니었을까? 하나의 유력한 가능성은, 7절에서 '예수 그리스도께서 육체로 오신 것을 부인'하는 거짓 가르침이 분명히 있었고, 그 때문에 수신자 교회에서 무엇을 믿고 지켜야 하는지에 관한 '계명'에 대해 논란이 생겼을 수 있다는 것이다.

이렇게 말하면, '계명'이란 무엇을 '믿느냐' 하는 신앙의 대상에 관한 것이 아니라, 무엇을 '지켜야 하는가'에 관한 것, 즉 그 믿는 바를 '실천하는 것'에 관련된 것이 아니냐고 물을 수 있다. 한자어로 된 '계명'(誡命)이라는 단어는 '지켜야 할 규범과 복종해야 할 계율(戒律)'의 의미가 강하다. 하지만 '계명'으로 번역된 헬라어 '엔톨레'(ἐντολή)는 원래 '명한바 된 것'이라는 의미인데, 그 명한바 된 내용에 관해서는 '믿어야 할 것'과 '행해야 할 것'이 서로 분리되지 않고 함께 묶여 있다. 이를 더 자세히 살펴보자.

계명, 은혜와 요구

구약성경에서부터 중요하게 사용된 '언약'(covenant) 개념을 살펴보면 '계명'의 의미를 정확히 이해할 수 있다. '언약'을 통해 하나님께서 자기 백성에게 요구하시는 것이 무엇인가? 모세 언약의 경우라면, 하나님께서 요구하시는 것이 십계명뿐인가? 율법뿐인가? 규례와 법도들뿐인가? 그렇지 않다. 하나님께서는 우리와 언약 관계를 맺으실 때 먼저 '은혜'를 베푸시고 그것을 믿을 것을 요구하신다. 즉 지켜야 할 율법이나 계율만 '명(命)하시는' 것이 아니다.

모세 언약을 설명하는 출애굽기 20:1-2의 내용을 보라. 20장은 흔히 십계명이 기록된 본문으로 알고 있지만, 종종 그 시작은 지나치기 쉽다. 하나님은 모세를 통해 십계명을 주시기 전에, "나는 너를 애굽 땅, 종 되었던 집에서 인도하여 낸 네 하나님 여호와니라"고 자신을 소개하며 믿을 것을 명하시고 계신다. 언약이 갖는 이러한 '은혜와 요구'의 이중(二重)적인 구조는, 모세 언약

전에 있던 아브라함 언약에서도 동일하게 드러난다.

아브라함 언약에서, 하나님이 아브람에게 지키라고 명하신 계명은 무엇인가? 하나님은 아브람에게 나타나셔서 그에게 "나는 전능한 하나님이라, 너는 내 앞에서 행하여 완전하라"고 명하셨다(창 17:1). 이 말씀 안에는 그 언약의 '은혜와 요구' 즉 '믿어야 할 내용과 순종해야 할 명령'이 함께 들어 있다. 아브라함은 그와 그의 아내 사라가 아이를 낳을 수 없는 상황임에도 불구하고 "하나님은 전능하신 분"임을 믿을 것을 요구받은 것이다. 그래서 그는 자신이 '열국의 아비'가 될 것을 믿어야 했다(창 17:3-6).

동시에 그것은, 당시 열국의 이방인들이 까맣게 잊어버린 '창조주 하나님, 생명의 창조주시요 근원이신 하나님'의 자기 계시의 내용을 믿으라는 요구였다. 아브라함이 아직 이방인이었을 때, 하나님께서 그에게 나타나셔서 믿을 것을 요구하시며 주신 언약의 말씀이 무엇이었던가? 그것은 '복의 약속'이었다. 이는 하나님께서 세상을 창조하신 후, 첫 사람 아담과 하와에게 복 주시며 '생육하고 번성하라'고 하신 그 창조의 복을 재현한 것이다(창 12:1-3).

이처럼 하나님께서 언약 안에서 '명하는바' 곧 '계명'(엔톨레, ἐντολή)에는 원래부터 '믿어야 할 내용'과 '행해야 할 내용'이 함께 들어 있다. 이것이 요한이서 1:4-6에서 장로 요한이 4회나 언급한 '계명'이라는 용어의 배경이다. 언뜻 보면, 5-6절에서 '계명'은 '서로 사랑하라'는 구체적인 명령만을 언급하는 것처럼 들린다. 하지만 하나님께서 언약 안에서 은혜와 요구를 함께 제시하시듯이, 여기서도 '무엇을 믿을 것인가'에 해당하는 내용을 포함하고 있다. 그것이 무엇인가?

요한이서의 배경이 되는 요한일서를 보면 명확히 알게 된다. 요한일서 3:23의 말씀이 대표적이다: "그의 계명은 이것이니 우리가 그의 아들 예수 그리스도의 이름을 믿고, 우리에게 계명을 주신 바대로 우리가 서로 사랑하는 것입니다." 여기서 앞에 나오는 '계명'은, 예수 그리스도의 이름을 믿는 것과 서로 사랑하라는 명령 둘 다를 포함하는 표현이다. 반면에, 뒤에 나오는 '계명'은 그보다 좁은 의미로서 '서로 사랑하라'는 명령만을 포함하는 용도로 쓰였다.

특히 '서로 사랑하라'는 '계명'은 요한복음 13:34에서 "새 계명을 너희에게 주노니 서로 사랑하라. 내가 너희를 사랑한 것같이 너희도 서로 사랑하라"에서처럼 '새 계명'(엔톨렌 카이넨, ἐντολὴν καινὴν)으로 특정되었다. 이것이 '새'(new) 계명인 이유는, 이 계명이 '새 언약'(new covenant)의 성취를 통해 메시아이신 그 아들 예수를 믿는 새 언약 백성에게 주어진 새로운 요구이기 때문이다(참조. 『코이노니아와 코스모스: 요한일서의 이해』, 198-210, '새 계명이 새로운 이유'). 여기서도 '새 계명'은, 예수님이 우리를 사랑하신 '은혜'와 그래서 우리가 서로 사랑해야 한다는 '요구' 또는 '좁은 의미의 계명'을 모두 포함한다.

이처럼 '계명'이라는 말에는, 언약적인 '은혜와 요구' 전부가 포함될 수 있다. 두 요소가 서로 구분은 되지만 분리될 수 없을 만큼 깊이 연관되어 있기 때문이다. 하나님께서 언약을 통해 명하시는 요구는, 그 언약적 은혜를 받는 '조건'이나 '원인'이 아니다. 옛 언약과 새 언약 모두에서 그런 경우는 없다. 오히려 그 언약적 요구를 행하는 것은, 은혜를 받은 '증거'이고 '결과'이다.

그럼에도 불구하고, '계명'이라는 말을 들을 때, 우리 안에서 그것으로 은혜를 끌어내는 조건이나 원인처럼 느끼는 이유, '의무적으로' 해야만 하는 어떤 율법적 조항처럼 느끼고 그렇게만 해석하는 경향은, 사실 하나님의 은혜의 세계를 떠나, 오직 자기 힘으로 모든 것을 해내야 하고 또 그럴 수 있다는 죄성(罪性) 속에 깊이 뿌리박힌 '율법주의'(legalism)의 실상을 드러낸다.

생각해 보라. 요한이서에서 장로 요한은, 수신자 교회 성도들을 향해 '자녀들'이라 부르고 있지 않은가(1:1). 자녀는 노예가 아니다. 노예는 주인을 볼 때 '내가 무엇을 잘못했지? 내가 무엇을 해야 되지?' 늘 이렇게 느끼고 자신을 채근할 것이다. 아버지를 신뢰하는 어린아이는 다르다. 아버지가 집에 들어

올 때, 달려가 그 품에 안긴다. 아버지의 손에 무슨 선물이 있는지 궁금해한다. 새 언약 백성이 된 성도 역시 마찬가지이다.

딱딱하게 들릴지 몰라도, '계명'이라는 말에는 하나님의 '은혜와 요구가 함께' 들어 있다. 내가 믿음의 형제자매와 이웃을 '내 몸처럼 사랑'하려면, 먼저 나 자신을 어떻게 바르게 사랑할 수 있을지를 알아야 한다. 이웃 사랑은 '의무'이기 전에, 하나님께서 먼저 나를 어떻게 사랑하셨는지, 그 아들 예수 그리스도를 통해 나를 어떻게, 얼마나 사랑하시는지를 생생하게 알고 또 지속적으로 누리고 있어야 비로소 가능한 '즐거움'이 되는 것이다.

성경을 읽을 때, 하나님께서 아무리 무서운 심판의 말씀을 하시더라도, 또는 전혀 은혜롭지 않은 본문을 읽을 때라도, 언제나 하나님의 선하심과 은혜주심을 확신하며 찾아보라. 반드시 얻을 것이다. 그분이 우리의 아버지이시기 때문이다. 설교자도 마찬가지이다. 강단에서 하나님께서 어떤 명령, 어떤 요구, 어떤 계명을 주셨는지 가르치기 전에, 먼저 하나님께서 언약을 통해 우리에게 어떤 은혜를 주셨는지, 그 아들 예수 그리스도의 복음이 어떻게 우리에게 참으로 기쁜 소식이 되는지를 설득하여 기꺼이 믿도록 해 주어야 한다. 이것이 '계명'의 온전한 의미를 이해하는 방식이다.

처음만큼이나 중요한 '나중'

5-6절에서 장로는 자신이 전하는 '새 계명'이 "처음부터 우리가 가진 것"임을 상기시킨다. "처음부터" 받았고 누리고 있던 그 새 언약의 새 계명을 결코 놓치지 말고, 잊지 말고 그 안에서 견고하게 행하라고 격려하는 것이다. "처음부터"(아프 아르케스, ἀπ' ἀρχῆς)는 도대체 언제부터를 가리키는가? 문맥 안에서는, 저들이 '육체로 세상에 오신 그 예수 그리스도의 복음'을 들었을 때를 가리키는 것으로 보인다.

하지만 요한이 '처음부터'라는 표현을 사용할 때는, 종종 어떤 특정한 시점을 포함하는 것 그 이상의 여운을 남기곤 한다. 요한일서 1:1에서 "태초에"(아프 아르케스, ἀπ' ἀρχῆς)라는 표현도 같은 말인데, 이 경우에는 예수께서 육체로 세상에 오신 시점, 그 후에 여러 가지 사역을 하신 시점, 그리고 죽고 부활하신 후에 복음이 선포되는 시점을 배제하지 않으면서, 그보다 우선적으로 '세상의 창조 전에'라는 뉘앙스가 훨씬 강하게 풍긴다.

요한이 "처음부터"라는 표현에 관해서 이를 '중의적'(重意的)으로 사용하는 방식은, 요한일서 1:24에서 수신자 교회가 "처음부터 들은 것"을 언급할 때도 마찬가지이다. 이 문맥에서는 수신자 교회가 복음을 전해 듣고 믿었던 그 시점을 가리키지만, 또한 요한일서 1:1에서처럼 세상이 생기기 전의 그 '태초의' 시점을 완전히 배제하지 않는 것처럼 들리기 때문이다.

한편, 요한일서 2:7에서 "처음부터 가지고 있던 옛 계명"은 일차적으로 구약 시대의 모세의 율법을 가리키겠지만, 3:8의 "처음부터 죄를 짓는 마귀"라는 표현에서 '처음부터'는 창조 때의 시점으로 거슬러 올라간다. 이처럼 요한이 '처음부터'라는 표현을 쓰는 것은 문맥에 따라 특정한 시점을 강조하는 것이 맞지만, 단지 그것에만 국한하지 않고 여운을 두는 중의적 표현으로 간주할 수도 있다.

그만큼 '처음'의 무게는 막중하다는 것이다. 그만큼 예수 그리스도의 복음을 '처음'에 받았던 그대로 끝까지 지켜 내는 일은, 마치 세상의 '처음'부터 있었던 일처럼 중대하고 결정적인 무엇이라는 뜻이다. 사도들을 통해 '처음'부터 받았던 그 복음이, 바로 '태초부터 있어 온 생명의 말씀'에 관한 것이요, 그 아들 예수 그리스도를 통해 이 세상에 나타난바 된 '영원한 생명'에 관한 것이기 때문이다(요일 1:1-2).

하나님께서 처음부터 주신 '언약의 계명'은, 그 은혜와 요구의 '본질'에서는 처음부터 끝까지 동일하다. 다만 그 '은혜와 요구'의 본질이 '점진적'으로 더욱 드러나고 더욱 온전히 성취될 뿐이다. '모세의 율법'과 '그리스도의 법'(갈 6:2)은 그 내용과 본질에 있어서 연속성(continuity)을 가지고 있다. 왜냐하면 둘 다, '하나님 사랑, 이웃 사랑'(마 22:34-40)이 그 핵심이기 때문이다. 이런 의미에서 새 언약의 계명 곧 "서로 사랑하라"는 말씀은, 옛 언약의 율법과 전혀 '다르다는 의미에서 새로운' 법이 아니라, '계시'(revelation)와 '성취'(fulfillment)라는 면에서 더 온전하고 충분한 법인 것이다.

동시에, 새 언약의 계명은, 구약의 율법과는 '전혀 다른 차원의 새로운'(radically new) 방식으로, 그 옛 언약의 율법의 요구를 드러내고 성취한다. 옛 언약의 율법은 '두 돌판'에 새겨져 주어졌고, 옛 언약 백성은, 출애굽과 광야에서 하나님께서 베푸신 놀라운 은혜를 경험했어도 자신들의 연약함으로 인해 그 율법에 순종할 수 없었다(렘 31:32; 롬 8:3). 그래서 옛 언약은 '새 언약'을 통해 갱신될 수밖에 없었다(렘 31:31-33; 겔 36:22-28).

마침내 하나님께서는 종말에 메시아인 '자기 아들'을 율법 아래에 나게 하셔서 그 율법의 요구를 모두 성취하셨다(마 4:1-11; 5:17-20; 요 19:30; 갈 4:4-5; 롬 8:1-4; 히 1:1-2). 그뿐 아니다. 그 아들을 믿음으로써 그 생명의 말씀을 받아 새 언약의 백성 된 자들은 그들 안에 '내주하시는 성령'을 통해, 자기 안에 심겨 있는 '구원할 능력이 있는 그 말씀'(약 1:21) 또는 '썩지 않는 씨앗'(벧전 1:23-25) 곧 '하나님의 씨앗'(요일 1:9-10)인 그 말씀을 순종할 수 있는 새로운 시대를 맞게 된 것이다.

그러므로 새 언약 백성인 그리스도인은 누구나, 그 아들이 복 주시고 명하신 그대로 "내가 너희를 사랑한 것같이, 너희도 서로 사랑"할 수 있는 더 크고 깊고 온전한 은혜와 능력의 상태에 거하고 있다. 문제는, 과연 우리가 그 아들의 은혜와 아버지의 사랑과 성령의 평강 가운데에 '실제로 거하고' 있느냐 하는 것이다. 바로 여기에, 장로 요한이 요한이서 1:4-6에서 수신자 교회에게 부탁하는 그 간절한 이유가 놓여 있다.

오늘날 교회는 '예수 믿고 죄 사함받은 은혜'가 새 언약의 전부인 것처럼 생각하곤 한다. 그렇지 않다. 한겨울 내내 굳어 버린 밭을 갈고, 그 안에 온갖 더러운 잡동사니를 걷어 내고 나서 그 밭을 그저 버려두는 농부는 없다. 농부라면 누구나 당연히, 그렇게 부드러워진 밭에 씨를 뿌리고, 물을 주고, 잘 길러, 후에 싹이 나서 꽃이 피고 열매를 맺기를 기대할 것이다. 그리고 많은 사람들이 그 열매로 배를 불리고 생명을 얻으며 더 풍성히 누리기를 기대할 것이다.

하나님도 그러하시고, 새 언약의 내용도 그 원대한 계획도 이와 같다(이하, 렘 31:31-33; 겔 36:22-28 참조). 먼저 '영원한 속죄'로 우리의 마음 밭을 깨끗이 하신다. 그리고 그 부드러운 심령에 '썩지 않는 씨앗, 곧 살았고 영원한 말씀'을 심으신다. 그 거듭난 심령에 '심긴 말씀'과 더불어 '내주하며 역사하시는 성령께서' 그 말씀의 생명이 우리의 전인격을 통해 세상을 이기는 참되고 살아 있는 경건으로 나오도록 끝까지 일하신다.

그 결과는 무엇인가? 드디어 '말씀을 순종하는 새 백성'의 탄생이다. 이것이 땅에 포도나무를 심고 그 열매를 기대하는 농부처럼, 하나님께서 자기 백성을 이 땅에 심으신 목적이다. 그 언약 백성이 말씀을 순종함으로 이 땅에서 '의(義)의 싹'을 돋아나게 하고, 그 '생명의 꽃과 열매'를 통해 열방이 그 말씀의 생명을 먹게 하는 것이다. 그리하여 마침내 여호와를 아는 지식이 온 땅에 충만해지고, 그의 거룩하고 크신 이름이 영광을 얻게 되는 것이다.

그때에 '하나님의 나라' 곧 새 하늘과 새 땅이 온전히 이루어질 것이다. 이것이 새 언약의 비전이다. 예수 믿고 단지 '죄 사함받고, 천당 간다'는 축소되고 왜곡된 복음 이해로는, 이 은혜와 사명을 결코 감당할 수 없다. 장로 요한이 말하는 '진리 안에서 계명을 따라 걸으라'는 부탁은, 이런 새 언약의 놀라운 은혜와 원대한 계획 안에 지속적으로 거하여, 결국 새 언약의 궁극적 목적을 온전히 이루라는 의도에서 나온 것이다.

요한이서 1:4가 언급하는 장로의 기쁨은 이런 것이다. 신앙은 그 처음만큼이나 '나중'이 중요하다. 나중에 더욱 온전한 신앙으로 성장하는 성도가, 진실로 처음부터 참된 믿음을 가진 것을 증명하기 때문이다. 그러므로 흔들리지 말아야 한다. 우리가 가진 복음의 깊이와 높이와 크기와 넓이와 영광을 모두 누리며 그 열매를 맺기까지 그 안에 거해야만 한다.

4절과 6절에서 3회나 반복되는 "걸어간다"(페리파테오, περιπατέω)는 표현은 개역개정의 "행한다"는 번역에 해당한다. 단순히 '행한다'는 의미보다는 구체적으로 삶의 여러 영역에 걸쳐 '여기저기 걸어 다니는' 삶의 모습을 그려내는 표현이다. 삶의 어느 영역에서든지 그 아들 예수 그리스도를 믿는 믿음에서 떠나지 않고, 그 아버지 하나님의 사랑 안에 거하면서 그 사랑으로 변화받고, 그 아버지의 사랑으로 사랑하는 자리에까지 나아가는 삶의 모습을 묘사한 것이다(요일 2:12-17).

요한이서 1:3식으로 표현하면, 삶의 모든 영역에서 그 아들의 은혜와 그 아들을 우리에게 주신 아버지의 사랑 안에서, 항상 성령의 교제 가운데 평강을 누리며 살아가는 성도의 모습을 그려 볼 수 있다. 은혜 안에 거했다가 '율법주의'의 광야에서 끝날 수도 있다. 은혜로 시작했다가 '탐욕과 방탕'의 돼지 우리에서 마감할 수도 있다(유 1:4). 하나님의 사랑을 받았지만, 그 사랑으로 자신의 사랑이 변화되지 못한 채, 그저 받기만 하다가 그 사랑을 남용하고, 그 사랑으로 사랑할 모든 기회들을 놓칠 수도 있는 것이다.

주께서 주시는 평강을 누린다고 하면서 자기 안에 심겨진 생명의 말씀을 외면하고, 그 말씀의 생명이 싹이 나고 꽃이 피고 열매를 맺게 하는 일에 게을러져, 결국 그 평강을 잃어버려 험난한 황무지 같은 삶을 살 수도 있다. 신앙은 처음만큼이나 그 나중이 중요하다. 결국, 우리 신앙의 처음은 우리의 나중 모습이 증명하기 때문이다. 그 열매로 나무를 알게 되는 법이다. 우리 신앙이 '걸어가는' 그 길의 끝이 결국, 우리가 받은 그 은혜와 사랑의 시작이 진실한 것이었는지를 명확히 드러내게 될 것이다. 여기에 '인내'의 중요성이 있다.

3. '속여 길 잃게 만드는' 거짓 가르침을 분별하라(7-9절)

진리 안에서, 끝까지, 걸어간다는 것은 얼마나 중요한 일인가. 얼마나 복된 일인가. 얼마나 간절하고 얼마나 필요한 일인가! 장로 요한은 수신자 교회가 참으로 진리 안에서 끝까지 걸어가 그 풍성한 생명의 열매를 놓치지 않기만을 간절히 바란다. 그런데 그렇게 하려면 '분별'하는 일이 절대적으로 필요하다. 아무 가르침이나 다 듣고 다 쫓아갈 수 없고 그렇게 해서도 안 된다. 성도를 '속이고 길 잃게 만드는' 거짓 교사들, 거짓 선지자들이 많이 있기 때문이다. 교회는 끊임없이 하나님 말씀의 온전한 빛 안에서, 거짓 가르침을 부지런히 '분별'해야 한다. 장로 요한은 이제 그가 가장 하고 싶은 말을 하는 대목에 이르렀다. 이 말씀에 귀 기울여 보자.

> 7 왜냐하면 속여 길 잃게 만드는 많은 자들이 세상 안으로 나왔기 때문인데, 예수 그리스도께서 육체로 오신 것을 고백하지 않는 자들입니다. 이런 자가 속여 길 잃게 만드는 자요, 적그리스도입니다. 8 여러분은 자기 자신을 잘 살펴서, 우리가 일해 놓은 것을 망쳐 버리지 말고, 도리어 풍성한 상을 받도록 하십시오. 9 누구든 앞에 나서서 이끌면서 그리스도의 그 교훈 안에 거하지 않는 자는, 하나님을 갖지 못한 것입니다. 그 가르침 안에 거하는 자, 바로 이런 자가 그 아버지와 아들을 가진 것입니다.

7절의 '속여 길 잃게 만드는 자'는 개역개정에서 '미혹하는 자'로 번역된 단어인데, 원문에 비추어 보다 실제적이고 생생하게 풀어 쓴 명칭이다. 수신자 교회의 문제 상황에서는 구체적으로, '예수 그리스도께서 육체로 오신 것을 고백하지 않는 자들'이다. 이들의 특징은 9절에서도 정확하게 나타난다. 예수 그리스도에 대한 바른 복음과 교훈에서 벗어난 채, '앞에 나서서 이끈다' 하는 오만한 지도자가 교회를 파탄으로 끌고 가는 정황이다.

진리를 지켜 내야 하는 이유

하나님께 지키심을 받고자 하면, 예수 그리스도의 온전한 복음을 지켜야 한다. 말씀을 지켜야 그 말씀이 우리를 지키신다. 말씀을 버리면, 교회도 버림받는다. 교회가 온전한 복음을 희석시키거나 세속적인 것들과 뒤섞으면, 교회는 그만큼 그 영광을 빼앗기고 세상에 휘둘리게 된다. 세상 속의 교회에게 있어, 온전한 복음을 붙들고 지켜 나가는 것보다 중요한 사명은 없다. 그것은 교회의 존속과 영광에 직결된 문제이기 때문이다.

이것이 7-9절에서 예수 그리스도에 대한 바르고 온전한 복음과 교훈 안에 거하라고 강조하는 이유이다. 7절을 읽으면, 마치 영화에서나 본 듯한 이런 장면이 떠오른다. 어두컴컴한 밤에 숲속을 헤매다가 버려진 낡은 별장에 도착했는데, 현관문을 열자마자 어둠 속에 있던 까만 박쥐들이 쏟아져 나오는 것 같은 장면 말이다. 7절은 이처럼, 사람들을 미혹하는 자들, 즉 사람들을 거짓으로 속여 죽음과 파멸로 끌고 가는 많은 거짓 교사들과 거짓 선지자들이 헛되고 속이는 철학들과 사조(思潮)들, 사이비 종교들, 그리고 이단적 가르침을 세상에 퍼뜨리는 위험한 상황을 전달한다.

7절의 '속여 길 잃게 만드는 자'(호 플라노스, ὁ πλάνος) 안에는 '거짓으로 속인다'는 의미와 '길을 벗어나 헤매게 만든다'는 뉘앙스가 함께 포함되어 있다. 장로 요한이 앞서 4-6절에서 수신자 교회의 성도들이 '진리 안에서 걸어감'을 크게 기뻐했던 것과 대조하면, 지금 7절에서 '속여 길 잃게 만드는 자'의 위험에 대해 경고하는 이유가 더욱 선명하게 드러난다.

누가, 어떤 식으로, 성도로 하여금 진리의 길을 벗어나 파멸의 구렁텅이에 빠지게 만드는가? 7절에서 '세상 안으로 나왔다'(엑쎌쏜 에이스 톤 코스몬, ἐξῆλθον εἰς τὸν κόσμον)는 표현은, 요한일서 4:1에서 "많은 거짓 선지자들이 나와 세상에 들어왔기 때문입니다"라는 말씀을 떠올리게 한다. 거짓 선지자들은 어디로부터 나와 세상에 들어왔는가? 그 출처가 어디인가? 바로 '악한 자 마귀'이다. 이 세상은 '일시적이고 제한적'이기는 하지만, 그 악한 자 마귀 아래 놓여 있고(요일 5:19), 마귀의 가장 크고 우선된 특징은 '거짓'이기 때문이다(요 8:44). 악한 자 마귀의 가장 강력한 전략은 '거짓'을 만들어 퍼트리는 것이다. 사람들의 생명과 삶, 나라와 민족과 이 세상을 파괴하는 가장 강력하고 오래된 사탄의 무기는 '거짓말'이다. 애초에, 모든 것이 은혜로 주어진 선물 같은 세상을 망가뜨린 원인은 어디에 있었는가? 악한 자 마귀의 '거짓말'에서 시작되지 않았던가. 하나님이 먹지 말라고 했던 선악과를 먹어도 결코 죽지 않을 것이라는 마귀의 거짓말을 '먹어 버린' 첫 사람 아담과 하와를 통해 '죄와 사망'이 그들 자신에게뿐 아니라 온 세상에 들어오게 된 것이다(창 3:1-9; 롬 5:12).

성경이 폭로하는, 죄와 사망으로 인한 세상의 비참에 관한 이 영적이고 근본적인 원인인 '거짓말'의 파괴력은 우리 인간의 실제의 삶에서도 강력하게 증명된다. 사람이 언제 가장 크게 좌절하는가? 믿었던 사람으로부터 배신당할 때가 아닌가. 그 신뢰가 상대방의 거짓말로 인해 산산이 파괴될 때가 아닌가. 사랑의 관계를 배신하는 거짓말, 돈을 제때 갚겠다는 약속을 저버리는 부도 수표의 거짓말, 앞에서는 좋은 말을 하고 뒤에서는 욕을 하는 위선적인 거짓말, 국가 간의 협정을 종이 쪼가리 찢듯 찢어 버리는 거짓말 등, 우리의 삶이 파괴되는 그 근본에는 '거짓말' 곧 '약속과 신뢰의 파괴'가 있다.

하나님께서 이 세상을 회복하시기 위해 이 세상에 찾아오실 때, '말씀'으로 곧 '약속'으로, '언약'(covenant)으로 찾아오시는 이유가 여기에 있다(예. 창 12:1-3). 세상이 파괴되기 시작한 그 맨 처음에 '거짓말'이 있었기 때문이다. 거짓

말과 불신이 있던 자리에, 진리와 믿음, 곧 하나님의 말씀, 그분의 신실한 약속에 대한 신뢰를 심는 것, 그것이 세상과 모든 삶의 회복의 시작이다. 만물의 회복을 이루어 가는 하나님의 계시의 역사는 늘 '언약의 역사'로 펼쳐지는 것이다.

모든 것의 중심에는 '인격 간의 관계'가 있고, 그 관계의 핵심에는 '말' 또는 '말씀' 곧 거짓이 아닌 진리의 약속이 놓여 있다. 거짓을 물리치고 진리가 그 자리에 들어서서 뿌리내릴 때, 생명과 사랑과 평화가 꽃피고 열매 맺게 된다. 밝은 빛이 비치면 어둠과 그 어둠 안에 숨어 있던 쥐들이든 박쥐들이든 후다닥 달아나듯이, '생명의 말씀' 곧 '진리'이신 그 아들이 이 세상에 오셨을 때 거짓의 아비 마귀가 세상에 드리운 온갖 거짓의 그늘들은 그 추한 몰골을 드러내며 사라지기 시작한다. 요한이, 세상에 오신 그 아들을 자주 '말씀'으로, '진리'로 묘사하는 이유가 이것이다. 그 아들이 육체를 입고 들어오신 이 세상의 특징이 '거짓'이기 때문이다. 거짓은 파괴하지만, 진리는 살려 내고 생명으로 풍성케 한다.

예수 그리스도, 참과 거짓을 판별하는 기준

그러므로 교회에 맡겨진 가장 큰 사명은, 이 세상 속에 가득한 '거짓말', 그 악한 자 마귀가 뿌려 놓은 거짓말들을 몰아내고, 사람의 심령 안에 '진리' 곧 그 아들의 '생명의 말씀'을 심는 일이다. 그것이 설교이고 가르침이다. 이것보다 중요하고 본질적인 교회의 사명은 없다. 교회는 무슨 사업을 하고 무슨 선행을 하기 전에, '진리의 기둥과 터'가 되어야 한다(딤전 3:15). 교회 외에, 이런 일을 할 수 있는 기관은 세상에 없다.

오직 교회만이 세상에 편만한 거짓과 어둠을 물리칠 수 있는 진리와 빛, '생명의 말씀'이신 그 아들을 선포할 수 있는 기관이다. 오직 교회에게, 하나님께서 그 아들의 복음을 맡기셨기 때문이다. 그래서 교회는 교회만이 가장 잘 하는 것을 해야 한다. 세상의 여타의 기관들도 잘하는 것을 흉내 내는 것도 좋고 때로 필요하기도 하지만, 교회는 교회만이 할 수 있는 일을 가장 잘 하려고 노력할 때 세상이 가장 필요로 하는 빛이요 소금이 된다.

그것이 무엇인가? 진리를, 생명의 말씀이신 그 아들과 그 아들의 나라를 선포하는 것이다. 그래야 이 세상의 비참의 근본적인 원인인 거짓말의 위력을 훼파시킬 수 있다. 이 세상과 이 세상 안에 사는 사람들, 나라들, 민족들이 왜 죄와 사망과 허무에 갇힌 비참한 삶을 살게 되는가? 세상에 '하나님이 없다'는 거짓말처럼 '평범한 상식'으로 통용되는 것이 또 있는가? 그래서 무신론은 가장 많은 사람들이 믿고 있는 대표적인 거짓말인 셈이다(시 14:1).

7절과 9절은, 이런 거짓말에 대하여 중요한 점을 한 가지 더 알려 준다. 무엇이 거짓말이고 참인지를 분별할 때 '그 아들이 세상에 오셨다'는 사실을 믿는지의 여부가 결정적인 판별 기준이 된다는 것이다. 천지를 창조하신 하나님은 분명 그 아들을 세상에 보내셨다(요 3:16; 요일 4:7-14; 5:5-12). 이것은 성경과 역사가 증거하는 움직일 수 없는 진실이다.

그렇다면 예수는 하나님이 보내신 선지자들 가운데 하나이며, 이슬람이 주장하는 것처럼 하나님에게 '아들'이신 하나님이 없다고 주장하는 가르침은 거짓에 해당한다. 만일 하나님에게 '아들'이 없다고 주장한다면, 그 '없는' 아들을 세상에 보냈다고 하는 성경의 주장은 당연히 거짓이 되기 때문이다. 여기에는 중간이 없다. 예수 그리스도는 마치 밝은 빛처럼, 그 빛으로 모든 어둠을 폭로하신다.

만일 어떤 사람이 태양이 환하게 비치는 대낮의 빛 한가운데 서서, 자기에게는 아무것도 보이지 않으니 세상에는 빛이 없다고 주장한다면, 우리는 그를 무엇이라 부르는가? 그런 자는 '맹인'일 것이다. 만일 예수께서 '나는 세상의 빛이다'라고 하셨는데, 그런 분 앞에서, 그리고 그런 분에 대한 성경과 역사와 성령의 증거 앞에서 그분은 하나님의 아들이 아니라고 말한다면, 그것은 자신이 빛을 보지 못하는 맹인이라는 증거밖에 되지 않는다(참조. 요 9:5, 39-41). 예수님이 빛이 아닐 수는 없지 않은가! 자신을 '세상의 빛'이라고 말씀하신 예수님이 거짓말쟁이일 수는 없지 않은가!

예수님이 거짓말쟁이이든지, 아니면 예수님이 하나님의 아들이든지 둘 중 하나이다. 유대교도 이와 같은 이유로 거짓 가르침에 빠지게 된다. 요한이서 1:9에 보면 '그리스도의 그 교훈 안에 거하지 않는 자는, 하나님을 갖지 못한 것'이라고 말한다. '그리스도의 그 교훈 안에'(엔 테 디다케 투 크리스투, ἐν τῇ διδαχῇ τοῦ Χριστοῦ)는, 그리스도에 관한 복음과 가르침을 지켜 내고 그 안에서 살아가는 삶을 가리킨다.

여기서 '교훈'은 단순히 '그리스도인이 어떻게 살아야 한다'는 식의 윤리적 가르침만을 포함하는 것이 아니다. 5-6절에서 '계명'(엔톨레, ἐντολη)이 새 언약의 '복음과 의무'를 모두 포함하는 용어였던 것처럼(참조. 요일 3:23-24), '그리스도의 그 교훈' 역시 요한이 자주 언급하는 새 언약의 새 계명, 곧 하나님께서 그 아들을 세상에 보내셔서 우리를 사랑하셨다는 복음과 그 사랑으로 서로 사랑해야 한다는 요구를 모두 포함하는 포괄적 의미이다.

따라서 9절에서, 사람이 예수 그리스도에 대한 바른 가르침 안에 거하지 않는다면, 그런 자는 하나님을 '갖지 못하게' 되고, 반대로 오직 그 아들에 대한 바른 복음과 가르침 안에 거하는 자라야 하나님도 '갖게' 된다는 것은, 하나님에 관한 신앙고백에 있어서 예수 그리스도를 받아들이는지의 여부가 결정적인 기준이 됨을 명확하게 보여 주는 말씀이다.

그럴 수밖에 없다. 성경에 의하면, 하나님께서는 분명히 그 아들을 세상에 보내셨는데, 누가 그 아들이 오신 것을 부인한다면, 그 아들을 세상에 보내신 하나님을 거짓말쟁이로 만드는 것밖에 더 되겠는가(요일 1:10). 예수님 당시 유대교의 바리새인들과 서기관들, 대제사장들과 장로들이 이런 '거짓 가르침'

에 빠진 대표적 사례이다. 그들은 '하나님을 안다'고 주장했지만, 예수 그리스도가 하나님의 아들이심을 부인함으로써, 그 아들을 세상에 보내신 하나님을 거짓말쟁이로 만들어 그 하나님마저 '갖지 못한' 자리로 떨어졌다.

요한복음에 의하면, 예수님은 '한 분 하나님을 아버지'로 고백하면서도 자신을 부인하는 유대인들을 꾸짖으시면서 보다 직설적으로 이렇게 쏘아붙이셨다: "너희는 너희 아비 마귀에게서 났으니 너희 아비의 욕심대로 너희도 행하고자 하느니라. 그는 처음부터 살인한 자요 진리가 그 속에 없으므로 진리에 서지 못하고, 거짓을 말할 때마다 제 것으로 말하나니 이는 그가 거짓말쟁이요 거짓의 아비가 되었음이라. 내가 진리를 말하므로 너희가 나를 믿지 아니하는도다"(요 8:44-45).

하나님을 믿는다고 하지만 자신을 믿지 않는 유대인들의 정체가 실제로는 '마귀에게서 난 자들' 곧 '거짓'에 붙들린 자들임을 폭로하신 것이다. 혹시, 예수님의 이런 말씀은 너무 심하다는 생각이 들지 않는가? 요즘처럼 '종교 다원주의'가 편만한 시대에도, 예수님의 이런 식의 자기주장은 너무 일방적이고 편협하다는 반감을 불러일으키기에 충분하다.

하지만, 빛과 어둠이 공존할 수 없는 것처럼 진리와 거짓도 그런 차원에 속해 있다. 모든 것이 단지 '틀린 것이 아니라 다른 것'이라는 듣기 좋은 말도 통하지 않는 영역이 분명 존재하는 것이다. 오늘날 누구에게나 해당되는 '절대 진리는 없다'는 포스트모던의 상대주의적 주장은, 모순되게도 그 자체로서 '언제나, 누구에게나 틀림이 없는 절대적 진리'를 주장하고 있는 셈이다.

이것은 단지 말장난이 아니다. '모든 진리는 상대적이다'라고 믿고 주장하는 사람에게, '예수 그리스도만이 진리이다'라고 주장하면, 버럭 화를 낼 것이다. 그런 주장을 하는 기독교인들은 실로 오만하고 남을 배려하지 않는 독단적인 사람들이라고 쏘아붙일지 모른다. 왜 그런가? 그것은 오늘날 '절대적인 진리는 없다'고 믿는 상대주의자들은 그들 자신의 주장만큼은 '절대적인 것'

으로 받아들이고 있기 때문이다.

'진리'에 대한 주장을 한다는 것은, 어쩔 수 없이 원래 '그 외에 다른 것들은 진리가 아니다'라는 배타적 주장을 하는 차원을 포함하게 된다. 이는 누구도 피할 수 없는 원리이다. 빛이 비치면, 어둠은 그 자리에 있을 수 없다. 점진적인 과정이 필요할 수도 있지만, 어둠은 전격적으로 물러나기 시작하기 때문이다. 서로 공존할 수 없는 차원이 있는 것이다.

'모든 진리는 상대적'이라는 주장을 '절대시하는 것'은, 스스로 모순되며 자신과 남을 속이는 허구이다. 이것이 '다원주의, 상대주의'를 주장하며 '관용'을 가장 큰 덕목으로 퍼뜨리는 이 시대가 오히려 역설적이게도 '독단적'인 문화를 만들어 내는 이유이기도 하다.

인간은 '진리 주장의 절대성'을 피할 수 없다. '나는 모든 사람을 다 사랑해'라는 말은, 지금 누군가와 진실하고 깊은 사랑에 빠져 있지 않다는 말밖에 되지 않는다. 누군가를 진실로 사랑하면 그 사랑의 관계는 배타적이 된다. 모든 진실한 사랑의 관계는 근본적으로 '언약적'이고 배타적이다. '나는 다른 사람이 아닌, 너와 결혼의 언약을 맺는다'는 것이다. 그래야 그 사랑이 비로소 진정한 사랑으로서의 의미가 생기고, 장차 더 폭넓고 개방적인 사랑으로 성숙해 나아갈 근거를 얻게 되기 때문이다.

이것은 '내가 나인' 한에 있어서, '너와 관계를 맺을 수 있다'는 원리와도 유사하다. 내가 내가 아닌데, 어떻게 '나와 너'가 관계를 맺을 수가 있는가? 내가 내가 되려면, 일차적으로 나는 다른 사람일 수가 없다. 내가 우선 나 자신이 되고 나서, 내가 너와 관계를 맺고, 세상과 관계를 맺는 것이다. 이처럼, 진리도 배타적이고 절대적인 차원을 갖는다. 예수 그리스도에 관한 진리는 우선 배타적이다. 속지 말아야 한다. 교회는 예수 그리스도의 진리를 담대히 주장하고, 그 진리를 지켜 내야 한다. 그런 교회가 예수 그리스도로 말미암아 지키심을 입은 교회이다(유 1:1).

삶으로
내리는 뿌리

사랑 안에서 '참된 것'을(2)

우리 주님의 십자가에는 그리스도인이 따라야 할 '사랑의 길'에 관한 모든 비밀이 들어 있다. 그 십자가의 사랑을 우리 삶을 위해 구체적이고 실제적으로 표현하면, '사랑 안에서, 참된 것을, 말하고, 행하라'(참조. 엡 4:15)는 권면으로 요약될 수 있다. 이 네 가지 요소 중에 하나만 빠져도, 온전한 십자가 사랑의 길이 되지 못한다.

먼저 '참된 것'을 생각해 보자. 일상 속에서 십자가의 길을 따를 때, 우리는 종종 '진리'의 중요성을 간과하기 쉽다. 하지만 진리가 빠지면, 사랑은 사랑이 되지 않는다. 사랑 안에서 말하고 행동하지만, 그렇게 전달되는 것이 언제나 '참된 것, 진리'여야 한다는 것이다. '다 은혜로 덮읍시다, 좋은 게 좋은 거지요'라는 말에도 일말의 진실은 있다. 하지만, 그렇게 말하면서 진리를 죽이고 정의를 외면하면, 죄는 썩어 가는 악이 되고, 악은 죽음을 불러온다.

사랑은, 죄를 죄라고 말한다. 의사가 암 환자를 보고, '다 괜찮습니다. 암 환자나 건강한 사람이나 무슨 차이가 있겠습니까? 하나님은 다 받아주십니다. 모두가 사랑입니다'라고 말한들, 환자의 병은 나아지지 않는다. 그는 살지 못하고 죽을 것이다. 그래서 진리가 없는 사랑, 참된 것을 말하고 행하지 않는 사랑은, 결코 사랑이 되지 못한다.

자신의 혈육을 끔찍이 사랑하는 것은 당연하고 좋은 것이지만, 거기에 진리와 정의가 빠지면, 그런 사랑은 부덕(不德)한 탐욕으로 변질되어 썩는다. 같은 학교를 나오고, 같은 고향에서 자란 친구끼리 뭉치는 우정이나 의리도 사랑의 일종이지만, 거기에 공정과 정의가 빠지면, 누군가를 절망하게 만들고 공동체를 병들게 하여 무너뜨리는 죄악이 되기도 한다.

십자가는 사랑이지만 또한 공의(公義)의 증거이다. 하나님께서 우리를 얼마나 사랑하시는지를 증명하신 사건이다. 동시에 죄에 대한 하나님의 공의의 심판은, 자기 아들이라도 그 형벌을 피하지 못한다는 엄위한 진리에 대한 증거이다. 그래서 십자가는 하나님의 지혜이다. 우리는 얼마나 자주, 사랑 없이 진리를 말하는가? 반대로, 우리는 얼마나 자주 사랑한다고 하면서도 진리를 외면하는가? 사랑 없는 진리는 폭력에 가까우며, 진리가 빠진 사랑은 속이는 것이다. 십자가를 통해 하나님의 사랑과 공의를 알게 된 우리는, 언제나 사랑 안에서, 참된 것을 말하고 행해야 한다.

사랑하기도 하고 참된 것을 알고 있지만, '말하지 않으면' 아무런 소용이 없다. 심지어 버스 안에서 너무 크게 틀어 놓은 라디오 소리를 모든 승객이 들어야 하는 경우, 굳이 나서서 불편함을 말하는 것도 용기를 필요로 한다. 교회 안에서나 사회 속에서 너무 뻔한 불의(不義)나, 너무 억울한 처지에 있는 사람들을 목격하고도, 할 말을 하지 못하는 경우도 있다.

많은 사람들이, 틀린 것을 틀렸다거나 옳은 것을 옳다고 말하기 어려워 한다. 자신이 피해를 볼 수 있기 때문이거나, 굳이 그렇게 나서서 어그러진 것을 바로잡을 필요가 없다고 생각하기 때문이기도 할 것이다. 어찌 보면, 진리나 사랑이 부족해서 그런 것일 수 있다.

사랑 안에서 참된 것을 말할 뿐 아니라, 그렇게 한 말에 부합하게 '행동'해야 한다. 말과 행동이 분리되는 것은 '위선' 즉, 선(善)을 가장(假裝)하는 것이다. 위선은 남을 속일 뿐 아니라, 스스로를 속이는 데까지 나아간다. 그리고 그런 '기만'이 계속되면 '왜곡'을 낳는다(요일 1:5-10). 말과 행동이 분리된 상태를 오랫동안 방치하면, 결국 하나님의 말씀, 곧 진리를 부인하고 거짓에 빠지는 악한 자리에까지 이르게 된다.

사랑 안에서 참된 것을 말했다면, 말한 대로 행하기를 힘써야 한다. '말하는 것' 자체가 행동의 시작이고, 행동은 그 말의 성취요 열매이다. 진리는 그렇게 가벼이 간직할 수 있는 종류의 지식이 아니다. 진리는, 그 진리를 받은 '증인'의 삶뿐 아니라 때로 죽음까지도 요구한다. 이것이 주께서 걸어가신 십자가의 길이다. 이것이 하나님께서 우리에게 오신 길이며, 우리가 또한 하나님께로 이르는 유일한 길이다.

십자가는 단지, 우리의 죄를 사함받기 위한 수단이 아니다. 하나님의 사랑과 공의가 서로 입 맞춘, 하나님의 지혜의 나타남이다. 그 십자가의 지혜는, 우리가 맺는 삶의 모든 관계 속에서, 생명에 이르는 복된 길을 비추는 밝은 빛이다.

'세상'을 두고 벌이는 진리의 싸움

성경은, 하나님이 살아 계시고, 그 하나님에게는 아들이 있고, 아버지 하나님이 그 아들을 분명히 세상에 보내셨다고 선포한다. 또한 중요한 것은 하나님께서 그 아들을 세상에 보내신 이유가, 세상을 '이처럼 사랑하셨기 때문'이라는 것이다(요 3:16; 요일 4:10; 롬 5:8). 이것이 사실이라면, '세상'을 바라보는 관점이 달라질 수밖에 없다.

세상은 더 이상 버림받은 사막이나 양육강식의 잔인한 정글 같은 곳이 아니라, 자녀가 아버지의 손을 잡고 거니는 꽃동산이나 놀이터 같은 곳으로 뒤바뀌게 되는 것이다. 예수가 '하나님이 세상에 보내신 그 아들'이라고 믿는 자들에게, 세상은 더 이상 허무한 곳이 아니다. 그것을 만든 자도 없고, 간섭하는 자도 없고, 심판하고 회복할 자도 없는 버려진 곳이 결코 아니다. 아버지 하나님께서 그 아들을 내주기까지 사랑하신 그런 따뜻한 세상이며, 그런 사랑으로 끝까지 회복되어야 하고, 회복되어야 할 영역으로 드러난다.

요한이서 1:7에서, 악한 자 마귀는 '세상 안으로'(에이스 톤 코스몬, εἰς τὸν κόσμον) 그의 거짓 선지자들을 내보낸다. 일시적이고 제한적이기는 하지만, 이 세상은 지금 악한 자 마귀 아래 놓여 있고, 마귀는 종종 '세상 임금'으로 불리기도 한다(요일 5:19; 요 12:31; 16:11). 세상을 가운데 두고 한쪽은 다시 회복하려 하고 다른 쪽은 빼앗기지 않으려 일대 전쟁이 일어나고 있는 셈이다. 하나님은 자기 아들을 세상 안으로 육체로 보내심으로써, 그리고 악한 자 마귀 역시 이 세상 안으로 거짓 선지자들과 거짓 교사들을 보냄으로써, 세상 안에서는 '진리와 거짓' 사이의 종말의 최후의 결전이 벌어지고 있는 것이다.

7절에서 거짓으로 '속여 길 잃게 만드는 자'가 '적그리스도'(호 안티크리스토스, ὁ ἀντίχριστος)로 묘사되는 것도 이런 이유 때문이다. 우리는 여기서 악한 자 마귀가 하나님을 '모방하며 대적하는' 모양새를 엿볼 수 있다. 하나님께서 때가 차서 자기 아들 곧 '그리스도'를 세상에 보내셨기 때문에, 마귀는 이제 이 종말의 때에 공격적으로 '적'(敵)그리스도적인 활동을 하는 것이다(참조. 계 13:1-6). 마귀는 자신이 창조주도 주권자도 심판주도 아니다. 다만 그런 권세를 가진 삼위 하나님을 모방(copy)하여, 사람들과 세상을 속여서 파멸의 무저갱(abyss)으로 끌고 들어가려는 것뿐이다.

하나님께서 그 아들을 세상에 보내신 사건은, 구약에서부터 약속된 하나님의 계시의 역사의 절정이다(히 1:1-2). 하나님의 계시가 절정에 이를수록, 마귀의 속이는 거짓말도 절정에 이른다. 하나님의 계시가 그 아들 예수 그리스도에 집중될수록, 마귀의 온갖 거짓말도 예수 그리스도를 부인하는 일에 집중된다. 이것이 오늘날 종말을 살아가는 교회가 다른 모든 진리들과 함께, 그 무엇보다 예수 그리스도에 관한 진리를 지켜 내야 하는 이유이다.

'예수 그리스도만이 구원 얻는 유일한 길'이라는 진리는, 세상과 역사에 관한 다른 모든 진리들을 배제하지 않는다. '모든 진리'는 하나님의 진리이고, 하나님의 진리는 예수 그리스도 안에서 그 참된 의미를 되찾고 그 절정에 이른다는 뜻이다. 만물은 오직 그 아들 예수 그리스도를 통하여, 그리고 그를 위하여 창조되었기 때문이다(요 1:3; 고전 8:6; 엡 1:23; 골 1:6; 히 1:2). 마귀는 온갖 진리를 다 거짓으로 뒤덮으려 하지만, 그중에서도 예수 그리스도에 관한 진리에 극렬하게 저항한다. 예수 그리스도에 대한 진리를 부인하게 만들면, 나머지 모든 진리도 결국 궁극적인 의미를 찾지 못한 채 헛된 것이 되어 버리기 때문이다.

모든 이단들의 핵심적 주장이 여기에 놓여 있다. 기독교 이단들이나 기독교에 반대하는 사이비 종교들의 거짓 가르침의 핵심은 모두, '예수 그리스도를 부인하는 것'에 있다는 것이다. 여기가 핵심이다. 그러므로 이단들을 상대할 때 성경 해석에 관련된 여타의 많은 주장들을 거론하며 논박하는 것은 필요할지는 모르나, 정곡을 찌르는 전략은 못 된다. 그저, '당신들의 교주(教主)

는 자신을 누구라고 하는가?'라고 물어보라. 또는, '당신들의 교주는 예수 그리스도를 누구라고 하는가?'라고 물어보라(마 16:15; 요일 5:12). 여기서 모든 것이 갈리기 때문이다. 여기서 진리와 거짓이, 정통과 이단이 갈린다.

결국, 이 세상을 가운데 두고 하나님께서 이 세상에 보내신 그 아들 곧 진리이시며 생명이신 '말씀'과, 역시 이 세상 안으로 거짓 선지자들과 거짓 교사들을 들여보내, 온갖 속이고 죽이고 파괴하는 마귀의 '거짓말들'이, 서로 싸우며 일대 접전을 벌이고 있는 것이다. 이것이 요한이서 1:7-9이 묘사하는 진짜 무대이며, 그 무대 위에 수신자 교회를 비롯해서 오늘날 세상 속의 교회가 올라가 있는 것이다.

그러므로 설교단에 서는 설교자는 물론이고, 하나님의 말씀을 듣는 자들 모두가, '이 세상이' 하나님의 나라가 될 것인지 아니면 여전히 악한 자 마귀 아래서 속고 파괴되는 채로 남아 있을 것인지에 관해, 항상 피 흘리도록 치열하게 싸우는 전장의 한복판에 서 있다는 사실을 깨달아야 한다! 그것은 성도가 날마다 성경을 읽고 묵상하며, 그 말씀으로 기도하고 그 진리의 말씀대로 살아 내려 할 때마다, 세상의 온갖 거짓과 속이는 것과 죽이고 파괴하는 거짓말들과 더불어 피 흘리도록 치열한 신앙의 싸움을 싸운다는 것을 뜻한다.

사실 이런 '진리의 싸움'은, 오래전부터 지금의 새 언약 백성에게 이르기까지 언약 백성의 고유한 특권이요 사명이었다. 시편을 읽어 보라. 하나님의 언약 백성들은 이 땅에서 끊임없이 악인들과 그들의 악을 상대한다. 악을 행하고도 번성하며, 심판이 없는 듯이 스스로 높아지려 하는 행악자들의 온갖 포학과 핍박과 조롱을 상대하는 것이다. 그것은 신약 시대의 새 언약 백성들이 세상에서 거짓말하는 자들, 악을 행하는 자들과 날마다 부딪히며 싸우는 진리의 싸움, 하나님과 그의 아들 예수 그리스도 그리고 그의 교회를 향해 저주를 퍼부으며 온갖 거짓말로 핍박하는 자들을 상대하는 싸움과 본질상 다르지 않다.

다윗은 "주를 경외하는 자에게 깃발을 주시고 진리를 위하여 달게 하셨나이다"(시편 60:4)라고 고백했으며, 바울은 젊은 목회자 디모데에게 교회가 바로 "진리의 기둥과 터"(딤전 3:15)라고 확신시켰다. 교회는 세상에서, 진리를 위해 싸우는 거의 유일한 기관이다. 모든 진리를 보호하지만, 특별히 하나님에 관한 진리, 그 아들 예수 그리스도에 관한 진리, 그리고 하나님과 그 아들 예수 그리스도의 나라에 관한 진리를 위해 싸우는 사람들이다. 교회는 세상의 온갖 거짓말과 악한 자들의 핍박과 조롱 속에서, 하나님과 그 아들 예수 그리스도의 '주권적인 은혜와 공의의 통치'에 참여하고 이를 보호하며 지켜 내는 특권과 사명을 받았다.

이것이 세상의 거짓을 상대해서 진리를 지켜 내는 교회의 삶이다. 세상 나라가 '주와 그의 그리스도의 나라가 되기까지'(계 11:15), 진리의 싸움, 생명의 말씀을 따라가는 싸움을 싸우는 것이다. 세상의 모든 죽이고 파괴하는 악들은 실상은 '거짓'에서 시작한다. 그 거짓의 그늘 아래에서 모든 악들이 곰팡이처럼 퍼진다. 그것은 마귀의 본성과도 일치한다. 마귀는 처음부터 죄를 지은 자이고, 죽이고 멸망시키는 자이지만, 그는 우선적으로 그리고 근본적으로 거짓의 아비인 것이다(요일 3:8; 요 8:44).

교회는 거짓의 아비 마귀의 목에 진리의 칼을 들이대는 사람들이다. 진리가 이긴다. 세상에 진리의 말씀보다 무섭고, 강력하고, 파괴적인 능력은 없기 때문이다. 교회여, 주께로부터 오는 '인자와 진리'를 사모하라!(시 25:10; 40:10; 61:7; 참조. 출 34:6; 요 1:17) 교회여, 그의 다함없는 인자하심 안에 거하며, 끝까지 진리를 지키라. 그것이 진리로 지키심을 입은 교회가 가야 하는 길이다.

'진리'보다 앞서 가려는 거짓 목자들

현실에 있어서, 교회가 진리로 자신을 지켜 낸다는 것은 종종 대책을 찾기 어려운 난감한 일처럼 느껴지기도 한다. 교회에서 지도자의 위치에 있는 자가 진리에서 벗어나거나, 진리를 왜곡하거나 축소하는 식으로 가르치는 경우가 특히 그러하다. 9절에서 '앞에 나서서 이끄는 자'(호 프로아곤, ὁ προάγων)라는 호칭은, 뒤따라오는 양 무리를 앞장서서 이끌어 가는 목자를 가리키는 상투적인 표현에 가깝다. 성도들 앞에 서서 가르치며 인도하는 자들이 '그리스도의 가르침 안에 거하지 못하면' 큰 문제가 된다는 것이다.

장로 요한이 수신자 교회를 향해서 간곡히 부탁하며 경계하고 권면하는 내용이 바로 이것이다. 초기 교회에서 '앞에 나서서 이끄는' 자들은 지역 교회의 장로들, 교사들, 그리고 순회 전도자들 정도였다. 예배를 인도하거나, 성도들을 돌아보고 목양하는 사역은 대체로 장로들이 맡았고, 가르치는 일은 교사들이, 그리고 집사들은 교회의 행정이나 재정을 돌아보고 정리하며 목회를 뒷받침하는 구조였다(행 6:4; 고전 12:28-29; 엡 4:1; 벧전 4:10-11; 5:1-3).

반면에 오늘날에는 '목사'(pastor)의 직분에 종종 예배 인도, 목양, 교사, 행정과 재정의 모든 권한이 집중되는 경향이 있다. 문제는 이럴 경우, 목사 한 사람이 진리에서 벗어나거나 복음을 왜곡하고 축소한 채로 설교하고 가르치면 그 해악을 막아 내기가 어려워진다는 것이다. 9절에서 '앞에 나서서 이끄는 자'라는 칭호 자체에는 딱히 '지나쳐'(개역개정) 앞서 나간다는 의미는 없다. 그러나 문맥으로 보면, 이 표현은 그들 자신은 '그리스도의 가르침 안에 거하지 않는다'는 특징과 직접 연관되어 있다. 그러니까 이들은 그리스도의 가르침 안에 '거하지 않은 채로' 앞에 나서서 이끈다고 호들갑을 떠는 자칭 인도자라고 떠벌리는 자들을 가리킨다.

결과적으로는, 자신이 그리스도보다도 앞서 가면서 교회를 그리스도의 길이 아니라 자기가 생각한 길로 끌고 가는 거짓 목자들인 셈이다. 원래 '앞에 나서서 이끄는 자'라는 표현은 '목자'(shepherd)의 일을 잘 표현하는 기술적인 용어로서, 이는 종종 교회의 참목자요 목자장이 되시는 예수 그리스도에게 적합한 칭호로 쓰이기도 한다(마 2:6; 9:35-36; 26:31/슥 13:6; 벧전 2:25; 5:3; 계 7:17).

그러니까, 교회에서 양 무리를 가르치고 인도하는 자리에 있으면서, 제멋대로 자기가 생각하기에 옳은 것을 취하여 떠벌리는 자들은, 그리스도조차 자기가 원하는 대로 끌고 다니려 하는 사악하고 교만한 자들이라고 꾸짖는 셈이다. 무릇 하나님의 양 무리를 인도하려면, 먼저 자신이 그리스도를 따르는 자가 되어야 한다. 흔히 말하듯, '좋은 리더'(leader)가 되려면 '좋은 팔로우어'(follower)가 되어야 하는 것이다. 좋은 학생이 좋은 교사가 되듯이, 이끌려는 자가 매일, 매 순간, 언제나, 끝까지 예수 그리스도를 빠짝 좇아가는 사람이어야, 그를 따르는 양 무리들이 안전하고 확실하게 오직 예수 그리스도만 좇아갈 수 있게 되는 것이다.

교회에서 양 무리 앞에 서는 자는 그 자신이 먼저 예수 그리스도의 복음과 가르침을 신실하게 따라가고 있는지를 먼저, 항상, 점검해야만 한다. 교회는 어떤 한 지도자의 소유물이 아니다. 그렇게 생각하는 지도자가 있다면 그는 도적이요 강도이다. 하나님의 양 무리는 오직 주 예수 그리스도의 것이다. 사역자들은 모두 심부름꾼이요, 양 무리를 하나님과 주께로 인도하는 종들일 뿐이다. 이런 원칙이 무너지는 데에는, 단지 '앞에 나서서 이끄는 자'들이 '교만'하기 때문만은 아니다. 종종 지도자 자신이 교회를 사랑하는 열심이 지나쳐서 그렇게 되기도 한다. 열정은 있지만, 지식이 없는 경우이다. 사랑은 많지만 진리가 없는 경우이다.

진리가 없는 사랑은, 결코 사랑이 되지 않는다. '진리의 성령'은 우리에게 오셔서, 죄에 대하여, 의에 대하여, 심판에 대하여 세상을 책망하신다(요 16:8). 요한이서 1:7-9의 경우가 그러하다. 요한이서의 수신자 교회는 아마도, 순회 전도자들에 대해서 매우 열려 있고 환대하기를 잘하는 교회였을 것이다. 이는 요한삼서의 수신자 교회의 정황과 정확히 대조가 되는데, 그들은 오히려 협소한 교리적 확신에 집착하여 사랑의 교제에 지나치게 닫혀 있는 교회였다

(요삼 1:9-10). 하지만 요한이서의 수신자 교회의 정황은 그 반대이다. 진리든 뭐든, '아무나' 다 받아들이자고 '앞에 나서서 설치는' 지도자가 문제인 경우이다.

당시 순회 전도자들 가운데는 "예수 그리스도께서 육체로 오신 것을 고백하지 않는 자들"(7절)도 있었다. 그런데 어떤 이들은 교회의 지도자가 되었어도, 이런 거짓 주장의 위험성을 제대로 인식하지 못하고, 이런 거짓 가르침으로부터 교회를 지켜 낼 진리의 지식이 없는 자들이었다. 그렇게 할 만한 영적 분별력도 없었고, 그런 분별력을 갖추고 유지할 수 있을 만큼, 그들 자신이 '예수 그리스도의 복음과 가르침 안에 거하는' 참된 코이노니아도 상실한 자들이었기 때문이다. 다시 한 번, 성도 개인의 신앙생활에서뿐 아니라, 교회를 섬기고 인도하는 자들 자신이 먼저 성경 말씀에 착념하고 부지런히 배우며, 끊임없이 성령 안에서 '하나님의 코이노니아 안에 거하는' 것이 얼마나 중요한 일인지를 기억해야만 한다.

'육체로 세상에 오셨다'는 복음의 의미

코이노니아는, 교회의 본질에 있어서 이렇게나 결정적이고 중요하다. 요한에 의하면, 교회는 '삼위 하나님과의 코이노니아에 참여하는 새 언약 공동체'이다. 하나님 아버지와의 교제는 반드시 그 하나님 아버지께서 육체로 세상에 보내신 그 아들 예수 그리스도를 믿고 받아들일 때에 성령의 역사로 이루어지는 것이다(요일 1:1-10; 2:20-29; 3:4-10; 4:2, 11-21; 5:5-12). 교회는 그저 모인다고 코이노니아가 되고, 아무나, 아무런 가르침이나 받아들여 교인 수를 불린다고 교회가 되지 않는다.

교회의 본질은 '삼위 하나님과의 코이노니아'이고, 그 코이노니아는 반드시 그 아들 예수 그리스도에 대한 바른 복음과 가르침을 통해서 이루어진다.

다른 길은 없다. 그래서 '삼위 하나님과의 코이노니아'로서 교회의 중심에는 반드시, 언제나, 그 아들 예수 그리스도가 있어야 한다. 그 아들이신 '생명의 말씀'이 있어야 한다(요일 1:1-2; 3:9-10; 5:11-13). 그 말씀의 생명이 모든 것을 살려 내는 참된 코이노니아로서의 교회를 만드는 것이다.

바로 여기에, 7절에서 장로 요한이 언급하는 예수 그리스도에 관한 진리의 중요성이 있다. '예수께서 육체로 오셨다'는 진리가 왜 그렇게도 중요한가? 특별히 예수 그리스도께서 '육체로'(엔 싸르키, ἐν σαρκι) 오셨다는 사실이 강조되었는데, 이는 당시의 가현설적(docetic) 이단이었던 '케린투스'(Cerinthus) 파의 주장과 첨예하게 부딪히는 선언이었을 것이다(참조. 『코이노니아와 코스모스: 요한일서의 이해』, "적대자들은 누구인가?", 20-27).

가현설적 이단은 '하나님께서 그 아들을 세상에 보내셨다'는 가장 근본적인 사실을 부인하는 이단적 가르침이었다. 예수의 신성(神性)과 인성(人性)을 분리시키려는 것이 그 핵심이었는데, 육체를 가진 예수가 그리스도로서 겉으로는 '하나님의 아들로 보였을지라도'(참조. 假現, '가짜로 나타남') 실상은 그럴 리가 없다는 주장을 다양한 방식으로 펼쳤다.

이들은, 하나님의 아들인 그리스도는 예수라는 인간이 세례를 받을 때에 잠시 그의 안에 머물러 있다가 육체를 가진 예수가 십자가에서 죽었을 때 그와 분리되어 떠났다고 주장하거나(Cerinthus), 실제로 십자가에서 죽은 자는 하나님의 아들인 그리스도가 아니라 구레네 시몬이라고 말하기도 하고(Basilides), 또는 예수 그리스도께서 십자가에 달리신 사건은 실제로 일어난 것이 아니라 '단지 그렇게 보였던' 허상이었다고 가르치기도 했다(Valentinus).

그러니까 가현설 이단의 핵심은, 육체를 가진 예수가 설령 하나님의 아들이었다 하더라도, 그 하나님의 아들이 육체로 십자가에서 죽었을 리가 없고, 그럴 수도 없다고 하는 주장에 있다. 도대체 이들은 왜 이런 교묘한 거짓 가르침을 만들어 냈을까? 그 목적은 명확하다. 예수가 하나님의 아들이었다 해도, 결코 그가 '육체로 십자가에서 죽지 않았기' 때문에, 결국 인간의 '죄를 대속해서 죽은 속죄 제물이 될 수 없다'는 것이다. 그러니 예수 그리스도를 믿는다 해도, 죄에서 해방될 수 없다는 것이 이 거짓 가르침의 진짜 의도이다.

여기에, 마귀에 대해 간파할 수 있는 중대한 내용이 있다. 마귀는 '사실이나 역사'를 바꿀 수 없다면 그 사실에 관한 '교리나 가르침'을 왜곡함으로써, 하나님의 자기 계시와 구원의 역사를 무효로 만들고자 거짓을 꾸며 댄다. 우리를 죄의 권세에서 해방하시고, 죽음의 권세를 깨뜨리시고, 새 하늘과 새 땅의 재창조의 역사를 시작하신 그 강력한 '구원의 역사'를 마귀는 결코 막아낼 수가 없었다. 예수께서 광야에서 마귀의 유혹을 모두 이겨 내셨고, 감람산과 골고다에서 끝까지 하나님 아버지의 뜻에 순종하셨기 때문이다.

하지만 마귀는 반역하고 훼방하기를 포기하지 않았다. 구속(救贖)의 사실을 바꿀 수 없다면, 그 사실에 관한 가르침을 변질시키고 왜곡하고 축소하면 된다고 잔꾀를 낸 것이다. 마치 '사실을 바꿀 수 없다면 그 사실을 전하는 메신저(messenger)를 공격하라'는 저속한 정치인들의 계략처럼, 마귀는 삼위 하나님께서 역사 안에 성취해 놓으신 '구원 역사'를 바꿀 수가 없기 때문에, 이번에는 그 '구속 사건에 관한 교리'를 공격하여 사람들로 하여금 믿고 해방되지 못하게 막는 것이다.

바로 여기에 교회가 진리를 붙들고 죽기까지 진리의 싸움을 싸워야 하는 이유가 있다. 하나님께서 구속과 재창조를 위한 사역을 다 이루어 놓으신 것으로 끝난 것이 아니다. 그것은 하나님의 비할바 없는 '권세와 능력'으로 이미 성취되었다. 악한 자 마귀는 그 아들과의 '능력 대결'(power-encounter)에서 완전히 패했다. 하지만 아직 그 아들에 관한 '진리 대결'(truth-encounter)이 남아 있다. 마귀는 거짓을 지어내어, 온 세상이 이 구속의 사실을 믿고 구원받지 못하도록 온갖 거짓 가르침들을 만들어 퍼뜨리고 있기 때문이다.

결국 진리를 붙들고 거짓과 싸우는 이 싸움은, 바로 성령 하나님의 역사와 복음의 증인 된 교회에게 맡겨져 있다. 하나님은 그 아들을 '육체로 세상에 보내셨다.' 이 사실의 중요성은 이루 다 말할 수 없다. 이것이 사실일진대, 마귀는 더 이상 '이 세상'을 자기의 손아귀에 넣고 자기 마음대로 사람들을 죄로 가두고 사망으로 끌고 가며, 하나님을 대적하게 만들 수가 없게 되는 것이다. 왜 그러한가? 그 아들이 육체로 세상에 오셔서 육체로 죽으심으로써 우리의 죄를 위한 대속 제물이 되셨고(요일 1:1-2), 육체로 부활하셔서 믿고 거듭난 자들에게 죽음을 이긴 부활 생명을 주셨으며, 부활 육체로 승천하신 후 하늘 보좌에 앉으셔서 다스리시기 때문이다.

그뿐 아니다. 육체로 세상에 오신 하나님의 아들 예수는, 그 부활하신 육체로 다시 오셔서, 다시는 죄와 죽음과 허무가 지배하지 않는 '더럽지 않고, 썩지 않고, 쇠하지 않는' 새 하늘과 새 땅을 창조하실 것이다(벧전 1:3-4; 벧후 3:10-13). 바로 그 새 하늘과 새 땅에서, 우리는 죄와 죽음과 허무에 굴복하여 종노릇하지 않는 '부활 육체'를 받아 하나님과 함께 영원히 살게 될 것이다(고전 15:12-58; 계 21:1-5).

결국, 하나님의 아들 예수 그리스도께서 '육체로 세상에 오신' 사건의 중요성은, 육체로 오신 그분의 죽음과 부활과 승천과 재림을 통해 이 세상이 더 이상 악한 자 마귀 아래 놓여 있지 않고, 영원토록 '하나님과 그리스도의 나라가 되는' 역사에 있다(계 11:15). 마귀는 첫 사람 아담을 거짓말로 속이고 꾀어, 하나님의 형상인 사람들과 함께 이 세상을 자기의 손아귀에 잠시 넣었다가, 이제는 육체로 오신 둘째 사람 예수 그리스도의 순종과 승리를 통해 영원토록 이 세상을 빼앗기고, 스스로 정죄받아 불 못에 던져질 심판에 처하게 된 것이다.

그러니까 예수 그리스도께서 '육체로 세상에 오셨다'는 선포는, 이제 이 세상이 죄와 죽음과 허무의 지배 아래에서 영원토록 벗어날 길이 열렸다는 복음의 요체(要諦)이다. 요한의 표현으로 하면, 이제 참빛이 왔고, 세상의 어둠은 사라지기 시작했다는 기쁜 소식이다(요일 2:8; 3:17). 마귀는 그 지배력을 잃고, 죄와 죽음의 사슬로 매어 가두었던 자들도 잃게 되었다. 마치 어두운 창고에 문이 활짝 열려 아침빛이 환히 들이칠 때, 어둠 속에 숨어 있던 바퀴벌레들과 쥐들이 후다닥 달아나듯, 마귀의 그 졸개들은 세상에서 영원히 쫓겨날 수밖에 없는 처지에 놓이게 되었다는 뜻이다.

이로써 예수께서 '육체로 세상에 오셨다'는 진리는, 교회가 이 세상에서 악한 자 마귀의 온갖 거짓말과 파괴적인 책략을 이길 수 있는 절대 불변의 강력한 무기가 된다. 아무도, 마귀도 세상도, 세상의 그 누구도, 하나님께서 생명의 말씀이요 빛이시며 영원한 생명이신 그 아들을 이 죄와 죽음과 허무의 땅으로, 악한 자 마귀가 거짓으로 지배하는 이 세상 안으로, '실제로 보내셨다(!)'는 사실, 그래서 그 영원한 생명이신 아들이 이 세상 안으로 '진짜 들어왔다(!)'는 사실을 결단코 바꾸지 못한다.

교회가 세상을 이기고 이길 수밖에 없는 절대적인 근거가 여기에 있다. 교회는 예수 그리스도께서 '육체로 세상에 오셨다'는 진리를 지켜 내야 한다. 이것이 악한 자 마귀의 거짓과 살인과 파괴로부터, 세상을 건져 내고 회복하는 가장 근본적이고 강력한 무기이다. 이처럼, '육체로 세상에 오신 예수 그리스도'에 관한 진리는, 요한이서가 기록된 당시 로마의 사회나 정치, 경제나 문화 전반에 걸친 모든 영역에서도 지켜 내야 할 중요한 진리였음이 분명하다.

당시 로마는 대체로 '이원론적'(dualistic) 세계관에 기초한 세상을 만들어냈다. 플라톤이 설파했던 '이데아'(Idea)의 이상적인 정신세계와 가변적이어서 실체가 없는 물질세계의 분리는 단지 철학이나 사상에 머물지 않았다. 이런 이원론적 세계관은, 주로 육체노동을 담당했던 당시 전체 인구의 3분지 1이나 되는 노예들과, 그 노예들의 노동과 식민지에서 거두어들인 물질적 풍요 위에서 자유를 구가했던 자유 시민들 간의 사회-경제적 분리와 차별적인 문화적 구조 전체를 떠받치는 역할을 했다.

여기에 더해, 초기 영지주의(Gnosticism)도 물질이나 육체의 세계를 죄악시한 채 '신비한 지식'을 통해 육체와 물질의 '감옥'에서 벗어나는 것을 구원으로 생각했기 때문에, 당시 로마 세계의 이원론적 사상과 잘 들어맞는 면이 있었다. 생각해 보라. 사상적으로나 사회적으로 그리고 경제적으로나 정치적으로, '육체와 물질'을 극도로 경시하고 죄악시하기까지 하는 세상에서, 하나님께서 자신의 독생자이신 그 존귀한 아들을 그런 세상에 '육체로' 보내셨다는 복음은 과연 그들의 귀에 어떻게 들렸겠는가?

자신이 '하나님의 형상'으로 지음받은 인간으로서 존엄하다는 사실을 전혀 모른 채, 평생 자유 시민들을 위해 육체노동을 하며 천대받고 살아온 노예들에게는, 실로 기이하고 충격적이며 놀랍고 은혜로운 소식이었을 것이다. 당시 노예들이 잠을 잘 때에는 주인집의 복도나 빈 공간에 매트 하나만을 깔고 자곤 했다. 노예들에게는 결혼뿐 아니라 자신이 낳은 자녀에 대한 권리도 없었고, 그보다 그 자신의 육체에 대한 권리조차 보장받지 못했다.

그런데, 하나님의 아들이 이 세상에 오셨고, 그것도 '육체로' 오셨다고?! 하나님이 정말 이 세상을 '이처럼 사랑하사' 그 아들을 육체로 보내셨다고?! 이런 '성육신'(incarnation)의 복음, 예수께서 '육체로' 우리 대신 죽으셨고, '육체로' 부활하셨고, 우리에게 '부활 육체'를 주셨으며, 모든 물질을 포함한 이 세상을 그 죄와 죽음의 권세에서 해방시키신다는 복음은, 당시 로마의 노예들의 귀에는 어떻게 들렸을까? 또한, 그런 이원론적 세상의 죄악성에 절망했던 많은 자유 시민들에게, 그리고 그렇게 부패하고 잔혹하고 죄악 된 로마에서는 더 이상 희망을 발견할 수 없었던 수많은 거류민들과 외국인들에게는 어떻게 들렸고 어떻게 다가왔을까?

하나님의 아들 예수 그리스도께서 '육체로 오셨다'는 복음에 대한 저항도 만만치 않았을 것이다. 육체와 물질을 경시하고 차별하면서도, 수많은 노예의 희생으로 얻어진 경제적 여유와 풍요 속에서 '자유'를 누리고 있었던 로마의 자유인들과 상류 특권층들에게는, 하나님의 아들이 '육체를 입고' 세상에 오셨다는 복음이 껄끄럽게 들렸을 것이다. 그것은 그들의 편리를 위해 보존, 유지되고 있었던 '이원론적 세계'를 그 근본부터 허물어 버리는 파괴적인(?) 심판의 소식이었을 것이다.

사실 세상은 언제나, 온 힘을 다해 복음에 반발한다. 당시 로마의 이원론적 세계관도 그랬고, 노예와 자유인을 분리했던 사회 경제적 체제도 그러했다. 무엇보다, 복음은 악한 자 마귀도 결단코 원치 않았던 소식이다. 거짓되고 헛된 사상과 철학의 그늘 아래서 노예들을 짐승처럼 물건처럼 부리고, 일부 사람들만 그들의 희생에 기초한 특권을 누리는 가운데, 억압당하는 자나 억압하는 자 모두 '비인간화'(非人間化)되는 그런 파괴적인 사회를 마귀는 최대한 지켜 내고 싶었을 것이다.

악한 자 마귀는, 모든 사람이 하나님의 존귀한 형상으로서, 하나님의 '인애와 공의와 진리'를 드러내는 영광으로 회복되는 사회를 결코 원치 않는다. 그러므로 '예수 그리스도께서 육체로 세상에 오셨다'는 복음, 진리는 단지 기독교의 특정 교리에 그치는 것이 아니다. 바로 여기에 교회가 복음의 진리를 붙들고 싸워야 하는 선한 싸움이 있다. 이 복음, 이 진리를 통해, 하나님과 그의 나라는 이 세상에 침투하고, 계속적으로 침투하여, 그의 교회를 통해 이 세상 모든 영역으로 확산되기 때문이다. 교회가 진리를 죽기까지 지켜 내는 것은, 세상의 구원을 위해 결정적이다. 복음은 하나님과 그리스도의 나라에 관한 것이고, 이 세상의 회복과 재창조에 관한 것이기 때문이다.

이미 얻은 '영생'을 결단코 잃지 말라

요한이서 1:7이 언급하는 거짓 가르침의 위험은 단지 당시 로마의 이원론적 세계에만 해당되는 것이 아니다. 오늘날 교회가 듣고 전하는 복음은 '온전한' 복음인가? '예수 그리스도께서 육체로 세상에 오셨다'는 복음은 오늘날의 청중에게도 충격적이고 은혜로운 소식이다. 구원이란, 예수 믿고 죄 사함 받고 어디 멀리 있는 천당으로 피신 가는 것이 목적이 아니다. 복음이란, '새 하늘과 새 땅'에 관한 기쁜 소식이다. 그 새 하늘과 새 땅을 가져오시는 하나님의 아들이 '육체로', '세상에' 이미 들어오셨다! 부활 생명이시며, 참빛이시며, 우리를 자유케 하는 진리인 그 말씀이신 그 아들이 진실로 이 세상에 육체로 오셨다.

그러므로 육체로 오신 예수 그리스도를 믿는 새 언약 백성 된 교회 역시, 이 땅에서 자신들의 '육체로' 그들이 받아 누리는 그 영원한 생명, 새 하늘과 새 땅의 삶을 '나타내야'만 한다. 그 영원한 나라의 은혜의 통치, 진리의 통치, 성령의 통치, 생명의 통치, 의와 화평의 통치, 그리고 그 사랑의 통치를, 자신들의 육체로 드러내고 구체화해야만 한다(참조. 채영삼, "요한일서의 φανερ-용어 사용과 '나타남'의 신학적 의미"). 이것이 '육체로 세상에 오신' 하나님이 아들을 믿는 믿음의 참된 증거이다.

죽어 가는 세상, 죽어 가는 사람들, 죽어 가는 자연환경을 '살려 내는' 구체적인 육체의 삶 없이, '예수 믿고 천당 간다'고 외치는 복음은 반쪽짜리 복음이다. 더구나 '예수 믿고, 세상 복 얻는 것' 자체를 신앙의 목표로 설교하고 그렇게 유도하는 가르침은, 온전한 복음을 현저히 왜곡한 것이다. 예수 그리스도께서 육체로 세상에 오셨다는 복음은 결국 이 세상이 '새 하늘과 새 땅'이 될 것이라는 뜻이기 때문이다. 이 세상을 그대로 두고 '이 세상 속에서 이 세상처럼 경쟁하여 이 세상을 더 많이 얻으라'는 복음과는 전혀 거리가 멀다.

오늘날 예수 그리스도의 복음은 여러 방식으로 왜곡되거나 축소된다. 어떤 교회는 '오직 십자가'만을 부르짖다가, 예수께서 육체로 부활하신 빈 무덤의 근처에도 오지 못한다. 예수 그리스도의 빈 무덤은, 죽음의 세상이 끝나 버리고 영원한 생명으로 열려 있는 유일한 문(門)이다. 또 다른 교회들은 죄 사함이나 부활의 복음은 조금 누리지만, 승천하셔서 지금도 교회와 온 세상을 통치하시는 주(Kyrios, 主) 예수 그리스도의 복음은 알지 못한다. 아예 모르거나, 혹은 알더라도 충분히 알지 못하고 살아 낼 엄두도 내지 못한다.

더 많은 교회들이, 예수 그리스도께서 '육체로 세상에 오셨다'는 복음의 절정이 '부활 육체를 받는 그날'에 있다는 사실을 무시한다. 알아도 설교하지 않고, 혹시 설교해도 강조가 적다. 초기 교회에서 복음이란 본래, '이 세상이 끝났고, 이제 하나님의 나라, 새 하늘과 새 땅의 통치가 시작되었다!'는 종말론적 소식이다. 복음의 절정은, 지금도 죄의 오염과 죽음의 비참과 허무의 무저갱 속에 갇혀 있는 이 세상이 드디어 '의가 거하는바'(벧후 3:13) 새 하늘과 새 땅에 있다는 사실에 그 무게 중심에 놓여 있다.

교회는 자신이 알고 있는 복음의 크기와 영광만큼밖에 살지 못한다. 누구든, 그 사람이 누리는 영광은 그가 알고 있는 예수 그리스도의 영광만큼뿐이다. 교회여, 예수 그리스도의 '온전한' 복음을 누리고 선포하라! 오직 예수 그리스도를 알고, 그 안에서 자라 가라! 그것이 교회가 '세상을 이기는' 길이다. 그런 교회는 설혹 '세상에서 져도' 세상을 이긴다. 그분이 이미 세상을 이기셨기(!) 때문이다(요 16:33).

이것이 요한이서 1:8이 강조하는 내용이다. 여기서 '우리가 일해 놓았다'(에이르가사메따, εἰργασάμεθα)라는 흥미로운 표현은, 기초를 놓고 건물을 지어 놓은 것처럼, 밭을 갈고 씨앗을 뿌려 싹이 나게 한 것처럼, 필요한 모든 것을 이미 만들어 놓았다는 의미이다. 무슨 일을 해 놓았다는 것인가?

'우리'는 수신자들에게 처음으로 복음을 전했던 사도들과 그 동역자들일 것이다(요일 1:1-10). 그들이 '예수 그리스도께서 육체로 세상에 오셨다'는 복음을 전했고, 수신자들은 그 아들의 복음을 듣고 믿었으며, 그 결과로 그들 안에 '영원한 생명'이 거하게 되었다(요일 5:11-13). 그러니까 위의 8절에서 '망쳐 버리지 말아야 할' 그 일이나, 그 구원 역사의 열매로 얻게 될 '풍성한 상'

역시 모두 '영원한 생명'을 가리킨다고 할 수 있는 것이다.

흥미로운 점은, 8절에서 '일한다'(에르가조마이, ἐργάζομαι)나 '망친다'(아폴루미, ἀπόλλυμι) 같은 용어들이 모두 요한일서 3:8에서 하나님의 아들이 마귀의 '일을 멸하려'(개역개정) 나타나셨다는 표현, 정확히 말하면 마귀의 '공작을 해체하려'(루쎄 타 에르가, λύσῃ τὰ ἔργα) 나타나셨다는 표현을 떠올리기에 충분한 연관성을 갖고 있다는 사실이다. 8절에서 사도들이 전한 복음이란, 실제로는 그 아들 예수 그리스도께서 마귀의 '일' 곧 사람들을 죄와 죽음의 사슬로 묶어 파멸로 끌고 가는 마귀의 '작업'(作業)을 그의 십자가와 부활과 승천의 '역사'(役事)로 해체하시고 대체하신 사건을 전제로 한다.

수신자들이 이러한 해방의 복음을 듣고 믿었을 때에, 성령의 활동하심으로 말미암아 그들 안에 죄와 죽음이 아니라 '의와 영원한 생명'의 '작용'(作用)이 일어난 것이다. 믿는 성도들 안에서 일어나는 '영원한 생명'(조에 아이노니아, ζωὴ αἰώνια)의 역사는, 예수 그리스도께서 마귀의 일 곧 정죄하고 죽이고 멸망시키는 그 일을 해체하신 결정적인 구원 사역에 기초해 있기 때문에, 결단코 잃어버릴 수 없는 확실한 선물이다.

그런데 왜 '도리어 풍성한 상을 받도록 하십시오'(알라 미스똔 플레레 아포라베테, ἀλλὰ μισθὸν πλήρη ἀπολάβητε)라고 권면하는가? 예수 그리스도의 사역이 확실하고 변개될 수 없다면, 그를 믿어서 얻은 영원한 생명도 어찌하든 잃어버리거나 변개될 수 없는 것이 아닌가? 물론 그렇다. 하지만 성도가 하나님 앞에 서기 전까지 자기 안에서 그 영원한 생명을 누리면서도, 그것을 객관적이고도 최종적으로 확인할 길은 없다. 만일 어떤 사람이 하나님 앞에 이르렀을 때에 자신 안에 그 영원한 생명이 없다는 것을 알게 된다면, 그 사람은 처음부터 그 아들을 믿은 것도 영원한 생명을 얻은 것도 아닌 것이다.

생명이란 한 번 주어진 후에 취소될 수 있는 종류의 것이 아니다. 죄와 죽음을 이긴 부활 생명을 무엇으로 취소한다는 말인가? 참으로 그 아들의 생명을 받은 성도는, 결단코 하나님의 자녀 된 그 생명을 잃어버리지 못하고, 잃어버리지도 않는다. 그 영원한 생명을 온전케 하시는 분이, '전능하시고 사랑이신' 하나님이시기 때문이다. 하지만, 생명을 얻었다고 해서, 밥도 안 먹고 운동도 하지 않는다면 성장하지 못할 것이다. 실제로 생명이 있다면, 그 사람은 먹지 않거나 운동하지 않을 수 없다. 그것이 생명의 '발현'이기 때문이다. 그러니 영원한 생명을 받는 사람은, 그 영원한 생명의 활동을 하게 되어 있고, 그렇게 함으로써 그 영생을 더욱 풍성하게 실현하게 된다.

그것을 8절에서 '풍성한 상'이라 부르는 것이다. 여기서 성도가 얻을 '상'(미스또스, μισθός)에 대하여 두 가지 정도 생각해 보아야 할 것이 있다. 첫째, 이 상(賞)은 일한 만큼 얻는 보상에 해당하는가? 예컨대 교회에서 헌금 많이 내고 봉사 잘해서 많은 공로를 쌓아 천국에서 더 큰 집에서 더 많은 영광을 누리며 사는 그런 식의 상급을 말하는 것인가? 일단은, 위에서 설명한 대로 예수 그리스도의 사역과 성령의 역사로 말미암아 우리가 얻어 누리는 구원의 실체가 '영원한' 생명이라는 사실에 주목해 보자.

그것은 말 그대로 '영원한'(아이오니아, αἰώνια) 생명이다. 우리가 믿음으로 얻은 생명은 죄와 죽음과 하나님 없는 허무를 극복한 생명이며, 더구나 장차 영영히 계속되는 나라에서 지속적으로 누리는 생명이라는 의미이다. 말하자면 '영생'이란 이 세상에서 얻을 수 있는 그 무엇과도 전혀 비교조차 되지 않는, 이미 무한히 복되고 풍성한 생명이다. 수학 문제를 하나 풀어 보자. '무한'(∞)에서 100억을 빼면 얼마인가? 무한(無限)이다. 다시, 무한에서 100억을 더하면 얼마인가? 역시, 무한이다. 아무런 차이가 없다. 성도가 '영원한' 생명을 얻었다는 것은 이런 뜻이다. 거기에 무엇을 더하든 빼든, 아무런 차이가 없을 만큼 무한히 영광스러운 생명을 얻었다는 뜻인 것이다. 영원토록 감사할 일밖에 없는 은혜이다.

둘째로, 그렇다면 왜 그 구원의 일을 '망쳐 버리지 말고, 상을 얻도록' 애쓰라는 식의 권면을 할 필요가 있는가? 애초에, 그 어떤 차이나 비교 자체가 의미가 없는 영원한 생명을 얻은 성도에게, 과연 무슨 이유로 '상을 얻도록 애를 쓰라'는 식의 권고를 할 필요가 있다는 말인가? 앞에서는 우리가 믿음으로 얻은 '영원한 생명'에서 '영원한'에 초점을 맞추었다면 이번에는 '생명'에 초점을 맞추어 생각해 보자.

'영원한 생명'이라 할 때, 그 '생명'(조에, ζωή)은 무엇을 가리키는가? 이 생명은 그저 육신에 붙어 있는 목숨이 아니다. 영원한 생명도 그저 죽지 않고 이 육신 속에서 계속 사는 목숨을 가리키는 것이 아니다. 사도 요한이 말하는 '영원한 생명'이란, 그 생명의 근원이신 창조주 하나님과 그 생명 자체이신 그 아들, 그리고 생명의 영이신 성령님과 함께하는 생명, 그러니까 삼위 하나님과 연결되어 그 하나님의 생명을 받고 누리는 '교제의 관계', 곧 삼위 하나님의 '코이노니아 안에 들어가서 누리는 삶'이라는 뜻이다.

그러므로 요한이 말하는 '영원한 생명'은, 이 세상 한복판에서라도 그 아들을 통해 성령 안에서 아버지 하나님과 그 아들과의 코이노니아를 누리는 성도에게 지금도, 얼마든지 허락된 삶이다. 중요한 것은, 이런 의미에서 영원한 생명은 하나님과의 '인격적'이고 '상호적'이며 '수납적'이지만 동시에 '책임적'인 관계 안에서 누리는 '교제, 곧 코이노니아'의 삶을 가리킨다(요일 1:5-10; 참조. 『코이노니아와 코스모스: 요한일서의 이해』, 115-156).

우리가 구원으로 받은 '영원한 생명'은 온전히 하나님의 선물이지만, 그 '생명'이 코이노니아 안에서 누리는 '관계적'인 삶이라는 사실에서, 우리는 하나님 앞에서 상호적이고 책임적인 존재로서 우리가 받은 은혜에 합당한 삶을 살 수밖에 없게 되는 것이다. 결국, 우리가 이미 받은 영원한 생명이 우리의 사랑과 헌신, 충성과 순종을 통해 더욱 '풍성하고 온전한 생명'으로 열매 맺을 때, 그것은 처음부터 끝까지 하나님의 선물(gift)이지만, 동시에 우리가 그 영원한 생명을 지켜 내며 그 안에 거함으로써 얻게 되는 최종적인 열매 또는 '상'(reward)이라고 할 수 있다. 그것은 결국 '풍성하고 온전한 생명'이며, 주께서 '내가 온 것은 양으로 생명을 얻게 하고 더 풍성히 얻게 하려는 것이라'(요 10:10) 하신 약속의 성취이다.

실제로 신약성경이 종종 '생명의 면류관'이나 '의의 면류관'이라고 부르는, 성도가 최종적으로 받는 '상'은, 이미 받은 영생이나 의의 최종적이고도 온전하게 된 상태라고 말할 수 있다(약 1:12; 딤후 4:8; 벧전 5:4; 계 2:10). 100점을 받은 학생이 우월감을 느끼고 10점을 받은 학생이 열등감을 느끼는 상태는 이 세상에서나 가능한 차별적 현상이다. '하나님의 나라는 이와 같지' 않을 것이다. 거기는, 이미 이 땅에 오셔서 그 영원한 나라의 삶을 보여 주신 주께서 증거하셨듯이, 큰 자가 작은 자를 섬기고, 더 많이 받은 자가 더 적게 받은 자에게 나누어 주고 섬기는 나라일 것이기 때문이다(막 10:35-45).

하지만 신앙의 현실 속에서, 우리는 믿음으로 받은 영원한 생명을 '힘써 알아 가야' 하고, '애써서 누려야' 하며, 그 영원한 생명이 우리의 육체와 구체적인 삶을 통해 '나타나 보일 수 있도록' 목숨을 다해 진력해야만 한다. 하나님과의 교제는 코이노니아이고, 코이노니아의 본질은 '나눔'이기 때문이다. 나누지 않는 채로 생명을 누릴 수 없다. 나누지 않는 사랑은, 사랑일 수가 없다. 코이노니아를 낳지 않는 코이노니아는 죽은 것이다. 생명도 사랑도, 어둠 속을 달리는 빛처럼, 오직 자신을 나눔으로써만 존재하기 때문이다.

삶으로 내리는 뿌리

말씀이 끌고 가는 삶

하나님의 말씀은, 듣는 자들을 향한 뜨거운 하나님의 긍휼 안에서 전달해야 한다. 하지만, 진리는 수술하는 칼과도 같고, 어둠 속에 숨어 있는 것들을 밝히 드러내는 강렬한 빛과도 같다. 설교를 가볍게 하고, 편히 듣게 하고, 아무 일 없이 은혜롭게만 마무리하는 것이 습관이 되면, 모든 것이 편하기는 하지만 무엇인가 잘못되었다는 사실을 느끼게 된다.

하나님의 말씀을 전했는데 죄에 대하여, 우리가 잘못 든 길에 대하여, 성령 안에서 깨닫게 되고 불편해지는 일이 없다면, 그것은 편하지만 도리어 더욱 고통스러운 일이 된다. 죽어 가고 있는 것이기 때문이다. 자기 자신을 위해, 교회를 위해, 이웃을 위해, 세상을 위해 기도하고 말씀을 펼칠수록, 불과 같은 말씀이 끓어오른다. 하지만 자신의 안전을 위해 그 불을 끄거나 덮어 버리는 설교자에게는, 말씀이 역사하는 미래가 없다.

'인위적으로 만들어진 안전함'은 편안하지만 무의미한 것이다. 마치, 마차가 앞에 있고 말(馬)이 뒤에서 달리고 있는 듯이 억지스러운 것이다. 결단이 필요하다. 설교에서도, 우리의 삶에서도 결단이 필요하다. '말'이 마차 뒤에서 따라가는 것은 앞뒤가 바뀐 것이다. 말이 마차를 끌 듯, 우리의 생각이든 삶이든 말씀이 끌고 가야 한다. 말씀의 말씀다운, 거칠지만 자유케 하고, 깊게 찔러 아프지만 상처를 치유하고 꿰매는 치유의 능력에 우리 자신을 맡기는 연습을 해야 한다.

말씀이 우리를 이끌면, 우리는 어디로 가게 될지 모른다. 그런 삶은 '안전하지' 않을 수 있지만, 또 다른 의미에서 결정적으로 '평안'을 누린다. 내가 내 생각으로 나를 끌고 가는 계산된 미래보다, 말씀이 나를 끌고 가는 알지 못하는 미래가 훨씬 더, 복되고 풍성하기 때문이다. '나의 말(言)'은 결국 나를 나에게로 끌고 오지만, '하나님의 말씀'은 나를 하나님과 하나님의 세계로 끌고 간다.

진리는 때로 광야처럼 드넓고, 가 보지 않은 거칠고 깊은 산 속 같아서, 잘 길들여지지 않는다. 길들여진 진리는 결국, 우리를 아무 곳에도 이르지 못하게 한다. 진리를 밥 먹기 위한 벌이의 수단으로 길들일 수 없다. 진리는 원래 그런 것이 아니다. 진리는 그것을 가진 자의 '증언'을 요구한다. 헬라어로 '증언하다'는 '마르투레오'(μαρτυρέω)이고, 그 명사형인 '마르투스'(μάρτυς)는 '증인' 또는 '순교자'(martyr)를 의미한다.

참된 진리는 때로 그 진리를 증언하는 자의 목숨을 요구하기도 한다. 예수 그리스도의 복음을 가볍게 듣고 가볍게 받아서는 안 된다. 이 진리를 주신 하나님의 아들은 자신의 목숨을 내주셨다. 우리도 이 진리가 목숨을 요구할 때, 기꺼이 드려야 한다. 진리는 사소하지 않다. 진리는 장엄하고 영광스러우며 무겁다. 형제자매들이여, 복음을 무겁고 진실하게 받자. 언제나 말씀 뒤에 서서, 말씀이 이끄는 대로 끌려가자. 거기가 광야고 골고다라도, 그 끝은 영원히 안전한 하늘 보좌 앞, 우리 하나님 아버지의 품일 것이기 때문이다.

4. 기쁨이 넘치는 코이노니아(10-13절)

이제 장로 요한은 편지를 마치려 한다. 할 말은 다 했다. 핵심 메시지는 '하나님의 아들 예수 그리스도께서 육체로 세상에 오셨다'는 복음을 지켜 내라는 것이다. 이것을 굳이 요한이서가 가르치는 '그리스도에 관한 교리' 즉 '기독론'(christology)이라고 부를 수 있다면, 10-13절까지는 이렇듯 '육체로 오신 예수 그리스도'의 기독론에 기초한 교회에 대한 가르침, 특히, 코이노니아로서의 교회에 관한 '교회론'(ecclesiology)을 엿볼 수 있는 본문이다.

초기 교회를 떠받치는 네 개의 기둥이 있었다면 그것은, 예배 즉 복음의 선포(케뤼그마, *kerygma*)와 가르침 즉 교육(디다케, *didache*) 그리고 봉사(디아코니아, *diakonia*)와 교제(코이노니아, *koinonia*)이다. 이 네 가지는 교회를 교회 되게 하는 필수적인 요소들이다. 이 넷 중에 어느 하나가 빠지면 균형을 잃고 흔들거리는 교회가 될 것이다. 교회가 건강하고 온전하게 성장하려면 이 네 영역이 균형과 조화를 이루며 함께 세워져 가야 한다.

흥미롭게도 10절에 '가르침에'라는 용어가 나오고, 바로 뒤이어 11절에는 '참여하여'라는 표현이 나온다. 교회를 교회 되게 하는 교육과 교제가 어떻게 서로 깊이 연결되어 있는지를 잘 드러내는 문맥이다. 교회의 '가르침'은, 교제의 본질과 범위를 결정하는 중대한 요소이며, 거꾸로, '교제'는 교회의 가르침이 살아 숨 쉬고 보존되는 실제적인 영역이다. 기독교의 교리는 책이 아니라 살아 있는 하나님의 백성의 공동체 안에서 유지되고 지켜지기 때문이다. 이제 단호하지만 따뜻하며, 코이노니아를 향한 거룩한 열정이 느껴지는 요한이서의 마지막 인사를 천천히 음미해 보자.

10 만일 누가 여러분에게 와서 이런 가르침을 전달하지 않으면, 그를 집으로 받아들이지 말 것이며 그에게 문안의 말도 하지 마십시오. 11 그에게 문안의 말을 하는 것은, 그의 악

한 일들에 참여하여 사귀는 것이기 때문입니다. 12 여러분에게 쓸 것이 많이 있습니다만, 종이와 잉크로 하기를 원치 않습니다. 도리어 바라기는, 여러분과 함께 있으면서 입에서 입으로 말하고 싶습니다. 그리하여 우리의 기쁨이 넘치게 되기를. 13 당신에게 문안합니다. 택함받은 당신의 자매의 자녀들이.

우선 10-11절을 보면, 교회가 무조건 사람들을 환대해야 하는 공동체는 아니라는 사실을 간파하게 된다. 그런데, 거짓 가르침을 가르치는 자들에게는 인사도 하지 말라고? 너무 심한 것은 아닌가? 11절 하반절에 나오는 '참여하여'(코이노네이, κοινωνεῖ)라는 표현은 '코이노니아'라는 말에 포함된 개념이다. 코이노니아에는 '참여, 사귐, 나눔'의 의미가 들어 있기 때문이다(참조. 『코이노니아와 코스모스: 요한일서의 이해』, 46-49). 그렇다면 11절은 교회가 코이노니아의 본질을 지켜 가는 방식에 대해 말하고 있는 셈이다.

한편, 12절을 읽으면 장로 요한이 편지를 쓰는 것보다, 거리의 제한을 넘어서서 직접 만나 교제하는 것을 선호한다는 사실을 알 수 있다. 무슨 특별한 이유가 있는 것일까? 그렇다면 혹시, 오늘날처럼 '온라인'으로 예배하고 교제하는 것은 옳지 않은 일인가? 마지막으로, 13절은 간단한 인사이지만 세대를 뛰어넘는 코이노니아가 얼마나 중요한 것인지를 돌아보게 한다. 이런 강조점들을 염두에 두면서 하나씩 살펴보자.

환대 자체가 구원?

초기 교회가 로마 사회에서 '새롭고 깨끗한 희망'이 되었던 이유는, 그리스도인들이 놀랍도록 '환대하는 공동체'를 형성했다는 사실에 있다. 당시에는 그런 차별 없는 화평의 공동체를 로마 어느 구석에서도 찾아볼 수 없었다. '오직 믿음, 오직 은혜, 오직 그리스도'의 복음을 통해 인종과 민족과 계급 간의 차별의 벽이 무너졌다. 로마 사회에서 극렬히 갈라져 있던 주인과 노예, 남자와 여자, 유대인과 헬라인이 서로 차별 없이 형제와 자매가 되는 전혀 새로운 종말론적인 공동체가 탄생한 것이다.

하지만 이렇게 '차별 없는 환대'의 공동체로서 로마 사회에 새로운 희망을 비추었던 초기 교회의 코이노니아에 아무런 제약이 없었던 것은 아니다. '환대 자체'를 절대시하여 아무런 분별도 제한이나 배제도 없는 교제가 아니었다는 것이다. 특히 10절은, 예수 그리스도에 관하여 거짓 가르침을 전파하는 자들과 교회가 코이노니아를 나눌 수 없다는 사실을 명확하게 못 박는다. 10절의 '가르침에'(디다케, διδαχῇ)와 11절의 '참여하여'(코이노네이, κοινωνεῖ)라는 표현이 서로 직접 연관되어 있다는 사실에 주목해야 한다. 교회의 교제는 예수 그리스도에 관한 가르침에 관련해서 제약을 받는다는 뜻이기 때문이다.

교회의 교제는 어디까지나 삼위 하나님 안에서의 코이노니아이다. 특별히, 그 아들 예수 그리스도에 관한 진리를 떠나서, 아버지 하나님과 성령 안에서 교제를 누릴 수 있는 방법은 없다. 그러니까, 교제하기 전에 '당신들은 예수 그리스도에 관해 무엇이라고 말합니까?'라고 물으라는 것이다. 예수 그리스도에 관한 바른 가르침을 '전달'(페레이, φέρει)한다는 표현도, 그들이 사도들로부터 전해 들은 복음을 변질, 왜곡, 축소시키지 말고 그대로 전파하며 지켜 나가라는 의미가 포함되어 있다(참조. 벧후 1:19-21). 악성 변질 바이러스를 옮기듯이, 온전한 복음을 제멋대로 변질시켜 거짓 가르침을 퍼뜨리는 자들과 진지한 코이노니아를 하지 말라는 것이 10절의 엄격한 명령이다.

교회는 온갖 종류의 죄인들을 차별 없이 환대할 수 있고 또 그래야만 한다. 먼저 교회가 된 성도들 자신도, 이전에는 하나님의 원수요 이단이요 죄인들이었다는 사실을 잊지 말아야 한다. 오직 그 아들의 영원한 속죄로 말미암아 하나님의 은혜 안에 들어오게 된 죄인들이기 때문이다. 그래서 교회는 세상의 '그 어떤 죄인들에게도' 열려 있는 교제의 공동체가 되어야 한다. 차별하지 말아야 한다. 모두가 용서받아야 하고 용서받을 수 있는 죄인들이며, 교회는 죄인들을 위한 피난처요 속죄소와 같은 곳이기 때문이다.

하지만 '거짓 가르침'의 경우는 다르다. 하나님의 말씀인 성경이 죄라고 말하는 것을 죄가 아니라고 주장하는 경우가 그렇다(요일 1:10). 거짓 가르침은 단지 죄에 대한 문제나 교회의 환대의 문제가 아니다. 그것은 하나님의 말씀을 대적하는 문제요, 결국 하나님을 대적하는 문제이다. 성경은 예수 그리스도를 증거한다. 그래서 예수 그리스도에 대한 다른 가르침, 거짓 가르침을 퍼뜨리는 자를 성도의 교제 안으로 불러들일 수 없고 그래서도 안 된다. 그리스도인의 코이노니아로 들어가는 문(門)은 언제나 오직 생명의 말씀이신 그 아들 예수 그리스도뿐이다.

삼위 하나님과의 코이노니아를 가능하게 하는 유일한 성경적 근거인 생명의 말씀, 곧 예수 그리스도는 그 거룩한 코이노니아의 중심이다. 오직 예수 그리스도를 통해서만 우리는 서로에게 믿음의 형제, 자매가 된다. 코이노니아의 중심에는 언제나 생명의 말씀이 있어야 한다. 예배 중에 선포되는 말씀이든, 소모임 중에 나누는 말씀의 묵상이든, 아니면 성찬 때에 나누는 떡과 포도주 곧 예수 그리스도의 생명이든, 코이노니아로서의 교회의 중심에는 늘 그 아들이신 생명의 말씀이 나누어지고 전달되어야만 한다.

예수님의 공생애 사역의 특징도 '환대'였다. 그분은 온갖 실패한 사람들과 율법을 어긴 사람들, 사회에서 죄인으로 낙인찍힌 사람들을 차별하지 않고 모두 환대하셨다. 먼저 그들에게 다가가셨고, 그들도 거리낌 없이 그분에게 나아왔다. 예수님은 그들과 함께 먹고 마시며, 자기 자신이 스스로 죄인인 줄 아는 가난한 심령, 애통한 심령, 의에 주리고 목마른 심령을 가진 자들이 들어가는 하나님 나라에 대해 선포하고 가르치셨다.

하지만 예수님께서는 스스로 건강해서 의사를 찾을 필요가 없다고 믿는 사람처럼 스스로 의인이라 자부하는 자들은 모두 하나님 나라에 들어가지 못할 것이라고 말씀하셨다(마 9:9-13). 역설적이게도, 하나님의 나라는 자신이 죄인인 줄 아는 사람에게 열려 있다. 성경이 죄라 하는 것을 죄로 인정하지 않는다면, 용서도 필요 없고, 그 속죄를 가능하게 하는 그 아들도, 그 아들을 보내신 하나님의 사랑도 필요 없게 될 것이다. 그런 자가 왜 하나님이 필요한가?

성경의 진리를 거부하는 자, 말씀을 변질시키고 왜곡시키는 자, 성경과 성경이 증거하는 예수 그리스도에 대해 거짓 가르침을 전파하는 자들은, 그분의 나라와 그의 교회의 코이노니아에서 설 자리가 없다. 교회도 그런 자들에게 교제의 자리를 내주어서는 안 될 것이다. 악질 바이러스에 걸린 사람에게는 치유가 필요하지만, 의도적으로 악질 바이러스를 퍼뜨리는 자들에게는 격리가 필요하다. 그것은 안전을 위한 불가피한 조치이다.

인사도 하지 말라?

그럼에도, 10절에서 거짓 가르침을 전파하는 자들에게 '문안의 말도 하지 말라'는 것은 너무 엄격하게 들리지 않는가? 저들은 정말 일말의 구원의 가능성도 없이 버려두어야 하는 것인가? 현실적으로 말해서, 서로 인사라도 하는 관계가 생겨야 그들도 그 악하고 거짓된 가르침에서 돌이킬 수 있는 가능성이 생기는 것 아닌가? 아니, 교회 안에 이미 들어와 있는 성도들은 죄가 없이 완전히 거룩한 사람들인가? 그렇지도 않지 않은가. 누가 처음부터 무엇이 죄인지 전부 다 알고 교회에 들어오는가?

사실 지금은 그럴듯하게 성도로서 살아가는 사람들도, 처음에는 나름대로 많은 죄를 짊어 진 채로, 또 어떤 경우에는 자신의 죄가 정말 얼마나 심각한 죄인지조차 깨닫지 못하는 채로 교회에 들어오게 된다. 그렇지 않은가? 일단 교회에 들어와서, 그 사랑과 진리의 코이노니아에 거하는 중에 가랑비에 옷

젖는 줄 모르듯 서서히 말씀을 깨닫고 자신의 거짓됨과 죄를 절절히 깨닫게 되는 것이 아닌가? 그런데, 그런 죄와 거짓에 빠져 있는 사람에게 인사조차 하지 말라는 것은 너무 지나치지 않은가 하는 생각이 들 수 있다.

이런 반론은, 혹시 그 거짓 가르침에 빠진 사람이 믿는 이의 형제나 자매, 부모나 가까운 친척 혹은 극히 아끼는 사랑하는 사람일 경우라면 더 현실적인 고민으로 다가올 수밖에 없다. 가족 중에 한 사람이 거짓 가르침에 빠져 성경을 부인하고 자신의 죄를 고집한다면, 그에게는 비록 가족이라도 '인사조차' 하지 말아야 하는가?

이런 문제를 해결하기 위해서는, 요한이서 1:10-11보다 더 큰 요한서신의 문맥, 더 나아가서 공동서신이나 신약성경 혹은 성경 전체의 문맥에 나타난 더 근본적인 진리, 더 넓은 하나님의 뜻을 고려해야 한다. 그것은, 하나님께서는 모두가 구원받기를 원하시며, 아무도 멸망에 이르기를 원치 않으신다는 사실이다(딤전 2:4; 벧후 3:9). 이것이 자기 아들을 세상에 육체로 보내신 하나님 아버지의 근본적인 뜻이다(요 3:16-17). '아무도' 멸망치 않고, '누구든지' 그 아들을 믿고 영원한 생명을 얻기를 원하시는 것, 그것이 하나님께서 원하시는 바이다.

그 '누구든지'에는 물론 거짓 교사들, 하나님을 대적하며 성경을 부인하는 진리의 원수들까지 포함된다. 믿고 돌이킬 수만 있다면, 저들에게도 구원의 길은 언제나 활짝 열려 있다. 요한이서와 삼서 바로 다음에 이어지는 유다서에는, 거짓 교사들과 그들에게 속아 길을 잃게 될 위험에 빠진 자들에게 교회가 어떤 태도를 취해야 하는지에 대한 명확한 지침이 주어져 있다. 가장 큰 원리는, 하나님의 긍휼을 따라, 할 수만 있다면 미혹된 자들을 '그 불 가운데서 건져 내어야' 한다는 것이다.

동시에, 성도 자신도 '두려워하여' 같은 죄에 빠지지 않도록 자신을 지켜야 하며, 또한 자신이 속한 교회 공동체가 그런 거짓 가르침에 오염되거나 이로 인해 피해를 받지 않도록 극히 주의해야 하는 것은 물론이다(유 1:22-23). 결론적으로, 요한이서 1:10에서 '문안의 말도 하지 말라'는 것은 자신뿐 아니라 당시에 가옥(家屋)에서 모였던 교회 식구들까지 오염되어 함께 그런 '악한 일에 참여하게' 될 가능성을 철저히 미연에 방지하라는 부탁인 것이다.

성경이 증거하는 예수 그리스도에 관해서나 성경이 죄라고 하는 지적 앞에서 성경이 틀린 것이라고 주장하는 자들에 대하여는, 우선 경계하고 거리를 두어 교회 공동체를 진리 안에서 지켜 내야 한다. 다만 그런 거짓 가르침을 전달하는 자들을 대하여도 긍휼한 마음을 품고, 가능하다면 다양한 방법을 사용해서 그들을 건져 낼 수 있도록 노력해야 한다. 교회는 진리로 자신을 지켜 내야 할 뿐만 아니라, 동시에 거짓과 죄에 빠진 모든 이들을 건져 내야 하는 구원의 방주라는 본질과 목적에 언제든 충실해야만 한다.

진리를 보존하는 교회의 방식

이제 장로 요한은 서신을 마무리한다. '악한 일에 참여하는' 코이노니아 공동체가 되지 말고, 반대로 '선한 일, 영원한 생명'에 참여하는 코이노니아를 지켜 나가라는 논지가 12절과 13절을 연결하는 문맥이다. 장로는 12절에서 지역적 '거리'를 뛰어넘어 직접 '육체로' 가서 만나는 전인격적 코이노니아를 열망한다. 충만한 기쁨은 온전한 사귐에서 오기 때문이다. 13절에서는 시간적으로 '세대'를 뛰어넘는 진리와 사랑의 교제를 갈망하며 인사를 마무리한다. 삼위 하나님과의 코이노니아로서 교회 공동체는 공간적인 거리와 시간적인 간격인 세대를 뛰어넘는, 영속적인 코이노니아를 누리고 지켜 가야 한다는 것이 핵심이다.

12절에서 '입에서 입으로'(스토마 프로스 스토마, στόμα πρὸς στόμα)라는 표현은 문자 그대로를 번역한 것이다. 자연스럽게 들리지는 않지만, 마땅한 표현이 없어서 그대로 두었다. '얼굴과 얼굴을 맞대고' 나누는 코이노니아의 상황을 가리키지만, '입에서 입으로'라고 할 때는, '종이와 잉크로'라고 할 때보다, 더 확실하고 견고한 소통을 강조하는 표현이다. 고대에는 지금처럼 필기도구나 글로 써진 내용을 보존하는 수단이 안정적이지 않았다.

양피지는 무겁고 대체로 분량이 커서 보관하거나 전달하기가 힘들었고, 풀(草)의 일종으로 만든 파피루스(papyrus)나 '코덱스'(codex)라고 부르는 문서 형태도 쉽게 파손되거나 분실되기 쉬운 매체였다. 이런 상황에서 직접 입에서 입으로 전하는 '구전'(口傳, oral transmission)은 여전히 가장 확실하고 믿을 만하고 견고한 기록 방식이었다.

고대 세계에서, 어떤 내용이나 메시지를 사람에게 구전으로 전달하고 보존하려 했다는 것은, 그 기억을 보존하는 공동체 자체가 그 전달받은 내용이나 메시지를 담고 있는 '살아 있는 책'의 역할을 하게 된다는 것을 의미한다. 마찬가지로, '예수께서 육체로 세상에 오셨다'는 기독론적인 진리를, 단지 편지에 기록하여 전달하기보다 입에서 입으로 전달한다는 것은 '코이노니아 공동체 교회 자체'가 진리를 보전하는 담지자가 된다는 의미인 것이다.

말하자면, 기독교의 진리는 세상에서 그 진리를 믿고 믿은 대로 살고 있는 교회 공동체에 의해 보존된다는 것이다. 기독교의 신학이나 기독론이나 그 가르침들은 단지 도서관의 책들 속에 보존되도록 되어 있지 않다. 교회 공동체 자신이 진리의 살아 있는 담지자요 전달자요 증언자이기 때문이다. 기독교의 교리는, 그 교리를 믿고 그에 따라 살아가는 교회 공동체가 존재하는 만큼 보존되고 지켜진다. 기독교의 교리 자체를 지켜 내는 것은 성도들 자신의 믿음과 삶이기 때문이다.

교회(敎會)는 '살아 있는 교리'(敎理)이고, 그래야 한다. 그것은 '말씀이 육신이 되었다'는 성육신 사건의 본질과도 일치한다. 말씀이 육체로 세상에 오셨듯이, 그런 성육신의 복음 또한 그런 진리를 믿는 교회 '공동체의 육체적 현존과 삶'을 통해 구현되고 지켜져야 한다. 메시지(message)가 메신저(messenger)를 형성하고, 메신저는 그 자신이 메시지가 되는 것이다. 교리 따로, 교회 따로 생각하지 말아야 한다. 예수 그리스도께서 교회의 교제 가운데 임재하시듯, 그의 말씀도 그의 백성의 현존과 삶 속에서 '육체로' 구현되어야 한다.

인격적인 코이노니아 공동체

오늘날, 예수 그리스도의 가르침은 어떤 식으로 어떻게 전달되어야 하는가? 전염병과 같은 재난으로 인해 예배당에 직접 모이지 못하고, 온라인으로 비대면 예배를 보아야 할 때라면, 교회의 참된 코이노니아는 어떻게 해야 가능할 것인가? 대면으로 만나지 못하여 온라인으로 모여 드리는 예배는, 예배라고 할 수 있는 것인가? 현장에서 만나지 못하고 온라인으로 모여 나누는 성도의 교제는 코이노니아라고 할 수 없는 것인가?

흥미로운 것은, 지금 장로 요한이 멀리 떨어져 있는 수신자 교회에게 '진리 안에서의 참된 코이노니아'의 중요성을 강조하는 교제의 수단이 바로 요한이서라는 '편지'라는 사실이다. 고대의 편지든 현대의 인터넷이든, 어떤 매체를 통해서 드리는 예배나 나누는 코이노니아를 애초에 불가능한 것으로 간주할 일은 아니다. 예배의 본질이나 코이노니아의 본질을 생각한다면, 매체의 제한과 한계는 얼마든지 극복될 수 있다. 하나님은 원래 보이지 않는 영(靈)이시며, 성도가 함께 모여 나누는 코이노니아는 하나님의 사랑과 예수 그리스도의 생명 그리고 성령의 교제가 그 본질이기 때문이다.

반대의 경우를 돌아보면 더욱 분명해진다. 아무런 제약 없이 '육체로' 현장에서 만나 예배할 때, 그 예배는 대면 예배라는 사실만으로 언제나 진정한 예배가 되었던가? 아무런 어려움 없이 현장에 모여 대면으로 코이노니아를 나누었을 때, 그 코이노니아는 언제나 진정한 코이노니아였던가? 직접 만나 예배하고 교제했기 때문에, 더욱더 우리의 죄악이 불거지고 충돌하고 악화되어, 더 극렬하게 예배의 본질, 코이노니아의 본질을 훼손시킨 적은 없었던가?

본질상, 대면이든 비대면이든 '성령과 진리 안에서'(요 4:23) 드리는 예배이기만 하면, 그리고 그 아들의 은혜와 아버지의 사랑과 성령의 임재 안에서 나누어지는 코이노니아이기만 하면, 결정적인 문제가 되지 않는다는 사실을 깨닫게 된다. 생각해 보라. 하늘 보좌를 버리고 이 땅까지 찾아오신 그 아들도 그렇지만, 죄악으로 인해 빙하보다 냉랭하고 두꺼운 죄인의 심령을 뚫고 오시는 성령의 역사가, 겨우 인터넷 정도의 한계를 뚫어 내지 못하겠는가? 실제로, 영상 매체나 인터넷을 통한 복음 전파를 통해서도 자신의 죄를 회개하는 사람, 믿음을 고백하고 신앙을 결단하는 사람은 얼마든지 있다.

그럼에도 불구하고, 장로 요한은 지금 요한이서라는 편지를 보내면서도 직접 '육체적 현존' 가운데서 나누는 성도의 코이노니아를 간절히 열망한다. 마찬가지로, 비대면으로 진행하는 예배나 코이노니아가 얼마든지 가능하기는 하지만, 하나님께서 사람에게 주신 '완벽한 매체(media)인 육체'의 직접적인 현존 가운데서 행해지는 예배나 코이노니아는, 그 자체로 하나님께서 의도하신 온전하고 충분한 전달 방식임이 분명하다.

교회는 장차 새 하늘과 새 땅에서도 '부활 육체'를 통해 하나님을 '얼굴과 얼굴로' 뵈올 것이다. 그 부활 육체를 통해, 우리도 서로 영원토록 그 영생의 코이노니아를 나누게 될 것이다. 결국 '디지털'을 기반으로 '가상 세계'가 아무리 발달해도, 인간이 육체적 현존을 통해 나누는 인격적 코이노니아를 대체할 수는 없다. 설령, 디지털 기술의 획기적인 발달로 인해 시각뿐 아니라 청각과 촉각도 디지털로 전달되는 기술이 일상화된다고 해도, 인간이 본질적으로 앓고 있는 죄의 문제, 악의 문제, 죽음의 문제, 허무의 문제를 해결하지는 못한다.

극도로 발전하는 가상 현실의 세계를 누린다 해도, 인간은 그 안에서도 여전히 그 죄와 죽음과 허무의 파괴적인 삶을 스스로 그만둘 수 없을 것이기 때문이다. 그래서 교회는 디지털 세계가 극도로 발달하는 세상 한복판에서, 더욱더 육체적 현존을 통해 온전히 인격적으로 교제하며, 진리와 사랑 안에서 참된 인격적 성장이 가능한 코이노니아 공동체를 온전히 지켜 내야 한다.

그런 인격적 코이노니아 공동체로서의 교회는, 가상 현실 속에서도 여전히 죄와 죽음과 허무의 고통 속에서 헤매는 사람들에게, 메마른 사막에서 생수를 제공하는 오아시스와 같은 역할을 할 것이다. 사람들은 모두 인격적으로 대접받고 인격적으로 성장하기를 원하며, 참된 사랑과 진리를 나누는 진실한 인격적 사귐의 공동체를 목말라한다. 여기에, 더욱더 '가상 세계'화되어 가고 있는 세상 속에서, 인격적 코이노니아로서의 교회 공동체가 세상의 빛이 되고 소금이 될 수 있는 기회와 사명이 있다.

삶으로 내리는 뿌리

중요한 건 바뀌지 않는 미래, 그리고 육체

매해 연말이 되면, 다가오는 새해의 '새로운 트렌드'가 무엇인지 점치는 전문가들과 새로운 유행을 점치는 책들이 즐비하게 나온다. 기술은 따라가기가 벅찰 만큼 바뀌고, 유행도 사고방식도 문화도 모두 빠르게 변화한다. 하지만 변화하지 않는 것도 있다. 인간의 다양한 죄들, 사회의 뿌리 깊은 구조적인 죄악들, 모두가 죽는다는 사실에서 오는 허무, 이런 엄연한 인간 실존의 상황은 결코 변하지 않는, 인간의 행동과 사회-문화를 이루는 근본적인 동기들이다.

교회는 이렇게 변하지 않는 가장 근본적인 문제들을 다루는, 사회 속의 거의 유일한 기관이다. 유행과 트렌드를 따라가기에 급급한 교회의 현실에도 불구하고, 그래서 교회는 언제나 인간과 사회의 실존의 본질적 문제와 복음에 집중해야 한다. 그것은 디지털과 '가상 현실' 기술이 고도로 발전하는 지금의 시대에도 마찬가지이다.

최근에 미국의 어떤 대학들은 강의할 때 더 이상 '피피티'(PPT)와 같은 디지털 프레젠테이션을 사용하지 않는다고 한다. 나름 효과가 있기는 하지만, 학생들로 하여금 오히려 강의하는 교수에게 집중하지 못하고 산만하게 만든다는 이유 때문이다. 디지털 매체들이 효과적이기는 하지만, 그 본질은 사실상 '실재하는 육체'의 모방에 불과하다. 디지털로 만들어 내는 가상 세계(virtual reality)가 신기하고 그럴듯해 보여도, 그것이 인간의 '육체'만큼 치밀하고 생생하며 풍성하고 아름답지는 않다.

사실, 인간의 '육체'란 하나님께서 주신, 인간에게 적합한 가장 온전하고 '총체적인 전달 매체'이다. 그 육체 안에 거하는 '인격'이 자기 자신을 가장 생생하고 효과적이고 강렬한 방식으로 전달할 수 있는 최적의 매체인 것이다. 인간의 육체처럼 시각, 청각, 미각, 후각, 촉각 모두를 조화롭고도 생생하게 총체적으로 사용해서 전달하는 디지털 매체가 어디에 있겠는가? 인간의 육체는 그런 점에서 가장 완벽한 스크린이고 가장 생생한 영상이며 또 다른 의미에서 매우 효과적인 언어이다.

무엇보다 인간의 육체적 현존에는 그 인격이 그 안에 '온전히 담긴다'는 특별한 의미가 있다. 누군가가 자신의 육체를 직접 움직인다는 것은, 그의 인격이 자신의 마음과 뜻을 온전히 전달하겠다는 것을 뜻한다. 마음이 있으면 몸이 움직이듯이, 육체의 현존은 그 사람의 일부가 아니라 그의 인격 전체가 움직인다는 뜻이기 때문이다.

그리 가깝지 않은 관계의 경조사에는 축의금과 조의금만 보내는 것이 일반적이지만, 친척이나 아주 가까운 친구의 경우에는 아무리 멀어도 그 현장에 직접 찾아가게 되는 것도 이 때문이다. 장례식이든 결혼식이든, 사랑하는 친구가 그 없는 시간을 쪼개어 먼 거리를 마다하고 찾아와 손을 잡아 주는 경험을 한 그 순간은 잘 잊히지 않는다. 그것은 그 사람의 전체가 자신의 진실한 마음을 '육체의 현존'을 통해 전달한, 인격적으로 의미 있는 순간이기 때문이다.

인간의 육체는 이렇듯 진실한 교제와 소통, 즉 참된 코이노니아를 위해 창조된 특별한 '공간'(space)이라 할 수 있다. 하나님께서 우리를 창조하시고 각자의 육체 안에 두신 것은, 육체라는 그 특별한 공간 속에서 하나님과 더불어, 자기 자신과 더불어, 이웃과 그리고 세상과 더불어 참된 코이노니아를 누리게 하려 하심이다.

이런 점에서 인간은, 영혼과 심령 그리고 육체와 함께 총체적으로 하나의 '성전'(temple)과도 같다. 성전 안에 지성소(至聖所)가 있듯이, 인간의 심령 가장 깊은 곳에는 하나님이 계셔야만 채워지는 공간이 있다. 그리고 성전에 성소와 제물을 드리는 제단이 있듯이, 인간의 심령에는 인격과 양심이 자리하는 영역도 있으며, 성전에 이방인의 뜰이 있듯이 인간의 육체도 외부의 온갖 사람들과 교제하며 세상과 접촉하는 역할을 담당한다.

인간의 육체만 성전의 역할을 하는 것이 아니다. 사실은 온 우주가 그 우주를 창조하신 하나님께서 거하시는 성전 곧 하나님의 '집'이다. 그래서 옛 사람들은 인간을 소우주(小宇宙)라 불렀고, 성경은 소우주인 인간이나 대우주인 세상의 중심도 '성전'이라 본 것이다. 성경은 '동산'(garden)에서 시작해서 '도시'(city)로 끝나는데, 첫 번째 창조 때의 에덴동산도 재창조 때 하늘에서 내려오는 새 예루살렘도 모두 '성전' 곧 '하나님께서 그 백성과 함께 거하시는' 코이노니아가 그 본질이다.

그러므로 인간의 육체는, 그 안에서 하나님과 그 사람 자신과 이웃과 세상이 만나는, 하나의 작은 '성전'이다. 그 성전의 가장 깊은 곳인 심령의 '지성소'에서 삼위 하나님과의 코이노니아가 일어나고 있다면, 육체는 그 신령하고 풍성한 생명의 교제를 가장 탁월한 방식으로 이웃과 세상에 전달한다. 이것이 하나님께서 이스라엘에 성전을 세워 교육하신 내용이고, 장차 이 땅에 임할 새 하늘과 새 땅의 본질적인 내용이기도 하다.

기술은 날로 발전하지만, 사실 근본적으로 아무것도 바뀌는 것은 없다. 인간은 계속해서 개인적이고 사회적인 그리고 글로벌한 죄의 문제 때문에 시달리고 목말라하며 고통을 겪을 것이다. 교회는 이 문제에 대한 답을 가지고 있다. 아무리 기술이 발전해도, 인간은 여전히 죽음의 공포와 하나님 없는 허무에 시달릴 것이다. 교회는 죽음과 허무의 문제에 대한 답도 가지고 있다. 세상의 죄와 죽음과 허무는 더 새롭고 다양한 방식으로 드러나겠지만, 그것은 오히려 복음과 은혜의 깊이와 넓이와 높이를 더욱 새롭고 풍성하게 드러내 보여 줄 것이다.

디지털과 가상 세계가 아무리 발전해도, 창조주 하나님께서 만드신 인간의 신묘(神妙)하고 아름다운 육체를 따라가지 못한다. 사람이 사람과 맞잡은 손, 주고받는 사랑의 눈빛, 육체의 임재 가운데서 나누어지는 영혼의 소통을 따라가지 못한다.

하나님과의 인격적인 코이노니아, 사람과 사람 사이에서 이루어지는 거룩하고 인격적인 코이노니아가 살아 있는 교회 공동체는, 결국 본질적으로는 아무것도 바뀌지 않는 미래의 세상에서, 여전히 사막의 오아시스 같을 것이다. 교회가 가야 할 길은 언제나 교회가 되는 것이다. 교회는 하나님께서 세상을 '이처럼 사랑하사' 내어 주신 해답이기 때문이다.

제2장

요한삼서
'사랑으로 지키심'을 입은 교회

공동체에서 지도자 한 사람의 역할은 말할 수 없이 중요하다. 교회를 이끌도록 세워 놓은 지도자 한 사람이 크게 잘못되면, 그로 인해 공동체 전체가 받는 피해와 고통은 이루 말할 수 없다. 그래서 교단마다, 지도자가 가진 권한을 분산시키고 견제받게 하며, 회중 안에 거하시는 성령님의 뜻을 분별하여 그 뜻에 따라가도록 하는 장치나 교회 제도를 발전시키고 유지해 왔던 것이다.

지도자 한 사람이 예배, 행정, 재정, 권징까지 모두 결정하는 체제는 공동체뿐 아니라 그 자신의 안위를 위해서도 위험천만하다. 그가 성숙한 자라도 실수할 수 있으며, 집중된 권력은 극복하기 힘든 유혹이 되기 때문이다. 그런 체제에서는 그 개인의 뜻이 하나님의 말씀의 자리를 대체하기 쉽게 되고, 코이노니아 공동체 안에 거하시는 성령의 뜻을 묵살하기 쉽게 된다. 초기 교회는 자신을 '그리스도의 몸'이요 '성령의 전'이며 '하나님의 집'으로 인식했고, 결코 그런 식으로 교회를 이끌어 가지 않았다.

성령께서 각자에게 나누어 주신 은사에 따라 권한은 분산되었고, 성도는 성령의 뜻을 분별하여 각자의 역할을 함으로써 전체적으로는 성령께서 이끄시는 공동체가 되는 방식을 따랐다(엡 4:10-16; 벧전 4:10-11). 교회를 창조하시고, 인도하시고, 온전케 하시는 이는 오직 삼위 하나님이시다. 교회는 항상 어떻게 하면 삼위 하나님의 말씀과 인도하심을 따라갈 것인지, 어떻게 하면 '오직 하나님의 영광'만을 위해 살아갈 것인지를 철저히 고민해야 한다.

요한삼서는 바로 이런 문제를 다룬다. 오늘날 주변을 살피면 얼마든지 목격하게 되는 교회 분란의 문제이며, 특히 지도자의 문제이다. 장로 요한은 이 문제에 대해 어떻게 판단하고 어떻게 대처하며 권면했을까? 이 질문을 마음에 품고 요한삼서를 읽는다면, 오늘날 우리 자신을 돌아보는 일에 큰 도움을 얻을 수 있을 것이다.

요한이서가 '진리'의 문제를 중요하게 다루었다면, 요한삼서는 '사랑'의 문제를 중요하게 다룬다. 요한일서에서 진리와 사랑은 모두 핵심 주제이다. '진리'는 생명의 말씀이신 그 아들을 대변하는 주제라면(요일 1:1, 6, 8, 10; 2:4, 14), '사랑'은 그 아들을 세상에 보내신 아버지 하나님을 가리키는 주제라고도 할 수 있다(요일 4:7-10, 14). 그래서 요한서신에서 진리와 사랑에 관한 가르침들은 모두 사실상 그 아들과 아버지에 대한 가르침이며, '아버지와 그 아들과의 코이니노니아'로서의 교회에 대한 가르침인 셈이다(요일 1:4).

교회는 본질상 '코이노니아'라는 요한의 주장에 의하면, 교회가 그 아들을 믿고 그의 가르침에 충실하다는 것은 곧 '진리를 지키는' 것을 뜻한다. 그리고 교회가 하나님을 믿는다는 것은 곧 그 아들을 세상에 보내신 '아버지의 사랑 안에 거하는' 일이 된다. 참으로 흥미로운 기독론과 신학 그리고 교회론이다. 이런 점에서, 요한이서가 '진리로 자신을 지키는 교회'에 관한 서신이라면, 요한삼서는 '사랑으로 자신을 지키는 교회'라 부를 수 있다. 오늘날 분쟁 많은 우리의 교회들에게 절실한 요한삼서의 내용을 이제부터 깊이 들여다보자. 오직 아버지 하나님의 사랑을 따라 걸어가는 교회가 되기를 간절히 간구하는 마음으로.

1. 사랑을 입은 자(1-4절)

장로 요한이 가이오에게 편지한다. 인사말을 전하고, 자신이 가이오 때문에 얼마나 기뻐하는지를 말한다. 그리고 그 이유를 설명하는 중에도, 자신이 정말 기뻐한다고 거듭 이야기한다. 신약의 편지들은 처음 인사말을 꺼낼 때부터, 정작 본론에서 하고 싶어 하는 내용의 주제들을 언급한다. 그래서 인사말은, 마치 집 안에 들어가 집주인을 만나기 전에 창문으로 집의 내부를 잠깐 들여다보는 것처럼, 편지의 본론에서 펼쳐지는 논지를 이해할 수 있게 도와주는 역할을 한다.

이렇게 보면, 1-4절까지의 인사말의 특징이 무엇인지가 서신 전체를 이해하는 데 있어서 매우 중요해진다. 이 의미심장한 인사말을 주의 깊게 읽어 보자.

> 1 장로는 사랑하는 가이오, 곧 내가 진리 안에서 사랑하는 자에게 편지합니다. 2 사랑하는 자여, 모든 일들에 관해서도 바른길을 잘 가며 강건하기를 기도합니다. 당신 자신이 바른길을 잘 가는 것과 같이. 3 내가 크게 기뻐하는 것은, 형제들이 당신이 진리로 행함을 증거하기 때문인데, 이와 같이 당신이 진리 안에서 걸어가기 때문입니다. 4 이보다 더 내가 기쁠 수 없는 것은, 나의 자녀들이 진리 안에서 걸어간다는 것을 듣는 일입니다.

금방 눈에 띄는 것은, 단 세 구절밖에 되지 않은 짧은 인사말 안에서 '사랑'이 3회, 그리고 '진리'가 3회나 등장한다는 점이다. 진리와 사랑이 비슷한 정도로 강조되는 것을 볼 수 있다. 하지만 서신의 남은 부분을 끝까지 읽어 보면, '진리'가 2회 더 사용되는 데 반해(8, 12절) '사랑'은 3회 더 사용됨으로써(5, 6, 11절) '사랑'이 조금 더 강조된다는 인상을 받게 된다.

큰 차이 없다고 생각할 수도 있지만, 요한이서에서 '진리'라는 표현이 총

5회 사용되는 것에 반해 '사랑'에 관련된 표현은 2회에 그치는 것을 생각하면, 요한삼서가 '사랑'이라는 표현을 모두 6회나 언급하는 것이 특징적이라는 인상을 지울 수 없다. 물론, 특정 단어가 얼마나 자주 사용되었느냐가 정말 그 주제를 강조하고 있는지를 알 수 있는 최종적 근거가 되지는 못한다. 해당 문맥과 그 배경 그리고 전체적인 메시지를 살펴보아야 한다.

무엇보다 '사랑하는 자여'(아가페테, ἀγαπητέ)라는 호칭이 요한삼서 전체에 걸쳐 3회나 사용된다는 점, 그것도 2, 5절, 그리고 11절에서 편지 전체를 3등분하는 문단 구분의 전환점 역할을 한다는 점은 이 편지가 '사랑'을 강조하고 있다는 사실을 분명히 드러낸다(참조. 1절, '사랑하는 가이오'). 요한삼서는 왜 그토록 '사랑'을 강조하는 것일까?

복음 전파에 '진심'인 그리스도인

우선, 장로가 자주 '사랑하는 자여'라고 부르는 '가이오'(Γαΐῳ)가 누구이며 어떤 사람인지는 명확히 규명되어 있지 않다. 신약성경에는 장로 요한이 언급하는 가이오를 제외하면, 세 명의 가이오가 등장한다. 첫 번째 인물은, 사도 바울이 고린도에서 세례를 주었던 가이오인데(고전 1:14), 바울이 고린도에서 로마서를 썼다면 바로 이 사람이 거기서 바울과 성도들에게 집을 제공하며 도움을 주었을 것이다(롬 16:23).

두 번째 인물은, 사도 바울이 예루살렘을 위한 연보를 전달하고자 했을 때 협력했던 갈라디아 지역 교회의 대표자 더베 사람 가이오가 있다(행 20:4). 마지막으로는, 에베소에서 어떤 은장색이 아데미의 신상 모형을 만들다가 바울의 복음 전파로 인해 사업이 방해를 받자, 바울을 대적할 때 바울과 함께 있었던 마게도니아 사람 가이오가 있다.

이 세 명의 '가이오' 중에 요한삼서가 언급하는 가이오가 정확히 누구인지를 확인할 길은 없고, 이 세 명 이외에 다른 인물일 가능성도 얼마든지 있다. 다만, 마게도니아 사람 가이오가 '에베소'에서 사도 바울의 선교 사역을 도우며 함께 등장한다는 사실 때문에, 에베소를 중심으로 활동했던 사도 요한과 연관 지을 수도 있다. 하지만 사도 요한이 에베소에서 편지를 쓰고 있다고 생각하면, 장로가 언급하는 가이오는 디오드레베(1:9)나 데메드리오(1:12)와 같은 그리스도인들과 함께, 에베소에서 떨어진 인근 도시에 거주했던 것으로 보이기도 한다.

혹시, 에베소에서 복음을 전했던 바울과 함께 고난을 받았던 마게도니아 사람 가이오가, 그 인근 도시에서 선교사들을 영접하며 지역 교회를 돕고 있었던 것은 아닐까? 그럴 수도 있다. 하지만 이런 추정들은 모두 가설의 수준을 벗어나기 어렵다. 다만, 위에서 언급한 세 명의 가이오가 모두 바울의 선교 사역의 조력자로서 깊이 연관되어 있는 것처럼, 요한삼서에서 사도 요한이 언급하는 가이오 역시 순회 전도자들을 적극적으로 돕는 모습을 보여 준다는 사실이 어떤 역사적 연관성을 상상해 보게 만든다.

역사적 정보가 제한된 경우, 해석자가 취할 수 있는 가장 적합한 태도는 서신의 본문으로 돌아가, 본문이 알려 주는 가이오의 특징 그 이상을 추정하거나 확신하지 않는 것이다. 요한삼서가 보여 주는 수신자 가이오는 어떤 인물인가? 요한삼서에서 가이오는 장로 요한의 끔찍한 사랑을 받는 인물이다. 그는 진리를 알았을 뿐 아니라, 그 진리 안에서 사랑으로 행할 줄 알았던 그리스도인이었기 때문이다(1-4절).

그가 보여 준 '사랑'이란 어떤 것이었던가? 그것은 복음 전파를 위해 그 지역에 이르렀던 순회 전도자들을 진심으로 환대하고, 그들을 물질과 정성으로 섬김으로써 복음 전파가 이루어지도록 적극적으로 협력한 행위였다(5-8절). 이것이 가이오가 행한 '신실한 일'(5절)이며, 교회 앞에서 그가 증거한 '사랑'의 내용이다(6절). 장로 요한은 이것이 참으로 하나님께 속한 자가 보여 주는 증거로서 '선한 행실'이라고 강조하며 권면한다(11절).

멀리 다른 도시에서, 복음 전파에 대한 가이오의 이런 진심과 헌신의 소식을 들었던 장로 요한은 너무 기쁘고, 그런 가이오가 한없이 사랑스러웠던 것 같다. 그래서 편지 내내 '사랑하는 가이오, 사랑하는 자'라고 부르기를 주저하지 않는다(1, 2, 5, 11절). 얼마나 사랑스러우면 저렇게 계속해서 사랑을 표현할까. 그만큼 장로 요한의 마음에는 가이오가 진리의 복음에 합당하게 사랑으로 행하고 있었다.

이것이 장로 요한이 가이오를 "내가 진리 안에서 사랑하는 자"(혼 에고 아가파오 엔 알레떼이아, ὃν ἐγὼ ἀγαπῶ ἐν ἀληθείᾳ)로 부르는 이유이다(1:1b). 이 사랑은 '아가페'로 하는 사랑, 하나님 아버지의 사랑으로 사랑하는 사랑이다. 그런데 그 사랑이 '진리 안에서' 행해진다. 예수 그리스도의 복음을 믿고 전하는 신앙 안에서 하는 사랑이다. 예수 없이 그냥 인간관계에서 나누는 친분이 아니다. 장로 요한은, 가이오가 예수 그리스도의 복음을 사랑하고 그 복음이 이방인들 가운데 전해지는 일에 '진심으로' 섬기고 헌신하는 것 때문에 그를 너무도 사랑하는 것이다.

진실로 거듭난 그리스도인들, 참된 하나님의 교회는, 언제나 예수 그리스도의 복음을 열정적으로 사모하고 전파하기를 그 무엇보다 힘쓰고 애쓴다. 복음 전파를 향한 식을 줄 모르는 열정, 그것이 살아 있는 교회의 가장 본질적인 표지인 것이다. 어떤 지역 교회가 하나님의 사랑 곧, 하나님께 받은 사랑, 하나님을 사랑하는 그 사랑이 식으면, 가장 먼저 일어나는 일이 선교 곧 예수 그리스도의 복음을 전파하는 일에 열정과 헌신을 잃는 것이다.

요한서신의 배경이 되는 요한계시록 2-3장의 아시아의 교회들은, 당시 세속적인 로마 사회와 문화 속에서 교회가 그 유혹과 위협의 시험들 속에서, 어떻게 복음 전파의 열정에서 서서히 '식어 갔는지'를 보여 준다. '처음 사랑을 버렸다'고 책망받았던 에베소 교회가 대표적이다. 여기서 '처음 사랑을 버렸다'는 것은 에베소 교회가 주변의 세속적 환경에 굴복해서 이방인들 가운데서 복음을 전파해야 하는 열정을 잃어버렸다는 의미이다(계 2:1-6; Schnabel, 335).

서머나 교회는 계속되는 환난과 궁핍의 고난 앞에서, 예수 그리스도의 복음에 대한 충성을 의심받고 책망받았다(계 2:8-11). 버가모 교회도 발람의 교훈과 니골라 당의 교훈을 받아들이는 태도를 전적으로 회개하고, 복음으로 싸울 것을 격려받는다(계 2:12-17). 두아디라 교회도 마찬가지이다. 거짓 선지자 이세벨의 거짓 가르침에 휘둘려 우상 숭배와 방탕에 빠지지 말고, 열방을 향한 복음을 굳게 지킬 것을 명령받는다(계 2:18-29).

사데 교회는 어떠했는가? 그들은 외식적인 신앙, 형식만 남은 신앙에 스스로 속았고, 하나님과 그 아들에 대한 복음의 열정이 식어 버린 채, 살았다고 했지만 죽은 자로 드러났던 그들의 실상을 직면해야 했다(계 3:1-6). 빌라델비아 교회만이 칭찬을 받았는데, 그 이유는 그들이 예수 그리스도의 복음을 지켜 냈으며, 그 아들의 이름을 배반하지 않았기 때문이었다(계 3:7-13). 하나님에 대한 사랑과 열정을 잃어버리고, 복음의 능력을 상실한 대표적인 교회는 라오디게아의 그리스도인들이었다. 그들은 그 지역의 풍요와 부요함에 취했던 것 같다. 그러다가 서서히 복음에 대한 열정을 잃었고, 결국 '차지도 뜨겁지도' 않을 만큼 하나님께도 세상에게도 영향력이 없는 '쓸모없는 교회'가 되었다(계 3:14-22; Osborne, 205-206).

세상 속의 교회는 수많은 이유로 '사랑'에 있어 차갑게 식어 간다. 교회 안에서 서로를 너무나 사랑해도, '사랑이 식어 버린' 교회일 수 있다. 교회가 사랑이 많다는 것은, 그저 친절하고 상냥하게 서로를 대한다는 정도가 아니다. 때로 교인들이 서로만 너무 사랑한 나머지 새로 들어온 신자나 주변의 비신자들에게 배타적이 되는 경우도 많다.

사랑이 많은 교회란, 진리에 대한 뜨거운 열정, 예수 그리스도의 생명의 복음에 대한 뜨거운 열정이 살아 있는 교회이다. 이제 막 믿는 새신자나 아직 믿지 않는 자들의 구원에 대한 하나님의 사랑으로 뜨거워져 있는 교회이다. 하나님은 세상을 이처럼 사랑하사 그 아들을 육체로 보내 주셨다(요일 2:22; 4:2; 요 3:16). 교회가 하나님의 사랑으로 충만하면, 그 아들을 세상에 보내신 아버지의 사랑을 따라, 자신이 복음 전파자가 되거나 복음 전파자들이 세상으로 나아가도록 눈물로 간구하며 섬기고 헌신할 수밖에 없다.

아버지의 사랑이 있는 곳에는 반드시 그 아들의 복음이 뜨겁게 전해진다. 그 아들의 살아 있는 복음이 전해지는 곳에는, 언제나 그 아들을 보내신 아버지의 사랑이 차고 넘친다. 가이오는 진리 안에서 바로 그 사랑을 뜨겁게 전하던 그리스도인이었다. 하나님의 사랑을 깊이 깨달았던 요한이 어찌 그를 사랑하지 않을 수 있었으랴.

요한삼서 1:2의 해석사와 본문의 의미

1절에서 장로 요한은, 가이오를 '진리 안에서 사랑한다'고 말하며 인사말을 시작했다. 2절도 이러한 논조와 다르지 않다. 가이오가 '진리 안에서' 곧 예수 그리스도의 복음에 합당하게 행하고 있으니, '모든 일에서도' 더욱 견고한 상태로 진리에 합당하게 행하기를 기원하는 것이다. 하지만 2절은, 항간에 크게 잘못 해석되어 전달된 대표적인 본문이다. '진리의 길' 곧 그 아들 예수 그리스도의 복음에 합당한 길을 강조하는 근본적인 의도와는 다르게, 2절의 한국 교회의 보편화된 해석은 복음을 축소하고 왜곡하는 결과를 가져왔다고 할 수 있다.

초기 교회에서 요한삼서 1:2를 '눈에 보이는 성공과 번영'의 개념으로 해석한 경우는 찾아보기 어렵다. 테르툴리아누스(Tertullianus)는, 이 본문이 '영혼을 타락으로 이끌 수 있는 것들로부터 분리되는 것을 강조'하고 있다고 말했고, 아우구스티누스(St. Augustinus)는 시편 4:7에 대한 그의 주해에서, 자신이 세상적인 물질로 인해 풍요해져서 육체의 번성이 영혼의 번성을 크게 손상시킬 것을 우려하며 '내면적인 보화가 더 충만해지기를 추구하는' 맥락에서 요한삼서 1:2를 인용했다.

이처럼 초기 교회의 교부들은, 2절의 '바른길을 잘 가며 강건하라'는 인사말이 '진리 안에서 행함'이라는 문맥 안에서 주어졌다는 사실을 분명히 의식했으며(Jobes, 291), 그 인사말이 의심의 여지없이 영적 건강을 위한 인사였다고 해석한 것이다. 오늘날에도 대부분의 주석가는, 이 본문이 평안을 비는 통상적인 인사일 수는 있어도, '물질적이고 재정적인 축복'을 가리키는 것이라거나 그런 축복이 하나님이 원하시는 구원의 본질적 내용이라고 주장하는 것은 경솔한 해석일 수 있음을 지적한다(참조. Yarborough, 367).

이처럼, 요한삼서 1:2의 본문에서 '구원받은 자들을 위한 물질적 축복의 우선성과 필연성'을 끌어내기는 어렵기 때문에, 본문 자체보다는 이 구절을 해석하는 후대의 해석자들의 독특한 '상황을 통해 성령께서' 비로소 그 물질적 축복의 구원적 필연성을 드러나게 하셨다는 식으로 주장하는 경우도 있다.[21] 본문에는 명확치 않았던 의미가 그 본문을 해석하는 해석자가 처한 '육체적, 경제적 가난의 상황'이나 혹은 '자본주의적 번영을 추구하는 사회적 상황'을 통해 드러나게 되었다는 것이다.

물론, 성령께서는 해석자나 해석 공동체인 교회가 처한 새로운 상황을 통해서, 그동안 성경 본문에서 충분히 드러나지 않았던 의미를 확연히 드러내

---

21 Landrus는, "Hearing 3 John 2 in the Voices of History", 70-88, 요한삼서 1:2의 인사말 안에 '물질적 풍요와 번성을 향한 하나님의 적극적인 의지'가 들어 있다는 해석을 정당화하기 위해 '영향사적'(*Wirkungsgeschichte*) 해석 방식을 취한다. 영향사적 해석이란, 본문 자체 안에 들어 있는 의미라기보다는 그 본문이 후대의 해석자들에 의해 어떻게 해석되었는지의 역사를 살핌으로써, 그 해석들이 본문의 의미에 포함되어 있다고 보는 견해이다. 자세한 논의를 보려면, 채영삼, 『공동서신의 신학』, 730-736 참조.

시기도 한다. 그런 점에서, 가난했고 소망이 없었던 과거 한국의 시대 상황 속에서 구원의 소망에 건강과 물질적 번영의 축복을 포함시켰다는 것이 본문의 의도를 전혀 벗어난 것이라고 단정할 수는 없다.[22] 하지만, 이런 식으로 '상황'이 요구하는 바를 본문의 의미에 '끌어들여 읽는' 방식은, 물질만능주의적인 사회가 원하는 '탐욕'을 더욱 부채질하는 자의적 해석이 될 위험도 다분한 것이다.

본문에서 이끌어 내기 어려운 의미를 상황을 빌미로 '과장되게' 해석하는 경향은, 거짓 교사들의 특징인 '자의적' 해석과 멀지 않다. 본문이 놓인 문맥을 무시하고, 해석자가 원하는 정황 속에 본문을 끼워 넣어 해석하기 때문이다(벧후 1:20). "네 영혼이 잘됨같이 네가 범사에 잘되고 강건하기를 내가 간구하노라"(개역개정)는 말씀은, '당신의 영혼이 예수 믿어 구원받고 천당을 가니, 이 땅에서도 만사형통하여 사업 성공하고 자녀 잘되고, 몸 건강의 축복을 받으라'는 뜻이 아니다. 왜 그러한가? 그런 물질적 축복 자체가 악하거나 열등한 것이기 때문이 아니라, 2절이 놓인 전후 문맥이 그런 해석을 허락하지 않기 때문이다.

오늘날 많은 교회, 많은 목회자와 그리스도인에게 영향을 크게 미치는 이 본문을 원문에 가깝게 번역해서 다시 찬찬히 읽어 보자: "사랑하는 자여, 모든 일들에 관해서도 바른길을 잘 가며 강건하기를 기도합니다. 당신 자신이 바른길을 잘 가는 것과 같이." 우선 '사랑하는 자여'(아가페테, ἀγαπητέ)라는 호칭은, 바로 전에 1절에서 가이오를 향해 '진리 안에서 사랑하는 자'라고 표현한 것과 직접 연결되어 있다. 장로가 가이오를 '사랑하는 자여'라고 부를 때 그것은

---

22 Landrus, "Hearing 3 John 2", 79-82에 의하면, 요한삼서 1:2를 '물질적 번영에 대한 하나님의 적극적 의지'로 해석한 결정적 인물은 미국의 방송 설교가 Oral Roberts(1918-2009)이다. 그는 어느 날 우연히 성경을 펼치다가 이 본문에서 '전인(全人)적 번영'(whole person prosperity)의 개념을 '발견'하고는, 원문의 '범사에'(περὶ πάντων)를 '무엇보다'(πρό πάντων)로 읽으면서 그것을 자신의 목회의 '우선적인 핵심 원리'로 삼았다.

가이오가 '진리 안에서'(엔 알레떼이아, ἐν ἀληθείᾳ) 행하고 있기 때문이고, 앞으로도 흔들림 없이 '진리 안에서' 행할 것을 기대하는 마음이 포함되어 있다.

설령 2절에서 장로가 가이오를 향해 '물질적 복이나 건강'을 기원하는 것이라 해도, 가이오든 누구든 '진리를 떠나게' 된다면, 장로 요한은 그것을 축복이 아니라 저주로 볼 것이 분명하다. 2절이 표현하는 가이오를 향한 기원은, 가이오가 계속해서 '진리 안에서' 행할 것을 기대하는 문맥 안에 놓여 있기 때문이다. 한편으로는 예수 믿어 천당 가고, 또 다른 편에서는 진리든 불의든 상관없이 만사형통에 건강의 축복까지 받는 것이 구원이라고 가르치는 것은, 2절에서 장로 요한이 기원한 내용과는 상관없는 변질된 복음이다.

몇 가지 근거를 확인해 보자. 먼저, 개역개정에서 '영혼'으로 번역된 '프쉬케'(ψυχή)는 인간의 '육체'와 구분되는 의미에서의 '영적이고 혼적인 영역'을 가리키는 것이 아니다. '프쉬케'는 영혼으로 대표되는 '인간 전체'를 가리키는 의미로서(Brown, 704), '생명, 삶'(life)으로도 번역할 수 있는 용어이다(Yarborough, 367; Strecker, 256-257).

본문에서 '프쉬케'는, '삼박자 구원'에서처럼 영혼은 천국 가고 그와 별도로 세상에서는 육체가 건강하고 재물의 축복을 받는다는 식의 '삼(三)박'으로 나눌 수 없는, 인간 전체를 가리키는 용어인 것이다. 말하자면 2절에서 가이오 자신이 바른길을 간다는 것은, 3-8절이 알려 주는 바처럼 그가 육체로 행하는 것이나 재정의 문제에 있어서나 진리와 사랑의 길을 올바르게 따라가고 있다는 문맥과 분리되어 이해될 수 없다.

한편 2절에서 '모든 일들에 관해서도'(페리 판톤, περὶ πάντων)의 경우, 헬라어 사본을 다르게 택하여 이를 '무엇보다'(프로 판톤, πρό πάντων)로 읽음으로써, 결국 하나님께서 '그 무엇보다 우선적으로 원하시는' 것은 당신의 육체적, 재정적 축복이라는 식의 해석도 있어 왔다. 하지만 이런 독법은 사본들의 외적 증거가 매우 취약하고, 내적으로 문맥 안에서 지지받기 어려운 임의적인 번역에 그친다(Brown, 703-704; Jobes, 291).

신약의 서신들에 나오는 인사말들은 당시 그레코로만 사회의 일상적인 편지에 나오는 인사말들과 유사하면서도 특이하게 다른 점들이 많다는 원칙을 기억해야 한다. 대표적으로, 통상적인 안부나 건강을 기원하는 인사말 대신 삼위 하나님으로부터 오는 '은혜와 긍휼과 평강'을 기원하는 표현들이다(고전 1:3; 갈 1:3; 엡 1:2; 벧전 1:2-3; 유 1:2).

유사하게, 요한삼서 1:2에서 '잘되고'(개역개정)라든지 '강건하기를' 간구하는 표현도 이처럼 세속적인 인사말을 그저 가져다가 썼다기보다는, 신약의 서신들의 인사말들처럼 새 언약 백성으로서의 교회의 정황에 맞게 사용했다고 보는 것이 일관되고 적절한 해석이다. 개역개정에서 '잘되고'로 번역된 동사인 '유오두마이'(εὐοδόομαι)는, 신약 안에서 '사업 성공하고 돈 많이 벌게 되었다'는 의미가 아니라 단순히 '길이 열려 나아감을 얻는' 등 '진보를 이루는 상태'를 가리키는 데 사용된 용례들도 고려해야 한다(롬 1:10; 고전 6:12).

2절에서 '강건하기를'(휘기아이네인, ὑγιαίνειν)이라는 기원이, 영적인 구원과 대조되는 육체적 건강의 복을 기원한 것이라고 단정하기도 어렵다. '프쉬케'가 육신을 제외한 영혼만을 가리키지 않듯이, '강건'함도 단지 육체적인 건강만을 가리키지 않는다(Parsenios, 151). 더불어, 요한삼서 안에서 가이오가 특별히 건강상 문제가 있었다는 정황을 찾을 수 없다는 사실도 중요한 판단 근거가 된다(Jobes, 290).

물론, 주로 복음서에서 이 용어는 육체의 치유와 회복을 통한 건강(마 8:13; 15:31; 눅 5:31; 7:10; 15:27)을 가리키기도 한다. 하지만 거짓 가르침이 문제가 되는 요한삼서와 같은 서신서들에서는, 믿음이나 교훈에 있어 '바르고 온전한'을 의미한다는 사실이 중요하다(딤전 1:10; 6:3; 딤후 1:13; 4:3; 딛 1:9; 2:1, 2, 8).

흥미로운 점은, 2절에서 2회나 반복되는 '바른길을 잘 가며'(유오두스따이, εὐοδοῦσθαι/ 유오두타이, εὐοδοῦταί)가, 바로 그다음 구절인 3-4절에서 마찬가지로 2회나 강조되는 '진리 안에서 걸어가는'(페리파테이스 περιπατεῖς/ 페리파툰타, περιπατοῦντα)이라는 표현과 함께, 문맥 안에서 분명히 짝을 이루고 있다는 사실이다.

헬라어 원문을 보면, 2절의 '당신의 영혼이 바른길을 잘 가는 것과 같이'에서 '것과 같이'(카또스, καθὼς)라는 표현은, 3절에 나오는 '이와 같이 당신이 진리 안에서 걸어가기 때문입니다'에서 '이와 같이'(카또스, καθὼς)에 사용된 용어와 정확히 일치한다(참조. Olsson, 6-7). 두 본문 사이에 확실한 연결이 있다는 뜻이다.

더구나 '바른길을 잘 가며'에 해당하는 동사 '유오두마이'(εὐοδόομαι)를 자세히 들여다보면, 그 안에 '길'(호도스, ὁδος)이라는 명사가 어근으로 포함되어 있음을 알 수 있다. 그러니까 2절 사용된 '유오두마이'는 원래 '길이 막힘이 없이 제대로 잘 간다'는 의미인데, 3절에서 진리 안에서 '걸어간다'(페리파테오, περιπατέω)는 말과 의도적으로 짝을 맞춘 표현이라는 것이 확연히 드러난다. 다시 말해서, 2절에서 '길이 형통하다'는 것은 '진리 안에서(!) 막힘없이 걸어간다'는 문맥상의 의미를 벗어날 수가 없는 것이다(참조. Strecker, 257). 항간에 장로 요한이 가이오에게 한 이런 '인사말'을, 마치 성경 전체가 가르치는 구원론의 가장 중요한 핵심인 것처럼 확대 해석하고, 구원에 있어서 물질적 축복과 육체의 건강을 얻는 것을 필수적인 증거처럼 요구하는 것은, 근거도 희박하고 균형도 맞지 않는 과장된 해석에 가깝다.

삼박자 축복? 예수님의 팔복!

서신의 인사말 한 구절 위에 이런 거대한 구원론의 건축물을 세우는 것은, 마치 중세 시대에 '바늘 끝에 천사가 몇 명이나 올라설 수 있느냐'는 어리석은 질문을 떠올리게 할 만큼 경솔한 태도이다.[23] 예수 그리스도의 구원에 관해서는, 신약이 선포하는 내용을 총체적으로 살펴야 한다. 예수님은 공생애 기간 동안 병을 고치시고 사람들을 기적적으로 먹이셨지만, 동시에 하나님 백성이 어떻게 물질의 시험을 이겨야 하며, 가난 가운데서도 복음을 전해야 하는지, 그리고 의에 주리고 목마른 채로 진리의 길을 가야 할 것인지를 가르치셨다.

만일 물질적 축복과 건강의 복이 구원받은 증거라면, 예수님은 십자가에서 죽거나 승천하지 마시고, 계속해서 이 땅에서 오병이어의 기적을 일으키고 병자를 고치셨어야 했다. 그러나 예수님은 십자가와 부활 사역을 마치고 승천하셨다. 물론, 장차 오는 새 하늘과 새 땅에서는 더 이상 물질적 부족이나 병으로 인한 고통이 없게 될 것이다. 그리고 예수님께서는 그 '종말의 복'을 믿는 자들이 그런 새 세상의 온전한 삶을 '맛보도록' 하셨다.

하지만 그것은 하나님 나라의 풍성함을 '미리 맛보는'(foretaste) 정도이지, 그것 자체가 반드시 있어야 하고 항상 있어야 하는 구원의 본질이나 증거는 아니다. 예수 잘 믿어도 예수님처럼 집도 없이 가난하게 살 수도 있고, 바울처럼 죽을 때까지 평생 낫지 않는 병을 달고 살 수도 있다. 물질의 복, 건강의 복 자체는 하나님의 은혜로운 선물이다. 문제는 그런 복들이 아니라, 그런 복을 '이 타락한 세상 속에서' 받는다는 데에 있음을 기억해야 한다.

그것은 마치 좋은 엔진을 가진 차가, 길 자체가 여기저기 파괴되고 끊어진 고속도로에서 전속력으로 달리는 것과 마찬가지이다. 창세 때에 하나님께서

---

23 M. Roberts, "A Hermeneutic of Charity: Response to Heather Landrus", *Journal of Pentecostal Theology* 11 (2002), 96, "해석자들은 오늘날 그 어느 누구도, 하나님께서 그의 백성의 번영을 원하신다는 뜻을 요한삼서 2절에 근거시키도록 독려해서는 안 될 것이다." 채영삼, 『공동서신의 신학』, 733 참조; 또한, J. C. Thomas는, *The Pentecostal Commentary on 1 John, 2 John, 3 John*, 22-23, 오순절 계통의 학자로서, 통상적 인사말에 불과한 이 구절에서 번영 신학의 근거를 찾는 것의 부적절함을 지적한다.

주신 '복'은 좋은 선물이지만, 그런 '복조차 복이 되지 않을 수도 있는' 세상에서 살고 있다는 것이 문제이기 때문이다. 그래서 예수님은 '생육하고 번성하라'(창 1:22)는 타락 전 창조 때의 복을 '팔복'(八福)으로 바꾸어 말씀하셨다(마 5:1-12).

이미 죄로 더러워져 죽음과 허무의 지배 아래 놓인 세상에서 살면서, 단지 '잘 먹고 풍요하게 사는 것' 자체가 진정한 복이 될 리가 없다. 그래서 예수님이 새로 해석하신 진정한 복의 상태는 뜻밖에도, 하나님과 그의 나라를 이미 가졌기 때문에 오히려 그 심령이 한없이 가난한 것이며, 모든 바른 관계가 비틀어져 버린 이 세상과 함께 춤을 추는 것이 아니라 오히려 그런 파괴된 세상의 비참을 외면하지 않고 늘 애통하는 삶이다.

예수님이 재해석한 진짜 복(福)이란, 이 세상에 준동하는 악(惡)을 만나도 공의로운 심판을 하나님께 맡기며, 차마 하나님의 뜻을 저버릴 수 없어서 온유한 자의 길을 가는 것이며, 단지 배가 부르고 세상 복 많이 받아 풍요하게 되는 것이 아니라 '의'(義) 곧 모든 바른 관계에 주리고 목말라하며 살아가는 것이다. 하나님과의 깨어진 관계, 나 자신과 이웃과의 파괴된 관계, 그리고 온 피조물 안에 파괴된 질서를 회복하기를 소원하고 애통하며 애쓰는 상태, 그것이 복 받은 상태이다.

예수님께서 말씀하신 참된 복은, 우리가 하나님께 긍휼을 입었듯이 우리도 그 넘치는 긍휼을 흘려 보내는 것이고, 모든 것이 오염된 세상 속에서 청결한 마음으로 하나님을 바라보는 것이며, 전쟁과 다툼의 참혹 속에서도 오직 화평케 하는 하나님의 자녀의 길을 가는 것이다. 이것이 진짜 복이다.

생육하고 번성해서 더욱더 죄를 지으며 힘을 합쳐 바벨탑처럼 높이 쌓아 하나님을 대적하면, 그것이 누구에게 복이 되겠는가? 물질의 복, 건강의 복을 너무 많이 받아 죄의 유혹에 무너지고, 그 많은 세상 복을 놓고 가기 싫어서 온갖 추한 일을 벌이며 하나님의 이름을 땅에 떨어뜨리고 짓밟았던 것이 옛 언약 백성 이스라엘의 역사가 아니었던가? 오늘날도 그렇게 복 받고 그렇게 망하는 길을 가는 그리스도인들, 목회자들은 또 얼마나 많은가.

한때 '긍정 신학'을 설교하고 '내가 잘되는 복음'을 세상 온 교회에 퍼뜨리던 로버트 슐러(1926-2015)는, 자신이 설립한 교회를 자녀에게 물려주고 파산하여 그 수정같이 빛나던 예배당조차 매각당하여 결국 망하고 말았다. 아무리 '긍정'을 외쳐도 스스로 망하는 것을 막지 못했던 것이다. 복음은 '그저 긍정적인 생각과 말로 살아가라'는 자기 최면술이 아니다.

복음은 명확히 실재하는 죄에 대하여, 의에 대하여, 심판에 대하여 증거하시는 성령의 증거를 믿는 것이다(요 16:8-11). 이미 오셔서 죄와 죽음을 이기시고 승리하신 예수 그리스도와 그가 가져오실 그의 나라, 곧 하나님의 최종적인 심판과 구원 그리고 온 세상의 재창조에 관한 것이다(벧전 1:3-4; 벧후 3:8-13; 계 21:1-7).

복음을 축소하지 말라. 복음을 왜곡하지 말라. 복음을 축소하고 왜곡하면, 그렇게 축소되고 왜곡된 복음을 따라 교회도 축소되고 왜곡된다. 왜냐하면 교회란 자신이 알고 또 누리고 있는 복음의 크기와 영광만큼만 살게 되어 있기 때문이다. 우리가 알고 있는 예수 그리스도의 크기와 영광이 곧 우리의 신앙과 인생의 크기와 영광을 결정한다.

세상에서 밥 굶지 않고 아프지 않고 남부럽지 않게 생존하는 일은 절박하고 중요하다. 그것은 이 땅에서 생명을 가진 인간의 필연적이고도 절박한 욕망이다. 물질의 복, 건강의 복을 원하는 것은, 가난하고 절박한 상황에서는 누구에게나 당연한 소망이다. 하지만 어떤 경우에는, 더 많이 갖고 더 많이 누리기 위해서 추구하는 탐욕에서 나온 소망이 될 수도 있다. 어느 경우에나, 요한삼서 1:2의 간단한 인사말을 근거로 '물질적 풍요가 구원의 필연적인 본질'이라고 주장하는 것은 본문의 의미로나 그 해석의 역사로 보나 빗나간 해석이다.

요한삼서 전체의 문맥도, 하나님께서 가이오의 구원에 '물질적 번영과 성공이 본질적'인 것처럼 말씀하셨다는 주장과는 상반되는 상황을 가리키고 있다. 요한삼서가 제기하는 가장 큰 문제는, 9-10절에 언급되는 디오드레베로 말미암은 수신자 교회의 상황이다. 그것은 '으뜸 되기를 좋아하는' 디오드레베가 그 지역을 방문한 순회 전도자들을 영접하지 않을 뿐 아니라, 그들을 사랑으로 선대하고 섬기는 성도들마저 교회에서 내쫓는 악행에 관한 것이다.

디오드레베가 정확히 어떤 인물이었는지는 알 수 없지만, '으뜸 되기를 좋아하는' 자였다는 사실로부터 그는 상당한 지위와 권한을 행사할 수 있는 위치에 있었다고 짐작할 수 있다. 반면에 장로 요한이 칭찬하는 가이오의 특징은, 그가 예수 잘 믿어 물질의 복, 건강의 복을 많이 받아 모든 사람들 앞에서 떳떳하고 위세 있는 그리스도인이 되었다는 것에 있지 않다. 그렇게 '성공한' 인물로 치자면, 서신 안에서는 오히려 디오드레베가 '예수 잘 믿고 복 받은 인물'에 해당될 것이다.

하지만, 장로가 서신에서 내내 칭찬하고 또 계속해서 그렇게 되기를 원하는 가이오의 모습은, 진리의 복음에 따라 사랑의 수고를 아끼지 않는 그의 삶의 행적인 것이다. 가이오가 행하고 있는 진리와 사랑의 삶을 훼방하는 디오드레베의 경우가 예시하듯이, 장로가 기원한 축복을 진리와 사랑의 길과 상관없는 '번영이나 권세 그 자체를 구원의 내용'으로 삼는 것은 빗나간 해석이다. 결론적으로, 장로가 한 축복의 인사는 가이오가 잘 행하고 있던 '진리와 사랑 안에서 더욱 강건하게 정진'하기를 기대하는 뜻으로 이해할 때 본문과 문맥에 가장 적합한 해석이 된다.

신약의 '8중(八重) 복음'

교단마다 '복음'의 핵심을 정리한 내용들이 조금씩 다르다. 예컨대 성결교단은 '중생, 성결, 신유, 재림'의 4중 복음을 가르치고, 순복음교단은 '중생, 성령 충만, 축복, 신유, 재림'의 5중 복음을 가르친다. 장로교는 칭의를 중심에 둔 '구원의 서정'(*ordo salutis*) 곧, '예정, 소명, 중생, 믿음, 칭의, 회개, 양자 됨, 성화, 견인, 영화'를 강조한다.

이렇듯 교단마다 '구원이란 무엇인가'에 대하여 조금씩 다른 항목들을 제시하지만, 전체적으로 그것이 '개인의'(individual) 구원이라는 큰 틀에서 정리된 구원 개념이라는 점에서는 크게 다르지 않다. 이는 개신교 교단들이 모두 16세기 종교개혁에 그 뿌리를 두고 있기 때문일 것이다. 당시는 중세 교회라는 거대한 세계가 무너지고 인문학이 발흥하면서, 하나님과 그의 피조 세계로서의 세상은 잘려 나가고, '인간'과 '개인'이 새롭게 발견되기 시작했던 시대였다. 이런 시대적 배경 속에서, 종교개혁은 자연스럽게 '한 개인이 하나님의 은혜로 어떻게 구원을 얻게 되는가'의 관점에서 복음을 정리하게 된 것이다.

하지만 신약성경을 읽어 보면, 복음이란 단지 '개인의 차원에만' 국한되어 있지 않다는 사실이 너무도 명확하게 드러난다. 예수님께서 선포하신 복음은 '하나님의 나라(kingdom of God)가 가까이 왔다'는 소식으로 시작되었다. 그 '하나님의 나라'는 물론 그 나라를 소유하고 누리는 '백성'을 포함하지만, 그 나라를 통치하는 '통치자'와 다스림의 근간이 되는 '그 나라의 법' 그리고 궁극적으로는 그 나라의 '영토'까지를 포함하는 큰 개념이다.

신약성경이 선포하는 기쁜 소식, 곧 복음은, '내가 거듭나고 성령 충만하여 축복받고 병 낫고, 부활 생명을 얻는 것'을 포함하지만, 이 세상 자체가 죄와 죽음과 하나님 없는 허무를 벗어나며, 의(義)가 거하는바 '새 하늘과 새 땅'으로 변화하는 그때에 절정에 이른다. 신약성경이 선포하는 복음이란, 바로 이런 하나님과 그리스도의 나라가 이 땅에 성취되기 시작했다는 사실과 그 나라가 온전히 성취될 것이라는 약속에 관한 것이다.

'하나님 나라에 관한 약속'은 신약성경이 갑자기 만들어 낸 것이 아니다. 구약성경에서부터 하나님께서 오랫동안 여러 모양과 여러 방식으로 알려 주신 옛 언약들과 그 옛 언약들의 총체인 '새 언약'(new covenant)이 성취된 결과인 것이다. 새 언약이란 무엇을 가리키는가? 흔히 '새 언약'이라 하면, 복음서의 끝부분에 나와 있는 예수님의 마지막 만찬 장면에서 예수님께서 떡과 포도주를 제자들에게 나누어 주며, '이것은 너희를 위하여 주는 내 피요 살이니, 곧 너희와 세울 새 언약이라'는 말씀을 떠올린다.

그래서 종종 새 언약은 '죄 사함'만을 가리키는 것처럼 오해되기도 한다. 하지만 신약성경이 선포하는 새 언약의 내용은, 구약에서 대표적으로 예레미야 31장과 에스겔 36장에 자세히 기록되어 있다. 그 내용은 무엇인가? 크게 여덟 가지로 나누어 정리해 볼 수 있다. 첫째, 영원한 속죄, 둘째, 마음에 기록된 말씀, 셋째, 성령의 내주(內住), 넷째, 거듭난 심령의 새롭게 된 양심, 즉 새 마음, 다섯째, 말씀에 순종하는 새 백성, 여섯째, 열방의 회복, 일곱째, 하나님의 이름과 영광, 여덟째, 새 하늘과 새 땅이다.

이것을 신약성경이 선포하는 '새 언약의 8중 복음'이라 부르고 싶다. 교회가 복음을 이렇게 새 언약을 따라 이해한다면, 16세기의 인문학적 개인주의를 배경으로 정리된 한 성도 개인의 '구원의 서정'이라는 좁은 틀에서 벗어나, 성경 자체가 선포하는 하나님 나라의 복음의 큰 틀 안에서 자신의 구원을 이해할 수 있는 의미 있는 계기가 될 것이다.

구원이란 개인의 죄 사함이나 거듭남, 성령의 내주와 충만, 축복이나 신유와 같은 복들을 포함하지만, 그보다 더 큰 그림 안에 놓여 있는 '우주적이고 총체적인 갱신'(regeneration)에 관한 약속이다. 새 언약을 따른 구원이란, 하나님께서 '영원한 속죄'를 통해 우리 안에 자신의 '생명의 말씀을 심으신 것'이며, 그 안에 '성령이 내주하게' 하셔서, 드디어 '말씀을 순종하는 새 백성'을 창조하셨다는 사실에 있다. 그렇게 탄생한 새 언약 백성을 통해 드디어 '열방이 하나님께로 돌아오고', 마침내 온 땅에서 '하나님의 이름이 거룩히 여김'을 받아, 결국 이 세상이 '새 하늘과 새 땅'으로 새롭게 변화되는 그날이 이미 왔고, 지금도 오고 있고, 반드시 올 것이라는 기쁜 소식이다.

그리하여 이 비참한 역사와 죄와 사망에 갇혀 애통하기 짝이 없는 이 세상이 온전히 변하여, 끝내 모든 바른 관계가 회복되는 '의가 거하는바' 새 하늘과 새 땅이 되는 데에 있다. 곧 '썩지 않고, 더럽지 않고 쇠하지 않는 나라'가 되는 그 살아 있는 소망에 있는 것이다. 그때에 우리는 그 흔들리지 않는 영원한 나라에서, 하나님께로 돌아오는 열방과 허무에서 해방된 모든 피조물과 더불어, 우리의 살아 계신 삼위 하나님을 영원토록 찬송하게 될 것이다. 이것이 총체적인 구원이고, 이것이 교회가 선포해야 할 온전한 복음이다.

2. 사랑으로 행하는 자(5-8절)

교회가 살아 있고 성장하고 있다는 명확한 증거는 무엇인가? 그것은 단지 사람들이 많이 모이고 예배당 건물이 세워진다는 것만을 의미하지는 않을 것이다. 교인들의 수평 이동으로 한때 '부흥'(?)하는 것처럼 보였다가, 수년 후에 모래알 흩어지듯 흩어지는 교회들도 있다. 교회가 하나님의 사랑 안에서 진정으로 살아 있는 공동체라는 증거는, 전체 교인의 숫자보다 그 교회를 통해 복음을 듣고 세례를 받아 중생한 그리스도인으로 태어나는 새신자의 증가에서 더 분명하게 찾아질 수 있을 것이다. 자신들 안에 예수 그리스도의 생명이 살아 있다면, 그런 교회는 반드시 또 다른 영적 생명을 출산할 것이기 때문이다.

교회가 영적 생명을 잃은 채 자신의 규모만 유지하려 할 때, 복음 전도의 열정을 잃게 되고 선교사를 지원하며 돌보는 일에 소홀하게 된다. 종종 듣게 되는 불행한 이야기지만, 국내의 경제 사정이 어려워지면 가장 먼저 축소하거나 폐지하는 것이 선교사를 위한 지원이라는 말이 있다. 평생 낯선 타국에서 선교로 헌신하고 돌아오는 선교사들이, 고국에 정착하여 여생을 안전하고 보람 있게 살 수 있도록 돌보는 제도 역시 찾아보기 어려운 현실이다.

교회가 살아 있다는 것은, 영적 생명을 낳는 전도와 선교의 일에 진심과 열정으로 나선다는 것이며, 그런 일에 헌신하는 선교사들이나 사역자들을 돌보는 헌신에서 그 진실한 증거를 발견할 수 있다. 요한삼서 1:5-8은, 이러한 뼈아픈 현실을 돌아보며 읽을 때 가장 생생하게 와닿을 수 있는 말씀이다. 본문은, 교회의 본질과 선교 사역이 어떻게 하나님의 사랑과 연결되며, '진리 안에서 행한다'는 것이 어떻게 진실한 선교 사역과 연결되는지 명확히 보여 주기 때문이다. 이런 관심사를 마음에 품고 말씀을 살펴보자.

5 사랑하는 자여, 당신은 어느 때나 그 형제들에게 그리고 이러한 낯선 이들에게 신실하
게 행하고 있습니다. 6 그들이 증거하기를 당신이 교회 앞에서 사랑으로 행한다고 하니,
당신이 그들을 선하게 환송하는 것은 하나님 앞에서 합당한 일입니다. 7 왜냐하면 저들
이 그의 이름을 위하여 나아가서 이방인들로부터 아무것도 받지 않기 때문입니다. 8 그
러므로 우리는 이와 같은 자들을 후원하는 것이 마땅하며, 이로써 우리가 진리 안에서
함께 수고하는 자가 될 것이기 때문입니다.

본문 바로 앞에 놓인 4절은, 수신자 교회의 성도들이 '진리 안에서 걸어간다'는 것을 듣고 기뻐하는 내용이었다. '진리 안에서'라든지 진리로 행한다는 개념은, 앞 문단에서 모두 4회나 반복될 만큼 핵심적인 주제였다. 그렇다면 도대체 '진리 안에서 행한다'는 것은 무엇을 가리키는가? 예수 믿는다는 신앙고백을 의미하는가? 전 교인이 교리 공부를 하는 것을 의미하는가? 이단 세미나에 참석하여 거짓 가르침을 분별하는 교육을 받는 것을 의미하는가?

'진리이신 아들'을 전함

결론부터 말하자면, 본문이 말하는 '진리 안에서 행한다'는 것은 예수 그리스도에 관한 바른 복음을 전하는 것이며, 특히 그 복음을 전하는 전도자, 선교사들을 돕는 구체적인 사역을 가리킨다. '진리'라는 말도 폭넓은 개념이고, '진리를 행한다'는 것도 다양하게 이해될 수 있음은 물론이다. 하지만 장로 요한은 별다른 설명 없이, 곧바로 '진리 안에서 행한다'(4절)는 것과 '예수 그리스도의 복음을 전하는 것'(5-8절)을 일치시킨다. 구체적으로 8절은 명확하게, 선교 사역을 돕는 것이 '진리 안에서 함께 수고하는 자가 되는'(순에르고이 기노메따 테 알레떼이아, συνεργοὶ γινώμεθα τῇ ἀληθείᾳ) 일이라고 밝힌다.

요한서신에서 '진리'란, '육체로 세상에 오신 예수 그리스도'를 그 핵심 내

용으로 한다. 이런 경우 '진리'는 거의 '예수 그리스도'와 동의어이다. '거짓의 아비' 마귀가 적극적으로 부인하고자 하는 것도 바로 '예수 그리스도께서 육체로 오셨다'는 사실이며(요일 2:22; 4:1), 그래서 '진리'란 세상에 오신 예수 그리스도를 시인하는 것과 직결되어 있는 것도 같은 맥락이다(요일 1:6; 2:3-4; 4:2; 요이 1:4, 7).

요한서신에서 '진리'는 육체로 세상에 오신 그 아들 예수 그리스도를 지칭하는 것과 짝을 이루며, '사랑'은 그 아들을 세상에 보내신 하나님 아버지를 가리키는 동의어처럼 사용된다(요일 4:7-16). 요한에게 있어서, 진리는 기독론(christology)을 대표하고 사랑은 신론(theology)을 대표하는 셈이다. 아버지 하나님이 그 아들을 세상에 보내신 것은 '사랑' 때문이고, 그렇게 육체로, 진짜로 세상에 들어오신 하나님의 아들은 '진리'로 나타난다. 왜냐하면 그가 육체로 오신 그 세상이 '악한 자 아래 놓여 있기' 때문이고, 그 악한 자는 '거짓의 아비 마귀'이기 때문이다(요일 5:19; 또한 4:1-2를 보라).

악한 자 아래 놓여 있는 이 세상의 가장 큰 특징은 거짓과 증오, 범죄와 살인이다(요일 3:8; 요 8:44). 대조적으로, 그런 세상에 육체로 오신 그 아들은 '진리'가 되시고, 그 아들을 아낌없이 내주신 아버지는 이 세상에 진리를 가져오신 그 아들과 함께 '사랑'을 나타내신 것으로 나타난다. 진리이신 아들은 '의로우시며' 또한 '영원한 생명'인데, 이는 그 아버지께서 우리를 살리려 그 죄 없으신 아들을 속죄 제물로 내주셨기 때문이다(요일 1:1-2; 2:1, 29; 4:9-10).

이처럼 요한이 말하는 '진리'나 '사랑'은 모두 '악한 자 아래 놓여 있는 이 세상'을 배경으로 하고 있다. 그래서 위의 요한삼서 1:6에서 '사랑으로'(테 아가페, τῇ ἀγάπῃ) 행한다'는 것은 곧 그 아들을 세상에 보내신 하나님의 사랑에 합당하게 행한다는 선교적 의미를 짙게 포함하고 있다. '선교'(mission)란 이런 의미에서 교회가 주도하는 것이 아니라, 자기 아들을 세상에 보내신 하나님 자신이 주도하시는 '하나님의 선교'(*Missio Dei*)이며, 특히 그 아들을 보내신

아버지의 사랑이 그 출발점이요 동기요 추진력이 된다.[24]

교회가 행하는 선교란, 사실 교회가 주체가 아니다. 먼저 그 아들을 우리에게 그리고 세상에 보내신 하나님이 주체이시다. 그분은 지금도 '교회를 통해' 그 아들을 세상에 보내고 계신다. 그렇게 보내어지는 그 아들의 복음이야말로, 거짓을 특징으로 하는 세상에서 가장 밝게 타오르는 진리이다. 그 아들의 복음을 들고 세상 속으로, 열방 속으로 들어가는 전도자, 선교사의 걸음보다 더 명확한 하나님의 사랑의 증거는 없다.

하나님이 세상을 이처럼 사랑하사, 단지 빵을 주시거나 병자만을 고치신 것이 아니다. 하나님께서 나타내 보이신 사랑은, 그 아들을 보내심에서 가장 명확하고 최고의 절정에 이른다. 그 아들은 이 거짓된 세상에 진리로 오셨으며, 이 죄와 죽음의 땅에서 하나님의 의(義)와 영원한 생명이 되셨고, 이 '눈먼 증오'의 세상에서 하나님의 '눈먼 사랑' 곧 은혜의 증거로 나타났다. 교회가 이 세상을 가장 뜨겁게 사랑하는 방식은, 그 무엇보다 그 아들 예수 그리스도를 주는 것이다. 여기에 선교가 세상을 향한 교회의 참된 사랑의 증거인 이유가 있다. 하나님의 사랑에 붙들린 교회는, 이 세상에, 열방을 향해, 오직 진리와 의와 생명이 되신 그 아들 예수 그리스도를 전하는 일에 모든 것을 바친다.

그럴 수밖에 없다. 아버지 하나님의 사랑이 있는 곳에, 그 아들의 진리에 대한 열정이 타오르기 때문이다. 그 아들의 진리에 대한 열정이 있는 곳에는 반드시 그 아들을 세상에 보내신 아버지 하나님의 사랑이 부어진다. 그 아들

---

24 이런 점에서, 2010년 10월 케이프타운에서 열린 세계 복음화를 위한 제3차 로잔 대회의의 결과로 만들어진 〈케이프타운 서약〉은 요한이 강조하는 '하나님의 사랑'에서 출발하는 '하나님의 선교'에 기초한 시의적절한 선언문이라 할 수 있다. 케이프타운의 신앙고백은 "우리는 하나님이 우리를 먼저 사랑하셨기에 하나님을 사랑한다"로 시작한다. 다만 이 서약이, 요한이 마찬가지로 강조하는 '이 세상이 거짓과 죄와 사망과 증오를 특징으로 하는 악한 자 아래 놓여 있다'는 사실과 '예수 그리스도가 유일한 진리'라는 이해를 충분히 반영했는지는 돌아보아야 할 대목이다.

을 증거하시는 분도 성령 하나님이시요, 하는 자의 심령과 듣는 자의 심령에 부어지는 선물도, 하나님의 영 곧 성령이시기 때문이다. 성령은 아들의 진리와 아버지의 사랑을 알게 하시는 코이노니아의 영이시다.

선교란, 삼위 하나님께서 주체가 되시고 교회를 통하여 행하시는 사역이다. 아버지의 사랑이 그 아들을 보내시고, 성령께서 그 아버지와 아들을 증거하시되, '그 아들과 아버지와 함께하는' 코이노니아 안에 거하는 교회를 통해 하신다. 교회가 삼위 하나님과의 교제, 그 영원한 생명의 코이노니아에 참여하는 것, 그것 자체가 교회의 선교의 시작이다. 이런 점에서 하나님께서 세상에 보내신 그 아들을 받은 교회는, 그 자체가 '하나님의 선교'이다. '교회가 선교하는 것이 아니라, 교회가 선교'인 것이다.

교회는 거짓과 죄와 증오와 사망을 그 지배의 특징으로 하는 악한 자 아래 놓인 세상 한복판에서, 그 아들의 진리와 의와 생명을 받아 아버지의 사랑 안에 거하는 성령의 코이노니아로 존재하기 때문이다. 세상 속의 '교회가 그 자체로 선교'인 이유가 여기에 있다. 삼위 하나님과의 코이노니아 안에 거하는 교회는, 아버지의 사랑의 강력한 추진력으로 그 아들을 세상에 증거하며 전하는 일에 헌신하게 된다. 그 아들이, 그 아들만이 교회가 세상에게 줄 수 있는 최고의 선물이기 때문이다.

'하나님의 사랑'에 이끌림

요한삼서 1:5-8은 크게 두 가지 사실을 알려 준다. 첫째, 진리 안에서 행한다는 것은, 그 아들 예수 그리스도의 복음을 전하는 사역에 헌신한다는 것이다. 둘째, 그 진리를 전하되 '사랑 안에서' 해야 한다는 것의 중요성이다. 이는 성도가 항상 참된 것, 진리를 말하고 행하되, 사랑 안에서 해야 한다는 원리와 일치한다(엡 4:15-16). 5-8절 단락은 '사랑'에서 시작해서 '진리'로 끝난다.

그 아들을 세상에 보내신 아버지 하나님의 사랑에 합당하게 행하는 것이, 곧 진리 안에서 행하는 것이다. 이것이 핵심 주제이다.

5절에서 장로 요한은 '사랑하는 자여'(아가페테, ἀγαπητϵ)라 부르며, 가이오가 예수 그리스도를 믿음으로 하나님의 사랑을 받은 자이고, 그 사랑 안에서 사랑을 나누는 복된 은혜를 입은 자임을 상기시킨다. 신약의 서신에서 종종 '사랑하는 자여'라고 부르는 것은 그저 감정적인 표현이 아니다. '하나님의 사랑을 받은 자여, 우리가 서로 사랑하자'는 식으로, 하나님의 언약적인 사랑을 받은 택함받은 백성의 은혜 입은 상태를 생각나게 하는 표현이다.

하나님의 사랑을 입은 가이오는, 하나님의 값없는 사랑을 자신을 통해 흘려 보낼 특권과 사명을 부여받는다. 사랑을 입은 사람이 그 사랑을 흘려 보내는 것은 자연스럽고 마땅하다. 사랑은 원래 코이노니아를 가능하게 하며, 나눔을 본질로 하기 때문이다. 스스로 나누지 않는 사랑은, 사랑이 되지 못한다. 5절에서 가이오가 '신실하게 행하고'(피스톤 포이에이스, πιστὸν ποιϵῖς) 있다는 것은, 그 아들을 아낌없이 내주신 하나님의 사랑을 따라, 자신도 그 사랑을 값없이 흘려 보내고 있다는 사실을 의미한다.

어떤 성도가 '신실한' 성도인가? 각 시대마다 그리고 각 교회마다 특정한 경건의 기준을 강조하기에 따라 그 평가가 달라질 수 있다. 요한삼서가 강조하는 '신실함'의 기준은, 성도가 자신이 받은 하나님의 사랑이 '계속해서 세상으로 흘러가게 하느냐'에 달려 있다. 예수 믿고 복 받았는데, 그를 통해 하나님의 사랑이 흘러가지 못했다면, 그는 '신실하지 못한 자'가 될 것이다. 무엇보다, 장로 요한은 이 사랑의 특징이 '값없는 은혜'라는 사실을 강조한다. 하나님의 사랑을 받은 자가 그 사랑으로 믿음의 형제자매를 사랑하는 것은 마땅한 일이다(요일 3:16; 4:11; 5:1-2). 하지만 그 사랑을 '낯선 이들'에게까지 흘려 보내는 것은, 쉬운 일이 아니다. 그것은 그 사랑의 특징인 '값없는 은혜'를 더욱 선명하게 드러내는 길이 된다.

5절에서 '낯선 이들'(제누스, ξένους)은 원래 그 지역의 '외국인'에 해당한다. 그 지역 사람들이 아니며, 그들에게 알려지지 않은 사람들이다(Louw & Nida, 11.73). 고대 근동에서 낯선 이들, 나그네들, 외국인들은 경계의 대상이었다. 특히 외국인은 그 지역의 노예들보다 더 낮은 지위에 있었고 차별과 배제의 표적이었다. 소돔과 고모라 주민들이, 낯선 자들로서 그 도시를 방문했던 주의 사자들을 어떻게 대했는지 상기해 보면 고대에 지역적 배타성이 얼마나 심했는지를 가늠할 수 있다(창 19:1-11).

외부의 침입이 잦고 치안이 불안정한 고대 사회의 상황에서, 타지에서 건너온 여행자나 외국인을 대접하며 집에 묵게 하는 일은 쉬운 일이 아니었다. 하지만 구약이나 신약 모두, 하나님의 백성은 나그네들, 여행자들, 외국인들을 환대하고 그들을 대접할 것을 장려한다. 온 땅은 하나님의 것이다. 하나님께서 주인 되신 모든 땅에서 국가나 민족의 경계는 최종적인 단절을 의미하지 않는다. 기독교의 선교사는 본래 온 땅의 주인이신 하나님의 주권적인 은혜와 진리의 통치를 선포하며, 모든 열방과 민족의 경계를 넘어 복음을 전하는 것을 두려워하지 않는다(마 28:18-20; 행 1:6-8). 모든 나라와 민족은 결국 그리스도와 그의 아버지 하나님의 나라로 통일되고 회복될 것이다(계 7:9-11; 11:15).

은혜의 복음, 은혜의 방식

6절에 보면, 가이오가 행한 사랑은 명확히, 그 지역을 방문한 낯선 자들이요 외국인에 해당하는 '순회 전도자들'을 정성껏 환대하고 또 잘 대접하여 환송한 일로 규정된다.[25] 장로 요한은, 구체적으로 가이오가 선교사들을 섬긴

25 마태복음 25:31-46에 나오는 '내 형제 중에 지극히 작은 자'는 일차적으로 당시 대체로 가난하고 헐벗고, 낯선 자요 외국인 취급을 받았던 순회 전도자들을 가리킨다. 참조. 채영삼, 『긍휼의 목자 예수: 마

행동을 두고 '사랑으로 행한 것'이라 표현하며 칭찬한다. 하나님께서 그 아들을 세상에 보내신 것이, 세상을 '이처럼 사랑하신' 때문인 것처럼(요 3:16), 그 아들의 복음을 이방인들에게 전하러 온 순회 전도자들을 환대하고 환송하는 것 또한, 그 아들을 세상에 보내신 아버지의 사랑의 강력한 물결에 자신을 내어던지는 사랑과 신실한 믿음 때문이라고 보는 것이다.

하나님의 사랑은 하나님에게서 시작해서, 그 아들을 통해, 교회로 전달된다. 그리고 교회는 그 사랑의 강물의 통로가 되어 그 사랑을 믿음의 형제자매들뿐 아니라 메말라 죽어 가는 온 땅에, 온 세상에 흘려 보내는 것이다. 그때에야 비로소 하나님에게서 시작한 사랑은, 그 사랑이 원래 의도한 목적지에 도달하는 그 '온전함'에 이른다(요일 2:5; 4:11-12). 하나님의 사랑이 '온전케 되는' 데에는, 하나님의 강력한 주권적 은혜를 입은 교회의 전적인 사랑과 헌신이 필요한 것이다.

가이오는 하나님의 사랑을 '온전케' 하는 사랑의 행위에 뛰어난 헌신된 그리스도인이었다. 그는 하나님 아버지에게서 시작한 이 거룩하고 뜨거운 사랑이, 자신을 통해 그 지역으로 흘러가는 일을 결코 막지 않았다. 도리어, 적극적으로 하나님의 사랑 안에 자신을 던져 넣었고, 그 '값없는 은혜'의 사랑이 인도하는 자리에까지 함께 흘러간 것이다.

이것이 첫사랑을 잊지 않은 교회의 모습이다(계 2:4). 교회가 '하나님 안에 거한다'는 것은, 스스로 결정한 방향과 목적지를 고집하는 것이 아니라, 하나님의 사랑이 흘러가는 대로 자신도 그렇게 따라 흘러가도록 하는 것이다(요일 4:16). 그 끝이 갈보리요 골고다처럼 보여도, 그렇게 하는 것이다. 골고다의 십자가와 빈 무덤을 지나 하늘에 있는 하나님의 보좌 우편에까지 이르신 그리스도의 확실한 증거를 따라(벧전 3:18-22; 계 7:9-17), 얼마든지 그렇게 하나님의

태복음의 이해』, 421-425.

사랑에 이끌려 가는 교회가 되기로 하는 것이다.

6절 끝에 나오는 하나님 앞에서 '합당한(악씨오스, ἀξίως) 일'이라는 표현도 같은 맥락이다. 하나님의 값없는 은혜의 사랑을 받은 자가, 그 사랑을 값없는 은혜로 베풀고 흘려 보내는 것이 당연하고 '마땅히 그래야' 하기 때문이다. 7절은 정확히, 값없는 은혜의 사랑을 값없이 흘려 보낸다는 것이 어떻게 하는 것인지를 구체적으로 보여 준다. 그것은, 교회 안에서도 가난하고 헐벗은 자들이요 선교지에서는 낯선 자와 외국인으로 취급받았던 순회 전도자들이(마 25:31-46), 사역을 위해 물질적 도움이 절실했음에도 불구하고, 하나님의 이름과 영광을 가리지 않도록 이방인들로부터 아무것도 받지 않기로 했다는 사실에서 잘 드러난다.

이들은, 예수님께서 그의 제자들을 '이스라엘의 잃어버린 양들'에게 파송하셨을 때, '전대에 금이나 은이나 동을 가지지 말고, 여행을 위하여 배낭이나 두 벌 옷이나 신이나 지팡이를 가지지 말라'고 하신 선교 방침을 그대로 따랐던 것인지도 모른다(마 10:6-10). 분명한 것은, 순회 전도자들이 선교 지역에서 자신들을 환대하는 자들을 통해 먹고 자는 최소한의 필요는 채울지언정, 그 어떤 부가적인 재정적 유익을 따로 취하지 않았다는 것이다.

복음을 전하는 '메신저'(messenger)는 그가 전하는 '메시지'(message)와 부합해야 한다. 하나님께서 세상을 이처럼 사랑하심으로 말미암아 기꺼이 내주신 그 아들의 복음, 그 은혜의 복음을 전하는 자는 어느 때고 그가 전하는 그 은혜의 복음을 스스로 살아 내고 있는 자이어야 하며, 그 복음에 걸림돌이 되지 말아야 하는 것이다. 사도 바울도 남에게 복음을 전파한 후에 자신이 도리어 버림을 당할까 두려워 자신의 몸을 쳐 복종시키는 일에 힘썼다(고전 9:27). 주님은 자신이 전하는 말씀을 스스로 체현(體現)하시는 삶을 사셨다. 요한은 복음서에서 주님을 묘사하면서 '말씀이 육신이 되셨다'고 증언할 정도였다(요 1:14).

예수님의 설교는 곧 그분의 삶이었고, 그분의 삶은 행동으로 펼쳐진 설교였다. 그분은 자신이 행하지 않는 것을 제자들에게 가르치지도 요구하지도 않으셨다. 먼저 행하시면서 가르치셨다. 원수를 사랑하라고 가르치시고, 십자가에서 그렇게 하셨다. 무엇을 먹을까 무엇을 마실까 염려하지 말라고 하시고는, 남몰래 재물을 축적하지 않으셨다. 기도하라고 가르치시고는, 새벽 미명에 물러나 한적한 곳에서 기도하곤 하셨다. 거저 받은 복음을 거저 주라고 말씀하시고, 죄도 없으신 본인 자신을 우리를 위하여 거저 내주셨다.

예수 그리스도의 복음을 받은 자는, 그 은혜의 복음을 거저 주어야 한다. 물론 현실적으로, 전하는 자들도 먹을 것과 입을 것이 필요하다. 주님은 밭을 가는 소가 밭에 있는 풀을 뜯어 먹거나 거기 떨어진 곡식 낟알을 주워 먹는 것을 막지 말라고 하셨다(고전 9:9; 딤전 5:18; 신 25:4). 복음 사역자들에게도 그런 권리가 허락된다. 다만, 복음 전하는 일을 부(富)를 축적하는 목적으로 삼거나 자신의 탐욕을 채우기 위해 한다면, 그런 사역자는 결국에는 자신이 전하는 복음을 스스로 부인하는 자가 되고 말 것이다. 복음 전하는 자는 복음대로 살도록 힘써야 하고, 그 복음의 길에 걸림이 되지 않도록 주의하고 애써야만 한다.

'하나님의 이름'이 여기에 달려 있기 때문이다. 7절에서 '그의 이름'(투 오노마토스, τοῦ ὀνόματος) 곧 '하나님의 이름'이나 '이방인들'(톤 에쓰니콘, τῶν ἐθνικῶν)에 대한 언급은, 새 언약의 성취를 생각나게 한다. 새 언약의 핵심적인 내용 가운데, 새 언약 백성이 말씀을 순종함으로 말미암아 이방인들이 하나님께로 돌아오고, 하나님의 이름이 온 땅에서 거룩히 여김을 받는 것이 포함되어 있기 때문이다(렘 31:31-36; 겔 36:22-32; 참조. 『코이노니아와 코스모스: 요한일서의 이해』, 340). 새 언약의 복음을 전하는 자는, 이방인들 가운데서 하나님의 이름이 어떤 평판을 얻게 되는지에 주의해야 한다. '하나님의 이름'은 선교에 있어서 매우 중요한 주제이다(겔 36:16-23; 마 28:19; 롬 1:5). 열방들, 나라들, 민족들이 하나님의 크고 거룩하신 이름을 부르도록 하는 것이, 이 땅에 있는 하나님의 백성의 특권이요 책무이다(마 5:13-16).

교회가 자신의 행위로 복음을 왜곡하거나 축소하거나 더럽히면, 교회가 짊어지고 있는 하나님의 이름이 더럽혀진다. 그러면 누가 하나님의 이름을 부르며, 하나님의 이름을 불러 구원을 얻을 수 있겠는가?(행 2:21; 롬 10:13) 교회가 자신의 악행으로 이방인들 가운데서 그 복음을 욕되게 하면, 진리의 길이 막히는 것은 불을 보듯 뻔한 일이다(벧후 2:1-2).

교회는 세상 속에서, 하나님을 알지 못하는 세상 사람들 속에서 '선한 행실'에 힘씀으로써 하나님의 이름이 저들 가운데서 크고 영광스럽고 거룩히 여김을 받게 해야 한다(벧전 2:11-17). 주께서 제자들에게 주신 주기도문의 첫 번째 내용인, '하늘에 계신 우리 아버지여, 이름이 거룩히 여김을 받으시오며'(마 6:9)라는 간구는, 그래서 새 언약의 성취를 위한 기도이다. 예배 때마다 이런 기도를 드리는 그리스도인이라면, 이방인들 가운데서 하나님의 이름이 멸시당하지 않도록, 거룩히 여김을 받도록, 복음에 합당한 삶을 살기를 힘써야 한다.

거짓 교사들과 '진리의 동역자'

가이오가 순회 전도자들과 함께 바로 이 일에 진심으로 힘썼던 그리스도인이다. 하나님께서 아낌없이 내주신 그 아들을 이방인들에게 전하면서, 그들로부터 아무것도 받지 않았다. 아마도 기본적인 숙식도 제공받지 않으려 했던 것 같다. 당시 로마의 견유학파(cynicism)의 철학자들은 여기저기 떠돌아다니며 가르침을 베풀고 편의를 제공받기도 했는데, 그들 가운데 어떤 자들은 가르침을 빌미로 사람들에게 재정적 손해를 입히기도 했을 것이다.

이방인들의 눈으로 보면, 초기 교회의 순회 전도자들도 이런 떠돌이 철학자들과 다른 처지가 아니다. 실제로 초기 교회의 순회 전도자들 중에는 '은혜의 복음'을 전한다고 떠벌리면서, 마치 율법의 요구 자체가 폐기된 것처럼 거짓 자유를 선전하고 탐욕과 방탕을 조장하는 이들이 있었다(벧후 2:1-22). 그중에는 단지 '반율법적'(反律法的, antinomian) 태도뿐 아니라 여기에 사이비 종교적 경험까지 뒤섞어, 영적 카리스마를 내세우며 사람들을 속여 발람과 같은 거짓과 탐욕의 종이 된 자들까지 있었다(유 1:8-13, 18-19).

이렇게 거짓 교사들이 일어나던 초기 교회의 상황에서, 복음의 진실성을 훼손시키지 않기 위해 일부러 이방인들로부터 아무것도 받지 않는 순회 전도자들이 있었다는 것은 고무적인 사실이다. 가이오는 그런 신실한 전도자들을 적극적으로 도움으로써, 이방인들 가운데서 하나님의 이름이 높아지고 거룩히 여김을 받아 복음의 길이 훼방받지 않도록 힘썼던 것이다. 베드로후서나 유다서가 초기 교회의 거짓 교사들에 대한 부정적인 보고를 한 서신이라면, 요한삼서는 그 반대로 '진리의 동역자'들이 어떻게 이방인들에게 은혜의 복음을 신실하게 전했는지를 보여 주는 긍정적 사례라 할 수 있다.

8절에서 '진리 안에서 함께 수고하는 자'(쉰에르고이…테 알레떼이아, συνεργοὶ τῇ ἀληθείᾳ)가 된다는 것은, 참으로 아름답고 명예로운 칭호이다. '함께'(쉰, συν)라는 표현은 가이오가 그 순회 전도자들과 '함께' 복음 사역을 했다는 의미이지만, '진리와 함께' 사역하는 '진리의 동역자'라는 의미로도 읽을 수 있다. 복음을 이익의 재료로 삼지 않았다는 뜻이다. 은혜의 복음에 합당한 삶을 사는 신실한 그리스도인이었다는 명예로운 평가인 셈이다.

진리의 동역자! 이 얼마나 영예로운 이름인가. 평생을 주의 일로 수고하고 봉사했어도, 결국은 사람을 위해 충성하고 내 이익과 목적을 위한 것이었다면 그것은 허무한 일이 될 것이다. 하지만 복음의 역사를 따라 그에 합당하게 수고하고 봉사했다면, 그래서 주님과 교회 앞에서 '진리와 동역했던 사역자'라고 평가받는다면, 그것은 참으로 사모할 만한 아름다운 성도의 결말일 것이다.

'진리의 동역자'라는 표현이 알려 주는 또 하나의 진실은, 교회가 진리를 보전하는 일은 단지 교리에 있어서 '정통'(orthodoxy)을 고수한다는 것만을 뜻하지 않는다는 것이다. 교리적 정통만큼이나 '정행'(正行, orthopraxy) 곧 바른 교리에 합당한 행동이 중요하다. 요한삼서에서 진리는 바른 교훈뿐 아니라 바른 행위를 지시한다(조병수, 462). 진리는 말로만 지켜지는 것이 아니기 때문이다. '말씀이 육신이 되어' 오신 예수 그리스도의 복음은, 말씀만이 아니라 우리의 육체로 행하는 행실로도 나타나야 한다.

장로 요한은 요한이서에서 '예수 그리스도께서 육체로 오셨다'(요이 1:7)는 바른 교리, 진리를 지켜 내야 한다고 강조한다. 요한삼서는 어떻게 그렇게 할 수 있는지를 알려 주는 셈이다. '예수 그리스도께서 육체로 오셨다'는 은혜의 복음은, 그 복음을 전하는 자들과 그 전도자들을 섬기는 교회의 '육체로 나타나는' 헌신과 사랑에 의해서 지켜진다. '말씀이 육신이 되셨다'는 기독론적 진리는, 이 복음을 전하고 살아 내는 그리스도인들의 실제적인 삶으로 드러나는 교회론적 윤리이기도 하다. 교회는 언제나 예수 그리스도 위에만 기초하고, 오직 그럴 때에만 참된 교회가 된다.

삶으로 내리는 뿌리

'여기까지 찾아오신 하나님'

해마다 고난 주간이 되면, 교회마다 '주님의 고난에 참여합시다!'라는 플래카드가 걸리곤 한다. 맞는 말인데, 어딘가 어색하다는 인상을 받는다. 왜일까? 그것은 주님의 고난이 우선적으로 '우리를 위한 것'이기 때문이다. 주님과 함께 고난을 받으러 당당히 나섰는데, 정작 그 고난을 받아야 할 이유가 '우리 자신의 죄와 비참 때문'이라면 참으로 당황스러운 일이지 않은가. 거기서 우리가 할 수 있는 일이 무엇이라는 말인가.

물론, 복음을 전하고 이웃을 사랑하기 위하여 받는 고난이 있다. 하지만 고난 주간에 묵상하게 되는 주님의 십자가의 고난은, 그 무엇보다 우리 자신의 '비참'을 바라보지 않을 수 없게 만든다. 그러니까 주님의 고난을 '본받기' 전에, 우리의 비참에 기꺼이 참여하신 주님의 놀라운 은혜와 사랑을 먼저 모든 겸허함으로, 감사함으로 '받아야만' 하는 것이다.

주님의 고난을 생각할 때, 우리는 한없이 작아진다. 한없이 놀라고, 그분의 이해할 수도 헤아릴 수도 없는 사랑과 겸손에 할 말을 잃게 된다. 십자가는 하나님께서 우리를 찾아오시되, 상상하기도 어려운 비참 속 그 바닥에까지 찾아오신 사건이기 때문이다. 예수님께서는 십자가에 달려 돌아가실 때, '나의 하나님, 나의 하나님, 어찌하여 나를 버리시나이까?'라고 탄식하며 부르짖으셨다.

예수님의 이 절박한 기도는 시편 22:1의 기도를 그대로 가져온 것이다. 이 기도가 충격적인 이유는, 하나님의 백성이 그렇게 처절한 고난 속에서 절박하게 부르짖는 이 간구에 하나님은 전혀 응답하지도, 돕지도 않으시는 상황이기 때문이다(시 22:2). 그저 하나님께마저 버려지는 상황인 것이다. 그런데 뜻밖에도, 복음이 여기에 숨어 있다.

즉, '하나님께 버려지는 것 같은 순간에 올린, 이 처절한 기도'를, 십자가에 달리신 예수님, 하나님의 아들 자신도 친히 부르짖으셨다는 사실이다! 그리스도께서 당하신 십자가의 고난은 그러므로, 하나님의 아들이 친히 우리의 고난과 비참, 그 가장 밑바닥에까지 찾아오셨다는 사실에 대한 확고한 증거이다. 이것은 무슨 의미인가? 이런 뜻이다. 즉, 이제부터 우리 주 예수 그리스도께서 알지 못하는 나의 고난, 우리의 고난은 없다는 뜻이다.

비록 죄로 인한 수치와 모욕, 비참과 절망일지라도, 주님이 알지 못하는 우리의 고난은 없다. 우리는 고난받을 때에, '나는 홀로 여기 이 고난과 비참 가운데 버려져 있어!'라고 말할 수 없다. 왜냐하면, 혹시 하나님께서 기도에 응답지 않으시고, 문제를 해결해 주지 않으셨을지라도, 한 가지 너무나 확고한 사실이 있기 때문이다. 그것은 우리가 떨어지는 그 나락 한가운데서, 그분께서 우리처럼 거기서, '나의 하나님, 나의 하나님, 어찌하여 나를 버리시나이까?'라고 부르짖으셨다는 사실이다. 그가 우리의 비참 속에도 함께 계신다는 것이다.

도대체, 이것보다 더 큰 위로가 어디에 있는가. 그리스도의 고난은 그래서, 우리에게 말로 다 형용할 수 없는 위로이다. 설혹, 내가 내 죄로 인하여 사망의 한가운데로 끌려갈지라도, 거기서 하나님의 응답을 받지 못하고, 그의 도우심도 없이 그와 멀어져 무저갱의 끝없는 나락으로 떨어지는 중이라도, 혹시 내 입으로 '나의 하나님, 나의 하나님, 어찌하여 나를 버리시나이까'라고 소리치는 중이라도, 내 주 예수 그리스도, 그 모든 긍휼과 은혜의 하나님께서 그렇게 나락으로 떨어지는 나와 거기에서 함께하신다. 거기서 나와 함께, 그 탄식의 기도를 드리고 계신 것이다. 이 얼마나 놀랍고 감격스러운 은혜인가!

나는 버려지지 않았다. 우리는 버려지지 않았다. 이것이 복음이다. 비록 죄와 죽음의 비참 속에 있지만, 우리는 결코 버려지지 않았다. 그래서 고난 주간에는 먼저, 우리의 죄와 비참 한복판까지, 우리가 내동댕이쳐진 '여기까지 찾아오신 하나님'의 손을 굳게 잡아야만 한다. 그분이 거기까지 오셨기 때문이다. 고통 속에서 헤매며 쓰러진 당신과 나의 곁에 서서, 당신과 나의 손을 붙잡으셨기 때문이다. 당신도 그 손을 붙잡아야 한다.

그때야 비로소, 그분과 함께, 비참에 처한 나 아닌 다른 이들을 향해 나아갈 수 있다. 이웃의 비참, 그 나락에까지 그분과 함께 찾아갈 수 있다. 거기서 비록 우리가 사망의 음침한 골짜기 한가운데를 지날지라도, 그분이 그때에도 우리와 함께하시며, 끝내 우리의 원수인 죄와 죽음 앞에서 우리를 위해 상을 베푸신다. 죽음을 이기고 부활하고 승천하신 그분께서, 우리를 여호와의 집으로 인도하신다. 거기서 우리가 다 함께 영원토록 주와 함께 거할 것이다. "여호와는 나의 목자시니, 내게 부족함이 없으리로다"(시 23:1).

3. 사랑을 잊은 자(9-10절)

도대체 무슨 이유로 이방인들에 대한 순회 전도자들의 중차대한 선교의 길이 막혔다는 말인가? 어떤 대의명분이 복음 전파의 길을 막아설 수 있을 만큼이나 크고 중한 것이었을까? 9-10절은 요한삼서가 염두에 두고 있는 지역 교회의 심각한 문제를 언급한다. 다른 것은 몰라도, 이 문제 상황의 중심에 '디오드레베'라는 인물이 있었다는 것은 분명하다. 그는 어떤 인물이었는가? 그의 문제는 무엇이었는가? 그가 순회 전도자들이나 장로 요한과 부딪히게 된 원인은 무엇이었던가? 이런 질문들을 마음에 품고, 다음의 본문을 세세히 살펴보자.

> 9 내가 교회에 몇 자 써서 보냈습니다만, 그들 가운데 으뜸 되기를 좋아하는 디오드레베는 우리를 영접하지 않으려 합니다. 10 이 때문에, 만일 내가 가면 그가 악한 말로 우리를 조롱한 그 행위를 잊지 않을 것입니다. 그는 이것도 모자라, 자신이 형제들을 영접하지 않을 뿐 아니라, 그렇게 하고자 하는 이들도 못하게 막고, 교회로부터 내쫓았습니다."

위의 본문에 의하면 정황은 이렇다. 장로는 요한삼서를 보내기 전에 또 다른 편지를 썼고, 그것은 디오드레베가 속한 지역 교회로 하여금, 장로가 속한 교회에서 파송한 순회 전도자들을 영접하도록 권고하는 내용이었다(9절). 하지만 디오드레베는 이를 거절했을 뿐 아니라 적극적으로 훼방했기 때문에(10절), 지금 장로는 다시 가이오에게 이 편지(요한삼서)를 써서, 수신자 교회 성도들이 그의 악행을 본받지 않도록 경계하고자 하는 것이다.

스스로 왕 노릇 하려는 자

디오드레베는 왜 장로가 보낸 순회 전도자들을 거절했을까? 거절했을 뿐만 아니라, 왜 그 순회 전도자들을 도우려 했던 교인들까지 내쫓았을까? 이 질문에 답을 하는 것이 본문을 이해하기 위한 결정적인 열쇠가 될 것이다. 추정해 볼 수 있는 배경과 원인들에 관해서는 대략 네 가지 가능한 설명들이 제시되었다(참조. 조병수, 454-488).

첫째는, 교회 조직이나 권력 구조상의 충돌의 경우였을 가능성이다. 장로 요한은 중앙 집권적 교회 지도자로서 '부권적(父權的) 선교 조직체의 지도자' 격이었으며, 디오드레베는 지역 교회의 지도자로서 외부의 간섭에 저항하는 '독권적'(獨權的)인 감독직을 구성했다고 보는 것이다(Harnack). 더 나아가서, 장로의 교회가 제도나 질서를 강제하는 '중앙 집권적' 교회였고, 디오드레베의 교회는 '성령의 은사를 강조하는 자율성'을 주장했다고 보는 견해도 있다.

하지만, 이런 가정은 추정에 불과하다. 요한삼서의 본문에서 장로의 교회가 직제를 강조했다든지, 디오드레베의 교회가 성령의 은사를 강조했다는 근거를 찾을 수 없기 때문이다. 에베소를 중심으로 사도적 권위를 가지고 지역 교회들을 섬겼던 장로 요한의 지위를 생각하면, 이런 중앙과 지역의 대립 구도에서 발생하는 충돌의 가능성을 가정해 볼 수는 있지만, 역시 본문에서나 역사적으로 어떤 증거나 근거를 찾기는 어렵다.

둘째는, 교리적(dogmatic) 충돌의 가능성이다. 요한삼서가 '진리'를 강조하는 것을 근거로, '거짓 교사'인 디오드레베가 '이단 두목'으로서 장로의 가르침에 반발하고 있다고 보는 견해가 있다(Bauer). 반대로, 장로 요한은 '요한복음을 기술한 기독교적 영지주의자'로서, 당시 정통이었던 디오드레베에 의해 이단으로 내쫓긴 상황으로 보는 견해도 있다(Käsemann). 하지만 5회나 반복되는 '진리'에 관련된 표현들은 모두 가이오나 지역 교회 성도들 또는 데메드리오의 경우처럼, 진리를 가진 자의 '긍정적' 측면을 강조하기 위해 사용되었을 뿐이다(3[x2], 4, 8, 12절).

요한삼서의 본문에서, 디오드레베가 진리를 떠나 '거짓 가르침'에 연루되었다는 증거나 그에 관한 비난은 찾기 어렵다는 것이다. 정확히 말하자면, 디오드레베의 잘못을 지적하는 용어는 '참과 거짓'의 차원이 아니라, '선과 악' 즉, 선을 행하는 것과 악을 행하는 차원의 '덕'(德)의 문제로 규정된다(10-11절). 말하자면, 디오드레베의 문제는, 말로는 진리를 믿는다고 하지만 그에 합당한 행실에 있어서 부덕(不德)함을 드러내는 경우라 할 수 있다.

셋째로는, 선교적 입장 사이의 충돌 가능성이다. 장로 요한은 이방인에게로 나아가는 '방랑 선교' 정책을 추진하고 있었고, 디오드레베는 이방인 선교를 거부하면서 유대인 선교를 주장하는 '지역 정착 선교' 정책을 가지고 있었다고 보는 견해이다. 하지만 디오드레베가 순회 전도자들을 영접하는 교인들을 '내쫓았다'는 표현에서, '예수 따름이'들을 출교시켰던 유대인들의 사례와의 연관성이나(10절; 참조. 요 9:22; 12:42; 조병수, 485), 디오드레베가 '유대주의적 신학에 붙잡혀 있었다'는 그 어떤 증거도 본문 안에서 찾기 어렵다.

장로 요한이 '이방인 선교'를 강조하고 추진한 것은 명백한 사실이다(5-8절). 하지만 디오드레베가 장로의 이방인 선교를 반대한 이유가 '유대인 지향' 때문이라는 근거는 희박하다. 디오드레베의 이름이 히브리어로 '그달랴, 그달랴후'의 그리스어 번역일 것이라든지, 그의 '으뜸 되기를 좋아하는' 성향이 유대 바리새인적 성향과 연결된다든지 하는 주장도 본문에서 근거를 찾기 어려운 추정에 그친다.

마지막으로, 디오드레베의 인격적, 성품적 문제이다. 요한삼서에서 디오드레베에 관해 알 수 있는 가장 분명하고 직접적인 묘사는 그가 '으뜸 되기를 좋아하는' 사람이라는 사실이다(9a절). 바로 뒤이어, 장로 요한이 '우리를 영접하지 않았다'고 표현하는데(9b절), 이는 순회 전도자들을 거절한 결정적인 원인이 디오드레베의 '으뜸 되기를 좋아하는' 성품 때문이었다고 확인해 주는 대목이나 다름없다.

결론적으로, 다양한 가설에도 불구하고 장로가 요한삼서의 본문 안에서 직접 밝히는 원인은, 디오드레베의 독특한 성격상의 결함이다. 그는 '으뜸 되기를 좋아하는'(φιλοπρωτεύων, 필로프로테우온) 자였다는 것이다. 문자적으로는 '다른 사람들 앞에 나서는 것을 좋아하는' 것인데, 말하자면 디오드레베는 '다른 사람들을 휘어잡아 자기 뜻대로 하지 못하면 견디지 못하는' 사람이었던 셈이다. 성격이 그런 것이다. 이런 사람이 교회의 지도자가 되었을 때에 생기는 문제들을 예상하기는 그리 어렵지 않다.

물론, 지역 교회를 쥐고 흔드는 수장(首長) 격이 된 디오드레베가, 중앙의 선교 조직의 수장인 장로와 선교 정책에 있어서 심각한 갈등이 있었다고 볼 수도 있다. 하지만 그런 경우라 하더라도 본질적으로는 정책의 차이였다기보다는, 디오드레베가 자기보다 위에서 권위를 가지고 지도하는 장로를 못 견디는 성격, 그러니까 '으뜸 되기 좋아하는' 성격의 소유자였기 때문이었을 가능성이 높다는 것이다.

한편, 디오드레베가 그렇게 무분별하게 '으뜸 되기 좋아하는' 성격대로 판단하고 행동해 버린 결과는, 그가 '진리의 지식'에 있어서 그리고 하나님의 사랑을 이해하는 정도에 있어서, 장로의 선교 정책으로 나타나는 예수 그리스도의 복음의 성격이나 하나님의 사랑의 성격을 전혀 이해하지 못했던 지도자였다는 사실을 방증한다.

분명히, 디오드레베는 신앙고백에 있어서 예수 그리스도께서 육체로 오셨음을 믿는다고 했을 것이다. 요한삼서의 본문은 디오드레베에 관해서 이런 교리의 문제를 지적하지 않는다. 또한 '말(言)로서는', 장로의 선교 정책의 원리와 신학에 대해 크게 반대할 만한 자기 나름의 신학적 입장을 주장을 한 것처럼 보이지도 않는다. 역시 '말로서는', 장로의 중앙 선교 조직의 권위나 교회 질서에 순복하는 것이 마땅한 것처럼 떠벌렸을 수 있다.

하지만 본문이 지적하는 대로, 디오드레베는 그의 '으뜸 되기 좋아하는' 성격 때문에, 실제적으로 그리고 결과적으로 거짓 교사들의 행적과 다를 것이 없는 짓을 벌였다. 하나님의 사랑의 선교를 막아서는 악행을 저질렀고, 장로 요한의 정당한 권위와 교회의 질서를 무시하고 파괴하는 이단들의 행적과 다를 것이 없는 무법(無法)한 행태를 보였던 것이다.

결국 디오드레베의 문제는 그의 '왕 노릇 하기 좋아하는' 성격 탓이었지만, 그 어그러진 성격 때문에 다른 여타의 교리적 문제, 하나님에 관한 신학적 이해의 문제, 그리고 교회적 질서의 문제에 있어서 미성숙한 이해와 판단을 드러낸 것이라고 볼 수 있다. 그렇다면, 디오드레베의 '으뜸 되기 좋아하는' 성격은 어떤 구체적인 악행으로 나타났으며, 장로는 이런 골치 아픈 문제에 대해 어떤 해법을 제시하고 있는가?

비인격적이고, 폐쇄적이며, 탐욕적인 지도자

디오드레베의 성격은 이를테면, 하나님의 거룩한 백성인 주의 성도 위에서 스스로 '왕'으로 군림하며, 마치 교회를 자신의 '작은 왕국'으로 만들고 거기서 '왕 노릇' 하려는 거짓 교사나 삯꾼 같은 지도자라 할 수 있다. 10절은 디오드레베가 어떻게 악하고 무리한 방식으로 주의 교회를 '자신의 왕국'으로 변질시키려 했는지를 세세히 지적한다.

무엇보다 그는 장로와 순회 전도자들을 '악한 말로 조롱'했다. 10절에서 '조롱하는'(플루아론, φλυαρῶν) 행위는 '말도 안 되는 근거 없는 비방'을 의미하는데, 그것도 '악한 말들'(로고이스 포네로이스, λόγοις πονηροῖς)을 사용해서 그렇게 했다는 것이다. 그 내용이 무엇이었을까? 알 길이 없다. 추정할 수 있을 뿐인데, '으뜸 되기를 좋아하는' 디오드레베의 성격을 염두에 둔다면 혹시, '장로 요한이 이런 식으로 우리 교회를 장악하려 한다'든지, 아니면 '순회 전도자들이 이런 식으로 놀고먹으며 우리의 재산을 탐하고 있다'든지 하며, 근거 없는 소문을 퍼뜨리고 악의적인 비방을 늘어놓았을지 모른다.

확실한 것은, 디오드레베의 조롱하는 말과 비방이 그 자신의 성격적 결함에서 나온 악한 말들이었지, 사실에 근거한 것은 아니었다는 것이다. 교회의 권위 있는 지도자나 또는 같은 믿음을 가진 형제자매를 어떤 확인된 근거도 없이 악한 말로 비방하는 것은 단연코 '비인격적인' 악행이다. 요한삼서의 정황을 들여다보면, 디오드레베와 장로 간에 서신이 오갔다거나 충분한 대화와 만남이 있었던 것 같지 않다. 장로는 서신을 전달하고 순회 전도자를 보내고 또 가이오를 보내서 대화하려고 했지만, 디오드레베는 마치 자신의 '왕국'을 빼앗기지 않으려는 듯, 일방적으로 근거 없이 만들어 낸 비방의 악한 말들만 쏟아 내고 있는 정황이다.

디오드레베의 비인격적인 처사는 가이오를 향한 것만이 아니었다. 그는 순회 전도자들을 영접하지 않았을 뿐 아니라, 교인들이 그들을 환대하고 섬기는 것을 금지했고, 심지어 그렇게 하는 성도들까지 교회 밖으로 '내쫓았다'(에크발레이, ἐκβάλλει, 10절). 순회 전도자들을 거절한다는 것은 그들이 분명히 '거짓 가르침' 곧 예수 그리스도에 관해 잘못된 교리나 변질된 복음을 전파하는 경우에만 그렇게 할 수 있었다(요일 1:7). 더구나 성도를 교회 공동체에서 내쫓는 일 역시, 그야말로 '예수 그리스도를 부인하는' 공개적이고 반복적인 이단적(heretical) 언행이 아니면, 지교회가 그렇게 독단적으로 징계할 수 있는 사안이 아니다.

놀랍게도 '왕 노릇 하기 좋아하는' 디오드레베는, 순회 전도자들을 영접하고 섬겼던 교인들에게 '출교'(黜教)에 준하는 중대한 조처를 남발할 정도로 '무지하고 무식'했다. 만일 디오드레베가 순회 전도자들이 전했던 복음이나 교리가 거짓이라고 주장하고 그 근거를 제시했다면, 장로 요한이 이에 대해 명확히 반박하는 내용을 언급했을 것이다. 하지만 장로는, 디오드레베가 그런 식의 엄청난 권한을 행사한 것이 교리에 관한 문제가 아니라, 그가 단지 '으뜸 되기를 좋아했기' 때문에 즉 그 지역 교회에서 '왕 노릇' 하고자 했기 때문이라는 사실을 지적하고 있는 것이다.

어쩌면 디오드레베는 그 지역 교회에서 오랫동안 사역을 했거나, 지역 교회의 설립 초기에서부터 많이 헌신했던 지도자나 직분자였을 수도 있다. 그런 경우, 자신의 공로 의식으로 인해 주변의 그 누구의 말도 듣지 않을 위치에 서게 되기도 하는 것이다. 하나님의 말씀이 무엇이라 가르치든, 교회의 상급 회의체에서 무엇이라 권면하고 결정하든, 그 지역 교회에서는 하나님의 말씀이 아니라 '그의 말이 곧 법(法)'이 되는 경우이다.

한 사람의 지도자가 그 교회 공동체 전체를 좌우할 수 있는 막대한 권한을 갖게 되면, 나머지 교인들이 '비인격적'으로 취급당하는 일은 얼마든지 일어난다. 교회가 '삼위 하나님의 코이노니아에 참여한 성도들의 공동체'라고 할 때, 그 가장 큰 특징은 '인격성'이다. 하나님은 성도 한 사람, 한 사람을 인격적으로 대하신다. 성도 한 사람의 인격성이 존중되지 않으면, 인격 간의 사귐이나 나눔은 애초에 불가능하기 때문이다.

교회가 지도자 한 사람의 인격으로 통일되어 버리고, 나머지 성도들은 마치 인격이 없는 것처럼 집단주의에 빠지면, 거기에서는 참된 코이노니아로서의 교회가 일어나지 못한다. 마귀의 가장 큰 특징은 그 자신이 '비인격적'이며, 하나님의 형상인 사람들에게서 인격성을 파괴하고 말살하여 그를 '물화'(物化)시켜 버리는 것이다. 세상에서 그저 '숫자'로 불리고 '물건'으로 취급당하는 한 사람이, 이제는 하나님의 형상이요 하나님의 사랑받는 한 인격으로 회복되고 존중받는 곳, 거기가 교회이다. 오늘날의 교회가 하나님의 코이노니아 공동체로 회복되는 첫 번째 길은, 성도의 인격성을 회복시키는 데에 있다.

디오드레베의 '으뜸 되기 좋아하는' 성격은 그 지역 교회를 폐쇄적인 공동체로 만들었다는 사실을 알 수 있다. 교회는 계속해서 이방인들을 향해 열려 있어야 하고, 또한 열방과 여러 민족으로부터 오는 하나님의 백성을 향해 열려 있어야 한다. 이것이 장로 요한이 이해하고 있는 '하나님의 선교'(*Missio Dei*) 방식이다. 하나님 아버지께서 그 아들을 세상에 보내셨다! 이것이 선교이다. 그 아들을 받은 교회는 계속해서 그 아들의 생명과 진리의 복음을 세상 속으로, 열방에, 모든 민족과 나라에 전달해야 한다. 그 아들을 보내신 아버지의 사랑을 막힘없이 세상 속으로 흘려 보내야만 한다. 그것이 세상을 '이처럼 사랑'하신 아버지의 뜻을 따라 행하는 코이노니아 공동체, 곧 교회이다.

디오드레베가 자신의 지역 교회에서 왕 노릇 하는 것이 그의 성격 탓이라고 할지라도, 결과적으로 그는 하나님에 대한 잘못된 이해, 선교에 대한 잘못된 이해, 교회에 대한 잘못된 이해라고 하는 중대한 결함을 드러낸 셈이다. 그가 이해한 하나님의 사랑이란 결국 무엇이었다는 말인가? 그 아들을 세상에 보내신 아버지의 사랑에 대해 그는 결국 실제적으로 어떤 응답을 했던 것인가?

그에게 있어서 교회란 자신이 왕 노릇 하는 놀이터라는 것 외에 도대체 어떤 의미가 있었던가? 결과적으로 디오드레베의 문제는 단지 '으뜸 되기를 좋아하는' 성격적 결함이 아니라, 하나님께서 그 아들을 내주시고 자기 백성 삼으신 교회를 '자기 것'으로 도적질한 거짓 교사의 악행에 준하는 범죄를 저지른 것이다. 하나님이 '왕'이 되셔야 하는 자리, 예수 그리스도께서 '으뜸'이 되셔야 하는 그 자리에 '자기 자신'을 앉히고 주의 양 무리를 도적질한 삯꾼으로 드러났기 때문이다(벧후 2:1-2, 10-11; 유 1:4)

마지막으로, 디오드레베가 지역 교회에서 왕 노릇 한 배후에 그의 '탐욕'이 작동했을 가능성을 배제할 수 없다. 본문에서 그가 적극적으로 재물을 탐했다는 증거는 없지만, 교회의 인력과 재원이 이방인들을 위한 선교 자원으로 흘러 나가는 것을 막은 데에는, 그것을 못마땅하게 여긴 디오드레베의 탐심이 전혀 작용하지 않았다는 증거도 없기 때문이다.

성도들이 순회 전도자들을 환대하고 섬기는 것을 금지하고, 그렇게 하는 성도들까지 내쫓을 정도로 비인격적이고 폐쇄적인 악행을 한 데에는, 모든 것을 자신이 움켜쥐고 자신의 뜻대로 하려는 그의 완고한 탐욕이 작동한 것이 아니었다면 달리 설명할 방도가 없다. 오늘날에도 '현대판 디오드레베들'이 입으로는 '하나님께서 다 하셨다'고 하지만, 성경이 아니라 자신의 말을 믿으라며 왕 노릇 하고, 하나님의 이름이야 땅에 떨어지든 말든, 불법, 탈법, 편법을 감행하는 데에는 탐욕 외에 다른 이유가 없다(벧후 2:3, 14-15; 유 1:8, 11, 19).

디오드레베는 자신이 순회 전도자들을 거부하고 그들을 돕는 교인들을 내쫓는 것이, 모두 '교회를 안정시키기 위해서!'라고 변명하며 설득하려 했을 법하다. 외부에서 순회 전도자들이 교회 안으로 들어오고, 교회가 이방인들을 향해 열려 있게 되고, 그 이방인들로부터 다른 전통, 다른 문화, 다른 배경을 가진 하나님의 백성들이 들어오는 것이, 교회의 '안정을 위협하고' 교회의 앞날을 혼란스럽게 한다고 주장했을지 모른다.

교회는 항상 불안정한 상태로, 하나님 안에서만 안정을 찾으며 나그네 길을 가는 것이 '정상'이다. 예배당을 '성전'으로 부르고, 그 '돌로 지은 성전'에서 자기만 '제사장이요 하나님의 종' 노릇 하다 보면 '자신의 왕국'을 무너뜨리고 싶지 않게 된다. 교회는 이 땅에서 '안정'을 추구하는 것이 아니라 '하나님의 말씀'을 선택하고 따라가는 사람들이다. 하나님 자신도 안정이 아니라 사랑을 택하셨다. 교회란 무엇인가? 이 세상을 이처럼 사랑하사 '자기 아들이라도 아끼지 않고 내주신' 하나님의 사랑을 따라 어디든지 나아가는 사람들이다.

삶으로 내리는 뿌리

지워져야 할 이름

자신의 아성(牙城)을 세우는 것만큼 위험한 것이 없다. 루터는 자신을 따르는 자들이 스스로를 '루터파'라고 부르자 정신 나간 소리 말라고, 자신은 '그리스도인'이 되는 것 말고 다른 것을 가르친 적이 없다고 경고했다.

처음에는 좋은 뜻으로 사역을 시작하고 하나님과 그의 나라를 위해 헌신하지만, 그렇게 시작되어 쌓아 올린 터와 성(城)이 결국 그 자신을 위한 고집과 자신만의 아성이 되는 경우가 흔하다. 정말 그리스도의 몸 된 교회를 원한다면, 자신의 교회를 낮추려 할 것이다. 정말 하나님 나라를 위한다면, 자신의 뜻이 관철되지 않아도 서로 협력할 것이다.

주의 이름 뒤에 자신의 이름을 지울 수 없다면, 그는 주의 이름의 영광을 구하는 사람이 아니다. 우리는 그것으로 분별할 수 있다. 누가 진정성 있게 하나님의 영광을 구하고 있는가. 신학의 이름으로도 얼마든지 자신의 아성을 쌓을 수 있고, 교회의 이름으로, 교단의 이름으로, 그리고 하나님 나라를 구한다는 명목으로도 그렇게 할 수 있을 만큼, 우리의 '아성'을 향한 욕구는 집요하고 또 지칠 줄 모른다.

오늘날 잊힌 초기 교회의 정신 중 소중한 하나는, 사도적 일치와 협력에 관한 형제 우애의 정신이다. 형제 우애가 경건보다 더 귀하고 높은 덕목이다. 형제 우애야말로 그 경건의 진정성을 증명해 주기 때문이다.

무엇을 위한 경건이며, 무엇을 위한 신학이며, 무엇을 위한 교회이며, 무엇을 위한 운동인가. 당신의 이름인가, 하나님의 이름인가. 나와는 다른 형제를 끌어안지 않으면서, 하나님의 이름을 높일 수는 없다. 우리의 이름은 그의 이름 앞에 지워져야 하는 이름이다.

4. 사랑의 코이노니아(11-15절)

공동체를 인도하는 지도자에게 심각한 문제가 생기면, 그 공동체의 구성원들은 말할 수 없는 어려움과 고통을 겪게 된다. 장로 요한은 교회의 어른으로서, 디오드레베가 왕 노릇 하는 교회에서 고통받는 성도들에게 어떤 권면을 하고 있는가? 만일 그런 처지에 놓인 믿음의 형제자매들을 만나게 되면 어떤 말을 해 주어야 할까? 요한삼서의 마지막 인사말은, 이런 질문들을 마음에 품고 읽을 때 그 의도와 메시지가 더 가깝게 와닿는다. 장로의 마지막 인사를 들어 보자.

> 11 사랑하는 자여, 당신은 악한 것을 본받지 말고 선한 것을 본받으십시오. 선을 행하는 자는 하나님께로서 난 것입니다. 악을 행하는 자는 하나님을 뵈옵지 못한 것입니다. 12 데메드리오는 모든 이들에게 진리 자체의 증거를 받았습니다. 또한 우리도 증거하는바, 당신도 우리의 증거가 참되다는 것을 알고 있습니다. 13 내가 당신에게 쓸 것이 많지만, 잉크와 펜으로 당신에게 쓰기를 원치 않습니다. 14 그 대신, 나는 곧 당신을 보고, 입에서 입으로 말하기를 원합니다. 15 친구들이 당신에게 평안의 안부를 전합니다. 당신도 그 친구들에게 이름을 따라 문안해 주기를 부탁합니다.

서신을 마무리하는 짧고 평범한 인사말처럼 보이지만, 11-15절의 행간을 가만히 들여다보면, 장로 요한이 디오드레베로 말미암아 낙심하고 고통받는 성도들을 진심으로 위로하고 있음을 알게 된다. 더 나아가서, 장로는 낙심하는 성도들에게 대안(代案)을 제시하며, 참된 교회는 어떠해야 하는지를 가르치고 격려한다.

'선한 행실'을 나누는 코이노니아

장로는, 디오드레베의 악행에 대한 자신의 명확한 판단을 전하면서, 교회란 하나님의 사랑과 그 아들의 진리에 따라 성령의 교제 안에서 세상을 향해 '열려 있는' 코이노니아 공동체임을 분명히 한다. 디오드레베가 '자기 왕국'으로 삼으려고 망쳐 놓은 '폐쇄적인' 교회는 결코 '사랑과 진리와 나눔의 코이노니아'가 될 수 없음을 강조한다. 11절의 '사랑하는 자여'(아가파테, ἀγαπητέ; 참조. 2, 5절)는, 하나님의 언약적 사랑 안에서 서로 사랑하며 또한 그 사랑을 흘려 보내야 하는 새 언약 성도의 본질을 잘 드러내는 호칭이다. 곧이어 나오는 '악한 것'(토 카콘, τὸ κακὸν)과 '선한 것'(토 아가쏜, τὸ ἀγαθόν)의 구분은, 바로 이 '사랑'에 대한 응답에서 갈린다고 할 수 있다.

무엇이 '악한 것'인가? 그 아들과 함께, 그 아들을 통해 이 세상에 쏟아부어진 하나님의 사랑의 흐름을 막아서는 일이다. 장로는 '악한 것'을 언급하면서 명확히 디오드레베의 행실을 염두에 둔다. 삼위 하나님의 생명과 사랑의 코이노니아는, 그 아들을 통해 이 세상에 이미 들어왔다. 그리고 코이노니아는 '나눔'의 형태로만 존재하기 때문에, 그 아들의 생명과 아버지의 사랑은 끊임없이 세상 속으로 나누어져야만 한다. 빛이 어둠 속에서 멈출 수 없고, 생명은 늘 자기 자신을 나누며, 사랑 역시 그 사랑을 나누지 않고는 존재하지 않는 것처럼 말이다.

코이노니아를 전세할 때, 가장 '악한 일'은 그 코이노니아를 '난설'시키는 것이다. 그것이 가장 큰 죄이고 가장 큰 악이다. 디오드레베는 성격상 '왕 노릇' 하기 좋아하는 결함을 가졌지만, 이로 인해, 하나님의 코이노니아가 이방인들에게로 흘러가지 못하도록 막아서는 악행을 하게 된 것이다. 그 아들의 생명이 나누어지는 일을 가로막아, 이 세상이 계속해서 죽음 가운데 있게 만드는 악행이며, 하나님의 사랑이 흘러가는 것을 막아, 이 세상이 여전히 증오와 허무의 땅으로 남아 있게 만드는 악행이다.

'선한 것'은 무엇을 가리키는 것인가? 11절에서 '선을 행하는 자는 하나님께로서 난 것입니다'(호 아가쏘포이온 에크 뚜 떼우 에스틴, ὁ ἀγαθοποιῶν ἐκ τοῦ θεοῦ ἐστιν)라는 말은 무슨 의미인가? 하나님의 자녀들은 마땅히 선을 행함으로써, 자신이 하나님께로부터 난 자녀임을 '드러내고 증거한다.' 선을 행했기 때문에 하나님께로부터 나는 것이 아니라, 하나님께로부터 났기 때문에 선을 행할 수밖에 없다는 것이다.

요한은 이런 식의 어법을 사용해서, '악을 행하는 자는 하나님을 뵈옵지 못한 것'(11절)이라고 말한다. 하나님의 자녀도 일시적으로 악을 행할 수 있다. 요한은 그것을 모르지 않는다(요일 1:6-9; 2:1; 3:5). '하나님을 뵈옵지 못했다'(욱스 헤오라켄 톤 떼온, οὐχ ἑώρακεν τὸν θεόν; 참조. 요일 1:1-2; 요 20:25)는 표현은, 그가 그 아들의 영적 생명도 받지 못하고 그 아들을 보내신 아버지의 사랑도 받지 못한 자라는 의미이다. 그러니까 어떤 자가 악을 행한다면, 그것은 곧 그가 하나님의 거듭난 자녀가 아님을 드러내는 증거라는 의미이다.

디오드레베는 어떠한가? 11절 끝에서 장로 요한은 디오드레베의 악행에 대해서도 간접적으로나마 확실한 판결을 내린 것이 아닌가? 그렇다. 판결을 내린 것이다. 디오드레베의 악행이란, 그 아들의 생명과 아버지의 사랑을 이방인들 가운데로 흘려 보내는 것을 막은 것이다. 그것은 디오드레베 안에 그 아들의 생명과 그 아버지의 사랑이 살아 있지 않다는 증거이다. 그렇다면, 디오드레베는 정말 그 아들의 생명으로 거듭난 하나님의 자녀인가?

장로는, 이에 대한 최종적 판단을 내리지 않는다. 다만 간접적으로 충분히 경고한다. 정말 디오드레베는 애초에 하나님의 자녀가 아닐 수도 있다. 그럴 가능성이 열려 있다. 하나님의 자녀란 '생명의 말씀'이신 그 아들을 믿음으로써 하나님의 사랑을 받아 성령으로 거듭난 사람이다. 그는 그 아들의 생명과 그 아버지의 사랑의 코이노니아 안에 거하게 된 사람이다. 코이노니아의 본질상, 그는 자신이 받은 영원한 생명과 아버지의 사랑을 '나누지' 않을 수 없다. 그 생명과 사랑의 나눔이 곧 '선행'이다. 이것보다 더 신학적이고, 기독론적이고, 교회론적인 선행은 없다.

그러므로 여기서 '선'(善)이란, 하나님의 자녀 됨을 나타내는 특정한 행실이다. 즉, 그가 받은 그 아들의 생명을 나누고, 그 아들과 함께 받은 하나님 아버지의 사랑을 나누는 것이다. 빛과 생명과 사랑의 '통로'가 되도록, 그 거룩한 '코이노니아'가 코스모스 전체에 퍼지기까지 자신을 내어 드리는 일이다. 교회가 삼위 하나님과의 코이노니아 공동체일 때, 교회는 가장 효과적인 '하나님의 선교'의 통로가 된다. 이 악한 자의 코스모스를 그 삼위 하나님의 의와 생명과 사랑으로 다시 연결하고 회복하는 것이다. 이것이야말로 '선하신' 하나님의 자비와 은혜를 따라 행하는 교회의 '선한' 일이다.

이런 의미에서, 11절의 '본받는다'(미무, μιμοῦ)는 것은 단지 겉으로 어떤 행동을 흉내 내는 것을 가리키지 않는다. 정확히 말하면 거듭난 신자가 자신 안에 있는 그 아들의 생명과 아버지의 사랑을 따라, '그 영원한 생명과 사랑'을 자신의 육체와 행위로 '나타내기' 시작하는 것이다. 동시에, 그런 '생명의 역사(役事)'를 공동체 앞에서 나타내는 지도자를 바라보며 따라가는 것은 현실적으로 유익하고 또 필요한 일이다.

교회가 그 아들의 생명을 나누는 것, 그렇게 함으로써 아버지의 사랑을 나누는 것, 그것이 코이노니아의 본질이다. 그것이 성찬의 핵심이며, 그것이 말씀 선포 곧 설교의 내용이다. 이렇듯 예수 그리스도의 생명을 아버지의 사랑 안에서 그것이 필요한 모든 이들에게 나누는 것, 그것이 하나님께서 원하시는 선행이요, 또한 하나님의 자녀로서 마땅히 해야 할 선행이다.

'생명을 낳고 사랑을 나누는' 코이노니아

12-15절에서 전개되는 일련의 조처들은, 교회가 마땅히 따라야 할 선행으로서 앞서 지목했던 디오드레베의 악행과 대조된다. 마지막 인사말에서, 장로가 '선행'을 강조하고 또 '진리의 증거'를 강조하는 이유가 여기에 있다. 결국, 디오드레베는 '악행'을 한 자이며, 결과적으로 그는 '진리의 증거'가 없는 자라는 것이다. 대조적으로, 12절에서 장로는 긍정적인 인물로서 데메드리오를 천거하는데, 그는 장로와 여러 사람에게서 인정받는 자일 뿐 아니라, 특별히 '진리의 증거'를 받은 자로 소개된다.

데메드리오(Δημητρίῳ)가 어떤 인물인지는 정확치 않다. 만일 에베소에 있던 그 은장색 데메드리오가 혹시 나중에 회심한 후에 복음 사역에 헌신했다면, 그래서 지금 장로가 순회 전도자로 파송한 것이라면 흥미로운 배경이 될 것이다. 하지만 추정에 불과할 뿐, 이를 뒷받침할 만한 아무런 기록이 남아 있지 않다. 중요한 것은 데메드리오가 '진리 자체의 증거'를 받은 전도자라는 사실이다.

'진리의 증거'는 무엇을 가리키는가? 요한서신에서 '진리'는 예수 그리스도의 복음을 대표하는 용어이다(Kruse, 233). 그러므로 데메드리오가 순회 전도자로서 '진리의 증거'를 받았다는 것은, 그가 그 아들의 복음을 나누는 일에 헌신적이어서 그 결과로 이방인들이 거듭나고 하나님의 자녀가 되는 열매가 풍성했다는 뜻이 된다.

이렇게 보면, 11절의 디오드레베는 확실히 '진리의 증거'가 없는 자인 셈이다. 제아무리 그 교회에서 왕 노릇 해도, 진리 자체 곧 그 아들의 생명의 복음의 증거가 없는 자, 영적 생명을 낳지 못하는 자에 불과하다는 뜻이다. 교회가 아버지 하나님의 사랑 안에서 그 아들의 생명을 나누지 못한다면, 그 교회는 폐쇄적인 공동체, 곧 자기 안에 갇힌 코이노니아가 된다. 그런 교회에는 살아 있는 복음의 증거가 없다. 예수 그리스도의 생명이 나누어지고 전해짐으로써 태어나는 영적 생명의 역사가 없는 것이다.

코이노니아의 절정은, 그 아들의 생명과 아버지의 사랑을 받은 자들이 하나님과 더불어 사귀고 나눌 뿐 아니라, 그 영적 생명과 사랑을 불신자들과 함께 나누어, 끝내 그 이방인들 역시 그 아들의 생명과 아버지의 사랑으로 거듭나는 영적 생명의 지속적인 역사에 있다. 생명을 낳지 못하는 코이노니아, 사랑을 나누지 못하는 코이노니아는 그 자체로 병들었거나 죽은 것이다. 생명은 생명을 낳고, 사랑은 사랑을 낳기 때문이다.

'인격적이고 열려 있는' 코이노니아

마지막으로 13-15절의 인사말은, 장로가 수신자 지역 교회의 성도들을 매우 '인격적으로' 대하고 있는 모습을 보여 준다. 앞서 10-11절에서 디오드레베가, 순회 전도자들을 환대하고 섬겼던 교인들을 내쫓았던 '비인격적인' 악한 모습과는 완연히 대조된다. 디오드레베는 교인들을 내쫓아, 다시는 그들을 얼굴과 얼굴로 보려 하지 않았을 것이다.

장로는 그렇게 내쫓긴 성도들을 한 사람, 한 사람, 얼굴을 대면하여 보기를 원한다. 짓밟혔던 인격이 살아나고, 상처 받았던 마음이 치유될 길이 열리기를 기대하는 것이다. 코이노니아란, 한 사람의 인격을 하나님께서 그 아들의 생명을 내주실 만큼 사랑한 대상으로 여기는 데에서 시작한다. 오늘날에도 진리를 떠나고 사랑을 잊은 채 권위주의와 탐욕에 찌든 그런 목회자에게 상처 받고, 끝내 교회 밖을 헤매며 떠도는 성도들이 얼마나 많은가. 누가 그들의 손을 잡아 주며, 누가 그들의 상처를 싸매어 줄 것인가.

장로는 쫓겨나고 흩어진 양들을 찾아 나서는 목자의 긍휼한 심정으로, 저들을 직접 만나 보기를 원하고 있다. 참된 목자의 특징은, 언약 공동체에서 쫓겨나 '멀리' 가 버렸거나 길을 잃은 양을 찾아 나서는 그 마음에 있다. 이것이 긍휼의 참된 목자의 특징이다. 길을 잃은 양들, 쫓겨난 양들, 짓밟히고 그래서 병들고 약해진 성도들부터 찾아 나서는 목회자, 그가 긍휼의 목자 예수의 마음을 가진 자이다(마 9:36; 겔 34:7-16).

14절에 '입에서 입으로'(스토마 투 스토마, στόμα πρὸς στόμα)라는 표현은 '대면하여'(개역개정) 또는 '얼굴과 얼굴을 마주하고'로 번역되기도 했는데, 여기서는 문자 그대로 옮겨 놓았다. 이 표현은 '입을 통해 말로 대화하는 방식'과 '인격을 대면하는 것' 둘 다를 의미할 수 있다(Strecker, 267). 고대에는 입에서 입으로 즉 구술(口述)로 전달하는 방식이, 글을 써서 서신으로 전하는 것보다는 훨씬 더 정확하고 안전한 것으로 여겨졌다. 그때나 지금이나, '종이'와 잉크로 서신을 써서 전달하는 것은 대체로 덜 직접적이고,[26] 덜 확실하고, 덜 인격적인 방식임에는 틀림없다. 가장 중요한 말은, 직접 얼굴을 보고 만나서 해야 하기 때문이다.

교회가 '코이노니아'라고 할 때, 그것은 우선적으로 '그 아들의 생명과 아버지의 사랑 그리고 성령의 나눔이 있는 교제'를 의미한다. 성도가 모일 때에 거기에 삼위 하나님의 임재가 있어야 성도의 참된 코이노니아가 되는 것이다. 하지만, 이렇게 말씀이 있고 사랑이 있고 성령의 교통만 있다면, 굳이 직접 육체로 그 자리에 함께해야 할 필요가 없는 것은 아닌가? 오늘날처럼 비대면과 온라인이 일상화되는 시대에, 예배도 교제도 온라인으로 대치해도 되지 않는가? 왜 굳이 교회는 육체로 함께 모이고 만나 예배하고 교제할 필요가 있다는 말인가?

일단, 코이노니아의 핵심이 삼위 하나님의 임재라는 사실을 근거로, 비대

---

26 '종이'(칼라모스, κάλαμος)는 신약에서 드물게 나오는 단어이다(계 11:1). 종이의 종류로는 키가 큰 파피루스라는 갈대풀의 섬유를 가로 세로로 짜서 만든 것이나, 감람이나 종려 잎으로 만든 서판(눅 1:63) 또는 가죽 종이(딤후 4:13) 등이 있었지만(한의신, 454), 모두 보존성이 낮은 재료들이었다.

면 온라인 예배나 교제가 얼마든지 가능하다고 말할 수 있다. 오히려 성도들이 육체적으로 함께 한자리에서 예배하고 교제한다고 해도, 그 안에 말씀의 생명과 아버지의 사랑과 성령의 역사가 없다면, 그것은 그저 사람들이 육체로 모인 집단에 불과하게 될 것이다. 그것은 새 언약의 코이노니아가 될 수 없다. 어떤 이들은, 비대면 온라인으로는 예배나 성도의 교제가 불가능한 것처럼 말하지만, 그렇지 않다. 말씀의 능력이나 하나님의 사랑, 성령의 역사가 온라인 하나 뚫고 나오지 못한다고 생각하는 것은, 하나님의 능력에 대한 불신에 가깝기 때문이다.

하나님의 말씀이신 그 아들은 하늘 보좌를 버리고 이토록 죄와 사망과 허무로 가득한 세상까지 '육체로' 찾아오셨다. 그 아들을 보내신 아버지의 사랑과 성령의 역사는, 반역과 무관심, 증오와 적대감으로 가득한, 마치 차갑고 단단하기가 끝도 없는 빙벽(氷壁) 같은 우리의 심령을 녹이고 뚫고 찾아오신다. 그런 삼위 하나님의 생명과 사랑과 빛의 역사가, 온라인이라는 장벽 하나 뚫지 못하리라고 생각하는가(참조. 요이 1:12).

그럼에도 불구하고 성도들이 '육체로' 함께 모인다는 것은, 코이노니아에 있어서 그 '종말론적이며 온전한' 완성을 바라보는 믿음의 행위이다. 하나님의 아들도 '육체로' 나타나시고 '육체로' 죽으시고 '육체로' 부활하셨고, 그 '부활하신 육체로' 다시 오실 것이다. 하나님 나라도, 지금의 하늘과 땅이 '새롭게 창조되는' 그날, '부활 육체'를 받는 그날 속에 감추어져 있다. 성도가 지금, 여기서 '육체로' 함께 모여 예배하고 교제하는 것은, 장차 올 새 하늘과 새 땅의 영원한 생명의 발현이요, 증거요, 살아 있는 소망에 대한 신앙고백인 것이다.

교회는 가능한 한, '육체로' 함께 모여 코이노니아를 이루어 가야 하는 이유가 여기에 있다. 실제로 '육체로' 함께 모여 인격적인 교제를 나누는 것은, 다른 그 어떤 방식으로도 대체할 수 없을 만큼 생생한 만남이 된다. 아무리

디지털 기술이 발달한다 해도, 인간이 자신의 살아 있는 육체로 표현하는 만큼 진실하고 생생한 현실이 되지는 않는다. 우리의 영혼과 마음, 의지와 생각과 감정을 또 다른 인격에게 가장 진실하고 생생하게 표현하는 방식은, 하나님께서 우리에게 주신, 그리고 교회에게 주신 '육체'이다.

육체는 영혼을 드러내는 수단이고, 그 아들의 영광과 하나님의 사랑, 성도의 교통을 가장 구체적으로 실현할 수 있는 최고의 통로이다. 모든 것이 가상현실(virtual reality) 속으로 빨려 들어가는 디지털 시대일수록, 하나님의 코이노니아로서 새 언약 교회는 더욱더, 육체로 모여 예배하고 교제하는 인격적 코이노니아를 보존하는 공동체가 되어야 한다. 사람은 오직 인격적인 만남이 있는 살아 있는 코이노니아 안에서, 진실하게 변화되고 성숙해져 갈 수 있기 때문이다.

마지막으로 15절에서 장로는, 수신자 교회에 장로 자신뿐 아니라 장로가 속한 교회의 믿음의 형제자매들과의 교제를 추천한다. 고대에서 '친구들'(필루스, φίλους)이란, 요즘처럼 인터넷 매체에서 '좋아요'를 누르는 정도의 느슨한 구경꾼들이 아니다. 당시에 '친구들'이라는 표현은, 동일한 가치관을 소유하고 모든 것을 나누며 때로는 삶과 죽음까지 함께하는 '동맹, 혈맹'에 가까운 관계이다. 주께서 '친구를 위하여 죽는 것보다 더한 사랑은 없다'고 하신 그대로이다(요 15:13; 약 4:4).

장로는, 수신자 교회가 결코 자신의 지역 교회 안에만 갇혀 있지 않도록, 다른 교회들에 소속된 믿음의 친구들을 소개하고 연결해 준다. 하나님의 교회는 몇몇 개인에게 속해 있는 '사(私)적인' 소유물이 아니다. 삼위 하나님에게 속한 거룩하고 '공(公)적인' 존재이다. 장로 요한이 속했던 사도 시대 이후, 4세기의 니케아-콘스탄티노플 신경(信經)이 선포한 대로, 교회는 처음부터 '하나의, 거룩한, 사도적, 공교회'이다. 그 누구도 삼위 하나님의 교회를 자신의 것으로 사유화시킬 수 없다. 교회는 지역과 사역자와 개별적 특성들을 뛰어넘어, 언제나 '하나의 거룩한 사도적 공교회'라는 사실을 잊지 말고, 이를 보존해 나가야만 한다.

수신자 교회를 대하는 장로의 공교회에 대한 이러한 확신과 태도는, '으뜸 되기 좋아하는' 디오드레베의 교회관과 그로 인한 악한 태도와는 완연히 상반된다. 디오드레베는 자신이 그 안에서 왕 노릇 하는 교회의 교인들이 외부의 다른 그리스도인과 교류하고 접촉하는 것 자체를 차단하려 했다. 오늘날도 간혹 이런 교회들이 있다. 모든 것을 자신의 작은 왕국 같은 교회 안에서 해결하려 한다. '아무도 우리를 간섭하지 말라, 우리 교회이다'가 주된 논리이다.

노회도 총회도 신학교도 필요 없다. '우리 교회'가 가장 옳다. 우리 목사님 설교가, 성경 말씀보다 더 중요하고 권위 있으며, 우리 교회가 하는 일은 다 옳다. 그야말로 '우리 교회, 우리 목사님 만능설(萬能設)'이다. 그런 지도자 자신을 포함해서, 모두에게 불행한 경우이다. 고인 물은 썩는다. 하나님에게 열려 있고, 교단을 넘어선 믿음의 형제자매들에게 열려 있고, 이웃과 세상에 열려 있지 않은 교회는 결국 썩어 간다.

교회는 예수 그리스도의 몸이요 성령의 전이다. '내 교회, 우리 교회'지만, '모든' 교회는 삼위 하나님이 세우시고 이끄시고 완성하시는 '하나'의 교회이다. 모든 성도가, 모든 교회의 성도이다. 그러므로 '우리 교회'가 '너희' 교회를 위해 탄식하고 응원하고 기도한다. '너희' 교회가 '우리' 교회를 위해 울고 기도하고 돕는다. 지역 교회는 자신의 개성과 결속력을 유지하면서도, 그리스도의 생명과 진리 안에서 하나님의 사랑 안에서 얼마든지 열려 있어야만 한다. 그래야 자기 안에 갇히지 않고, 만유를 지으시고 다스리시는 하나님, '교회와 우주 만물의 충만'이신 예수 그리스도의 생명과 진리와 영광으로 채워질 수 있다.

하나님도 자기의 영광스러운 아들을 낯선 세상에 내주셨다. 빛이 지금도 어둠 속을 달리는 것처럼, 강물이 바다로 흘러가는 것처럼, 하나님이 지금도 자신을 적대하는 이 세상에 그의 사랑을 쏟아부으시는 것처럼, 코이노니아로서 주의 교회는 그렇게 하나님에게, 믿음의 형제자매에게, 이웃과 세상에 열려 있어야 한다.

인격이 회복되는 교회

교회의 교회 됨의 강력한 표지 중 하나는, 교회 안에서 '서로를 인격으로 대하느냐'에 달려 있다. 인격은 사람으로서의 존재의 본질이다. 하나님은 인격(person)으로 존재하신다. 성부는 성자나 성령을 수단으로 만들지 않으셨다. 삼위 하나님은 서로를 목적으로 대하시며 서로를 영화롭게 하신다.

삼위 하나님과 함께하는 신적이고 또한 가장 인간적인 공동체인 교회도 마찬가지이다. 교회가 정말 교회인지 가늠하는 시금석은 그래서, 신적 성품에 참여하는 공동체로서 교회가 그 안에서 인격이 소멸되거나 이용당하지 않고, 목적으로 대접받느냐에 달려 있다.

인격성의 회복은 그래서 참된 교회의 특징이다. 바로 이 때문에 죄인 하나가 돌아오면 하늘에서 모든 천사가 기뻐하는 것이다. 죄인이어도 그의 인격적 자유 안에서 자발적으로 하나님의 사랑에로 돌이킬 때, 그것은 땅에서도 하늘에서도 가장 기적적이고 놀라운 사건이 된다. 교회는 하나님의 능력뿐 아니라, 그의 사랑의 품 안에서 시작한다. 우리 중 지극히 작은 자 한 사람이 인격으로 대접받는 그곳에 하나님이 계시고 하나님의 교회가 태어난다.

비인격성이야말로 가장 비(非)교회다운 특징이다. 사탄은 인격이 아니다. 사탄은 '비인격화하는 영'이다. 사탄은 인간을 비인격화시키는 일에 도취됨으로써 하나님께 도전한다. 인간에게서 그 얼굴을 지워 버린다. 인간을 '돈'으로 바꾸고, '숫자'로, '물질'로, '도구'로 환원한다. 그래서 하나님의 형상인 인간을 아무렇게나 대해도 좋을 물건, 대상, '그것'(it)으로 변질시킨다. 마귀는 한 인간에게서 무엇보다 그의 인격성을 강탈한다. 귀신 들린 자는 가장 먼저 그의 인격성을 잃어버린다.

교회는 돈이나 배경이나 외모나 세상의 그 어떤 것으로도 평가되거나 차별받지 않는, 인격으로 회복되는 참된 의미에서 유일무이한 '공동체'이다. 어느 한 사람의 인격 속으로, 모든 구성원들의 인격이 함몰되는 집단 내에서는, 인격도 사랑도 생명도 숨을 쉬지 못한다. 그것은 '공동체' 곧 '사귐으로서의 코이노니아'가 되지 못한다.

화단에 비가 내리지만, 모두 장미가 되지는 않는다. 각자의 꽃대로 피어난다. 우리를 살리시는 하나님, 예수님, 성령님의 역사도 그와 같다. 하나님이 다스릴수록, 우리 자신의 인격성은 더욱 피어난다. 하나님께서 각 사람을 회복하심은, 그의 인격성을 온전히 회복하시는 방식으로 일어난다. 성도 각 개인의 인격성이 회복되고 존중되고 피어나는 교회, 그런 교회가 살아 있는 하나님의 교회이다.

성도는 목회의 수단이 아니라 목적이다. 목회자도 교회 부흥을 위해 써먹을 수단이 아니라, 목적으로 대접받아야 할 인격이다. 자식은 부모의 소유물이 아니다. 직원은 사장의 소유물이 아니다. 그 어떤 경우에도, 그 누구에게도, 다른 사람의 인격을 짓밟거나, 그의 인격을 자신의 인격으로 대치해 버리거나 무시할 권리는 존재하지 않는다. 신(神)도, 우리 하나님께서도 결코 그렇게 하지 않으신다.

- 『그리스도인의 성장과 생활 속의 신앙』, 56-58 참조.

배낭여행자와 교회

요즘은 달랑 배낭 하나 메고 유럽이며 동남아시아를 여행하는 사람들이 많다. 그중에는 자신이 계획해 왔던 안정된 삶을 접고, 별다른 계획 없이 그저 발 가는 대로 떠돌며 여행하는 이들도 있다. 꼼꼼히 계획하지 않는 여행은, 자주 뜻하지 않은 난관에 봉착하기 마련이다. 하지만 그런 대책 없는 느슨한 여행은 '전혀 뜻밖의 도움'이랄지 '기대하지 않은, 선물 같은 만남'을 마주할 기회를 제공하기도 한다.

한번은, 어떤 '무계획의 배낭여행자'가 여름 성수기의 유럽의 유명한 도시 한복판에서 잠잘 곳을 못 찾아 쩔쩔맸던 에피소드를 소개하는 동영상을 보았다. 방이 나온 곳이 없었고, 간혹 있어도 턱없이 비쌌다. 빈약한 재정으로 여행하는 처지에 하룻밤에 40만 원이나 하는 호텔에 들어갈 수는 없었기에, 밤늦게까지 길거리에 주저앉아 애타게 숙소를 알아보고 있었다.

그렇게 쩔쩔매고 있는 중에, 근처 상점에서 일하던 직원이 그것을 보고, 퇴근 후에 나와 그와 함께 길거리에 주저앉아 여기저기 숙소를 알아보아 주었다. 마침내, 그 청년은 능숙한 현지 언어를 사용해서 가장 저렴한 숙소를 찾았고, 늦은 밤 그 낯선 여행자를 그곳까지 데려다주었다. 그 여행자는 감사한 마음에 나중에 저녁 식사를 대접했는데, 그 청년은 몇 해 전 그 지역으로 이주해 온 무슬림 학생이었다고 한다.

배낭여행자들이 경험하는 또 다른 흥미로운 일 가운데 하나는, 그들이 자주 묵는 값싼 호스텔에서, 각국에서 온 다양한 부류의 여행자들을 만나게 된다는 것이다. 모두 타지에서 여행자인 신세라 서로에게 쉽게 마음을 열고, 함께 밥 먹고 여행도 하며, 인종과 언어, 나라와 민족을 뛰어넘는 인간 본연의 친절, 사랑, 그리고 화평을 경험하게 된다.

물론, 때로는 타국에서 온 여행자들에게 인종차별적 발언을 하는 악한 사람들, 바가지 씌워 한몫 보려는 일부 안 좋은 택시 기사들이나 상인들을 만나기도 한다. 하지만, 아주 낯선 사람들 사이에서 '계획하지 않은, 선물과 같은 친절'을 경험하고, 피부색과 언어, 민족과 나라가 다른 사람들 사이에서, 모든 경계와 차별을 뛰어넘는 '환대'를 경험하는 것은 참으로 놀랍고 감격적인 일이다.

배낭여행의 매력은 그런 데에 있는 것 같았다. 사람들이 이런 '다소 불편하고 불안정한' 여행에 빠져드는 이유는, 쉼 없이 돌아가는 커다란 기계의 부속품처럼 살아가는 예측 가능하고 메마른 삶을 벗어나, '차별 없는 환대와 친절'이라는 '뜻밖의 은혜'를 만나고, 경험하고, 누려 보고 싶어 하는 속 깊은 갈망 때문인지도 모른다.

생각해 보면, 1세기경 로마 전역에 흩어져 '나그네와 행인들'처럼 살아갔던 '초기 교회'의 삶이 그러했다. 그리스도인이란, 애초에 자신의 계획을 내려놓고 하나님께 모든 것을 맡기고 살아가는 사람들이 아니던가. 그만큼 그리스도인의 삶은, 그분의 인도하심을 따라갈 때 경험하는 '뜻밖의 선물 같은 은혜'에 대한 간증들로 채워지기 마련이다. 특별히, 초기 교회의 '순회 전도자들'의 삶은 더욱 그러했을 것이다. 그들이야말로 복음 곧 '기쁜 소식'을 전하기 위해, 무슨 일을 만날지 알 수 없는 낯선 곳을 찾아가는 여행자들이었다. 그들은 자신이 도착한 지역의 가정들의 환대와 친절과 섬김 없이는 결코 살아갈 수 없는 '나그네요 행인들'이었던 것이다.

거꾸로 생각하면, '미래와 안전이 보장되지 않은' 여행을 하며 타인의 '환대에 의존'해서 살 수밖에 없었던 순회 전도자들의 삶은 오히려, 그들을 맞아들이고 섬겼던 성도들에게 과연 '은혜로 사는 삶'이 무엇인지를 생생하게 체험하게 해 주었을 것이다. 그뿐 아니라, '이방인들에게로' 복음을 들고 나아갔던 순회 전도자들로 인해, 지역 교회의 그리스도인들은 나라와 민족과 언어와 인종을 넘어서는 '사랑과 진리 안에서의 교제'가 얼마나 놀랍고 감동적인 것인지도 경험하게 되었을 것이다.

초기 교회가 로마 사회에서 새로운 희망을 제시하는 '대안적 공동체'로 부상하게 된 데에는, 그들이 예수 그리스도의 복음으로 말미암은 '참된 사랑과 차별 없는 환대'를 특징으로 한 '나그네와 행인들의 공동체'로 살았다는 데에서도 그 이유를 찾을 수 있다.

이런 점에서, 우리 자신을 돌아보지 않을 수 없다. 우리의 교회는 너무 자주, 우리가 정해 놓은 목표와 비전의 틀 속에 갇혀서, 하나님의 뜻을 따라 자유롭게 움직이기에는 너무 딱딱한, 그저 우리가 정한 '목표를 달성하기 위해 모인 사역 집단'처럼 되어 버린 것은 아닐까.

세상에서는 '낯선 자들'이며 때로 적대감과 난관에 봉착하는 '나그네와 행인들'이기 때문에, 그래서 더욱 서로를 따뜻하게 환대하는 가난한 '여행자들의 모임'과 같은 분위기의 교회는 얼마나 될까. 더구나, 오늘날 우리의 교회는 낯선 이방인들, 다른 나라 사람들, 피부색이 다른 사람들, 언어도 풍습도 전혀 다른 사람들이 도저히 끼어들 수 없는 '철저히 우리끼리만'의 교회는 아닌지도 돌아보게 된다.

베드로전서는, 하나님께서 택하여 부르신 성도란 이 땅에서 '나그네요 행인들' 된 사들 즉, '여행자들'이라고 못 박는다. '세상 속의 교회'란, 간단한 배낭 하나 메고 먼 길을 가는 연약하고 가난한 여행자들이 모여 잠시 짐을 풀고, 서로의 경험담을 나누며 위로하고 격려하는 '환대의 공동체'와 같은 것이다. 오직 그들을 부르신 분의 뜻과 그들 안에 이미 시작된 새 하늘과 새 땅의 소망을 좇아, 날마다 '선물 같은 은혜'를 경험하고 나누며 '함께 걸어가는 순례자들'인 것이다. 더불어, 모든 인종과 민족과 나라의 차이, 사회적인 신분이나 경제적인 부와 가난의 간격을 뛰어넘어, 그 모든 차별이 중요하지 않은 '환대와 사랑'을 누리는 기쁨으로 가득 찬 공동체이다. 교회는, 배낭여행자들에게서 배울 것이 많다.

제2권

서론

유다서
"세상에서 자신을 지키는 교회"

Koinonia Kept from the World

주후 3세기의 교부 오리게네스는, '자기 지위를 떠나' 타락한 천사들에 관해 기록한 유다서 1:6을 인용하면서, 유다서를 '거룩한 성경'이라고 칭했으며, "유다는 몇 자 안 되는 서신을 썼지만, 진실로 하늘의 은총이 가득한 강력한 말씀들로 기록되었다"고 평가했다(*Commentary on Matthew* 10:17; Green, 5). 유다서를 향한 오리게네스의 이러한 찬사 속에는, 유다서가 강조하는 우주의 본질과 거짓 교사들의 치명적인 죄악이 폭로되어 있다. 그것은 하나님의 세계 속에서 각자의 존재들에게 주어진 '지위, 자리'를 벗어나 이탈'하는 문제이다.

유다서가 이 문제를 핵심적으로 다룬다는 점은, 유다서에 반복적으로 강조되는 '하나님의 지키심'과 '우리 자신을 지킴'에 대한 주제를 통해서도 확인할 수 있다. 유다서는 시작부터 세상 속의 교회는 '예수 그리스도로 말미암아 지키심을 입은' 교회임을 명확히 선포한다(1:1). 하나님께서 교회를 '능히 지키신다'는 확신은 서신의 맺는말에서도 다시 한 번 확인된다(1:24). 하나님의 지키심을 입은 교회는 또한, 거짓 교사들의 유혹이나 위협과 같은 세상의 공격으로부터 '자신을 지키는' 믿음의 싸움을 싸워야 한다는 것이다(1:21).

하나님의 지키심을 입은 교회가 또한 자신을 끝까지 지켜 내는 것, 바로 이것이 공동서신이 묘사하는 '세상을 맞닥뜨린 교회'에게 주어지는 결론인 유다서의 메시지이다. 흥미롭게도, 이 주제는 이미 요한일서의 마지막 부분에서 시작된다. 요한일서는 악한 자의 세상 한복판에서 교회를 '지키시는'(요일 5:18) 하나님의 아들 예수 그리스도의 은혜뿐 아니라, 동시에 그 하나님의 주권적인 은혜를 따라 지키심을 입은 교회가 그 자신을 힘써 '지켜 내야 하는'(요일 5:21) 문제를 제기하며 마무리하고 있는 것이다.

그러므로 요한일서 마지막 부분인 5:18, 21에서 제기된 문제 곧 하나님의 '지키심을 입은 교회가 세상에서 자신을 어떻게 지켜 내야 하는가 하는 문제는, 뒤이어 나오는 '요한이서와 요한삼서를 포함하여' 공동서신을 결론짓는 '유다서 전체를 총괄하는 핵심적인 주제'인 셈이다. 우리는 진정, 하나님의 지키심을 확신하고 있는가? 하나님께서 그리스도 안에서 교회를 지키신다는 것은 무슨 의미이며, 오늘날 우리에게 어떤 능력을 누리게 하는가?

교회는 오늘날 세속 한복판에서, 그리고 교회 안으로 넘쳐 들어온 세상의 거친 물결 속에서, 자신을 지키는 일에 진정으로 승리하고 있는가? 교회가 하나님의 지키심을 경험하며, 그 은혜와 능력과 소망 안에서 자신을 지켜 내려면 무엇을 어떻게 해야 하는가? 그렇게 지키심을 누리며 자신을 지켜 내는 일은, 왜 중요하고 어떤 의미가 있는가? 유다서는 이런 중대한 질문들에 대해 답을 줄 것이다. 그 전에, 유다서에 관해 알아 둘 필요가 있는 서론적 내용들을 잠시 살펴보기로 하자.

1. 예수님의 친형제 유다의 '모범'

유다서의 저자는 1:1이 밝히듯이 '유다'인데, 이 인물은 거의 의심의 여지없이 예수님의 작은 동생이었던 유다가 맞다. 유다는 자신을 '야고보의 형제'로 소개하고 있고, 야고보는 주의 형제이기 때문이다(행 15:13-21; 갈 1:19). 알렉산드리아의 클레멘트, 히에로니무스('제롬'), 그리고 오리게네스와 같은 초기 교회의 교부들도, 유다서의 저자는 1세기 중반부터 '주의 형제 야고보'를 도우며 팔레스타인의 예루살렘 교회의 지도자 역할을 감당했던 '유다'였다고 증언한다(Green, 3).

유다는, 주님의 가족에서 막내였거나 끝에서 두 번째 아들이었을 것으로 추정된다. 예수님이 돌아가셨을 때, 아마도 20세 미만이었을 유다는, 주후 40년대 초반부터 그가 순교한 60년대 초반까지 예루살렘 교회를 중심으로 한 팔레스타인에서 상당한 영향력을 행사했던 초기 교회의 지도자로 알려져 있다(Davids, 11).

그런데 유다는 출신 성분이 그렇게 대단하면서도, 왜 서신서 초두에서 자신이 '주의 형제'임을 밝히지 않았을까? 형제임을 밝혔다면, 그가 쓴 서신의 권위가 더욱 강화되지 않았을까? 유다는 확실히 그렇게 하지 않았다. 다만, 자신이 '야고보의 형제'임을 밝혔을 뿐이다(1절). 이것만으로도, 유다가 상당한 권위에 호소한 것은 사실이다. 당시 주의 형제 야고보도, 예루살렘 교회뿐 아니라 초기 교회 전반에 걸쳐, 소위 '사도들 위의 사도'(the prime apostle)로서 중대한 권위를 가졌던 인물이었기 때문이다(행 15:12-21).

하지만, 유다 자신이 '주의 형제'였다는 사실을 밝혔다면 더 엄청난 권위를 내세울 수 있지 않았을까? '혈연이나 친족' 관계가 중요했던 1세기 지중해 연안의 고대 근동 문화적 분위기를 떠올리면, 유다의 이런 태도는 통상적이지 않다. 하지만 당시 예루살렘 교회를 배경으로 '초기 교회의 총회장' 격이었던 야고보도 자신을 '주의 형제'로 소개하지 않았다(약 1:1). 유다 역시 "예수와의 혈통적 관계를 주장하고 싶어 하지 않았다"(Moo, 27).

유다의 이런 태도를 이해하는 것은, 그가 기록한 유다서를 이해하는 데 기본적인 관점을 제공한다. 특히, 유다서가 맹렬히 비난하는 거짓 교사들의 태도를 감안할 때 더욱 그러하다. 그들은 양 무리의 목자요 교사인 그들의 특권을 악용하고, 하나님께로부터 거저 받은 '은혜'를 자신들의 '방탕과 탐욕'을 채우는 수단으로 뒤바꾼 자들이었기 때문이다. 거짓 교사들의 문제를 본격적으로 다루는 유다서의 내용을 감안하면, 유다가 자신의 혈연적 특권을 주장하지 않는 모습은 '의도적이고도 교훈적'일 수 있다.

예수 그리스도를 믿게 된 예수의 혈족들의 이러한 겸허한 태도는 초기 교회에서 여러 방식으로 증거되고 있다. 교회사가 유세비우스에 의하면, 비록 유다의 증손들이 다윗의 후손으로 인정되기는 했지만, 도미티아누스 황제가 다윗 계열을 파멸시키려고 했을 때에도, 그들은 스스로 왕족임을 주장하지도 않았다고 기록한다(*Eccl. Hist.* 3.19.1-3.20.1.) '주의 가족'이라는 존대받을 위치에 있었지만, 평범한 사회 경제적 처지에서 살았다는 것이다.

유다의 증손들이 도미티아누스 황제 앞에 불려가 심문을 받을 때, 황제는 그들이 재산을 얼마나 소유했는지, 돈을 얼마나 가지고 있는지 물었다. 그들은 자신들이 소유한 변변치 않은 토지와 재산을 보고한 후에, '쉴 새 없이 농사짓느라 굳은살이 박인 그들의 손을 보여 주었다'고 한다. 황제는 그들이 '그저 평범한 사람들'처럼 살고 있었다는 사실을 알았다(*Eccl. Hist.* 3.20.7). 주의 가족들은 예수 그리스도의 인척이라는 혈연관계를 이용해서 자신들의 경제적, 사회적 출세를 추구하거나 도모하지 않았다. 이는 "초기 교회에서 후대의 지도자들에게 훌륭한 모범을 남긴 사례"라 할 수 있다(Green, 16).

유다서의 저자가 '유다'라고 할 때, 이런 '정보'는 독자가 유다서를 읽고 해석할 때, 어떤 영향을 끼치게 될까? 유다는 자신이 비판했던 거짓 교사들의 잘못, 즉 하나님의 은혜를 방탕거리와 탐욕의 수단으로 삼았던 것과는 전혀 다른 삶을 살았다. 유다서가 가르치는바, 하나님의 '은혜'가 우리를 '거짓 자유와 속임'으로 인도하지 않고 도리어 '참된 경건과 복된 소망을 기다리는'(딛 2:11-15) 진실한 삶으로 인도한다는 사실을, 유다 자신의 삶이 증거하고 있는 셈이다.

2. '거짓 교사들'의 특징과 정체는?

유다서는 수신자 교회 안에 어떤 '문제 상황'을 전제하고 이에 대한 '경고와 해법'을 제시하는 서신이다. 그 문제의 핵심은, 교회 안에 '몰래 들어온 거짓 교사들'이다(1:4). 학자들은 이들의 '정확한 역사적 정체성'을 규명하려고 하지만, 그것은 결코 쉬운 일이 아니다. 베드로후서 역시 '거짓 교사들'의 부패한 행실과 잘못된 가르침을 다루지만, 이 경우에도 그들의 정확한 정체성을 규정하는 일은 거의 불가능하다.

무엇보다, 역사적으로 존재했던 어떤 거짓 교사들의 정체성이, 베드로후서나 유다서의 본문이 묘사하는 거짓 교사들의 특징들과 '정확히' 일치하는 경우가 없기 때문이다. 예컨대, 유다서의 거짓 교사들이, 2세기의 '영지주의자들' 또는 1세기의 '초기 영지주의자들'이라거나, '황홀경을 경험한 방랑 선교사들' 또는 단지 '극단적인 바울주의자들'이라 단언하는 것은, 유다서의 어떤 본문들과 충돌을 일으키는 부분적 진실이 될 수밖에 없다(참고. 정창교, 92-95).

유다서의 거짓 교사들의 가장 유력한 배경으로 언급되는 2세기의 영지주의자들인 '카르포크라티안'(Carpocratins)들의 경우에도 공통점들이 많이 발견된다. 이레네우스에 의하면, 이들은 마술을 하기도 했고 '꿈을 보내는 귀신들'에게 묻기도 했다. 알렉산드리아의 클레멘트는, 이들의 생활 방식은 극단적으로 문란했는데 '하나님의 의'가 모든 사람에게 똑같이 주어졌기 때문에, 모두가 평등하고 그래서 '내 것'과 '네 것' 없는 공동생활이 가능하며 심지어는 애찬 후에 '아내'까지 공유하기도 했다고 주장한다.

클레멘트는 카르포크라티안들의 이런 악행을 비판하면서, 이들과 또한 그와 유사한 분파들에 대해 "유다가 그의 서신에서 예언적으로 선포한다고 본다"고 언급했다. 클레멘트는 유다서의 표현을 빌려, 카르포크라티안들은 '길을 이탈한 별들'(1:13)이며, 자기들은 자유하다고 떠벌렸지만 실제로는 부적절한 욕망의 노예가 되어, 결국 스스로를 "삼 겹의 어둠 속으로 내던지고 말았다"(1:13)고 묘사한다(Green, 24).

클레멘트는 분명히, 2세기 영지주의자들이었던 카르포크라티안들을 유다서에 기록된 거짓 교사들을 묘사한 특징들과 연결 지었다. 하지만 클레멘트 자신도, 유다가 "예언적으로 선포한 것"이라고 말함으로써, 유다서가 기록된 '당시에는' 카르포크라티안들이 존재하지 않았으리라고 전제했다. 이런 점에서, 유다서가 염두에 둔 거짓 교사들은 나중에 2세기에 카르포티안들처럼 드러날 매우 이른 시기의 '초기 영지주의자들'이었을 가능성도 있다.

하지만 이런 판단은 그 많은 공통점에도 불구하고, 역시 추정의 수준에 머문다. 그 '차이점들'도 현격하기 때문이다. 가장 뚜렷하게는, 카르포크라티안들에게 예수 그리스도는 '하나님의 아들'이 아니었다. 예수는 단지 '요셉의 아들'로서, 하나님에 의해 신적인 것에 관한 모든 것을 기억한 정도였으며, 누구나 그런 경지에 이를 수 있다고 생각했다. 반면에 유다서의 거짓 교사들은 표면적으로는 예수 그리스도에 대한 신앙고백을 하고 교회 안에 들어온 '가짜 신도들'이다(1:4). 하지만 카르포크라티안들은 교회 안에 들어온 자들이 아니라 따로 분파를 이루고 별도의 애찬을 나누었던 이단이었다.

또한, 유다서의 거짓 교사들에게는 물질과 영혼의 이분법과 같은 영지주의적 특징들이 나타나지도 않고, 영지주의자들처럼 이 세상은 하나님이 아니라 천사들이 창조했다고 믿거나 주장하는 모습도 찾아볼 수 없다. 유다서의 거짓 교사들이 천사들을 훼방한 이유도, 영지주의에서처럼 천사들이 창조주였기 때문이 아니라, 율법의 중재자들이라는 이유 때문이었다.

결론적으로, 2세기의 카르포크라티안들을 유다서의 거짓 교사들의 '역사적 정체성'으로 단정 짓는 것은 무리한 추정일 뿐 아니라, 부정확한 가설이다.[1] 혹시 어떤 유사점이 있다면, 그것은 초기 영지주의자들의 일부 거짓 가르침과 부패한 행실이 유다서의 거짓 교사들의 시대적 배경에 뒤섞여 있었다는 정도로 요약할 수 있을 것이다.

결국, 유다서가 다루는 거짓 교사들의 본질에 관해서 확실성을 가지고 말할 수 있는 것은, 유다서의 본문 자체가 묘사한 그들의 특징뿐이다. 그 이상을 추정하는 것은 비록 '역사적' 배경이라고는 하지만, 가설과 추측의 영역에 머물 뿐이다. 그렇다면, 유다서 본문이 묘사하는 '교회 안에 몰래 들어온 거짓 교사들'의 특징에는 어떤 것들이 있는가?

첫째, 가장 중요한 특징은 이들의 '반(反)율법적, 무(無)율법적' 태도이다(1:4, 8-10, 16). 이들은 '율법'을 무시했다. 사도 바울이 전한 '오직 은혜, 오직 믿음'의 복음을 오해했고 또한 이를 악용하고자 했기 때문이다. 이런 점에서 유다서는, 바울서신에 대해 보완적이고 균형을 이루는 '온전한 믿음'을 가르친다.

둘째, 유다서의 거짓 교사들은 특히 '직통 계시'를 주장하는 '꿈꾸는 자들'이었다(1:8). 이들은 바울의 '오직 은혜'의 복음이 주는 '자유'를 오해하고 악용했을 뿐 아니라, 거기에 무슨 '사적(私的)이고 특별한 직통 계시'까지 주장하는 신비주의적 경향까지 덧붙인 자들이었다. 이런 점에서, 베드로후서에 나오는 거짓 교사들이 자신들이 경험하는 것만 고집하는 '세속적이고 인본주의적인 거짓 가르침'을 주된 특징으로 한 것과는 명확히 다른 특징을 보인다.

셋째, 한 걸음 더 나아가서 유다서의 거짓 교사들에 관해서는, 특별히 '방탕' 즉, '제한 없는 성적 타락'의 죄가 두드러지게 묘사된다. 이들은 '오직 은혜'의 복음을 오해하고 악용함으로써 '율법'의 굴레를 개의치 않았다. 그것은

1 만일 베드로후서를 베드로가 썼고 베드로후서가 유다서를 인용했다고 볼 경우, 유다서는 매우 이른 시기, 즉 60년대 중반 전에 기록된 증거를 가진 셈이다. 하지만, 이런 가설이 아니라 하더라도, 유다서는 일찌감치 교부들에 의해 그 정경성을 인정받았고, 주후 200년경에는 무라토리안 정경의 목록에 포함되었다. 유다서는 2세기 말에는 이미 로마, 아프리카, 그리고 이집트에서도 그 정경성을 널리 인정받게 되었다.

이들이 '율법의 중매자로 여겨졌던 천사들'(1:8; 행 7:53; 갈 3:19)의 권위를 무시하고 훼방했다는 점과 깊이 연관된다.

넷째, 유다가 묘사하는 거짓 교사들의 가장 두드러진 특징은, 이들이 하늘에서 '자신의 지위를 떠난'(1:6; 창 6:1-2) 타락한 천사들의 길을 그대로 따라가는, 자기 자리를 떠나 '길을 이탈한 별들'(1:13)과 같은 자들이었다는 사실이다.

마지막으로, 이들은 자신들이 신령한 직통 계시를 받았다고 떠들며, 겁도 없이 교만하게 천사들의 권위나 율법의 권위도 무시하고 훼방하는 자들이었지만, 유다는 그들이 실제로는 '육에 속한 자들이며 성령은 없는 자들'임을 폭로한다(1:19).

이렇게 대략 다섯 가지의 특징이, 유다서가 묘사하는 거짓 교사들에 관해 본문이 확인해 주는 내용들이다. 중요한 것은, 이 거짓 교사들의 역사적 정체성을 확인하는 것이 아니라, 이렇듯 명확한 거짓 교사들의 특징들을 오늘날의 교회 속에서 찾아보고, 분별하고 경계하며 유다서가 제시하는 해법을 신실하고 효과적으로 살아 내는 일일 것이다.

3. 유다서의 기록 시기, 우주관과 기록 목적

유다서의 '적대자들의 정체'와 서신의 '기록 시기' 그리고 '저자'의 문제는 서로 뗄 수 없이 연결되어 있다. 앞서 설명했듯이, 유다서의 저자는, 유다서의 본문뿐 아니라 많은 교부들이 증거하듯이 예수님의 동생이었던 유다가 분명하다. 저자가 '그 유다'라면, 유다서의 기록 시기는 대략 40년대부터 유다가 순교했던 60년대 초반 이전일 것이다. 이 시기는 사도 바울이 안디옥을 기점으로 활발하게 선교 활동을 했던 시기와 일치한다.

유다는 예루살렘 교회의 주요한 지도자로서, 당시 바울의 '칭의의 복음, 은혜의 복음, 자유의 복음'을 잘 알고 있었고, 초기 교회에서 생겨난 '은혜의 복음에 대한 오해와 악용'이라는 부작용을 바로잡기 위해 유다서를 기록한 것으로 보인다. 이런 면에서 유다서는, 안디옥을 기반으로 했던 복음의 확장으로 생긴 부수적인 신학적, 목회적, 신앙적 문제들을 해결하고 조정함으로써, 바울의 복음을 보완하고 균형을 맞추어 '신앙의 규범'(*regula fidei*)을 형성하며 지도력을 발휘했던, 예루살렘 전통의 한 증거이다.

한 걸음 더 나아가서 유다서는, 은혜의 복음을 받은 자들이 '아예 율법 자체를 폐기해 버리고' 이방인들의 방탕한 삶으로 되돌아가려는 경향을 바로잡으려는 서신이라 할 수 있다. 이런 면에서 유다서는, '영원한 나라'의 복음을 받고도 다시금 '세상의 더럽고 썩어지고 허무한 삶'에로 후퇴하는 교회를 경고하고 해법을 제시하는 베드로후서와 유사한 방식의 논지를 펼친다(벧후 2:20).

공동서신 전체가 '세상을 상대로 하는 복음'을 펼치는 특징을 가진 것처럼, 유다서는 은혜의 복음을 받고도 방탕으로 미끄러져 가는 거짓 교사들과 그들의 영향을 받는 교회를 향해, 매우 성경적이고 흥미로운 '우주론'을 근거로 한 논지를 펼친다. 오늘날의 독자들은 '우주'(cosmos)라고 할 때, 근대의 계몽주의 이후 발전된 과학의 관점에서만 생각하는 경향이 있다. 우주를 '물질'적 관점 외에 다른 시각으로 보려 하지 않는다. 존재하는 모든 것이 '물질'에 기원해 있고 '물질'로부터 발전, 파생된 것으로 설명하려는 관점이다. 인간의 오관(伍官)으로 보고 만지고 측정할 수 없다면, 그런 대상은 존재하지 않는 것으로 단정하려 드는 것이다.

하지만 인류가 오직 감각할 수 있는 '물질'을 근거로 우주를 이해한 것은 사실 근대 이후 몇백 년이 채 되지 않는다. 지난 수천 년 동안, 고대나 중세의 세계관이나 성경이 계시하는 우주의 실체는, 전혀 그렇지 않다. 애초에 '정사들(authorities)이나 권세들(powers), 천사들(angels)'이 없는 우주는 존재하지 않는다. 유다서가 오늘날의 독자들에 '낯설게' 느껴지는 이유 중 하나는, 성경이 계시한 실제의 우주에 대해 우리 자신이 너무 '낯선 존재'가 되어 버렸기 때문이다.

오늘날 우주를 볼 때 '물질' 그 이상으로 보지 않으려는 과학적 시각은 마치 한쪽 눈을 가리고 나머지 한쪽 눈만으로 보려는 태도와 같다. '두 눈을 모두 뜨고' 보아야 한다. 사람은 육체를 가지고 있지만, 영적 존재이다. 영혼은 단지 물질의 파생이나 물질적 현상이 아니다. 사람은, 하나님께서 자신의 형상을 따라 만드시고, 친히 자신의 숨을 불어넣으셔서 살아 있는 영으로 창조되었다. 하나님과 교제할 수 있는 영적 존재로 창조하신 것이다. 하나님이 창조하신 피조 세계도 단순한 물질적 세계가 아니다. 하나님은 하늘의 모든 영적 존재들 곧 '하나님의 아들들', '정사와 권세와 능력들'도 창조하셨다(창 6:1; 유 1:6; 엡 1:21; 6:12; 골 2:15).[2]

눈으로 보고 손으로 만지고 숫자로 측정할 수 있는 것만 존재한다고 믿는 것은, 마치 파란색 안경을 쓰고, 존재하는 모든 것은 파란색을 띤다고 말하는 일방적 주장에 지나지 않는다. 유다서는 하늘의 세계가 존재한다는 것을 증명하려 하거나 설득하려 하지 않는다. 너무나 당연한 세계이기 때문이다. 하늘에는 하나님의 법정(法庭)이 있다(1:9). 거기에는 천사들과 영적 존재들과 천상 회의가 있는 영역이다(왕상 22:19-22; 시 82:1).

거기서 일어나는 일들은, 땅에서 일어나는 일에 영향을 미친다. 그 반대도 마찬가지이다. 성경의 세계에서 하늘에서 일어나는 일과 땅에서 일어나는 일

---

2 성경의 초자연적, 총체적 우주관에 관하여는, Heiser, *Unseen Realm: Recovering the Supernatural Worldview of the Bible*(『보이지 않는 세계』), 그리고 조금 더 고전적인 책으로는, W. Wink, *Unmasking the Powers: The Invisible Forces that Determine Human Existence*, Fortress Press, 1986 (『사탄의 가면을 벗겨라: 인간의 삶을 결정하는 보이지 않는 힘들』)을 참고하라.

은 서로 연동된다. 베들레헴에서 하나님의 아들 예수 그리스도가 태어나셨을 때, 한 별이 동방 박사들을 그곳으로 인도했다. 그 예수 그리스도가 골고다의 십자가에서 죽으셨을 때, 성소의 휘장이 찢어지고 땅이 진동하며 바위가 터지고 무덤이 열렸다(마 27:51-52; 슥 14:1-9). 땅에서 죄인 한 사람이 회개하면, 하늘의 뭇 천사가 기뻐한다(눅 15:10).

주께서 가르치신 기도에서처럼, '뜻이 하늘에서 이루어진 것같이 땅에서도 이루어져야' 하고, 교회가 '땅에서 매면 하늘에서도 매이고, 땅에서 풀면 하늘에서도 풀린다'(마 18:18). 존재하는 우주는 땅만으로 되어 있지 않고, 하나님과 영적 존재들이 있는 하늘과 공존하며, 두 세계는 서로 연결되어 있다. 고대에는 하나님의 천사들이 사람의 모습으로 나타나는 일에 관해 이상하게 생각하지 않았다(창 18:1-8; 19:1-11). 지금도, 이 땅에서 순례하며 여전히 전투하는 새 언약 백성인 교회는, 동시에 하늘의 하나님의 보좌 우편에 어린양 예수 그리스도와 함께 이미 승리한 교회로 찬송과 영광 가운데 앉아 있다(계 5:1-14; 21:1-3).

유다서가 제시하는 성경적 우주관에 의하면, 하나님은 이 피조 세계, 곧 하늘과 땅의 모든 세계의 창조주이시고 유일하고 절대적인 통치자이며 심판주이시다. 무엇보다, 그가 지으신 이 피조 세계에는 하늘에서나 땅에서나 그가 말씀으로 존재하게 하시고 붙드시는 창조의 질서가 있다. 그 안에서 천사이든 인간이든, 모든 존재는 그들 각자에게 부여된 '자기의 지위, 영역, 자리'가 있다.

그러므로 유다서에서 구원이란, 하나님이 지으신 세계 안에서 사람이 원래 그에게 주신 자리, 그 지위, 그 영광, 그 능력과 사명의 자리를 회복하는 것이다. 반대로 타락이란, 유다서의 타락한 천사들이 보여 주는 것처럼 '자기 지위를 떠나, 유리한 별들'처럼 하나님의 창조의 질서를 뒤엎고 훼방하는 존재가 되어 버리는 것이다. 그것이 '불경건'의 극치이다. 그래서 하늘에서 거하도록 지음받은 천사들이 땅의 여인들을 탐하고, 인간이 그런 우주적 질서의 파괴와 혼돈을 흉내 내어 자기들도 '다른 육체를 좇으며' 탐욕을 구하는 것을 불경건의 대표적 사례로 언급하는 것이다(1:6-7).

그렇다면 유다서가 가르치는 '경건'이란 무엇인가? 그것은 하나님의 세계 안에서 하나님께서 우리에게 회복해 주신 '우리의 지위와 사명을 끝까지 지켜 내는' 것이다. 그것이 성도에게 주신 영광이면 그 영광을 지켜 내는 것이고, 그것이 성도에게 주신 새 하늘과 새 땅의 약속이면 그 약속을 끝까지 붙들고 지켜 내는 것이다.

교회 안에는 이미 예수 그리스도로 말미암아 주어지고 성령께서 얼마든지 실현하시는 하늘의 은총들, 그 능력과 영광으로 충만하다. 교회의 싸움은 어떤 새로운 영광스러운 것을 만들어 내는 것이 아니라, 그리스도 안에서 은혜로 주어진 구원과 소망, 복된 약속과 영광을 결단코 그 누구에게도, 세상이나 마귀에게 절대로 빼앗기지 않는 것이다. 하나님께서 우리에게 주신 그 자리, 성도의 영광을 끝까지 지켜 내는 것, 그것이 세상을 이기는 교회의 승리이다.

4. 유다서의 문학적 구조

유다서의 인사말인 1절과 맺는말인 21절에 공통적으로 언급되는 '지킴'이라는 개념은 유다서 전체를 관통하면서 서신을 열고 닫는 '키워드'이다. 교회는 예수 그리스도로 말미암아 예수 그리스도 안에서 지키심을 얻는다. 그것은 하나님의 전적이고 주권적인 은혜이다. 하나님의 지키심을 입은 교회는 어떻게 그의 지키심을 누리는가? 또한 교회가 자신을 세상에서 지킨다는 것은 어떻게 한다는 것인가? 이런 질문을 염두에 두면서 유다서 전체의 문학적 구조를 개관해 보자.

유다서의 문학적 구조

A. 확신과 축복(1–2절)

a. 하나님의 사랑 안에서 지키심(1절)

b. 예수 그리스도로 말미암아 지키심(1절)

c. 긍휼과 평강과 사랑으로 지키심(2절)

B. 문제 상황과 처방(3–4절)

a. 믿음을 위해, 힘써 싸우라(3절)

b. 거짓 교사들의 침입, 은혜의 악용(4절)

c. 주인과 주 되신 예수 그리스도를 부인(4절)

C. 자기 지위를 떠난 자들(5–7절)

a. 출애굽 후 광야의 불신자들(5절)

b. 타락한 천사들(6절)

c. 소돔과 고모라의 방탕한 자들(7절)

D. 거짓 교사들의 특징(8–16절)

a. 주의 권위를 모독함(8–10절)

b. 길을 이탈한 별들(11–13절)

c. 불경건(14–16절)

C′. 거짓 교사들의 실체(17–19절)

a. 예언대로 종말에 나타난 자들(17절)

b. 정욕대로 행하는 불경건한 자들(18절)

c. 당 짓고, 육적인, 성령은 없는 자들(19절)

B′. 치유와 회복을 위한 조치(20–23절)

a. 믿음 위에 자신을 건축함(20절)

b. 하나님의 사랑 안에서 자신을 지킴(21절)

c. 실패한 자들을 위한 조치(22–23절)

A′. 확신과 송영(24–25절)

a. 우리를 지키시어 거침이 없게 하실 분(24절)

b. 우리를 흠 없이 영광 앞에 서게 하실 분(24절)

b. 영광과 위엄과 권력과 권세로 지키심(25절)

유다서는 대체로 교차 대구적(chiastic)인 구조를 가지고 있다. 먼저 1절에서 "하나님 아버지 안에서 사랑을 입은"이나 "예수 그리스도로 말미암아 지키심을 입은"이라는 표현은, 24절에 나오는 "여러분을 지키실 능력"이라는 표현뿐 아니라 21절에 나오는 "여러분 자신을 하나님의 사랑 안에서 지켜 내십시오"라는 문구와도 짝을 이룬다.

이런 사실은 서신의 처음과 나중이 '하나님의 지키심'과 '우리가 우리 자신을 지킴'이라는 주제를 따라 유다서의 처음과 끝이 서로 선명하게 상응하고 있음을 보여 준다. 서신의 시작인 1절에서 '하나님의 지키심'의 주제는, 21절에서 '자신을 지킴'이라는 주제로 변주되다가 서신의 끝인 24절에서 '하나님의 지키심'이라는 주제로 다시 돌아와 서신을 마감하는 것이다.

서신의 인사말에 해당하는 '확신과 축복'(1-2절, A)은, 서신의 맺는말에 해당하는 '확신과 송영'(24-25절, A′)과 온전히 상응하는 점도 주목할 만하다. 둘 다, 하나님의 강력한 지키심을 확신시키는 역할을 한다. 유다서의 처음과 시작이, 하나님의 지키심을 이토록 강조하는 이유는, 수신자 교회의 상황이 '하나님을 떠날 만큼 중대한 유혹과 위협의 문제'에 직면했기 때문일 것이다. 유다서의 경우는 그것이 교회 안에 들어온 '거짓 교사들'의 거짓 가르침과 그들의 부패하고 방탕한 행실의 문제였다.

인사말 다음에 나오는 '문제 상황과 처방'(3-4절, B)에서는, 거짓 교사들의 문제인 '은혜의 악용'과 그들이 '주인이요 주 되신 예수 그리스도를 부인'하는 위험이 소개되고, 이에 대해 유다의 핵심적인 처방인 '믿음의 싸움'이 제시된다. 이에 상응하여, 서신의 뒷부분에서는 이런 문제 상황에 대한 '치유와 회복을 위한 조치'(20-23절, B′)가 제시된다. 거짓 교사들에 의해 자기 위치를 이탈한 성도들을 구해 내는 방식과 믿음 위에 자신을 건축할 것 그리고 하나님의 사랑 안에서 자신을 지켜야 할 책임을 강조하는 것이다.

서신의 중심부에서는, 문제 자체의 본질을 파헤쳐, 거짓 교사들이 심판을 피할 수 없다는 사실을 호소함으로써, 수신자 성도들에게 강력한 경종을 울리고, 그 거짓 교사들의 실체를 드러내는 일에 집중한다. 유다서는 먼저 '거짓 교사들의 실체'(17-19절, C′)를 밝히기 전에, 유다서가 지적하는 핵심적인 죄악인 '자기 지위를 지키지 못하고 떠난' 자들'(5-7절, C)에 관해, 출애굽 후 광야의 불신자들, 하늘에서 쫓겨난 타락한 천사들, 그리고 그들을 따라 성적 방탕을 일삼은 소돔과 고모라 사람들에게 임한 확고한 심판을 보여 준다.

이로써, 수신자 교회 안으로 들어온 거짓 교사들과 그들의 악한 충동질에 흔들리는 신자들은, 사실상 '자기 지위를 떠난' 타락한 천사들의 우주적 반란에 참여하고 있는 셈이라는 점을 각성시킨다. 결국, 거짓 교사들은 비록 신앙고백을 하고 교회 안에 들어와 있지만, 실상은 주님의 예언대로 그들 자신이 종말과 심판의 증거요, 오직 육체의 정욕대로 사는 자요, 그리고 성령은 없는 자임이 폭로된다(17-19절, C′).

이제 유다서는 서신의 가장 핵심적인 부분에서, 거짓 교사들의 특징을 생생하고 자세하게, 길게 묘사한다(8-16절, D). 이렇게 하는 이유는 필시, 성도들이 거짓 교사들을 명확히 '분별'하고 결단코 그들에 의해 성도의 믿음이 흔들리지 않게 하기 위함이다. 거짓 교사들을 분별하는 것은 간단한 일 같지만, 그들은 성도와 교사, 설교자라는 신령한 자의 '양의 가죽'을 뒤집어쓰고 있기 때문에, 그들의 실상을 직시하는 것이 쉽지 않다.

그래서 유다는 6-18절에서 매우 길고 생생하게 거짓 교사들의 특징을 자세히 묘사한다. 그들이 주님의 권위를 탈취하여 자신의 것인 양 자랑하고, 특별히 성령과 의의 열매가 없으며, 확실히 불경건하다는 것이다. 유다는 수신자 교회들이 거짓 교사들을 분별하는 일에 실수하거나, 그들의 거짓 가르침을 거부하는 일에 우유부단한 태도를 경계한다. 이것이 유다서의 문학적 구조가 드러내는 저자의 의도 가운데 하나이다.

전체적으로 보면, 유다서의 문학적 구조는 '하나님의 지키심'이라는 '은혜의 복음'으로 둘러싸여 있다. 그리고 그 중앙에서는 거짓 교사들의 특징들과 이것을 분별해야 하는 '우리의 책임'이 강조된다. 동시에, 거짓 교사들의 영적 실체는 타락한 천사들과 직결되어 있는 우주적 반란과 혼돈의 일부라는 사실을 폭로한다. 교회는 믿음 위에 자신을 건축해야 하고, 무엇보다 하나님의 사랑 안에서 자신을 지켜 내야만 한다.

교회가 자신을 지킨다는 것은, 외부의 공격으로부터 방어적으로 자신을 지키는 것뿐 아니라, 동시에 자신의 믿음을 그 안전한 토대 위에 굳게 세우는 일로 나뉠 수 있다(19-20절). 주의 참된 교회는 우선 자기 지위를 떠난 악한 천사들과 그들을 좇는 거짓 교사들의 거짓 가르침으로부터 자신을 지켜 내야 한다.

한편으로, 유다는 교회가 '자신을 지키는' 일뿐 아니라, 그 불같은 시험에 빠진 다양한 부류의 '이웃을 지키는' 사명에도 충실하기를 원한다(22-23절). 그들을 향해서는 긍휼한 마음으로 접근하는 것이 핵심이다. 하지만 죄를 미워하며, 하나님께로부터 동일한 심판에 처하지 않도록 두려움으로 접근해야 한다. 무엇보다 적극적으로, 하나님의 나라 안에서 자신이 받은 그 영원한 생명과 거룩한 믿음을 끝까지 지켜 내야 한다. 이것이 세상 속의 교회를 향한 유다서의 간곡하고 뜨거운 사랑의 권면이다.

제1장

유다서
"세상에서 자신을 지키는 교회"

1. '지키심'에 대한 확신과 축복(1-2절)

신약의 서신들은 머리말이나 인사말에서, 발신자가 본론에서 전달하고 싶어 하는 주요 메시지를 언급하곤 한다. 유다서도 그렇다. 이런 시각으로 1-2절의 인사말을 잘 살펴보면 '하나님의 지키심'이라는 표현이 독특하다는 사실에 주목하게 된다. 유다는 왜 서신을 시작하자마자 '하나님의 지키심'이라는 주제를 꺼냈을까? 수신자 교회가 '흔들리고 있었기' 때문일 것이다. 저들이 바른길을 떠나 이탈할 위험에 처했기 때문이다. 어떤 위험인가? 그 구체적 내용이 3절 이하에 소개된다. 우선은 1-2절의 인사말을 음미하며, '하나님의 지키심'에 대한 유다의 확신과 그 근거를 생각해 보자.

> 1 유다, 예수 그리스도의 종이요 야고보의 형제는, 하나님 아버지 안에서 사랑을 입은 자들이요, 예수 그리스도로 말미암아 지키심을 입은, 부르심받은 자들인 여러분에게, 2 긍휼과 평강 그리고 사랑이 넘치기를 기원합니다.

1절의 원문에는, '유다'라는 이름이 맨 먼저 나온다. 저자는 자신을 '야고보의 형제'라고 소개하는데, 초기 교회 안에서 자신의 혈통적인 지위를 강조할 의도가 있었다면 애초에 자신을 '주의 형제 유다'로 소개했을 것이다. '유다'는 유대인들 가운데서는 흔한 이름이었다. 저자가 자신을 굳이 '야고보의 형제'라고 소개한 것은, 상대적으로 초기 교회에 잘 알려진 '야고보'와의 관계를 명시함으로써 이런 혼선을 피할 의도였을 것이다(Bauckham, 25).

'예수님의 친동생'이 교회를 사랑하는 방식

유다가 자신을 '예수 그리스도의 친동생'이라고 소개하지 않았다는 것은, 짚고 넘어갈 만한 대목이다. 역사적 증언들에 의하면, 유다는 초기 교회에서 '주의 가족'으로서 존대받을 위치에 있었지만 육체노동을 하며 평범한 사회경제적 처지에서 살았다. 유다서 안에서도, 자신이 예수님의 형제라는 사실을 어떤 특권이나 지위로 내세우는 흔적을 찾아볼 수 없다.

이와 대조적으로, 거짓 교사들은 '주의 권위를 개의치 않으며'(개역개정, '권위를 업신여기며', 8절), '그 입은 잔뜩 부풀린 허풍을 말하는'(16절) 자들이다. 정작 예수님의 친동생인 유다는 자신의 혈통에 관해 함구하고 있는데, 거짓 교사들은 무슨 특별한 영적 권세를 가진 양 허세를 떨며 성도를 현혹하기에 바쁜 모습으로 극명한 대조를 이루는 것이다('서론' 참조).

오늘날에도, 혈연관계를 들먹이며 주의 거룩한 교회의 아름다운 질서와 전통을 혼탁하게 하는 자들은, 스스로 거짓 교사의 길에 발을 들여놓은 것임을 기억해야 한다. 반면에, 부모의 신앙을 따라 주께서 맡기신 사명의 자리에서 이름도 빛도 없이 참된 헌신을 길을 가는 수많은 믿음의 자녀들이 있다. 하나님의 영광만을 생각하며 순종하는 신실한 종들이 주의 교회의 기둥이요 뿌리이다. 교회 안에는 '오직 은혜, 오직 믿음'으로 '하나님의 자녀들' 된 복음 이외에, 다른 '혈연'이 힘을 발휘해서는 안 된다.

교회는 혈연관계가 주요 사안을 결정하는 '종친회'가 아니며 그럴 수도 없다. 주 예수 그리스도의 교회는 하나님께서 자신의 주권적 은혜로 부르신 새로운 가족, 하늘의 가족, 새 하늘과 새 땅의 백성이다. 주께서 친히 물으셨다.

"누가 내 어머니이며 내 동생들이냐 하시고 손을 내밀어 '제자들'을 가리켜 이르시되 나의 어머니와 나의 동생들을 보라 누구든지 하늘에 계신 내 아버지의 뜻대로 하는 자가 내 형제요 자매요 어머니이니라 하시더라"(마 12:48-50). 어쩌면, 주께서 이 말씀을 하신 그 자리에 유다가 있었고, 그가 직접 자신의 형인 예수께서 이런 말씀을 하신 것을 들었고 기억했는지도 모른다.

교회가 혈연에 따라 움직이지 않고, '하나님의 은혜의 부르심'(1절)에 의해 '지켜지는' 하나님의 새로운 가족 공동체라는 사실은, 유다 이전에 예수님 자신이 세워 놓으신 질서요, 교회의 정체성이다. 교회가 거짓 교사들의 거짓 가르침과 부패한 행실에 휘둘리지 않으려면, 유다가 자신을 오직 '예수 그리스도의 종'(1절)으로 소개한 그대로, 혈연이 아닌 '오직 믿음'으로 되는 하나님의 부르신 자들의 공동체로서의 정체성을 견고하게 '지켜 가야' 한다.

'아버지 하나님의 사랑'으로 지키심

1절 하반절에서, 유다가 수신자들을 묘사하는 방식은 세 가지이다. 첫째 저들은 '하나님 아버지 안에서 사랑을 입은 자들'이요, 둘째 '예수 그리스도로 말미암아 지키심을 입은 자들'이며, 셋째 그렇게 '부르심받은 자들'이다. 앞의 두 표현들 즉 '하나님 아버지 안에서 사랑을 입은'과 '예수 그리스도로 말미암아 지키심을 입은'은 모두 분사구로서, '부르심받은 자들에게'(토이스… 클레토이스, τοῖς…κλητοῖς)를 수식한다. 그러니까 수신자들은 무엇보다 '부르심받은 자들'인데, 특별히 하나님 아버지 안에서 사랑을 받고, 예수 그리스도로 말미암아 지키심을 받는 자들로 설명되는 것이다.

우선 '하나님 아버지 안에서(엔 떼오 파트리, ἐν θεῷ πατρὶ) 사랑을 입은'이라는 표현을 살펴보자. 여기서 '안에서'(엔, ἐν)라는 전치사는 '의하여'(NIV)로 번역될 수도 있는데, 이 경우는 하나님 아버지께서 친히 사랑하셨다는 점이 강조된다. 하지만 그것은 어쩌면 당연한 내용이다. 그보다는 '안에서'라는 번역이 더 자연스럽다. 이때에는 '하나님 아버지 안에' 거하는 것이(요 17:21; 요일 2:24; 3:24; 4:13, 15, 16), '하나님의 사랑을 입은' 결과요 증거라는 뜻이 된다(Davids, 37).

하나님께서 우리를 사랑하셔서, 그 결과로 우리가 '하나님 아버지 안에' 거하게 되었고, 이로써 우리가 그 '아버지 안에서 지키심을 입게' 되었다는 의미이다(참조. 요일 4:14-18). 이것은 얼마나 확고부동하고 안전한 상태인가! 세상에서 육체를 따라 아비 된 자도, 누군가 자신의 품 안에 있는 자식을 강탈하려 하면, 자기 목숨을 다 바쳐 지키려 들 것이다.

하물며 하나님 아버지 품 안에 있는 우리랴! 과연 그 어느 누가 우리를 '우리 하늘 아버지의 품으로부터' 빼앗아 갈 수 있겠는가? 사망이나 생명이나, 천사들이나 권세자들이나, 현재 일이나 장래 일이나, 능력이나 높음이나 깊음이나, 그 어떤 것도 하나님의 사랑에서 우리를 끊어 낼 수 없다(롬 8:37-39). 한마디로, 불가능한 일이다.

무엇보다, 우리를 사랑하신 아버지 하나님의 그 사랑은 지금도 '현재 진행' 중이다. 1절 하반절에, 하나님 아버지 안에서 '사랑을 입은 자들에게'(헤가페메노이스, ἠγαπημένοις)라는 표현은 완료형으로서 예수 그리스도로 말미암아 결정적으로 사랑을 입었고, 또한 성령을 통해 지속적으로 사랑을 받고 있는 신자의 복된 상태를 가리킨다. 예수 그리스도를 믿었을 때 한 번 결정적으로 확증된 그 아버지 하나님의 사랑은, 지금도 예수 그리스도 안에서 생명수 같은 성령을 통해 우리의 심령에 폭포수처럼 부어지는 '현재 진행형 사랑'이다.

중요한 것은, 이 말씀에 기초한 확실한 사실을 '나의 것'으로 믿어 소유하는 일이다. 기독교 신앙은, 어떤 것이 사실이 아니어도 다만 긍정적으로 최면을 걸듯 반복해서 되뇌면 나중에는 진짜로 사실이 될 수 있다고 가르치는 '긍정 심리학'이 아니다. '사실'이나 '진리'에 근거하지 않은 '심리학적' 효과는,

결국 모래 위에 지은 집과 같이 허물어지고 만다. 반면에, 하나님의 말씀이 진리라 해도, '그 말씀이 내 안에, 내가 그 말씀 안에 거하지 않으면' 그 말씀의 생명이 나의 능력이 되지 않는다. 손에 빵이 쥐어져 있어도, 그것을 먹지 않으면 배부르지도 힘이 나지도 않는 것과 같다.

유다서 1:1은, 우리가 예수 그리스도를 믿을 때에 이미 우리의 심령에 부어졌던 그 아버지 하나님의 사랑이 '오늘도 계속해서 부어지는 현재 진행형 사랑'이라고 분명히 밝힌다. 이 말씀을 믿고 이 말씀에 의지하여 기도하고 행할 때에, 우리의 심령에 부어지는 하나님의 넘치는 사랑이, 모든 위협과 두려움에서 우리를 안전하고 확실하게 지켜 줄 것이다.

'예수 그리스도로 말미암아' 지켜 주심

1절 하반절에서 '부르심받은 자들'을 수식하는 '예수 그리스도로 말미암아'(예수 크리스토, Ἰησοῦ Χριστῷ)는, 전치사 없이 여격(3격)으로만 되어 있다. 혹자는 이를 '예수 그리스도에 의해'(by Christ)로 번역하기도 하는데(Moo, 221), 이런 경우 주격을 나타내는 전치사 '휘포'(ὑπό)가 빠진 것이 어색하고, 단지 여격만으로 예수 그리스도를 의미상의 주어로 취하기는 다소 무리가 있다.

개역개정은 이를 '예수 그리스도를 위하여'로 번역하는데(또한, NRSV), 이럴 경우 하나님께서 예수 그리스도가 영광으로 세상에 오시는 재림의 날까지 우리를 영적으로 흠 없이 보존하신다는 뜻으로 이해할 수 있다. 하지만 전치사 없이 여격으로 되어 있는 '예수 크리스토'(Ἰησοῦ Χριστῷ)에서, 목적의 의미보다는 '수단, 근거'의 의미로서 '예수 그리스도로 말미암아 지키심을 입은' 것이라 해석하는 것이 자연스러워 보인다. 1절 하반절의 두 개의 분사 구문이 서로 대칭을 이루는 문맥도, 하나님께서 예수 그리스도로 '말미암아', 또는 예수 그리스도를 '통하여' 우리를 지키신다는 의미를 선호한다. 다음의 도표를 보자.

a. 하나님 아버지 안에서

b. 사랑을 입은 자들

a′. 예수 그리스도로 말미암아

b′. 지키심을 입은 자들

여기서 '사랑을 입은 자들'(b)이나 '지키심을 입은 자들'(b′)은 둘 다 수동태 완료형으로, 어느 시점에 결정적으로 일어난 일이 지금도 계속되는 상태를 표시하는 점에서 일치한다. 이렇게 보면, '하나님 아버지 안에서'(a)와 '예수 그리스도로 말미암아'(a′)가 병행되어 있고, 여기에 사용된 전치사는 의미상 목적보다는 수단이나 근거를 가리키는 것으로 보는 편이 자연스럽다.

말하자면, 우리가 하나님 아버지의 사랑을 입었고 입고 있다고 말할 수 있는 근거는 '우리가 하나님 아버지 안에 거하고 있는' 것인 것처럼, 하나님의 지키심을 받는 수단이나 근거 역시 '예수 그리스도로 말미암은' 것이라고 읽는 편이 문맥상 훨씬 적절한 해석인 것이다. 결국, 하나님께서 우리를 사랑하시고 지키고 계시는 수단이요 근거가 '예수 그리스도(!)'이기 때문에, 그의 복음을 왜곡하는 '거짓 가르침'은 용납될 수 없다. 왜냐하면 그런 거짓 가르침들이 하나님께서 교회를 지키시는 방식, 수단, 근거를 공격하고 허물기 때문이다.

3절에서 유다가 적극적으로 싸우라고 권면하는 '믿음'(개역개정, '믿음의 도')은, 예수 그리스도에 대한 믿음이다. 구체적으로는, 4절에 언급되듯이 예수 그리스도를 믿음으로 주어지는 '은혜의 복음'이다. 거짓 교사들은 예수 그리스도에 대한 바른 믿음, 특별히 그 아들을 믿음으로 죄 사함받는 '은혜의 복음'을 남용하고 악용한 자들이었다. '예수 그리스도의 온전한 복음'을 축소,

왜곡, 변질시키는 거짓 가르침은 곧바로 신자로 하여금 세상으로부터 자신을 지켜 내지 못하게 만드는 치명적인 위험을 초래한다. 교회가 복음을 축소하면 교회 자신이 축소된다. 교회가 복음을 왜곡, 변질시키면 교회 자체가 왜곡되고 변질된다.

교회는 예수 그리스도의 복음을 이해하고 누리는 그 정도만큼만 교회로서의 정체성과 능력을 갖게 된다. 교회는 오직 예수 그리스도에게 기초하기 때문이다. 교회는 예수 그리스도의 몸이다. 교회가 누리고 살아 낼 수 있는 영광과 능력은, 오직 교회가 알고 누리는 예수 그리스도의 영광과 능력의 크기만큼이다. 교회를 회복하려면, 복음을 회복해야 하는 이유가 여기에 있다. 교회를 강건하게 세워 가려면, 모든 성도가 오직 예수 그리스도를 아는 지식에서 함께 자라 가야 하는 이유도 여기에 있다.

복음을 세속적인 거짓 가르침과 뒤섞지 말아야 한다. 복음을 성경의 한두 구절에 국한시켜 이해하는 편협하고 축소된 신학에 가두어서도 안 된다. 무엇보다, 죄 사함의 복음뿐 아니라, 부활 생명의 복음, 성령 충만의 복음, 그리고 하늘에 오르시어 하나님 보좌 우편에서 만유를 통치하시는 '주'(Kyrios) 예수 그리스도의 복음도 적극적으로 선포되어야 한다. 그뿐 아니라, 다시 오셔서 '만물을 새롭게' 하시는 재창조의 복음까지, 교회는 십자가에서부터 새 하늘과 새 땅의 복음을 '온전히' 선포하고 살아 내야 한다. 그럴 때에, 교회는 하나님께서 '예수 그리스도로 말미암아' 교회를 지키시는 그 복된 지키심을 온전히 누릴 수 있다.

긍휼, 평강, 사랑으로 지키심

1절의 인사말은, '교회를 지키심'에 관련하여 '아버지 하나님'과 '예수 그리스도'를 언급한다. 성부 하나님은 '우리가 사랑을 입었다'는 것과 연관되고,

성자 하나님은 '우리가 그로 말미암아 지키심을 입었다'는 것과 관련된다. 성령 하나님에 대한 언급은 직접 나오지는 않는다. 혹시, '부르심받은 자들'(클레토이스, κλητοῖς)이라는 성도의 정체성이 '성령 하나님'의 역할과 깊은 관계가 있지 않을까? 신약에서 교회를 향한 삼위 하나님의 역사를 묘사할 때, 아버지 하나님과 예수 그리스도는 직접 언급되는데, 굳이 성령의 존재와 역할은 명확히 표현되지 않는 경향이 있다(예. 벧전 1:3-4, 13, 17, 23; 요일 1:3; 고전 1:1-3; 갈 1:1).

성령님께서는, 하나님 아버지의 뜻에 따라, 그 아들의 사역의 효력이 믿는 우리의 심령에 역사하도록 일하신다. '하나님의 영'으로서 하나님의 뜻을 아시며, 오직 그 아들 예수 그리스도를 증거하시고, 우리 안에서 우리의 영과 하나가 되어 말할 수 없는 탄식으로 우리를 위해 기도하신다. 항상 아버지와 아들의 영광을 증거하고 드러내시며, 우리 안에서 일하실 때에도 그것이 마치 우리가 한 일인 것처럼 자신의 '위격'(位格)을 감추신다.

이처럼 우리의 구원의 시작과 과정과 완성은, 모두 성삼위(聖三位) 하나님 자신의 역사이다. 아버지께서 계획하시고, 아들이 순종하여 성취한 사건의 효력을, 어머니 같은 성령께서 우리를 위해 적용하신다. 삼위 하나님의 긍휼과 평강과 사랑이, 교회를 창조하고 지켜 내고 영광에 이르게 하는 것이다. 1절의 인사말은 이렇듯, 하나님께로부터 우리에게 주어지는 신성한 은혜와 능력들에 대한 축복의 기원으로 마무리된다.

긍휼, 평강, 사랑은 로마 시대의 일상적인 서신들에서 흔하게 나타나는 인사말이 아니다. 모두 기독교적인 가치를 담고 있고, 신학적인 의미를 담은 축복의 표현들이다. 통상 '긍휼'이나 '사랑'은, 로마 사회에서 용기, 지식, 절제와 같은 추천할 만한 '덕'(德)들의 목록에 들지 못했다. 초기 교회 그리스도인들이 긍휼이나 사랑을 최고의 가치로 여기며 이를 가르치고 행한 것은, 막강한 군사력으로 당시의 세계를 제패한 로마 사회에서는 단지 '무력하고 어리

섞여 보이는' 일부 소수 종교인들의 유별난 특징으로 비추어졌을 것이다.

로마 사회 속에서 살아가는 초기 교회 성도들에게, 유다는 세상으로부터 그들을 지켜 내는 길은 하나님의 긍휼과 사랑 안에 거하는 것이라고 축복한다. '긍휼'(엘레오스, ἔλεος)은 스스로 자신을 건져 내지 못할 만큼 곤궁하고 피폐한 처지에 있는 자, 가망 없는 자, 혹은 스스로 구원받아야 할 필요도 느끼지 못하는 자를 돕고 또 건져 내고자 하는 일방적인 사랑을 가리킨다. 하나님께서 축복받은 자기 백성 이스라엘이 율법을 저버리고 열방 앞에서 하나님의 거룩한 이름을 짓밟았음에도, 끝내 자기 백성을 버리지 않으시고 다시 돌이켜 그들을 향해 가지셨던 그 불붙는 구원의 열정과 같은 사랑이다(호 11:1-8).

유다가 서신의 말미에서 '우리 주 예수 그리스도의 긍휼(토 엘레오스 투 퀴리우 헤몬 예수 크리스투, τὸ ἔλεος τοῦ κυρίου ἡμῶν Ἰησοῦ Χριστου)을 바라고 기다리라'고 말했을 때(21절), 그 '긍휼'은 스스로의 의나 능력으로서는 여러 가지 시험과 환란을 버티기 어려운 죄인들을 향해 일방적으로 베푸시는 호의이고 은혜임이 명확하다. 구원은 '처음부터 끝까지', 오직 예수 그리스도의 긍휼로만 가능한 선물이다. 또한 21절은, 우리의 구원을 완성하는 그 '긍휼'이 특별히 다시 오시는 예수 그리스도를 통해 주어진다는 사실을 강조한다.

'긍휼'이 이렇듯 은혜로 주어진다는 특징은, 다시 22-23절에서 거짓 교사들의 유혹에 흔들리거나 이미 넘어가 자신들의 육체를 더럽힌 성도들을 '불쌍히 여기라'(엘레아테, ἐλεᾶτε)는 권면을 위해 2회나 사용되며 강조된다. 여기서 '긍휼'이란, 자신을 지키는 일에 실패한 자들을 향해 그들을 그 시험과 죄악에서 건져 내고자 하는 '일방적인' 사랑의 열정을 가리킨다. 이렇듯 '긍휼'이란, 그것을 받는 자의 무력하고 무능한 처지와 동시에 그것을 베푸는 자의 주권적이고 일방적인 의지가 강조된다는 점에서, '은혜' 또는 '선물'로서의 사

랑과도 가까운 개념이다.[3]

이에 비해 2절의 축복의 인사말에 사용된 '사랑'(아가페, ἀγάπη)이라는 개념은 '긍휼'을 포함한 보다 넓은 의미의 사랑을 가리킨다고 할 수 있다. '아가페' 곧 '사랑'은 무엇인가? 유다서는 '사랑'에 직접 관련된 표현을 6회나 사용한다. 수신자 성도들은 '하나님 아버지 안에서 사랑을 입은' 자들이다(1, 21절). 유다는 바로 그런 사랑의 충만을 기원한다(2절). 수신자 성도들은 특별히 거짓 교사들과 대조적으로 '사랑하는 자들'이라 불린다(3, 17, 20절). 즉, 하나님의 언약적인 사랑을 받고, 그 사랑 안에 거하며, 그 사랑으로 말미암아 하나님을 사랑하고, 자신을 사랑하고, 이웃을 사랑하게 된 사랑의 사람들이라는 의미이다.

하나님의 사랑은 근본적으로 '언약적'(covenantal)이다. 요한은 '사랑은 여기 있다'고 말하면서, 하나님의 사랑이 모든 사랑의 원형이고, 역사 안에 나타났으며, 그 아들을 믿는 자들 안에서 성령을 통해 경험되고 확증되었다고 선언한다(요일 4:7-10). 아버지 하나님의 참사랑은, 자신을 떠난 이 세상과 자신을 불순종한 옛 언약 백성의 배신에도 좌절되지 않는, 그래서 끝내 그들을 위하여 내주신 그 아들의 오심으로 '나타난' 사랑이다.

또한 그 '아가페 사랑'은, 태초에 자신의 품에 있던 그 영광의 아들을 이 비참한 죄와 죽음과 허무의 세상으로 '보내신' 아버지의 사랑이며, 그 흠 없고 거룩하신 자를 우리를 위한 속죄 제물로 삼으사 우리를 '살리려' 하신 사랑이고, 또한 우리가 아직 죄인 되었을 때에라도 우리를 '먼저 사랑'하신 주권적 은혜의 사랑이다(참조. 『코이노니아와 코스모스: 요한일서의 이해』, 418-446).

---

3 채영삼, 『긍휼의 목자 예수: 마태복음의 이해』, 195-207 참조. '긍휼'은 '비할 바 없는 권세'와 함께 마태복음이 묘사하는 '종말의 다윗 목자'이신 예수 그리스도의 두드러진 특징이다. "영혼을 불쌍히 여기는 마음, 인생을 불쌍히 여기는 마음, 목자 되신 예수님의 긍휼은 거의 일방적이다. 긍휼은 스스로도 어찌하지 못하는 대상을 향해 느끼는 일방적인 사랑의 정열이다. 자기 속에서 불붙어서, 그 불로 그 대상을 살려 내고자 하는 일방적인 사랑의 다른 이름이다"(207).

흥미로운 점은, 유다가 1:21에서 '긍휼'을 '예수 그리스도의' 긍휼로 명시하고, '사랑'은 하나님과 연관지어 '하나님의' 사랑으로 표현했다는 사실이다. 그렇다면, 1:2의 '긍휼과 평강과 사랑'이라는 세 가지 축복의 내용에서, '평강'(에이레네, εἰρήνη)은 특별히 '성령 하나님'과 깊은 관련이 있다고 말할 수 있을 것이다.

'평강'은 마치 한 나라가 주변의 원수들을 모두 정복하고 비로소 누리는 안전과 평화, 생명의 충만한 상태('샬롬', shalom)를 가리킨다. 유다는 2절에서 성도 안에 거하시는 성령께서 예수 그리스도가 이루신 사역을 근거로, 악한 자 마귀의 모든 책략과 공격으로부터 그들을 안전하게 보호하시고 그 영원한 생명을 충만히 누리도록 기원한 것이다.

결국 2절의 축복의 인사말은, 삼위 하나님께서 '실제로 무엇을 통해서 그리고 어떻게 교회를 지키시는지'를 보여 주는 중요한 본문인 셈이다. 예수 그리스도의 긍휼, 성령께서 주시는 평강, 그리고 아버지 하나님의 사랑이 넘칠 때에, 교회는 자신을 세상으로부터 넉넉히 지켜 낼 수 있다는 것이다. 긍휼, 평강, 사랑은, 각기 성자 하나님, 성령 하나님, 그리고 성부 하나님께서 교회를 지키시기 위해 공급하시는 하늘의 신령한 은총들이다.

하나님은 세상 속에서 자신을 지켜야만 하는 교회에게 끊임없이 예수 그리스도를 통해 한량없는 긍휼을 부어 주신다. 우리는 오직 예수 그리스도께서 우리를 위하여 이루어 내신 십자가와 부활과 승천의 사역 그리고 재림의 확고한 약속이라는 '은혜의 반석' 위에 든든히 서야만 한다. '이것이 세상을 이긴 이김이니 곧 우리의 믿음입니다. 누가 세상을 이기는 자이겠습니까? 만일 예수가 하나님의 아들이심을 믿는 자가 아니면!'(요일 5:4-5)이라 말씀하신 그대로이다.

교회가 승리와 평강을 얻을 다른 기초, 다른 근거는 없다. 다른 모든 기초는 모두 흔들리고 무너질 것이다. 구원은 처음부터 끝까지 하나님의 은혜요 선물이다. 영원한 생명과 온전한 회복은 언제나 그 아들 예수 그리스도의 '긍휼'을 통해 얻어진다. 예수 그리스도의 긍휼을 간청하며 그 긍휼의 은총을 입은 자들은, 언제나 자신의 죄악이나 불치의 병, 말할 수 없는 비참과 더 이상 앞으로 나아갈 길이 없는 절망을 마주한 '가난한 심령'들이었다.

"예수여, 나를 불쌍히 여기소서!"라는 절박한 기도보다, 악한 자 아래 놓인 이 세상에서 자신을 지켜 낼 수 있는 더 나은 전략은 없다. 아버지 하나님께로 이르는 길은, 우리 스스로의 힘으로 갈 수 없다. 오직 그 아들만이 아버지께로 이르는 유일한 길이다. 오직 그 아들만이 죄와 죽음, 악한 자와 세상에 대하여 승리하셨기 때문이다(요 16:33; 요일 4:4). 그분 안에서가 아니면, 교회가 세상을 이길 다른 길이 없고, 세상으로부터 자신을 지켜 낼 수 없다.

그래서 성령께서 주시는 '평강'은 오직 그리스도의 승리에 근거하는 것이다. 성령께서는 우리 안에서, 오직 예수 그리스도를 증거하신다. 예수 그리스도의 죽으심과 부활, 승천과 재림의 사실을 증거하신다. 우리는 언제 평안한가? 어떻게 안전과 평안과 생명의 충만을 누릴 수 있는가? 성령께서 예수 그리스도의 승리를 우리 자신의 것이 되게 해 주실 때이다. 그러므로 성령을 통해 말씀을 깨닫고 예수 그리스도를 알되, 온전히 알아 가는 일 외에 우리가 세상에서 참되고 충만한 평강을 누릴 수 있는 다른 길은 없다. 세상을 이기신 분은 오직 예수 그리스도뿐이시기 때문이다.

실낙원(失樂園) 같은 세상에서 사람들은 참된 '사랑'을 갈구하며 찾아 헤맨다. 성도는 참되고 영원한 하나님의 사랑을 받아, 그 사랑을 경험하고, 그 사랑 안에 거하며, 그 사랑으로 살아가는 자들이다. 그래서 하나님의 사랑으로 사랑하는 일은, 하나님의 자녀 된 가장 분명한 특징이다. 하나님의 사랑 안에서, 자신의 어그러지고 부패하고 허무한 사랑을 치유받아, 그 사랑으로 사랑하기를 배우는 자가, 자신을 세상으로부터 온전히 지켜 낸다.

하나님의 사랑 안에 거하는 것이, 세상으로부터 자신을 지키는 가장 강력한 방법이기 때문이다. 세상은 거짓되고 죄악 되고 왜곡되고 죽이는 변질된 사랑으로 가득하다. 유다가 1-2절에서 "부르심받은 자들인 여러분에게, 긍휼과 평강 그리고 사랑이 넘치기를 기원합니다"라고 했을 때, 그것은 삼위 하나님의 모든 은총과 능력과 사랑 안에서 자신을 지켜 내기를 힘쓰라고 권면한 것이다. 유다는 수신자 교회가 '어떤 위험'에서 자신을 지키기를 원했던 것인가? 이제부터 펼쳐지는 이야기는, 그 실제적인 유혹과 위협에 대한 것이다.

2. 거짓 교사들의 문제와 처방(3-4절)

가끔씩 어떤 사건을 둘러싼 사회적 공방(攻防)을 지켜보는 때가 있다. 심각한 사건이 일어났을 때, 그 '사실'을 다루는 언론이 그 사실을 '왜곡'하거나 '변질'시키기도 한다. 언론이 공정을 유지하는 일은 대단히 중요한데, 실제로 일어난 사건에 상관없이 그 사실에 관한 '보도'나 '해석'을 왜곡하면 공정한 판결이 나올 수 없게 되는 것이다.

예수님의 죽음뿐 아니라 그의 부활 사건에도 이런 일이 일어났다. 안식일 다음 날 새벽, 그의 무덤은 텅텅 비어 있었다. 부활하신 육체로 나타나신 그분을 직접 뵙게 된 목격자들도 있었다. 하지만 예수님의 부활 '사건을 막지 못했던' 악한 자 마귀와 그와 결탁한 옛 이스라엘의 지도자들은 '거짓 소문'을 만들어 냈다(마 28:11-15). '이미 일어난 사건'을 어쩔 수 없다면 그 사실에 대한 '잘못된, 왜곡된, 축소된, 변질된 해석과 보도'를 통해 그 사실이 가진 효력에 접근할 수 없도록 막아 버리는 것, 그것이 예수 그리스도의 엄청난 구속(救贖) 사건을 막지 못한 '이 세상 임금 마귀'가 택한 전략이었다.

오늘날, 악한 자 마귀의 거짓 영에 휘둘려 교회 안으로까지 침투해 들어와 거짓 가르침을 퍼뜨리는 이단들과 거짓 교사들도 같은 전략을 사용한다(참조.

요일 4:1-2). 이들의 목표는, 예수 그리스도께서 이미 성취하신 거룩하고 강력한 '구속 사역'에 대한 온갖 거짓 가르침을 퍼뜨려, 믿는 자들을 그 믿음에서 떨어지게 하고, 아직 믿지 않는 자들은 미혹하여 애초에 구원의 길에 접근하지 못하도록 막는 것이다.

교회는 이런 미혹의 강력에서 어떻게 자신을 지킬 수 있는가? 이것이 유다가 다루는 문제 상황이다. 3-4절을 읽으며, 유다의 단호한 권면을 세밀히 살펴보자.

> 3 사랑하는 여러분, 우리가 함께 참여한 구원에 대해 온갖 열심을 다해 여러분에게 쓰려고 했으나, 여러분을 격려하기 위해 써야 할 필요가 생긴 것은, 성도에게 단번에 주신 믿음을 위해 힘써 싸워야 한다는 것입니다. 4 왜냐하면 어떤 사람들이 몰래 들어왔는데, 이들은 옛적에 이에 관한 심판이 미리 기록된 불경건한 자들로서, 우리 하나님의 은혜를 방탕거리로 뒤바꾸고, 하나뿐인 주인이시요 우리 주(主)이신 예수 그리스도를 부인하는 자들입니다.

환자가 응급실에 도착하면, 능숙한 의사는 복잡한 검사를 하기에 앞서, 일단 응급조치를 취하고 병이 낫기 위해 꼭 해야 할 일을 환자에게 가르쳐 줄 것이다. 3, 4절의 배열 순서는 마치 이런 상황을 연상하게 만든다. 문제에 대한 처방이 3절에 먼저 나오고, 4절에 과연 무엇이 문제인지가 설명되어 있다. 이런 순차는, 유다서 역시 다른 신약의 서신들처럼 주의 양 무리를 살려 내고 치유하고 온전하게 하고자 하는 '목회적인' 특징을 가지고 있음을 보여 준다.

긍휼이 주는 지혜

성경 해석자도 설교자도 모두 양 무리를 살려 내고 치유하기 위해 존재하고 사역한다. 신학도 성경 해석도 설교도 모두 교회를 위한 것이다. 양 무리의 영적 생명과 건강이 가장 중요하고 시급한 목표이다. 그러므로 설교자이든 사역자이든, 그들에게 가장 우선되고 필요한 것은 '양 무리를 치유하고 살려 내려는, 우리 목자이신 예수 그리스도의 뜨거운 긍휼'이다(마 9:35-36).

이것이 유다서가 지금의 내용을 갖게 된 이유이기도 하다. 유다는 왜 처음에 쓰려던 '함께 참여한 구원'에 대해 말하지 못하고, 갑자기 '믿음을 위해 힘써 싸우라'(3절)는 주제로 편지를 쓰게 되었는가? 수신자 교회가 거짓 교사들의 거짓 가르침의 위험에 맞닥뜨렸다는 절박한 상황을 알게 되었기 때문이다. 양 무리가 처한 위험이, 자기가 하고자 했던 말보다 더 중요했기 때문이다.

유다의 이런 태도가 당연하게 느껴질 수도 있지만 실제로는 그렇지 않다. 설교자가, 목회자가, 양 무리를 향한 주님의 뜨거운 긍휼을 품고 있지 못하면, 그 성도들이 처한 위기와 위험이 눈에 보이지 않는다. 오직 양 무리를 주의 긍휼로 안타까이 품고 있는 사역자만이, 그들을 위해 하나님의 어떤 말씀을 전달해야 할지를 깨달을 수 있다. 마치 말 못하는 갓난아이가 무엇이 필요한지는, 그 아기를 낳은 산모가 가장 잘 알 수 있는 것과 같다.

배가 아픈데 두통약을 주는 의사는 없다. 다리가 부러졌는데 소화제를 주는 의사도 없다. 그런 의사가 있다면, 환자를 진짜로 들여다본 적이 없거나, 병을 알았어도 그에 합당한 처방을 모르는 돌팔이일 것이다. 말씀을 가르치는 사역자들도 종종 이런 실수를 한다. 율법주의적인 행위에 매어 낙심해 있거나 혹은 반대로 교만해져 가는 교인에게, 계속해서 '심은 대로 거두리라'고 강조하는 것이 적합한 가르침인가? 그들에게는, '주의 영이 계신 곳에 자유함이 있느니라'라든지 '오직 자랑하는 자는 주 안에서 자랑할지라'라고 권면해야 하지 않는가.

반대로, 은혜를 남용하고 악용하는 교인에게 '죄가 더한 곳에 은혜가 더한다'고 가르칠 수는 없지 않은가? 그들에게는 '행함이 없는 믿음은 죽은 것'이라든가, '은혜를 방탕거리로 변질시키는 것'은 거짓 교사들이나 하는 짓이라고 가르쳐야 하지 않는가. 맞는 말이라 해서, 항상 적합하거나 덕을 세우는 것은 아니다. 교회의 필요를 아는 긍휼과 지혜가 필요하다.

전통 신학을 수호한다는 것은, 그저 역사적인 신학적 결과물을 전달하는 것만으로 되지 않는다. 칼뱅과 루터도 각기 그 시대의 교회가 맞닥뜨린 거센 도전을 끌어안은 채, 말씀으로 돌아가 자신의 시대의 교회를 살리는 복음의 진리를 찾은 것이다. 그들은 그 진리를 찾았고, 그 진리에 자신의 목숨을 걸었다. 전통을 전달한다는 것은, 그저 역사적 유물(遺物)을 안이하게 반복하는 것에 있지 않다. 이 시대의 교회를 괴롭히는 문제들을 긍휼로 끌어안고, 다시 말씀으로 돌아가, 그 전통의 본질에 합당한 말씀의 영적 샘물로부터 다시 교회를 살려 낼 생수를 끌어 올려야 하는 것이다.

그러므로 누구든지 입을 열어 성도를 권면하거나 가르치기 전에, 진실로 그 성도를 위해 기도해야 한다. 성도를 향한 하나님의 뜨거운 사랑, 예수 그리스도의 말할 수 없는 긍휼이 자신의 심령에 가득 차기를 기도해야 한다. 주님의 긍휼이 양 무리의 진정한 문제를 보게 하고, 그에 합당한 지혜로 인도하기 때문이다. 유다가 수신자 교회의 문제를 직시하고 급히 편지의 주제를 바꾼 것도, 주의 교회를 향한 이러한 예수 그리스도의 긍휼에 사로잡혀 있었기 때문이다.

'다른 문제' – 거짓 교사들의 공략(4절)

그렇다면 유다가 수신자 교회 안에서 '새롭게 발견한 문제 상황'은 어떤 것인가? 그것은 4절에 설명되어 있는데, 한마디로 교회 안에 들어와 교회를 망치려는 거짓 교사들의 공략에 관한 것이다. 4절의 말씀은, 이 거짓 교사들에 관한 네 가지 특징을 알려 준다. 첫째, 이들은 교회 안으로 몰래 들어온 '사람들'이다. 둘째, 하나님의 은혜를 방탕거리로 바꾸는 자들이다. 셋째, 예수 그리스도께서 '주인'이 되심도 '심판주'가 되심도 인정하지 않는 자들이다. 넷째, 불경건한 자들로서 이미 심판이 작정되어 있다.

(1) 교회 안으로 침투한 바이러스 거짓 교사들은 교회 안에 '몰래 들어온'(파레이싼두싼, παρεισέδυσαν) 자들이다. 자신의 진짜 정체를 숨긴 채, 겉으로는 신앙고백도 하고 교인으로 행세한다. 하지만 실제로는 중생하지도 않았고, 진실로 하나님의 아들 예수 그리스도를 구주요 주님으로 믿고 따르는 자들도 아니다. 이들은 남의 집 뒷문이나 담을 넘어 들어온 것처럼, 거짓으로 신앙고백을 하고 교회 안에 슬며시 들어온 자들이다.

3절에서 유다는, 수신자 교회의 성도들에게는 '사랑하는 여러분' 곧 '(하나님께) 사랑을 받은 자들'이라 부르는 것과 대조적으로, 4절에서는 교회 안에 비정상적으로 들어오게 된 이 거짓 교사들은 단지 '사람들'('사람 몇', 개역개정)이라 칭한다. '사람들'(안뜨로포이, ἄνθρωποι)에는 다소 부정적인 뉘앙스가 들어 있다. 엄밀히 말하면, '하나님의 백성'과 대조되는 '열방, 세상 사람들'이나, 죄악 된 본성뿐인 '자연인' 그대로의 '중생하지 않은' 인간 자체를 가리킬 수 있기 때문이다(마 5:13, 16; 요 1:4; 벧전 2:15; 유 1:19).

교회에 위협이 되는 거짓 가르침은, 교회 밖에서 교회를 공격하고 사람들을 미혹하는 '이단'(heresy)에게서만 오는 것이 아니다. 유다가 언급하는 위협은 교회 안에 들어와 설교하고 가르치는 '거짓 교사들'을 겨냥하고 있다. 비유컨대, '이단'이 사람의 몸 밖에서 사람을 위협하는 '들짐승' 같은 존재라면, '거짓 교사들'은 사람의 몸 안에 침투해 들어와서 병을 일으키고 파괴하는 '바이러스'(virus) 같은 존재라 할 수 있는 것이다.

사회 공동체 안에 악질 바이러스가 돌아다닐 때 마스크를 벗지 않는 것처럼, 현실 속의 교회 안에는 '알곡'도 있고 '가라지'도 섞여 있다는 냉엄한 사실 앞에서(마 13:26-30), 목회자나 성도 할 것 없이 항상 깨어 기도하여야 한다. 사랑과 함께 지혜를 구하여, 교회 안에서도 무엇을 따르고 무엇을 따르지 말아야 할지를 분별하기를 힘써야 한다. 무엇보다, 오직 하나님의 말씀에 비추어, 교회 안에 침투한 거짓 교사들의 거짓 가르침과 그 정체를 명확히 분별하는 것이 필수적이다. 유다가 염려했던 그들은 과연 어떤 자들인가?

(2) '은혜'를 변질시키는 자들 유다가 지목했던 거짓 교사들은 '하나님의 은혜를 방탕거리로 뒤바꾸는' 악질 바이러스 같은 자들이었다(4절). 그들의 거짓 가르침에 명칭을 붙이자면 '반율법주의'(*antinomism*) 또는 '무율법주의'(*anomism*)가 될 것이다. 유다가 4절에서 우선적으로 지적하는 특징을 볼 때, 이들은 '오직 믿음, 오직 은혜'의 복음, 곧 '오직 믿음으로 의롭다 칭함을 얻는' 이신칭의(justification by faith)의 복음을 남용하고 악용하며, '거짓 자유'(참조. 벧후 2:19)를 독버섯처럼 퍼뜨리는 자들이었을 것이다.

유다가 본문에서 거짓 교사들의 특징들 가운데 가장 위험스러운 요소로 언급하는 특징은, 그들이 '하나님의 은혜를 방탕거리로 뒤바꾸는' 거짓 가르침을 퍼뜨린다는 사실이다(4절). '방탕거리'(아셀게이안, ἀσέλγειαν)라는 말은, 원래 '제한에 매이지 않는' 그러니까 법이나 규율, 하나님께서 정해 놓으신 의로운 질서 따위에 얽매이지 않는 태도를 가리키는데, 종종 성적으로 금기를 깨는 문란한 행위들을 포함하곤 한다(롬 13:13; 고후 12:21; 엡 4:19; 벧전 4:3; 벧후 2:2, 7, 18; 참조. 시 2:3).

초기 교회의 영지주의적 이단인 카르포크라티안들은, 모든 사람에게 '하나님의 의'가 주어졌기 때문에 너의 것이나 나의 것이 없이 평등하고 그래서 각자의 아내까지 공유할 수 있다고 가르치고 그렇게 행했다(Green, 24). 그래서 혹자는, 유다서가 묘사하는 거짓 교사들이 2세기에 활동했던 영지주의자인 '카르포크라티안들'의 선조들이라 보기도 한다.

두 부류 모두 직통 계시를 추구하고 성적으로 문란했던 점은 비슷하지만,

유다서의 거짓 교사들에게는 영지주의적 이원론의 특징들이 잘 드러나지 않는 등 차이점도 현격하다. 결국 유다서의 거짓 교사들에 관한 명확한 특징들은, 앞서 설명한 대로 유다서의 본문 안에서 확정할 수밖에 없다(참조. 서론. 2. '거짓 교사들'의 특징과 정체는?).

유다서 1:5 이후를 살펴보면, 거짓 교사들의 다른 특징들이 언급되어 있다. '율법의 요구조차 전혀 필요 없는 것'이라는 식의 주장을 했던 반율법적, 무율법적 태도 외에도(1:4, 8-10, 16), 이들은 '직통 계시'를 주장하는 '꿈꾸는 자들'이었다는 것을 알 수 있다(1:8).

무엇보다 이들은, 신비주의적 권위를 자랑하면서 율법의 요구를 무시한 채 특별히 제한 없는 성적 방탕에 빠졌던 자들이었다(1:3, 8, 19, 23). 또한 이 거짓 교사들은 특징적으로, '자신의 지위를 떠난' 타락한 천사들의 뒤를 좇아 스스로도 하나님의 창조 세계에서 자기 자리를 이탈한 자들로 묘사된다(1:6-10). 서신의 말미에서 유다는 이들의 숨겨진 영적 실체를 폭로하기에 이르는데, 이들은 진정 '육적인 자들이며, 성령은 없는 자들'이다(1:19).

은혜의 목적

이제 유다서의 거짓 교사들의 특징을 구체적으로 확인해 보자. 4절에서 은혜를 '뒤바꾸고'(메타티쎈테스, μετατιθέντες)라는 표현은, 어떤 것이 원래 있어야 할 자리가 아닌, 그것을 넘어선 다른 용도, 다른 목적, 다른 방향을 향하도록 '다른 자리에 두었다'는 뜻이다. 예를 들어, 일평생 고되고 힘든 노동을 하신 분이 학교에 전 재산을 기부해서 장학금을 만들었다 생각해 보자. 그리고 어떤 학생이 자신의 생활고를 호소하면서 그 장학금을 받았는데, 그 학생이 결국 그 돈을 모두 도박으로 순식간에 날려 버렸다고 하면, 어떤 마음이 드는가?

하나님의 은혜를 방탕거리로 뒤바꾼다는 말은 그런 뜻이다. 이 동사의 원형인 '메타티떼미'(μετατίθημι)는, 갈라디아서 1:6에서 예수 그리스도의 복음을 속히 '떠나'(개역개정)라는 표현 속에도 사용되었는데, 자신들이 받은 복음을 '제쳐 두고' 전혀 다른 방향, 다른 목적, 다른 틀 안에서 살기 시작했다는 의미를 전달한다. 히브리서 7:14에서 이 동사는 제사 직분이 '바뀌었은즉'이라 번역되었는데, 어떤 것이 아예 '다른 틀 안에' 들어가게 되었다는 의미이다.

이처럼 거짓 교사들이 하나님의 은혜를 방탕거리로 '뒤바꾸었다'는 말씀은, 하나님께서 예수 그리스도를 믿음을 통해 주신 은혜의 원래의 의미, 역할, 목적 자체를, 전혀 다른 틀 안에서 해석하여 다른 역할과 목적을 위해 사용했다는 뜻이다. 이렇게 생각해 보자. 체조 선수가 철봉에 매달려 고난도의 연기를 연습할 때, 코치가 바닥에 푹신한 매트를 깔아 두었다. 그런데 선수가 철봉에 매달려 연습은 하지 않고, 운동 시간만 되면 그저 푹신한 매트에 누워 이러 저리 뒹굴 거리기만 한다면 어찌 되겠는가?

하나님의 은혜를 방탕거리로 뒤바꾸는 행위는, 이와 비교도 할 수 없을 만큼 훨씬 더 무지하고 악한 일이다. 하나님께서 흠 없는 자기 아들을 보내셔서, 우리 대신 속죄 제물로 내주신 그 희생의 사랑이, 그리고 그 아버지의 사랑에 순종하신 그 아들 우리 주 예수 그리스도의 긍휼이, 우리로 하여금 오히려 더 타락하고 부패하며 불경건한 자리에 이르게 한다면, 세상에 그것보다 끔찍하고 충격적인 일이 어디에 또 있겠는가!

하나님께서 우리에게 '은혜'를 주신 뜻, 역할, 목적은 무엇인가? 그것은 후기 바울서신이라 할 수 있는 디도서에 선명하게 표현되어 있다: "모든 사람에게 구원을 주시는 하나님의 은혜가 나타나, 우리를 양육하시되 경건하지 않은 것과 이 세상 정욕을 다 버리고, 신중함과 의로움과 경건함으로 이 세상에 살고, 복스러운 소망과 우리의 크신 하나님 구주 예수 그리스도의 영광이 나타나심을 기다리게 하셨으니, 그가 우리를 대신하여 자신을 주심은 모든 불법에서 우리를 속량하시고, 우리를 깨끗하게 하사, 선한 일을 열심히 하는 자기 백성이 되게 하려 하심이라"(딛 2:11-14).

이 말씀처럼, 은혜가 나타난 것은 우리를 경건과 생명으로 '양육하기 위함'인 것이다. 복음을 통해 하나님의 은혜가 나타난 목적은, 자녀 된 우리가 경건하지 않은 것과 세상 정욕을 다 버리는 일에 있어 성장하게 하려는 것이다. 이것이 '은혜'가 그 안에 놓여진 '새 언약적 틀'이다. 은혜의 본래 '역할'과 '목적'은 바로 이 '언약적 틀' 안에서 발견된다는 뜻이다.

'은혜와 요구', 언약의 구조

옛 언약이든 새 언약이든, 하나님의 언약 안에는 '은혜와 요구/계명'이 함께 주어진다. 이스라엘 백성이 호렙산에서 십계명을 받은 것은, 그들이 하나님의 은혜로 홍해를 건넌 후였다(출 20:1-17). 언약을 통해 주어지는 하나님의 은혜에는, 언제나 그에 합당한 요구, 계명이 수반된다. 반대로, 하나님께서 그의 백성에게 어떤 요구를 하셨다면, 그것은 그 요구를 행하고도 남을 충분한 은혜를 주셨다는 뜻이 된다.

새 언약 백성에게 주어진 새 계명도 마찬가지이다. "내가 너희를 사랑한 것같이 너희도 서로 사랑하라"(요 13:34; 요일 3:23-24)는 말씀에서, 앞부분은 하나님께서 그 아들을 통해 우리를 사랑하신 새 언약의 은혜요, 뒷부분은 우리가 그와 같이 사랑해야 한다는 요구, 즉 계명이다. 주목할 것은, 언약 안에서 요구되는 계명을 지키는 것이, 하나님의 은혜를 받는 '조건'이나 '원인'은 아니라는 점이다.

하나님의 요구는, 은혜 주시는 '조건'이 아니라 '증거'이다. 하나님의 은혜를 받고 그 은혜에 합당한 요구나 계명을 순종하는 것은, 그 은혜를 받는 조건이 아니라 명확한 증거가 된다. 하나님의 은혜를 받았다고 주장하는 어떤

'신자'가 하나님의 요구나 계명을 순종하지 않는다면, 그가 참으로 은혜를 받았다는 사실을 보증할 만한 증거는 없게 되는 것이다.

유다가 경고한 거짓 교사들은 하나님의 은혜를 받았다고 주장했지만, 그 은혜를 받은 증거가 없으므로 결국 처음부터 하나님의 은혜를 받은 자가 '아니었을' 가능성이 매우 높은 경우인 셈이다(참조. 요일 1:5-10). 유다가 저들의 부패하고 불경건한 행실들을 열거한 끝에 결국, 저들의 영적 정체가 "육적인 자들이며 성령은 없는 자들"이라는 사실을 폭로하는 것은 바로 이런 이유 때문이다(1:19).

우리가 하나님의 은혜를 경험했다면, 그 은혜가 우리에게 주어진 목적을 깊이 숙고해야 한다. '목적이 없는 자유'는 타락하는 것처럼, '목적을 잃은 은혜'도 부패한다. 우리가 받은 은혜가, 경건과 의로움에서 성장하는 일에 긍정적이고 적극적인 역할을 하도록, 하나님의 은혜를 그 목적과 함께 소중하게 지켜 내야 한다. 이것이 하나님의 사랑 안에서, 예수 그리스도로 말미암아 자신을 지키는 성도의 중요한 전략이다.

거짓 교사들이 훼방하고 비트는 곳이 바로 이 부분이다. 거짓 교사들은 '하나님의 은혜'를 그 은혜가 놓여 있는 언약의 구조, 하나님의 큰 뜻이라는 전체의 틀로부터 분리시킨다. 그리고 그렇게 분리되어 떨어져 나온 '은혜'를, 그들의 허황되고 방탕한 정욕의 만족이라는 이질적인 '틀, 문맥' 안에 넣어 버린다. 그렇게 해서 하나님의 은혜를, 도리어 사람을 더럽고 썩어지고 허무하게 만드는 일에 '악용하여 변질'시키는 것이다.

원래 하나님의 선한 것조차 죄를 짓는 용도로 악용하게 만드는 것이, 악한 자 마귀의 특기이다. 예컨대 율법은 선한 것이다. 그런데 악한 자 마귀는 죄의 권세와 타락한 인간 본성을 악용하여, 하나님의 선한 율법도 그것으로 말미암아 죄를 더 짓게 하는 악한 용도로 사용하게 만든다(롬 7:12-23). 하나님의 은혜 역시, 이런 위기에 노출되어 있다. 그것은 악한 자 마귀가, 은혜의 강력한 효력이 성도에게 미치지 못하도록 그 은혜에 관한 교리를 거짓으로 왜곡하여 원래의 그 목적을 달성하지 못하도록 훼방하기 때문이다.

바울 자신도 예상했듯이 '은혜를 더하게 하려고 죄에 거하자'(참조. 롬 6:1)는 거짓 가르침이 좋은 예이다. 노골적으로 그렇게 하지는 않지만, 거짓 교사들은 '죄를 지어야, 은혜를 더 알게 되지 않겠느냐'는 식으로 가르친다. 유다서의 거짓 교사들이 과연 어떤 식으로 '하나님의 은혜를 방탕거리로 뒤바꾸었는지' 정확히 알기는 어렵다. 다만 여기서 '뒤바꾼다'는 표현이 원래의 위치에서 벗어나 '다른 틀 안에다 옮겨 놓는다'라는 의미를 포함한다면, 이는 유다서의 거짓 교사들의 또 다른 가장 큰 특징 중 하나인, '자기 지위를 떠난'(1:6) 천사들을 뒤쫓는 악행과 본질적으로 같은 행색이라는 사실을 알 수 있다.

(3) '유일한 주인이시요, 통치자이신 주(主)' 예수 그리스도를 부인하는 자들 유다서 1:6-8은 '자기 지위를 떠난' 천사들(6절), 소돔과 고모라 사람들(7절), 그리고 거짓 교사들(8절)을 차례로 배열하는데, 이들은 모두 하나님의 주권적인 세계 안에서 그들 각자에게 은혜로 주어지고 맡겨진 '자기 지위와 처소를 떠난' 사례들이다. 유다서에서 방탕이나 교만보다 더 근원적인 죄악은, 이렇듯 '자기 지위와 처소를 떠남'으로써 하나님의 주권을 무시하고 그의 창조와 재창조의 아름답고 영광스러운 세계에서 이탈한 죄악이라 할 수 있다.

이것이 유다가 4절에서 지적한 거짓 교사들의 또 다른 중요한 특징의 뿌리이다. 그것은 저들이 예수 그리스도의 '주인' 되심과 '주' 곧 '심판주' 되심을 인정하지 않았다는 것이다. 신약에서 '주인'(데스포텐, δεσπότην)이라는 칭호는 종종 하나님을 가리키는데(참조. 눅 2:29; 행 4:14; 계 6:10), 유다서처럼 거짓 교사를 다루는 베드로후서에서는 확실하게 예수 그리스도를 가리키는 칭호로 쓰였다(벧후 2:1; 참조. 마 10:25). 유다서 4절의 경우에도 '하나뿐인 주인이요 주'

라는 칭호는, '주인'이나 '주'라는 칭호들 앞에 정관사가 없고 '하나뿐인'(모논, μόνον)이라는 형용사로 함께 묶여 '예수 그리스도'를 수식하는 것으로 보아, 모두 예수 그리스도를 묘사한다고 볼 수 있다.[4]

무엇보다 유다서의 문맥 안에서 예수 그리스도께서 '주인'(the Master) 되심을 언급하는 이유는, 거짓 교사들의 속이는 말과 행동을 폭로하고자 하기 때문이다. 저들이 겉으로는 하나님의 은혜를 받았다고 주장하는 것에 반해, 실제로는 그 은혜를 주신 하나님과 예수 그리스도를 '주인'으로 섬기며 순복하지도 충성하지도 않았기 때문이다. 그레코로만 사회는 대체로 후견인과 피후견인 간의 관계가 개인의 안전과 사회적 출세를 위해서 중요한 요소로 작동하는 사회였다. 통상, 지위가 높은 고관이나 부유한 자의 후원을 받을 때 그것은 그저 '은혜'로 베푸는 '선물'과 같은 것이지만, 거기에는 은혜의 선물을 베푼 후견인에 대한 충성과 헌신이 자연스럽게 함축되어 있는 그런 관계가 전제되어 있었다.[5]

은혜란 상대방으로부터 아무것도 기대하지 않는 것이라는 식의 추상적 개념은, 고대 로마 사회에서도 그리고 성경의 언약 사상에도 어울리지 않는 것이다. 우리에게 영원한 생명을 은혜의 선물로 주신 아버지 하나님께서도, 우리가 하나님의 자녀답게 성장하고 온전해지기를 '기대'하신다. 앞에서도 설명했지만, 선물로서의 은혜는 그 은혜를 받은 자의 헌신과 충성을 '조건'으로 하지는 않으나 '마땅한 증거'로 여기기 때문이다.

거짓 교사들은 예수 그리스도께서 '주인'이 되심을 부인했다. 로마 사회에

---

4 Bauckham, *Jude*, 2 Peter, 39, 2세기 후반에 엠마오에서 살았던 Julius Africanus에 의하면 예수의 가족들은 '주인께 속한 자들'(οἱ δεσπόσυνοι)이라 불렸다고 한다(유세비우스, *Hist. Eccl*. 1.7.14).

5 존 M. G. 바클레이(John M. G. Barclay), 『바울과 선물』(송일 옮김, 새물결플러스, 2015), 77-113, 또한, 선물과 거래라는 두 가지 교환 영역의 차이점은 상품 자체가 아니라 '교환의 정신(ethos)과 그것의 사회적 함의에 놓여 있는 것'이라고 말하면서, '대가를 바라지 않는 순수 선물 관념'은, '순전히 이익을 위한 교환'이라는 관념과 짝을 이루며 출현하는 현대 서구의 발명품이라고 주장한다(특히, 70, 107, 113).

서 어떤 후견인에게 신변의 안전을 보장받고 또 사회에서 자리 잡고 진출할 수 있도록 은혜를 입은 노예가, 그 은혜를 베푼 후견인을 주인으로 모시지 않고 아무런 충성도 지지도 헌신도 하지 않는다면, 그 주인은 아마도 당장 그 은혜를 거둘 뿐 아니라 그에 상응하는 대가를 치르게 할 것이다. 하나님의 은혜는, 그 어떤 후견인이 베푸는 세상적인 호의와 비교조차 할 수 없다. 하지만 언약의 하나님께서는 베푸신 은혜를 거두지 않으시고, 그 은혜받은 자 안에 진리와 경건, 의로움과 사랑이 온전함에 이를 때까지 포기하지 않으시고 역사하신다는 점에서 세상의 후견인들과는 다르고 특별하다.

유다서의 거짓 교사들이 은혜와 생명을 주시는 하나님의 사랑이 기대하는 바에 대해 무지했고 또 그것을 악용했던 이유는, 저들이 실제로는 이러한 은혜의 선물을 받지도 못하고 경험하지도 못한 자들이었기 때문이다(1:19). 저들은 입으로는 하나님의 은혜를 받았다고 주장하고 그 은혜 안에서 얼마든지 자유를 누리라고 가르치면서, 하나님의 은혜가 저들을 경건과 의로움에서 온전해지기까지 '양육한다'는 사실을 까맣게 모르고 있었던 것이다.

목적이 없는 자유는 반드시 타락한다. 세상은 '구속, 속박이 없는 자유'를 선전하지만, 성경이 가르치는 참된 자유는 하나님의 법, 곧 그의 말씀을 따라 누릴 수 있는 자유이다. 그 말씀으로 창조된 세상과 그 말씀이 통치하는 영적 세계 모두에서, 거침이 없이 그 모든 생명과 영광을 누리며 살 수 있는 능력, 그것이 하나님께서 주신 자유이다.

거짓 교사들은 예수 그리스도의 '주인' 되심뿐 아니라 그분이 '주'(큐리온, κύριον)이심도 부인했다. 여기서 '부인했다'(아르누메노이, ἀρνούμενοι)는 표현은 교리적인 차원이라기보다는 삶의 윤리적 차원에서 그러했다는 뜻이다. 입으로는 예수 그리스도를 믿는다고 고백하고 교회 안으로 들어왔지만, 그들의 가르침이나 행위로는 정반대의 삶을 살았기 때문이다. 만일 예수 그리스도의 주 되심을 신앙으로 고백하는 형식적인 절차라도 거치지 않았다면, 그들은 애초에 교회 안으로 들어올 수 없었을 것이다.

거짓 교사들은 어떤 식으로 예수 그리스도의 '주' 되심을 부인했는가? 주로 '심판주'이신 예수 그리스도를 부인한 것이라고 보기도 하지만(Bauckham, 39), 실제로 유다서의 거짓 교사들은 베드로후서의 경우처럼 종말과 심판, 새 창조를 노골적으로 부인하는 거짓 가르침을 퍼뜨리는 특징을 보이지는 않는다(참조. 벧후 3:3-4, 16). 5-16절까지 거짓 교사들에게 임할 확실한 심판에 대한 본문은, 종말에 대한 저들의 거짓 가르침을 반박한 것이라기보다 유다 자신이 수신자 교회에게 주고자 하는 확신의 내용에 해당한다.

유다서의 거짓 교사들은 오히려, 예수 그리스도께서 눈에 보이는 이 세상뿐 아니라 보이지 않는 영적 세계를 '통치하시는 주'이심을 노골적으로 비웃고 훼방하는 자들이었다고 보는 편이 옳다. 저들은 하늘에서 '자신의 지위를 지키지 않고' 이 세상으로 쫓겨난 타락한 천사들을 좇아, 그들 역시 하나님의 창조 질서에서 '이탈하는' 혼란과 파괴를 일삼았던 자들이었기 때문이다(1:6-10). 이런 점에서 저들이 애초부터 '하나님의 은혜를 방탕거리로 뒤바꾸는' 반율법주의자 또는 무율법주의자들이었다는 사실이 다시 한 번 확인된다(1:4).

보이고 또 보이지 않는 피조 세계는 하나님의 말씀으로 지음받았고 그 말씀에 따라 보존되며, 지금도 그 말씀이신 그 아들 예수 그리스도에 의해 통치되고 있다. 유다서의 거짓 교사들은 '구속(救贖)의 영역'에서 율법에 나타난 하나님의 의(義)의 요구를 부인했을 뿐 아니라, '창조의 영역'에서도 피조 세계의 모든 의(義)의 관계를 붙들고 있는 하나님의 말씀 자체를 거부함으로써, 그 말씀으로 만물을 붙드시는 주 예수 그리스도의 통치를 부인한 것이다.

유다서의 거짓 교사들은 한마디로 '자유방임주의자'(libertines)라고 할 수 있다. 이들은 그 어디에도 매이기를 거부하는 자들이다(참조. 시 2:3). 하나님께로부터 은혜는 받지만 그 법은 거부한다. 창조 세계 안에서 자신들이 추구하고 채울 욕망은 누리지만, 그 창조 세계의 법은 거부한다. 모든 것을 하나님께로부터 받은 피조물 주제에, 그 피조 세계를 다스리는 권세들도 거부하고, 이 모든 것을 창조하시고 통치하시는 주 예수 그리스도에 대하여도 겉으로는 시인하는 척하면서, 실제로는 자신들의 욕망 외에 복종하고 따르는 다른 '주'(主)가 없는 자들인 것이다.

오늘날에도 겉으로는 종교를 말하고 법과 윤리와 사상과 철학을 말하지만, 결국은 인간의 '제한 없는 욕망'을 신(神)으로 숭배하고 절하고 따르는 자들이 있다. 세상의 문화는, 끝이 없는 경제적 탐욕, 모든 것을 '내 의지, 내 욕망대로' 해야 직성이 풀리는 타락한 인간 본성을 온갖 학문과 때로는 신학으로 미화(美化)하기에 여념이 없다. 교회 안에도 들어와 있는 이런 거짓 교사들은, 하나님의 형상으로서 영적 존재로 지음받은 인간을 짐승의 수준으로 끌어내리고 그것이 '가장 인간다운 권리'인 것처럼 주장하며, 자기 자신과 공동체를 '파괴할 자유'를 가르친다.

하지만 그런 거짓 교사들이 속임수로 약속하는 자유는, 참된 자유가 아니라 '다시 더러움에 얽매이게 하는' 속박이며, 다시 '썩어짐에 종노릇'하게 하는 속임수이다(벧후 2:19-20). 무엇보다 이런 거짓 가르침을 독버섯처럼 퍼뜨리는 거짓 교사들에게는 너무나도 확실한 심판이 예비되어 있다. 그것은 마치 과대망상증 환자가 자신은 하늘을 날 수 있다며 고층 건물 옥상에서 뛰어내렸을 때 일어날 결과만큼이나 확실하다. 마치 차들이 고속으로 달리는 큰 도로의 중앙선을 넘어 역주행하면서도, 자신만큼은 할리우드 영화의 주인공처럼 살아남을 수 있다고 상상하는, 운전면허도 없는 십대가 맞게 될 파국적인 종말과도 같은 것이다.

(4) 확실하게 심판받는 불경건한 자들 유다가 1:4에서 묘사하는 거짓 교사들의 마지막 특징은, 저들이 확실하게 심판을 받을 자들이라는 사실이다. 5절에서 '내가 여러분으로 하여금 생각나게 하려는 것'이라고 말한 이후, 무려 19절까지 서신의 가장 중요한 중심부에서 거듭해서 강조하는 주제가 바

로 거짓 교사들에 대한 하나님의 '확실한 심판'이다. 유다는 이 주제를 왜 그렇게 강조해야 했을까? 뒤집어 생각해 보면, 수신자 교회가 이런 거짓 교사들의 거짓 가르침과 부패한 행실이 끼치는 영향에 대해서 '심각하게 생각하고 있지 않았을' 가능성을 미루어 짐작해 볼 수 있다.

혹은, 그들 가운데 일부는 그 거짓 가르침에 심하게 흔들리고 있었고(1:22), 또 다른 자들은 이미 그 끔찍한 속임수에 넘어가 신앙과 삶의 심각한 파괴를 경험하고 있었을 것이다(1:23). 아마도 유다의 심정과 논조에 동조하는 소수의 그리스도인들만이, 그들 가운데서 '하나님의 집'인 교회의 터와 기둥을 갉아먹고 허무는 거짓 교사들의 행태에 대해 분노하고 탄식하면서도 크게 낙심한 상태에 빠져 있었을 수도 있다.

오늘날의 현실을 돌아보면, 하나님의 말씀을 '제멋대로' 해석하고 설교하면서 인간의 부패한 욕망을 자극하고 그 욕망을 채우도록 충동질하는 교회 안의 거짓 교사들 역시 겉으로는 승승장구하는 것처럼 보인다. 저들의 잘못된 가르침을 지적하는 소리는 미미하고, 그 와중에 저들은 명백한 허물에도 불구하고 자신의 잘못된 세속적 가르침을 오히려 떳떳하게 주장한다. 밝은 대낮에도 그들은 자신의 욕망을 채우는 짓들을 서슴없이 하며, 그것을 거짓 가르침으로 덮는데도, 결코 망하는 것처럼 보이지 않는다.

유다가 5절에서 19절까지 무려 15절에 걸쳐 '편지의 중심부'에 저런 거짓 교사들의 확실한 패망과 피할 수 없는 심판에 관하여, 하늘과 땅에 임한 심판 그리고 구약에서부터 내려오는 심판의 역사를 장황하게 열거하는 이유가 여기에 있다. 심판주이신 하나님과 주 예수 그리스도의 통치는 느려 보여도 확실하다! 경건한 자들은 결단코 낙심하거나, 저들을 조금이라도 부러워하지 말라는 것이다. 혹시라도 저들의 뒤를 따라가다가 자신도, 세상의 더러움과 썩어짐과 허무함에 다시 얽매여 파멸에 이르지 않기를 강력하게 경고하는 것이다.

분별하라! 교회 안에 들어온 거짓 교사들에 관하여 이것보다 더 절박한 요구는 없다. 어떤 것이 거짓 교사들의 특징인지를 분명히 확인하라는 것이다. 그리고 확신하라! 그런 거짓 교사들에게 임할 확실한 심판에 대해 추호도 의심하지 말라는 것이다. 저들이 결국 세상의 욕망을 추구하고 채워 갈 때, 겉으로 승승장구하는 것처럼 보이는 것에 결단코 좌절하지 말라는 것이다. 하나님께서 '의'(義)로 통치하신다는 사실을 확실히 믿으라는 것이다.

하나님께서는 반드시 불경건한 자들을 심판하신다. 그가 모든 피조 세계의 '주인'(主人)이시고, 자기가 지으신 모든 세계를 통치하시고 심판하시는 '주'(主)이시기 때문이다. 시편 기자가 불의한 자들이 번성하는 것을 보고 고백한 그대로이다. "악을 행하는 자들 때문에 불평하지 말며, 불의를 행하는 자들을 시기하지 말지어다. 그들은 풀과 같이 속히 베임을 당할 것이며, 푸른 채소같이 쇠잔할 것임이로다"(시 37:1-2). 하나님이 주인이시다. 아버지 하나님께서 모든 것을 그 아들 예수 그리스도에게 넘겨주셨다. 그가 하늘에 오르시어 하나님의 보좌 우편에 앉으셔서 '주'가 되셨다. 그가 모든 사람들을 심판할 권세를 받으셨다(요 5:22).

거짓 교사들은 어떤 자들인가? 주인이 있는 남의 집에 몰래 들어가, '이 집이 내 집이니 마음대로 먹고 마시고 즐기시오'라고 속임수로 강도짓하며 떠벌리는 자들이다. 주인이 나타나는 순간, 그들의 거짓말과 도적질과 방탕한 죄악들이 한꺼번에 드러나 중대한 처벌을 피하지 못할 무뢰한들이다. 저들은 주인이 없는 것처럼 말하고 행동한다. 자신들의 세속적 욕망을 부끄럼 없이 드러내 놓고 추구하면서도, 그것을 하나님의 말씀으로 포장한다. 실제로는 자신들이 하나님 행세, 주인 행세를 하는 것이다. "하늘에 계신 이가 웃으심이여, 주께서 그들을 비웃으시리로다"(시 2:4).

거짓 교사들의 가장 치명적인 죄악은, '누가 교회의 주인이시며 주이신가'에 대해 눈과 귀를 흐리게 만드는 잘못이다. 저들은 하나님도 그리스도도 없는 것처럼, 자신들의 헛된 자랑과 교만으로 포장한 거짓으로 성도들을 미혹한다. 예수 그리스도께서 '주인'이시고 '주'이시라면, 저들은 결단코 심판을 피하지 못한다. 저들이 하나님의 말씀을 버리고, 자신들의 욕망을 따라 스스로 주인이요 주인인 것처럼 행세를 했기 때문이다. 하나님의 교회에 주인이 둘일 수가 없다. 몸 된 교회에 머리가 둘일 수가 없다.

저들은 반드시 심판받는다. 결단코 저들의 존재나 거짓 가르침에 흔들리지 말고 따라가지도 말라! 이것이 거짓 교사들에게 시달리는 교회에게, 유다가 그들로 하여금 반드시 기억하게 하고 싶어 하는 강력한 메시지이다. 또한 이것이, 주의 교회가 하나님의 사랑 안에서, 그리스도로 말미암아 자신을 지키는 방식이다. 성도가 세상에서 자신을 지키려면 무엇을 어떻게 해야 하는가? 그것은 무엇보다 교회 안에 들어와 있는 거짓 교사들의 거짓 가르침으로부터 자신을 지켜 내는 일로부터 시작해야 한다.

거짓 교사들 앞에서 생각 없이 '아멘, 할렐루야' 하지 말고 그들의 거짓 가르침과 부패한 행실을 명확히 분별해야 한다. 저들 앞에 놓인 무서운 심판을 직시하여, 같은 길로 끌려가지 말아야 한다. 처음이 아니라 나중이 우리의 삶을 결정한다. 저들의 끝은 멸망이요 파멸이다. 누가 뭐라 하든지, 하나님의 말씀에 어긋나면 결단코 따라가서는 안 된다. 성도 스스로 성경을 배우고 익히기에 게으르지 말아야 한다. 우리 안에 거하시며 친히 인도하시는 하나님의 영, 예수의 영이신 성령께 의지하고, 언제든 그분만을 따라 생명의 길로 나아가야 한다.

'다른 처방' – 믿음을 지키는 싸움(3절)

유다서는 '우발적인' 편지이다. 원래 이런 주제, 이런 내용으로 쓰려던 것이 아니었다. 유다가 편지의 주제를 바꾸고 내용을 다르게 한 것은, 그가 수신자 교회의 위험을 감지했고 위기에 처한 양 무리를 속히 그리고 안전하게 건져 내려고 한 목양(牧羊)하는 목자의 긍휼과 지혜 때문이었다. 일주일 내내 준비해서 완성한 설교를 내버리고, 토요일 저녁에 주일 설교를 다시 쓰는 경우도 있다. 환자는 다리가 부러져 왔는데, 의사는 자신이 준비한 최고의 위장약을 처방한다면 그 결과가 어찌 되겠는가?

목자는 항상 예수 그리스도의 긍휼로 양 무리의 처지를 살펴야 한다. 양 무리의 처지와 상황을 그들의 입장에서 공감하고 체휼하는 마음은, 오직 그 양 무리를 향해 하나님께서 가지신 사랑과 그들의 참목자 되신 예수 그리스도의 뜨거운 긍휼이 아니면 얻을 길이 없는 능력이다. 그래서 목양하는 자는 엎드려 항상 하나님의 사랑과 그리스도의 긍휼이 양 무리를 대하는 그의 심령을 채우시기를 간절히 간구해야 한다.

그럴 때에 겉돌지 않는 사역이 된다. 그럴 때에 허공을 치는 설교가 되지 않는다. 그럴 때에 양 무리가 하나님의 마음을 알고 그리스도의 긍휼을 깨닫고 한마음으로 그의 생명의 말씀을 먹고 성령의 생수를 마시며 살아나게 된다. 모든 것은 주의 긍휼에서 나온다. '긍휼의 목자'가 되어야 한다. 유다도 마찬가지였다. 수신자 교회가 맞닥뜨리게 된 거짓 교사들의 거짓 가르침의 위험을 듣게 되자, 그가 쓰고자 했던 편지의 주제를 바꾸어 버렸다.

유다가 애초에 쓰려던 서신의 주제는 '우리가 함께 참여한 구원'(테스 코이네스 헤몬 소테리아스, τῆς κοινῆς ἡμῶν σωτηρίας)에 관한 것이었다(3절). 이는 무엇을 의미하는가? 개역개정은 이 문구를 '우리가 일반으로 받은 구원'이라 옮겼는데, 원문에는 '받는다'라는 개념이 포함되어 있지 않다. 또한 '일반으로'라는 표현은 '특별하지 않다'와 대조될 수도 있기 때문에 모호하게 들린다. 한편, 당시 그레코로만 사회에서 통상 정치적 군사적 안정을 가리키는 '우리의 구원/안전'(our common salvation/safety[σωτηρίας])이라는 관용구를, 예수 그리스도를 통한 구원의 맥락에서 차용하여 쓴 표현일 가능성도 없지 않다(Green, 54).

하지만 3절의 문맥 안에서 '우리가 함께'('our common', KJV, NASB; 또는, 'the salvation we share', NIV, NRSV)라고 할 때, '우리'가 누구를 가리키느냐 하는 문제에 관해, 보다 성경적 역사 안에서 제기된 해석들이 있다. 첫째, 여기서 '우리'가 '유대인과 이방인'을 가리키는 것으로 보는 경우이다. 이때 '함께 참여한 구원'이란, 많은 학자가 주장하는 바와 같이, 유대인이나 이방인이나 할 것 없이 오직 예수 그리스도를 믿음으로써 하나님의 은혜로 구원을 얻는 '이신칭의'의 복음을 가리킨다(Moo, 228).

유다가, 야보고와 베드로와 함께 예루살렘 교회의 중요한 지도자였음을 고려해야 한다. 이런 점에서, 이방인들에게 '오직 은혜'의 복음을 전하고자 했던 바울의 선교 사역을 공식적으로 인준했던 사도행전 15장의 예루살렘 공의회의 결정을 참조한다면, '유대인과 이방인들 할 것 없이 '함께 참여한', 곧 오직 예수 그리스도로 말미암아 은혜로 얻은 구원이라는 개념은, 4절에서 '하나님의 은혜'라는 표현과 잘 어울리는 설명이 될 수 있다.

둘째로, 3절에서 '우리'가 유다 자신과 수신자 교회 성도들을 함께 묶어 표현한 것이라면, '우리가 함께 참여한 구원'은 수신자 교회에 침투한 '거짓 교사들을 제외'한다는 의도가 깃든 표현이라 할 수 있다(Davids, 42). 이런 의미일 경우, '함께 참여한 구원'이라 할 때 형용사 '함께 참여한'(코이네스, κοινῆς)은 거짓 교사들의 거짓 가르침의 특징인 '사사로운, 제멋대로의'(이디아스, ἰδίας, 벧후 1:21)와 날카롭게 대조된다.

성부 하나님께서 그 아들을 세상에 보내셨고, 육체로 오신 그 아들이 십자가에서 죽으셨고, 사람들과 천사들 앞에서 부활하신 몸으로 나타나셨으며, 하늘에 오르시어 모든 정사와 권세들을 복종케 하신 구원의 사건은, 하늘과 땅에서 일어난 '공적인'(public) 사건이다. 일개 무지하고 무식한 거짓 교사가 어둠 속에 숨어, 악한 영에 의해 휘둘려 조작한 '사적(私的)이고' 그래서 '어리석기 짝이 없는'(idiot; 벧후 1:20) 거짓 가르침과는 땅과 하늘의 차이, 피조물과 창조주의 차이만큼이나 크다는 것이다.

이런 의미에서 3절의 '우리가 함께 참여한 구원'을, 거짓 교사들을 제외한 참된 성도가 누리는 '공적인, 객관적인, 확고한' 구원이라는 뜻으로 읽어도 무리가 없다. 3절의 '성도에게 단번에 주신'(테 하팍스 파라도떼이세, τῇ ἅπαξ παραδοθείσῃ) 믿음이라는 표현도 '함께 참여한' 구원이라는 개념을 또 다른 차원에서 강화하는 역할을 한다. '주신' 또는 '전해 받은'(파라도떼이세)이라는 표현은 흔히 '전통'(tradition)이라고 부를 수 있는 무엇인데, 하나님의 계시로서 변질됨이 없이 사도들을 통해 공동으로 인정받은 예수 그리스도의 복음의 내용과 가르침을 가리킨다(롬 6:17; 고전 11:2, 23; 살후 3:6; 참조. Green, 56; Bauckham, 34-35).

그러니까 유다서의 수신자 교회가 받은 '하나님의 은혜'(4절)에 관한 예수 그리스도의 복음의 내용과 그 가르침은, 예수 그리스도께서 택하여 친히 함께하게 하시고 가르치셨던 그 제자들로 구성된 사도들을 통해 '변질됨이 없이' 그리고 한두 사도만이 아니라 '모든 사도들의 공동의' 확증을 받아 그대로 전달되었다는 의미이다.

게다가 그들은 이 복음을 '단번에' 또는 '온전하게'(하팍스, ἅπαξ) 전해 받은 것이다. 그것은 무슨 진화론 같은 이론에서처럼, 처음에는 아메바 같은 '원시적(?) 복음'이 이렇게 저렇게 상황에 따라 떨어져 나가고 새로 붙어서, 나중에는 침팬지 정도의 고등 동물처럼 '진화된' 복음으로 발전한 것이 아니라는 것이다.[6] 우리가 전해 받은 복음은, 예수 그리스도께서 친히 택한 증인들인 사도들로부터 그대로 전달받은 변질되지 않은 복음, 공적으로 인정된 복음이다.

그뿐 아니라 그렇게 전해 받은 복음은, 처음이든 나중이든 거기에 누군가

6 리처드 보컴(Richard Bauckham), 『예수와 그 목격자들』(박규태 옮김, 새물결플러스, 2015), 『예수와 이스라엘의 하나님』(이형일 옮김, 새물결플러스, 2019)을 참조하라.

가 무엇을 더하거나 뺄 필요가 전혀 없는(계 21:18-19), 그 자체로 완전한 복음, 이미 최종 상태에 이른 채로 전달된 최종적인 복음이라는 의미이다. 그러므로 유다서의 수신자 교회가 받아 믿게 된 그 복음은 '단번에 주신' 즉 그래서 '온전하게 전해 받은' 복음이기 때문에, 그들 가운데 있는 거짓 교사들이 무언가 '새로운' 가르침들을 거기에 덧붙이거나, 혹은 그들의 거짓 가르침 때문에 그 온전한 복음에서 무엇인가를 뺄 필요가 전혀 없고 그래서도 안 된다는 뜻이다.

문제는, 수신자 교회가 그럴 위험, 즉 거짓 교사들의 거짓 가르침에 의해 그들이 받은 '은혜의 복음을 변질시킬 위험'에 빠지게 된 것이다. 애초에 유다는 '우리가 함께 참여한 구원'(3절)을 조금 더 설명하고 싶었고, 그 내용으로 편지를 쓸 예정이었다. 왜 구원이 유대인이나 헬라인에게 차별 없이 '오직 은혜로만' 얻게 되는 구원인지 설명할 수도 있었고, 하나님께서 그 아들을 통해 이루신 그 구원이 어떻게 '우주적이고, 공개적이고, 확고하고 이를 데 없는' 구원인지를 설명할 수도 있었다.

하지만 급한 일이 생긴 것이다. 사람의 몸이 건강하면 그 건강한 몸으로 무엇을 할 수 있을지 앞으로 무슨 일을 이룰 수 있을지 계획하겠지만, 갑자기 병이 들면 그 병의 원인이 무엇인지 어떻게 해야 그 병을 이길 수 있을지를 먼저 다루지 않을 수 없는 것과 같다. 그래서 유다는 이 '은혜로 구원 얻는 믿음' 혹은 '공동의 구원'에 관한 원론적인 신학 강의를 접어 두고, 수신자 교회 안에 들어온 거짓 교사들의 정체를 정확히 간파하며, 저들의 결국 곧 저들을 향한 하나님의 심판을 확신함으로써 저들에게 휘둘리지 말 것을 간곡히 당부하게 되었던 것이다.

3절에서 유다가 '믿음을 위해 힘써 싸우라'고 했을 때 '힘써 싸우라'(에프아고니제스따이, ἐπαγωνίζεσθαι)는 표현은 마치 권투 선수가 상대를 이기기 위해 얼굴이 터지고 다리가 풀리는데도 마지막 회전의 종이 칠 때까지 고통을 참으면서 죽을힘을 다해 싸우는 모양을 떠올리게 한다. 그것은 마치 축구 선수들이 후반전도 중반을 넘기면서 체력이 이미 바닥나 숨을 쉴 수도 없을 만큼 힘들지만, 눈앞에 놓인 승리를 위해 단 한 걸음이라도 더 뛰려는 모습과도 같다. 그러니까, 대충 노력하라는 뜻이 아니다. '죽기까지' 싸우라는 의미인 것이다.

유다는 교회 안에 들어온 거짓 교사들의 거짓 가르침과 그 악한 영향력과 폐해를 결코 과소평가하지 않는다. 저들이 반드시 심판을 받을 것이라는 내용을 구약의 예들을 들어 무려 5절에서 19절까지 생생하게 묘사하는 것을 보면, 수신자 교회가 저들의 거짓말과 악한 행실에 상당히 휘둘리고 있었다는 합리적 의심을 하게 된다. 그만큼 이 싸움은 분별하기도 어렵고 맞서 싸우기도 처절한 싸움이 될 수 있다는 것이다.

3절의 '힘써 싸우라'는 표현은 마침내, 우리 주 예수 그리스도께서 십자가에 달려 온갖 고통을 당하시며 '우리가 함께 참여한 구원'을 위해 죽기까지 피와 땀과 눈물을 흘리며 싸우셨던 장면을 떠올리게 한다. 그것은 처절하고 극심한 고통 가운데서 '내 하나님이여 내 하나님이여 어찌 나를 버리셨나이까'(시 22:1)라고 부르짖으며 견디는 믿음의 거짓 없는 싸움에 관한 것이다.

실제로, 거짓 교사들을 만나 그들의 거짓 가르침에 갈기갈기 찢겨 고통당하는 성도들과 그들의 가정, 교회가 싸우는 믿음의 싸움은 처절하고 상처투성이의 고독하고 고통스러운 과정인 경우가 많다. 가장 믿었던 교회, 가장 믿었던 목회자, 가장 믿었던 성도들에게서 받은 상처와 배신은 이루 말할 수 없는 혼돈과 아픔을 가져오기 때문이다.

그러나 그런 처절한 아픔과 비참 한복판에 서 있을지라도, 거기서 우리와 함께 우리를 끌어안고 우리 대신 '나의 하나님, 나의 하나님 어찌하여 나를 버리셨나이까'(마 27:46)라고 울부짖으시며 구원하시는 우리 주 예수 그리스도를 바라보아야 한다. 오직 그분만이 우리의 처절한 믿음의 싸움을 끝내 승리로 이끄시며 온전케 하시는 '믿음의 주'(히 12:2)이시기 때문이다. 이제부터 유다는 '어떻게 믿음의 싸움을 싸울 것인가'를 설명할 것이다. 그 첫걸음은, 거짓 교사들의 확실한 심판을 깨닫고, 결단코 그들의 멸망에 참여하지 않도록 날카로운 분별을 통해 깨어 있는 경계심을 갖는 것이다.

삶으로 내리는 뿌리

경험과 신앙

경험은 신앙에 꼭 필요한 요소이다. 하지만 그것이 삶의 체험이든 기도 속에서 본 꿈이든, 늘 경험에 의존하는 성경 해석이나 신앙은 항상 거짓 가르침에 노출되어 있다는 사실을 기억해야 한다. 말씀은 경험되어야 한다. 그 경험이 말씀을 이해하게 하기 때문이다. 그러나 경험이 말씀을 대적하고 대체하게 해서는 안 된다. 경험은 항상 말씀의 빛에 비추어져야 하고, 분별되어야만 한다. 말씀은 신앙의 참되고 본질적인 경험을 검증하고 보증하기 때문이다.

아무리 신비하고 놀라운 경험이라도, 하나님의 기록된 말씀에 의해 걸러지고 확인되어야 한다. '죄'의 가장 놀라운 점은, 그것이 우리에게 '자연스럽게 느껴진다'는 것이다. '죄'는 때로 너무나 '진실'해서, 그것을 배반하는 것 자체가 때로 '비인간적'인 것처럼 느껴지기도 한다. 죄가 진실하게 느껴지기 때문에, 우리는 종종 그것을 죄라고 지적하는 말씀이 틀렸다고 생각하게 된다. 이렇게 진실한데, 그럴 리가 없다는 것이다.

하지만, 죄가 진실하게 느껴지는 것은, 우리가 '죄인'이라는 확실한 증거일 뿐이다. 예수님께서 예루살렘에 올라가 고난받고 죽으신다는 말을 들었을 때, 베드로는 예수님을 부여잡고 안 된다고 길을 막았다. 제자의 진실한 충정이고, 보기 드문 의리이고, 뜨거운 사랑이었다. 하지만 예수님의 대답은 뜻밖에도 '사탄아, 내 뒤로 물러가라'였다.

베드로의 정서는 너무나 인간적이고 진실했지만, '하나님의 생각'이 아니라, '사람의 생각'이었다는 것이다. '경험'에 기초하는 신앙은, 우리의 죄악의 경계를 벗어나지 못한다. 말씀을 의지하고 경험했던 '그 옛날'의 놀라운 기적들도, 세월이 지나면 경험만 남는다.

경험이 말씀을 압도하기 시작하면, 신앙은 '옛날의 그 경험'에 갇혀 있는 것이지, 더 이상 살아 있는 말씀을 분별하지도 좇아가지도 못한다. 언약궤를 들고 나가 전쟁에서 이긴 '경험' 자체가, 또 다른 승리를 가져다주지 못했던 것과 같다. 경험이 아니라, '계시' 곧 살아 계신 하나님 자신과 그분의 말씀을 붙드는 것이 믿음이기 때문이다.

입을 열면 '성령 충만'을 외치고, 자신은 신령한 영적 경험을 했다든지, 하나님의 보좌를 움직인다든지, 하나님과 맞먹는 영적 권위를 받은 것처럼 떠벌려도, 하나님의 말씀이나 교회의 교리에 부합하지 않는 '영적 경험'은 빗나간 거짓이요 속임수이다. 말씀도 교리도 '경험을 통해 이해되어야 하는' 신앙의 신비이지만, 말씀과 교리에 의해 설명되지 않는 영적 경험은 거짓되고 빗나간 체험들이다.

'경험'이 '말씀'에 앞서는 신앙은, 그래서 언제나 미혹의 길에 빠진다. 인간 경험이 기초요 원리가 되는 신학은, 그것이 '번영 신학'이든 '퀴어 신학'이든 인간의 욕망에 갇히고 만다. '재물'에 대한 것이건 '육체'에 대한 것이건, 우리의 '사적'(私的) 욕망이 해석의 출발이고 방법이고 목적이 되면, 결국 말씀을 왜곡하게 된다. 말씀의 빛 안에서 우리의 죄가 폭로되는 경험은, 우리를 말씀의 빛과 생명으로 인도한다.

하지만 우리의 사적 욕망에 따라 말씀을 해석하면, 결국 우리는 우리 자신의 어둠 속에 갇히고 만다. 말씀이, 우리의 욕망을 해석하게 해야 한다. 성경을 읽으면서 '어떻게 우리의 욕망을 정당화할 것인가?'를 찾지 말라. 도리어, '무엇을 욕망해야 할 것인가?'를 물어야 한다. 그것이 '성경적인 성경 해석'의 출발점이다.

3. '자신의 지위를 지키지 못한' 자들(5-7절)

유다는 이제부터, 어떻게 하는 것이 '하나님의 사랑 안에서 그리스도로 말미암아 자신을 지키는'(1절) 방식인지, 어떻게 해야 '긍휼과 평강과 사랑 안에서 자신을 지킬 수 있을지' 말해 줄 것이다(2절). 과연 어떻게 하는 것이 '하나님의 은혜를 방탕거리로 뒤바꾸고 하나뿐인 주인이시요 주이신 예수 그리스도를 부인하는 자들'(4절)로부터 자신을 지키는 길인가?

이것이, 단번에 온전하게 전해 받은 믿음에 관하여 '어떻게 싸워야 하는지'(3절)에 관한 내용이다. 모든 싸움에는 '방어'와 '공격'이 있다. 공격이 최선의 방어이기도 하지만, 수비하지 않고 공격하는 것은 위험하다. 이것이 5절부터 19절까지 거짓 교사들이 받을 확실한 심판에 대한 '방어적인' 가르침이 펼쳐지는 배경이고 문맥이다. 유다는 무엇보다, 거짓 교사들의 치명적인 죄가 무엇이며(5-7절), 그들의 특징들은 어떤 것이고(8-16절), 결국 그들의 영적 실체는 무엇인지를(17-19절) 명확히 알려 줌으로써, 성도가 자신의 믿음을 지키기 위해 머물러야 하는 최소한의 경계를 확인하고, 거기에 외부로부터의 공격을 막아 낼 수 있는 견고한 성벽을 쌓을 것을 요청한다.

상대적으로, 20-23절에서 유다는 다소 '적극적인' 자세를 요청한다. 일단 외부의 거센 공격부터 막아 낼 '믿음의 요새'를 건축한 후에, 거기서부터 사람들을 구해 내고 지켜 내는 싸움에 관해 설명하는 것이다. 유다는 '지극히 거룩한 믿음'(20절)의 경계선을 결정한 후에, 그 내부와 외부는 구원과 심판처럼 서로 뒤섞일 수 없는 다른 영역이라는 사실을 강조한다.

그렇다면 성도가 '자신을 지킨다'는 것은 무엇을 어떻게 한다는 것인가? 5-19절 전체 문맥에서는 한마디로, 거짓 교사들의 거짓 가르침에 휩쓸리지 말아야 한다는 것이다. 거짓 교사들과 그들의 거짓 가르침이 '위협이 되는 이유'가 무엇인가? 지금 우리가 읽고 묵상할 5-7절은 바로 이런 핵심적인 질문에 대한 매우 중대한 답을 품고 있다. 그 답이 무엇인지 찾아보는 마음으로 본문을 읽어 보자.

> [5] 내가 여러분으로 하여금 생각나게 하려는 것은, 여러분이 모든 것을 알고 있는 대로, 주께서 그 백성을 애굽에서 단번에 구원해 내시고, 그다음에 믿지 않은 자들을 멸망시키셨다는 것입니다. [6] 또한 천사들 곧 자신의 원래 지위를 지키지 않고 도리어 그들 자신의 처소를 내팽개친 자들을, 큰 심판의 날까지 흑암 아래서 영원히 결박하여 지켜 오고 계신 것입니다. [7] 소돔과 고모라처럼 그리고 그 주변에 있던 도시들 역시, 그 동일한 방식으로 그와 같이 행음하며 다른 육체를 좇아갔기 때문에, 영원한 불의 형벌을 받았다는 표본이 여러분 앞에 놓여 있습니다.

본문의 주된 목적은, 거짓 교사들의 위험을 맞닥뜨린 수신자 교회와 그와 같은 위험에 처한 모든 교회 앞에, '심판의 표본들'(7절)을 생생하게 예시하려는 것이다. 마치 담배를 끊지 못하는 사람들을 강당에 모아 놓고, 흡연하는 습관을 멈추지 못하면 결국 폐가 어떻게 망가지는지 실제로 니코틴이 덕지덕지 앉아 시커멓게 변한 폐를 찍은 엑스레이 사진들을 연속적으로 보여 주는 것과 같다. 이 끔찍한 사진들을 보고도 계속 피울 겁니까? 이렇게 묻고 있는 것이다.

5-7절에 나오는, 구약에서 '심판받는 자들'은 세 부류이다. 첫 번째는 '출애굽 후에 광야에서 죽은 불신자들'(5절)이고, 두 번째는 '자신의 지위를 떠나 하늘에서 쫓겨난 천사들'(6절)이며, 세 번째는 '타락한 천사들을 따라 행한 소돔과 고모라 사람들'(7절)이다. 흥미로운 사실은 이들 모두에게 '공통된' 죄악의 패턴이 있다는 것인데, 양상은 다르지만 본질적으로는 모두가 '자신의 지위, 처소를 떠난' 범죄를 저질렀다는 점이다.

유다가 정의하는 '죄'와 '경건'의 특징

유다서가 경고하는 거짓 교사들의 죄악의 본질은 무엇인가? 저들은 방탕했고(4절), 교만했고(8절), 탐욕을 추구했고(11절), 불경건했고(15절), 분리되어 떨어져 나가는(19절) 자들이었다. 그리고 이 모든 죄악의 뿌리에 놓여 있는 근본적인 죄악은, 저들이 하나님의 세계, 곧 그것이 구원의 세계이든 창조의 세계이든, 하나님께서 은혜로 주신 그 자리, 그 은혜의 지위와 사명의 처소를 '떠나 이탈한'(!) 자들이었다는 사실이다.

이것이 유다가 정의하는 가장 심각한 죄의 특징이다. 뒤집어 말하면, 바로 여기에서 유다가 강조하는 '경건'의 특징도 선명히 드러난다. 경건이란 무엇인가? 거짓 교사들을 분석하면서 알게 된 저들의 죄악에 관한 예리한 유다의 통찰은, 역설적이지만 동시에 하나님께서 교회에 요구하시는 '경건의 결정적인 특징'을 드러내 보여 주는 것이다. 유다서가 강조하는 '세상에서 자신을 지키는 경건'이란, 그것이 창조 세계이든 구속과 새 창조의 세계이든, 하나님의 세계 안에서 '은혜로 주어진 지위와 사명의 자리를 지키는 믿음의 삶'을 가리킨다.

이렇게 보면, 5절이 예시하는, 출애굽 후에 광야에서 죽었던 불신자들의 죄악의 본질이 무엇인지, 그들이 왜 심판을 받게 되었는지가 선명하게 보인다. 그들은 은혜로 얻은 구원에 합당한 순종을 바칠 수 없었던 불신자들이었던 것이다. 6절의 경우, 하늘에서 자신들에게 은혜로 주어졌던 지위와 영역을 벗어나 하나님께 반역했던 타락한 천사들의 죄악은, 유다가 지목하고자 하는 그 본질적인 죄악을 가장 뚜렷하게 보여 주는 사례이다.

'하늘에서 일어난' 일은 '땅에서도 일어나 퍼지고' 만다. 이것이 고대의 우주관이고 성경의 우주관이다. 그래서 7절이 묘사하는 대로 소돔과 고모라 사람들은, '그 (타락한 천사들과) 동일한 방식으로' 행음하며 '다른 육체를 좇아갔던' 죄악을 행한 것이다. 결국 5-7절에 예시되는, 심판을 피하지 못했던 자들의 근본적인 죄악은, 그들이 하나님의 구원과 창조의 세계 안에서 주어진 그들의 자리, 지위, 본분을 떠났다는 사실에서 찾아진다. 8절이 고발하는 것처럼, 수신자 교회의 거짓 교사들 역시, 바로 이 본질적인 '이탈'의 죄를 저지른 것이다.

성경은 '죄'를 매우 다양한 방식으로 묘사한다. 이는 마치 사람의 몸에 병이 수천, 수만 가지로 나타나는 것이, 사람의 몸이 그만큼 복잡하고 풍성한 생명을 담고 있기 때문인 것과 같다. 죄가 그만큼 다양한 방식으로 드러나고 그렇게 묘사될 수 있는 이유는, 하나님께서 말씀으로 지으신, 보이고 보이지 않는 피조 세계의 모든 '바른 관계들' 곧 '의(義)의 관계'들이 그만큼 풍성하기 때문이다. 나무젓가락은 기껏해야 두 쪽이나 세 쪽으로 나뉠 수 있지만, 큰 거울 같은 유리는 수백, 수천 조각으로 깨질 수 있는 것과 유사하다.

마찬가지로, 하나님의 형상인 인간이 타락했을 때 그 파괴된 죄의 조각들은 원래 그 형상만큼이나 풍성할 것이다. 인간은 하나님의 말씀 곧 그의 법(法)을 따라 살도록 지음받았다. 율법은 하나님의 영광스러운 의의 '기준'을 제시한다. 그래서 율법의 요구를 충족하지 못할 때, 죄란 그 영광의 '기준에 미치지 못하는' 무엇이 된다. "모든 사람이 죄를 범하였으매 하나님의 영광에 이르지 못하더니"(롬 3:23)라는 말씀 그대로이다. 또 율법은 사람이 하지 말아야 할 '경계'를 정함으로써, 바른 관계가 무엇인지 알려 주고 그 의의 관계 안에 머물도록 요구한다. 이럴 때, 율법을 어기면 그것은 그 경계 곧 '선(線)을 넘어가는 죄'가 된다.

그렇다면, 유다서에서 가장 심각한 죄로 규정되는 근본적인 죄는 무엇인가? 그것은 '하나님의 세계에서 은혜로 받는 지위, 영역, 그 자리를 벗어나 이탈하는 죄'이다. 그것이 불경건의 핵심이다. 거꾸로 하면, 유다가 말하고 싶은 경건의 핵심도 여기에 있다. 곧 성도라면 마땅히 '하나님의 사랑 안에서, 그리스도로 말미암아 자신을 지키는 것'(1:1, 21)이다.

하나님은 신약성경에 스물일곱 개나 되는 다양한 '약'(藥)을 주셨다. 왜 한 가지 병만 보려 드는가? 왜 한 가지 약만 쓰려 드는가? 쓸모 있는 해석자요 설교자란, 그래서 유능한 의사와 같다. 하나님의 양 무리의 병을 고치는 선한 목자가 되려면, 양 무리의 다양한 병을 알아볼 만큼 부지런하고 긍휼이 가득해야 한다. 동시에, 하나님의 말씀을 능숙하게 분별하고 때에 맞게 사용할 수 있는 훈련과 위로부터 오는 지혜가 있어야 한다.

유다서를 기록한 유다는, 그런 유능한 해석자요 선한 목자였음이 분명하다. 유다서의 수신자 교회의 성도들은, 자기 자리를 이탈하는 거짓 교사들의 유혹에 의해 하나님께서 그들에게 주신 은혜의 자리, 그 영광스러운 성도의 지위와 사명에서 이탈할 위험에 처했던 것이다. 그래서 그들이 싸워야 했던 믿음의 싸움이란, 하나님의 '지켜 주심 안에서 자신을 지키는' 것이었다. 이는 수신자 교회를 흔들었던 거짓 교사들의 거짓 가르침의 실체가 무엇이었는지를 말해 주는 것이다. 유다가, 거짓 교사들을 가리켜 캄캄한 흑암에 이르도록 '자기 길을 이탈한 별들'(개역개정, '유리하는 별들')로 규정한 이유도 바로 여기에 있다(1:13).

구원, '나무'와 '열매'

유다가 5절에서 우선적으로 꺼내어 강조하는 단어는 '생각나게(휘포므네사이, ὑπομνῆσαι) 하려 한다'는 것이다. 잊지 말라는 것이다. 반드시 기억하라는 것이다. 무엇을 생각하고 기억하라는 것인가? 하나님의 은혜로 구원을 받았다고 확신하면서, 거짓 교사들처럼 그 은혜를 방탕거리로 뒤바꾸며 죄 속에서 살면, '반드시' 심판과 멸망에 직면하게 될 것이라는 사실이다. 스스로 속이지 말라는 것이다. '나는 이제 구원받았으니까, 오직 믿음, 오직 은혜로 구원받았으니까, 이런 죄를 계속 지어도 다 용서받고 잘 되겠지' 그런 꿈일랑 아예 꾸지도 말라는 것이다.

하나님께서 우리에게 '오직 은혜로 구원받게' 하신 목적은, 우리로 하여금 죄에서 돌이켜 경건하고 의롭게 살며, 선한 일에 열심을 다하는 친백성이 되게 하려 하심이다(딛 2:11-14). 하나님의 은혜가 어떤 사람으로 하여금 더 죄짓게 하고, 죄를 지어도 아무렇지도 않게 만든다면, 그런 자는 심판받아 멸망할 사람이며, 애초에 하나님의 은혜를 받은 자도 아니라는 사실이 곧 만천하에 드러날 것이라는 뜻이다.

예수님께서 친히 '좋은 나무가 나쁜 열매를 맺을 수 없고'(마 7:18) 또한 '그 열매로 나무를 아느니라'(마 12:33)고 말씀하신 그대로이다. 자신의 삶에서 계속해서 나쁜 열매를 맺으면서, 스스로 '나는 좋은 나무에 붙어 있을 것'이라는 생각일랑 아예 꿈도 꾸지 말라는 것이다. 이 원리를 마음에 새기고 5절을 세밀하게 들여다보자. 5절의 해석에서 가장 문제가 되는 부분은, '단번에'(하팍스, ἅπαξ)라는 부사가 무엇을 수식하느냐 하는 것이다.

'단번에'가 '모든 것을 알고 있는 대로(에이도타스, εἰδότας)'를 수식하는가? 아니면 '구원해 내시고'(소사스, σώσας)를 수식하는가? 즉 '여러분이 단번에 모든 것을 알고 있는 대로'라는 의미인가?(KJV) 아니면, 하나님께서 그의 백성을 애굽에서 '단번에 구원하셨고 그다음에 믿지 않는 자들을 멸망시키셨다'(NRSV)는 뜻인가?[7]

먼저, '단번에'가 수신자 성도들이 '모든 것을 알고 있는 방식'을 묘사하는 것이라면, 이는 앞서 3절에서 사도들로부터 전해 받아, 거기에 무엇을 더하거나 뺄 필요가 없는, 그들이 받은 그대로 완전하고 최종적인 '믿음'을 받은 경

7 개역개정의 번역은 NIV의 경우처럼, '단번에'(하팍스)를 '본래'로 옮기면서 그 의미를 희석시킨 듯하다. "너희가 본래 모든 사실을 알고 있으나, 내가 너희로 다시 생각나게 하고자 하노라. 주께서 백성을 애굽에서 구원하여 내시고 후에 믿지 아니하는 자들을 멸하셨으며."

우와 잘 어울린다(Bauckham, 48-50). 그러니까 저들이 알고 있는 이 지식(5절) 곧, 주께서 이스라엘 백성을 애굽에서 '구원하신 후에' 그들 가운데 하나님을 신뢰하지 않은 자들을 심판하시고 멸망시키셨다는 사실은, 저들이 '단번에' 받은 믿음의 경우처럼(3절) 어떤 식으로든 변질시킬 수 없는 확고한 진리라는 뜻이다.

문제는 이렇게 해석할 때, 5절 안에서 '단번에'라는 부사의 위치가 '알고 있다'는 분사와 너무 멀리 떨어져 있다는 점이다. 더 중요한 점은, 5절 안에서 '단번에'가 바로 뒤이어 나오는 '그다음에'와 서로 짝을 이루고 있는 점이 명확하다는 것이다. 그 해석이 훨씬 까다로워 보이기는 하지만, 5절의 자체 문맥 안에서는 하나님께서 그의 백성을 '단번에' 구원하셨고 '그다음에' 믿지 않는 자들을 심판하셨다는 식으로 읽는 것이 정당해 보인다.

이럴 경우 5절의 의미는, 하나님께서 단번에 행하신 결정적인 구원을 받았지만 나중에 그분을 신뢰하지 않은 자들은 결국 심판을 받아 '구원을 잃게 되었다'는 뜻으로 읽힐 수도 있게 된다. 소위 '구원의 탈락'에 해당하는데, 구원을 받았지만 나중에 그의 불신앙적 행위들로 인해 구원이 취소되었다는 식으로 해석하는 경우이다(Davids, 46-48).

그렇다면, 하나님께서 '단번에' 즉 '모든 것을 한 번에, 최종적으로'(once for all, thus final) 구원해 내셨는데, 어떻게 '그다음에' 또는 '두 번째로'(토 듀테론, τὸ δεύτερον) 심판해서 멸망시키는 일이 있을 수 있느냐는 심각한 문제가 제기될 것이다. 하나님은 한번 구원을 주신 후에, 그가 갖는 믿음이나 행위를 보아서 그 주셨던 구원을 '취소'하기도 하시는가? 구원을 받았지만, 그의 믿음이나 행위의 결과로 인해 그 구원에서 다시 '탈락'하기도 하는가?

중요한 것은, 5절에서 '단번에'는 하나님의 역사적이고 객관적인 확고한 구원 행동을 묘사하는 반면, '그다음에'로 나타나는 심판은 그 구원 사건을 받아들이고 응답하는 우리의 믿음의 응답에 초점을 맞추고 있다는 차이점이다. 즉, '단번에' 행하신 '하나님의' 구원 행동은 변함없이 확고한 하나님의 행동이시다. 하지만 그 후에 즉 '두 번째'에 행해지는 심판은 그 하나님의 구원 행동에 대한 '우리의' 믿음이 진짜였는지 가짜였는지를 검증하며 판별하여 최종적으로 분리하는 과정이라는 것이다.

그러니까 하나님께서 '단번에' 구원하신 역사적이고 객관적인 사건과 '두 번째'에 그 하나님의 구원에 대한 우리의 믿음의 응답을 판별하는 심판 사이에는 '명확한 판별이 어려운 기간'이 생긴다. 여기서 겉으로 드러나는 '현상'(appearance)과 그 영적인 '본질'(reality)의 영역을 구분해서 설명할 필요가 생긴다. 어떤 사람이 정말 '단번에 (즉, 완전하고 결정적인) 하나님의 구원을 믿음으로 받았다면' 그의 구원은 '본질적으로' 취소될 수 없는 종류의 것이다. 예수님의 표현대로 하면, 그는 '좋은 나무'에 접붙임을 받은 '가지'가 된 것이다.

이런 경우, 그 좋은 나무 자체가 나쁜 나무로 변질되지 않는 한, 즉, 예수님이 실패하지 않는 한, 그 좋은 나무에 '붙어 있는' 가지는 좋은 열매를 맺을 수밖에 없다. 하지만 '현상적'으로는, 어떤 사람의 신앙고백만으로 그가 진정으로 예수님과 연합한 신자인지 아닌지를 '확인'할 도리가 없다. 설사 그가 어떤 좋은 열매를 맺는 것처럼 보이거나 일시적으로 나쁜 열매를 맺는다고 해도, 그 시점의 열매만으로는 그가 좋은 나무에 접붙임받은 것인지 아닌지를 '최종적으로' 확인할 길이 없는 것이다. 신자의 '영적 정체성'은 주의 재림 때에 심판대 앞에서 비로소 최종적으로, 즉 '결과적으로만' 드러나고 확인되기 때문이다.

예수님께서 말씀하신 것처럼, '본질적으로는' 교회 안에 알곡도 있고 가라지도 있다. 하지만 '현상적으로는' 누가 알곡이고 누가 가라지인지 지금 여기서는 최종적으로 확인할 길이 없다. 그래서 가라지를 뽑으려 하지 말고 그냥 두라고 하신 것이다. 최종적 분별이 가능하지 않기 때문이다. 그것은 최후의 심판 때에나 드러날 것이다. 예수님의 천국 비유에서처럼, 처음에 그물로 물고기를 모아들이지만 나중에 해변에서 좋은 것과 못된 것을 나누는 것과 같이, 세상 끝에 이르러서야 '의인(의 회중) 가운데서 악인을 갈라내는' 심판을 통해 비로소 그 영적 본질이 드러나게 되는 것이다(마 13:44-50).

이것이 5절이 포함하고 있는, 신자의 정체성에 관한 '확신과 긴장' 사이에 놓인 신비 또는 모호함의 이유이다. 유다서에서 거짓 교사들은 '현상적'으로는 신앙고백을 하고 교회 안에 들어와 있다(1:4). 그들은 '단번에' 구원을 받은 성도들 안에 섞여 있다. 하지만 그들은 '본질적'으로는 '육적인 자들이요, 성령은 없는 자'(1:20) 즉, 애초부터 '나쁜 나무에 붙어 있던 가지들'인 셈이다. 하나님의 사랑을 입은 적도, 그리스도로 말미암아 구원받은 적도 없는 자들이다. 그들은 그들의 불신앙뿐 아니라 불경건한 행위로 인해 심판받고 멸망할 것이다. 애초에 구원받지 못한 자였음이 그 악한 열매로 확증되어 멸망하는 것이다.

'본질적'으로 구원을 받은 성도 역시, '현상적'으로는 거짓 교사들이 받을 심판으로부터 면제되어 있는 것이 아니다. 그들이 거듭난 심령 안에서 '단번에' 얻은 구원을 확신한다고 해도, '현상적'으로는 여전히 거짓 교사들의 죄의 미혹에 휩쓸릴 가능성 안에 놓여 있기 때문이다. 그들이 정말 죄에 휩쓸려 아무런 죄책 없이 하나님의 은혜를 방탕거리로 뒤바꾼다면, 그리고 그런 식으로 계속해서 죄의 열매를 맺는다면, 그들이 정말 '단번에' 구원을 받은 자라는 것을 도대체 어떻게 확증할 수 있겠는가?

5절의 의도를, 단번에 그리고 최종적으로 '구원받았다고 믿는'(현상적으로) 신자들은, 그들 자신도 심판에서 면제된다고 생각하지 말아야 한다는 해석(Green, 64)은, 그래서 비교적 안전한 결론이다. 5절의 메시지는, 하나님의 구원이 결정적이고 최종적인 것처럼 '보이지만'(역시, 현상적으로), 하나님은 또한 그들의 믿음 없음을 보시고 그들을 멸망시키신다는 경고로 보는 입장(Moo, 240) 역시, 조심스럽고 균형 잡힌 해석이다.

그러므로 5절의 의미는, 하나님께서 '단번에, 결정적으로' 주신 구원이라도 그 구원을 받고 또 죄를 지으면 하나님께서 그를 구원에서 탈락시키신다는 뜻이 아니다. 우리의 구원은 예수 그리스도의 '역사적이고 객관적인 견고한 구원 사건'이라는 반석 위에 세워져 있다. 성령의 증거와 역사를 따라, 예수 그리스도를 믿고 '그와 본질적으로 연합한' 성도의 구원이 취소될 수 없는 이유는, 그의 믿음이 이미 돌이킬 수 없는 예수 그리스도의 십자가와 부활, 승천의 사건 자체에 뿌리박고 있기 때문이다.

그 아들을 통해 우리를 구원하시겠다는 아버지 하나님의 의지와 사랑이 변함이 없는 한, 우리의 구원도 그 아들의 대속 사건처럼 견고하기 그지없다. 그래서 유다는 수신자 성도들을 향해 '하나님 아버지 안에서 사랑을 입은 자들이요, 예수 그리스도로 말미암아 지키심을 입은' 자들이라 한 것이다(1:1). 바울이 그 어떤 피조물이라도 '우리를 우리 주 그리스도 예수 안에 있는 하나님의 사랑에서 끊을 수 없으리라'(롬 8:39)고 확언한 이유도 이와 같다.

예수 그리스도의 견고한 구원 사건에 기초하여 예수 그리스도와 진실로 연합한 성도의 구원은 취소될 수 없다. 나중에 취소되거나 탈락할 수 있는 구원은 애초에 구원이 아니기 때문이다. 나쁜 열매를 맺었기 때문에 구원에서 탈락하는 것이 아니다. 좋은 나무이신 예수 그리스도가 나쁜 나무가 되는 법이 없는 것처럼, 나쁜 열매를 맺은 자는 '본질적으로' 애초부터 좋은 나무에 붙어 있지 않았던 것이기 때문이다.

하지만 '현상적'으로는 이 모든 것이 뒤섞여 있는 듯이 보인다. 그 어느 것도 확정적으로 드러나 보이지 않는다. '나는 하나님의 은혜로 구원받았고, 내 구원은 취소되지 않는다'고 아무리 '확신'해도, 그런 사람이 실제로 좋은 열매를 맺지 않고 있다면 그가 받은 구원이 진짜라는 것을 증명하고 '확증'할 길이 없다. 그러니 스스로 구원을 확신하는 신자라 하더라도, 열매 없는 삶에 대한 하나님의 준엄한 심판과 멸망에 대한 경고를 피할 자가 없다. 5절은 이런 맥락에서 읽어야 한다(마찬가지로, 히 6:1-8; 참조. Hafemann, 337-342).

출애굽 후 광야에서 심판받았던 자들의 '죄'는 도대체 무엇이었던가? 그들은 '어떤 죄'를 지었기에 광야에서 심판받고 멸망했던 것인가? 5절은 이에 대해 자세히 설명하지 않고 다만 저들을 '믿지 않은 자들'(투스 메 피스튜산테스, τοὺς μὴ πιστεύσαντας)로 묘사한다. 여기에 사용된 헬라어의 형태는, 그들이 하나님을 신뢰하거나 순복하지 않았을 뿐 아니라 '처음부터 믿지도 않았다는 총체적인 사실'을 지칭할 수 있다. 저들은 믿음과 행위에 있어서, 한결같이 나쁜 나무에 붙어 나쁜 열매를 맺은 자들이었다는 뜻이다.

4절에 소개된 거짓 교사들의 본질적 특징을 빌려 표현하면, 저들은 하나님께서 애굽에서 건져 내신 '은혜를 방탕거리로' 뒤바꾼 자들인 셈이다. 애굽의 우상들로부터 해방되어 오직 여호와 하나님만 섬겨야 했지만, 그들은 그 해방과 자유를 또 다른 우상을 만들어 섬기는 기회로 뒤바꾸어, 하나님을 신뢰하지 않고 불평하다가 끝내 멸망했던 것이다(출 32:1-35; 민 14:11-35; 26:64-65; 시 78:40-41).

진정으로 하나님의 은혜를 받은 자는, 그것이 결코 방탕거리에 대한 구실이 될 수 없다는 사실을 그의 거듭난 본성을 통해 잘 알고 있다. 거짓 교사들의 본질적인 죄악은, 하나님의 은혜를 방탕거리의 구실로 삼음으로써, 성도들로 하여금 '그 은혜의 자리에서 이탈하여' 불경건하고 방탕하고 불평하도록 속이고 유혹한 것이다(1:4, 11, 15-16).

광야에서 멸망한 자들도, 이스라엘로 하여금 거짓 우상을 섬기며 불순종하고 불평하도록 미혹하는 충동질로 인해, 결국 참하나님을 섬기는 성도의 자리에서 이탈했다는 것이 그 특징이다. 하나님의 부르심을 입은 참된 성도는, 그 은혜가 결단코 방탕의 구실이 될 수 없다는 사실에 대하여, 그 어떤 거짓 가르침이나 거짓 자유의 미혹을 받아들여서는 안 된다.

하늘과 땅, 동일한 패턴

6절의 원문은 '또한 천사들'(앙겔루스 테, ἀγγέλους τε)로 시작한다. 이번에는 출애굽 후 광야 세대의 '불신자들'이 아니라 '천사들'에 대해 말해 보겠다는 것이다. 여기에는 땅과 하늘 곧 '땅에서 일어난 일'과 '하늘에서 일어난 일' 사이의 병행 관계가 설정되어 있다는 사실이 중요하다. 광야 세대의 불신앙의 죄악과 그에 대한 심판이, 하늘에서 타락한 천사들의 반역과 그에 대한 심판과, 서로 병행 관계에 놓인 것이다.

더 나아가서 6절이 묘사하는 하늘의 타락한 천사들의 죄악이, 광야 세대의 죄악의 '영적인 근원지, 출처'라는 암시도 들어 있다. 고대 세계나 성경의 우주관에는, 하늘과 땅이 서로 '연동'(聯動)하는, 즉 서로 연결되어 함께 영향을 주고받는 관계에 있다는 것이 자연스러운 전제였다. 18세기 서구 근대 계몽주의 이후의 과학주의적인 세계관은, 단지 보이지 않고 만져지지 않는다는 이유로 영적 세계를 아예 존재하지 않는 것처럼 취급하지만, 이런 '물질주의적 세계관'이 인류 역사를 지배한 것은 그리 오래되지 않았다.

고대 세계를 배경으로 한 성경의 세계관은, 하나님께서 보이고 또 보이지 않는 우주를 창조하셨다고 확언한다. 원래, 정사들(principalities)과 권세들(powers), 천사들(angels)과 영광들(glories)과 같은 영적 존재들이 없는 물질적 우주란 존재하지 않는다(고전 15:24; 엡 3:10; 6:12; 골 2:10, 15; 벧후 2:11; 유 1: 8; 또한, '스토이케이아'[στοιχεῖα, '초등학문' 또는 '체질들'], 갈 4:3; 골 2:8; 벧후 3:12).[8] 존재하는 것이

---

8 윙크, 『사탄의 가면을 벗겨라: 인간의 삶을 결정하는 보이지 않는 힘들』(*Unmasking the Powers*), 그리고 『사탄의 체제와 예수의 비폭력』(*Engaging the Powers: Discernment and Resistance in a World of Domination*) 특히, '서론'의 '고대의 세계관, 영성적인 세계관, 유물론적 세계관, 신학적인 세계관, 통합적인 세계관', 27-47을 참조하라. 하늘에서 일어나는 사건들은 지상의 사건들 안에 반영되고, 위에서 발생한 사건은 아래에서도 발생한다(28, 34, 47); 또한, 아놀드(Clinton E. Arnold), 『영적 전쟁: 바울 서신으로 본 사탄과 악한 영들』(길성남 옮김, 이레서원, 2020), "영적 세력들이란 무엇인가?", "십자가에서 일어난 영적 세력들의 패배", "영적 세력들의 현대적 의미", 117-292을 참조하라.

물질적 우주뿐이라고 생각하는 것은, 인간의 이성이나 경험으로 실증(實證)할 수 없는 것은 존재하지 않는다고 믿기로 결정한 근대 과학과 철학의 자기중심적, 즉 '한 눈을 감고 세상을 보겠다'는 선택적 세계관에 의존한다.

인간의 '인식적 한계'가 보이지 않는 세계의 '존재유무'를 결정하지 못한다는 것은 당연한 이치이다. 존재하는지 하지 않는지 알지 못하는 세계를 '존재하지 않는다'고 확신하는 것 자체가, 하나님의 주권과 통치권에 대한 '무지하고 오만한' 발상이다. 그것이 바로 죄로 어두워진 인간이 '자기의 자리, 피조물의 자리에서 벗어나는' 교만의 증거이다. 존재하는지 알 수 없다고 말하는 것은, 존재하지 않는다는 증거가 아니기 때문이다.

사실, '보이지 않는 세계가 존재하는지 모르겠다'고 말하는 것도, '알지 않기로 작정한 자신의 죄악 된 어둠' 때문이다(요 1:5). '주어진 은혜'로서 천지만물의 생명과 은혜와 질서와 아름다움은, 그것을 경험하는 인간으로 하여금 은혜의 세계가 있다는 것과 그것을 선물로 주신 분이 계신다는 사실을 깨닫고, 인정하며, 감사하기를 요청하기 때문이다. "창세로부터 그의 보이지 아니하는 것들 곧 그의 영원하신 능력과 신성이 그가 만드신 만물에 분명히 보여 알려졌나니, 그러므로 그들이 핑계하지 못할지니라"(롬 1:20)는 말씀 그대로이다.

하나님은 보이지 않는 세계와 보이는 세계 모두를 창조하셨고, 자신이 창조하신 하늘과 땅 모두에서 '주인'(the Master)이시요 '주'(the Lord)이시다. 한 분 하나님의 통치 아래서, '하늘에서 이루어진 일이 땅에서도 이루어지게' 되어 있고(마 6:10), 또한 역으로, '땅에서 매거나 풀면, 하늘에서도 매이거나 풀리는' 일이 일어난다(마 16:19; 18:18). 하늘과 땅, 보이지 않는 세계와 보이는 세계는, 애초부터 서로 분리되어 있어서 아무런 영향도 주고받지 않는 그런 단절된 세계가 아니다.

하늘과 땅은, 처음부터 한 분 하나님께서 주로서 통치하시는 영역들로 창조되었다. 하나님의 아들 예수 그리스도께서 육체를 입고 세상에 오신 성육신 사건, 십자가에서 육체로 죽고, 실제로 죽음을 이기고 육체로 부활하신 사건을 통해, 하늘과 땅이 다시 그리스도 안에서 하나로 통일되고 모든 신성(神性)의 충만으로 채워지는 이유가 여기에 있다(엡 1:10). 유다서 1:6에서, 타락하여 하늘에서 쫓겨난 천사들의 이야기를 하는 배경은 바로 이런 성경적 세계관을 전제로 한다. 아래의 간략한 도표를 보자.

5 땅/ 출애굽 후 광야 세대의 불신앙

6 하늘/ '자기 지위를 떠난' 타락한 천사들

7 땅/ 소돔과 고모라, 주변 도시 사람들의 죄악

먼저 6절은, 5절과 7절에서 '땅'의 죄악에 대해 말하는 본문들과는 달리 '하늘'에 속해 있던 천사들의 죄악을 언급한다는 점에서 특징적이다. 그런데 7절은 명확하게 '그 동일한 방식으로 그와 같이'라고 말함으로써, 소돔과 고모라와 그 주변 도시 사람들의 범죄는 6절에서 묘사한 하늘의 타락한 천사들의 죄악을 따라 한 것임을 명확히 하고 있다. 5절의 출애굽 후 광야의 불신자들의 죄악 역시, 6절의 하늘의 타락한 천사들의 죄악의 패턴을 따라 한 것이라고 생각해 볼 수 있다. 타락한 천사들의 이야기는 이미 창세기 6:1-4에 기록되어 있기 때문이다. 이렇게 보면, '땅에서' 일어났던 광야 세대의 불신자들의 죄악이나 소돔과 고모라 그리고 주변 도시 사람들의 죄악은, 사실상 이미 '하늘에서' 일어났던 천사들의 타락의 죄악으로부터 비롯된 것이라는, 유다의 관점을 엿보게 된다.

말하자면, 먼저 하늘에서 타락한 천사들의 죄가 있었고, 그들이 인간 세상 곧 땅에 그 죄악의 영향을 미친 것이며(5절, 7절; 참조 창 6:1-8), 그 하늘의 타락한 천사들의 죄를 따라 한 땅의 사람들이 자신들의 죄악을 통해 다시금 그 악한 영적 세력들을 더욱 강화시킨 것이다. 흥미로운 점은, 유다가 이 모든 '하늘과 땅'의 죄악의 핵심적인 내용을 6절에서 '자신의 원래 지위를 지키지 않고, 자신의 처소를 내팽개친' 것이라고 정의한 것이다. 여기가 바로, 유다가 수신자 교회에 침투한 거짓 교사들의 영적 본질을 꿰뚫어 보며, 죄와 경건의 본질이 무엇인지를 통찰력 있게 드러낸 부분이라 할 수 있다.

그러니까 유다서 1:5-7은 '자기 지위를 이탈'하는 반역, 그런 죄악이 하늘뿐 아니라 땅에서 어떤 패악한 일들로 반복해서 일어났는지를 보여 주려는 것이다. 하나님의 피조 세계 전체 안에서, 그 피조물들의 어떤 이탈과 균열로 인해 '의(義) 곧 바른 질서의 파괴' 그리고 그에 따른 '은혜와 생명의 상실'이라는 죄악이 생겨났고 또 반복된다는 것이다. 그것이 바로 지금 수신자 교회로 침입한 거짓 교사들의 영적 본질이다.

거짓 교사들의 조상은 다름 아닌 광야 세대의 불신자들이요, 그들 모두의 '영적 아비'는 그 하늘에서 쫓겨난 타락한 천사들이라고 폭로하는 셈이다. 그렇다면 6절에서 '자기 지위를 떠난 천사들'이란 어떤 존재들이며, 정확히 어떤 일이 일어났다는 것인가? 본문을 다시 읽어 보자: "또한 천사들 곧 자신의 원래 지위를 지키지 않고 도리어 그들 자신의 처소를 내팽개친 자들을, 큰 심판의 날까지 흑암 아래서 영원히 결박하여 지켜 오고 계신 것입니다."

본문이 묘사하는 이야기의 배경은 창세기 6:1-4에 나오는 '하나님의 아들들'이 사람의 딸들을 취한 사건이다. 창세기 6장에서 '하나님의 아들들'이 당시 여호와의 이름을 부르며 경건하게 살았던 셈족의 후예들을 가리킨다는 견해도 있지만, 구약성경에서 '하나님의 아들들'이라는 표현은 주로 영적 존재들에게 사용될 수 있는 칭호였다.[9] 창세기 6장의 '하나님의 아들들'의 타락

9 하이저, 『보이지 않는 세계』(*Unseen Realm*), "하나님의 아들들(브네 엘로힘)은 고대 셈족 사회에서 고위직 또는 상위의 통치권을 가진 신적 존재들을 일컫는 표현이었다", 43; "구약의 다른 곳에서는 왕들이 아닌 신적 존재들을 가리킨다"(욥 1:6; 2:1; 38:7; 시 29:1; 82:6), 167.

사건에 대한 1세기 전후 유대교의 해석들도 이를 '천사들의 타락'으로 보는 관점에 이견이 없다(대표적으로, 1Enoch; Bauckham, 47; Moo, 241).

무엇보다 유다서 1:6이 창세기 6장의 그 사건을 배경으로 하고 있고 그들을 명확히 '천사들'(앙겔루스, ἀγγέλους)이라고 한 것으로 보면, 이 사건은 하늘의 천사들이 타락한 사건으로 보는 것이 합당하다. 베드로후서 2:4 역시 동일한 사건을 언급하는 문맥에서 그들을 '범죄한 천사들'(앙겔론 하마르테산톤, ἀγγέλων ἁμαρτησάντων)로 부른다. 신약의 저자들은 창세기 6:1-4에 등장하는 하나님의 아들들이 인간일 수 있다는 견해에 대해서 무지했으며, 초기 교회에서도 4-5세기경 몇몇 교부가 이견을 제시하기 전까지는 논란이 되지 않았다는 사실도 고려해야 한다(하이저, 『보이지 않는 세계』, 172-175).

그러므로 이 이야기를 대할 때, 근대 계몽주의 이후 과학 시대의 '일방적으로 물질주의적인' 세계관에 익숙한 우리의 관점보다는, 1세기 전후 하늘과 땅이 서로 연결되어 영향을 주고받는 것으로 이해했던 고대의 우주관, 성경의 우주관을 통해 보아야 하는 것이다. 신약의 저자들은 창세기 6:1-4의 '하나님의 아들들'이 '천사들'을 가리킨다는 생각을 의심한 흔적이 없기 때문이다.

물론, 어떻게 천사들이 사람의 딸들과 성적 관계를 가질 수 있는지는 쉽게 이해되지 않는다. 하지만 구약에서 천사나 신적 존재가 사람의 모양을 하고 행인처럼 나타나 차려 주는 음식을 먹기도 했으며(창 18:1-8), 소돔에 사는 롯은 자신을 방문한 천사들이 그 도시 사람들에게 성폭행을 당할 수 있는 존재라고 생각했다는 사실도 기억해야 한다(창 19:1-11).

이런 가능성들을 생각한다 해도, 창세기 6장에서 천사들이 타락하여 사람의 딸들을 취했다는 이야기는, 그 실재가 어떻게 일어났는지를 모르기 때문에 그저 상징적인 '신화'처럼 들린다. 하지만 그 결과로 '거인들'(giants)이 출생했다는 기록과 그 결과로 세상에 죄악이 관영하게 되었다는 사실은(창 6:4-6; 참조. 1 Enoch 6-8), 하늘에서부터 시작한 죄의 역사가 땅에서도 널리 퍼졌고, 타락한 천사들과 그에 영향을 받은 인간들 사이에서 그런 죄악 된 영향을 주고받으며 점점 더 악한 상태로 치닫게 되었다는 것만큼은 분명하게 알려 준다.

신약에 들어오면, 그 타락한 천사들이 하늘로 올라가지 못하고 갇혀 있는 '세상'이 바로 '감옥'과 같은 곳임이 드러난다. 이 세상은 그 '악한 자' 아래 잠시 그리고 제한적으로 붙잡혀 있는 곳이며(요일 5:19), 그 악한 자 마귀는 '세상 임금'으로서 이 세상 안으로 악한 영들과 거짓된 영들을 보내어, 하나님께서 세상에 보내신 그 아들의 역사와 그 아들을 증거하는 성령의 역사를 훼방하는 자로 묘사되기 때문이다(요 12:31; 고후 4:4; 요일 4:1-2).

예수님께서는 공생애 기간 동안 성령의 권능으로 귀신을 내쫓으며 '공중 권세 잡은 자'(엡 2:2)인 사탄의 역사를 굴복시키셨다. 예수님이 가져오신 '하나님의 통치, 나라'는 그저 물질세계 안에서 정의와 공평과 평화를 실현하시는 정도가 아니다. 물질세계의 회복과 완성은 장차 온전히 도래하는 하나님 나라의 증거이지만, 그 영적인 본질은 공중 권세 잡은 자 마귀와 그의 수하에 있는 '악한 영들, 귀신들, 영적 세력들'을 굴복시키는 것이며, 이는 그 아들의 비할 데 없는 권세를 통해서 실현되었다(마 11:27; 28:18; 행 2:33-36).

예수님께서는 십자가에서 죽으시어 죄의 권세에서 우리를 해방하셨고, 부활하심으로써 죽음의 권세를 깨뜨리셨으며, 또한 하늘에 오르시어 '정사들과 권세들' 즉 모든 영적 권세를 굴복시키신 것이다(골 2:15; 벧전 3:19-22). 이는 결국 '사탄의 나라'이든 '하나님의 나라'이든 보이는 세계와 보이지 않는 세계가 함께 연동하여 일어나는 일들이라는 사실을 보여 준다.

배은망덕과 직무 유기의 '우주적' 패턴

유다가 밝혀내는 거짓 교사들의 죄악은, 말하자면 상당히 '우주적'(cosmic)

인 죄악이다. 하나님의 세계 전체에서 일어났던 그리고 지금도 일어나고 있는 일대 반란과도 같은 '구조적인' 죄악이라는 것이다. 그것은 하늘에서 일단의 천사들을 통해 일어났을 뿐만 아니라, 창세기 6장의 설명으로 하면 그들의 기이하고 뒤틀린 성적 결합을 통해 이 세상 안으로도 들어왔던 죄악이다.

그것이 무엇이었던가? 유다는 그것을 하늘의 천사들에게 주어졌던 '지위'와 그들에게 맡겨진 '처소'를 그들이 내팽개친 것, 문맥적으로 말하면, 그 은혜와 사명을 '뒤바꾸어 버린' 죄악이라고 말하고 있다. 조금 더 자세히 들여다보자. 6절에서 천사들이 하나님께로부터 받은 '자신의 원래 지위'(텐 헤아우톤 아르켄, τὴν ἑαυτῶν ἀρχὴν)는, '자기 지위'(개역개정, 한글), '자기 자리'(공동번역), '자기들의 통치 영역'(새한글, 새번역) 등으로 다양하게 번역되었다.

여기 '아르케'(ἀρχή)에는, 두 가지 핵심적인 개념이 들어 있는데 그것은 '처음, 시작'이라는 뜻과 '지위, 권세'라는 의미이다(Liddell & Scott). 유다서 1:6의 문맥 안에도, 이 두 가지 의미가 훌륭하게 살아서 드러난다. 그러니까 천사들 자신의 '아르케'란, 그들이 '원래부터 즉 시초에' 하나님께로부터 부여받은 그들의 '고유한 지위'인 것이다. 그것은 또한, 앞서 언급했던 '정사들'이나 '권세들' 또는 '능력들'처럼 그들이 피조물로서 하늘에서 담당해야 했던 어떤 특권이고 또한 사명의 자리이다.[10]

한 걸음 더 나아가서, 6절에서 천사들에 관하여 '자신의 지위'라고 했을 때, 그 '자신의'(헤아우톤, ἑαυτῶν)라는 표현은, 하나님께서 그들을 위하여 그들에게만 주신, 그들이 받은 '고유하고 특별한' 은혜의 지위라는 뜻을 강조한다. 그러니까 하늘의 타락한 천사들이 땅에 있는 사람의 딸들을 욕망한 것은, 자신이 속하지 않은 다른 영역에 속한 다른 존재의 다른 지위를 탐(貪)한 죄이다.

10 또한 '초등학문'으로 번역된 '스토이케이아'(στοιχεῖα)는, 갈 4:3, 9; 골 2:8, 20에서 '율법'을 가리키는데, 이는 피조 세계를 관할하는 '기초적인 영들'(elemental spirits)을 의미하기도 한다. 특히, 벧후 3:12에서는 피조 세계를 구성하는 '체질[들]'(개역한글)로 번역되었다.

하지만 특이한 점은, 이것이 그들에게 주어진 고유한 '지위와 처소'를 버려둔 채, 창조 질서 안에서 다른 영역을 침범하는 '구조적인' 죄악이라는 것이다.

6절이 묘사하는 천사들의 죄악은, 먼저 그들이 자신들이 은혜로 받은 지위를 '지키지 않은 자들'(메 테레산타스, μὴ τηρήσαντας)이 되어 버린 데에 있다. 그 다음, 그 배은망덕한 천사들은 자신의 지위를 지키지 않았을 뿐 아니라, 그 지위로 다스리며 거기에 거하도록 정해 주신 '거처'(오이케테리온, οἰκητήριον)를 돌아보고 섬기는 책임과 사명을 감당하지 않고 '내팽개친 자들'(아포리폰타스, ἀπολιπόντας; '떠난', 개역개정)이 되었다는 것이다.

타락한 천사들은, 말하자면, 하나님의 은혜를 받고도 그 은혜에 감사치도 않았고, 또한 그 은혜의 특권에 포함된 사명도 잊은 채 자신들에게 맡겨진 통치 영역을 방치한 자들이다. 그들의 죄악이 여기까지라면, 그것은 '배은망덕' 곧, 은혜를 배반하고 그 덕을 잊은 것이요, '직무 유기'에 해당할 것이다.

그런데 그들의 패악질은 여기서 한 걸음 더 나아간다. 곧 그들이 받은 '은혜를 방탕거리로 변질'시키는 죄악, 다른 영역에 있는 다른 지위를 탐하여 도적질한 죄를 범한 것이다(4절). 더 정확하게 말하면, 이들은 하나님께서 창조 질서 안에서 그들에게 주신 '지위와 처소'라는 하나님의 주권적 결정에 따른 '의'(義) 곧 바른 질서와 경계를 구조적으로 파괴하는 죄악을 저지른 것이다. 그들은 자신에게 주어진 '하늘에서의' 지위와 처소를 '떠나', '땅에 있는' 사람의 딸들과 '성적으로 결합하는' 식으로 창조 세계의 질서에서 다른 존재에 속한 다른 영역의 다른 특권을, 오직 그들의 탐욕을 따라 취하려 했기 때문이다.

그것은 명백히 유다서의 거짓 교사들의 경우처럼(4절) 창조 세계의 '주인'이시요 '주'이신 한 분 하나님의 주권적 결정과 의지는 전혀 아랑곳하지 않는 교만과 방탕의 죄의 본질을 잘 드러내 보여 준다. 그러니까 6절에서 유다는, 지금 수신자 교회에 침투한 거짓 교사들이 퍼뜨리고자 하는 죄악이, 사실은 이미 오래전 하늘에서 자신의 은혜의 지위를 잊고 자신에게 정해진 거처를 방치한 채, 하나님께서 그들에게 주시지 않은 이 땅의 지위와 처소를 향한 탐욕과 방탕에 휘둘린 타락한 천사들의 죄악과 정확히 같은 본질이라는 것이다.

그러므로 유다서의 분석에 따르면, 수신자 교회에 침투한 죄악의 본질은 하늘과 땅에서 그리고 과거와 현재에도 일어나고 있는 동일한 '우주적 반역'의 패턴을 따른다. 즉, '자신에게 주어진 은혜를 잊고, 주어지지 않은 지위와 거처를 욕망하여 하나님의 의(義)의 구조 곧 법(法)을 파괴하는 죄라 할 수 있다. 유다는 그것을 한마디로 '은혜를 방탕거리로 뒤바꾸는' 죄로 정의한 것이다(4절).

이것이 바로, 하나님께서 처음에 '단번에 주신 믿음'에서 떠나는 것이고(3절), 그 구원의 은혜를 잊고(5절) 결국 사명의 자리를 방치하여 떠나는 불신앙의 죄이다(6절). 중요한 것은, 자기 지위를 지키지 않고 그 처소를 방치하고 떠난 타락한 천사들에 대한 엄중한 심판이, 수신자에게 알려 주고자 하는 바가 따로 있다는 사실이다. 그것은, '은혜를 방탕거리로 뒤바꾸는 죄'는 단지 그들 자신의 멸망을 초래하는 것일 뿐 아니라, 한 분 주인이요 주 되신 하나님의 아름답고 조화로운 은혜와 생명의 '창조 세계를 구조적으로 파괴하는 우주적 죄의 패턴'에 참여하는 악행이라는 통찰이다.

유다는, 성도가 하나님께 받은 은혜를 잊고, 그 은혜를 자신의 방탕거리를 정당화하는 것으로 남용하고 악용하여 그의 본분과 사명을 잊는 죄를 단지 '개인적인 죄'라고만 하지 않는 셈이다. 그것은 사실상, 타락한 천사들이 이미 오래전에 하늘에서 하나님께 반기를 들고 반역하여 일으킨 '창조 질서 뒤흔들고 파괴하기'라는 '우주적 반란'의 일부라는 사실을 일깨우고 있는 것이다.

거꾸로 말하자면, 우리가 구원의 은혜를 받았다는 것은 하나님의 창조와 구원 그리고 새 창조의 세계 안에서 하나님께서 허락하신 '회복된 하나님의 형상의 자리, 새사람의 자리, 둘째 아담에 속하는 은혜의 자리'를 얻었다는 뜻이 된다. 이것이 유다가 이해하고 있는 구원의 특징이다. 그러니까 구원의 은혜를 얻었다는 것은 하나님의 창조 세계의 일원으로서 그 특권과 사명이 회복된 자리, 아니 그보다 더 놀라운 영광의 자리에 들어갔고, 그래서 온 창조 세계뿐 아니라 새 창조 세계의 질서를 지키고 보전하여, 하나님의 뜻을 이루고 영광을 드러낼 원대한 사명을 가진 자가 되었음을 뜻한다.

유다는 이런 식으로, 천사들의 타락이라는 우주적 혼돈과 파괴에 관한 오래된 내러티브를 통해(6절), 한 성도가 구원을 받아 하나님의 은혜 가운데 들어간 것(3절)을, 하나님이 주인이요 주 되신 그의 창조와 새 창조 세계 전체의 사건으로 확장시킨다. 우리가 받은 구원이란 단지 '나 하나의 죄 사함'이 아니다. 그것은 보이고 보이지 않는 모든 세계 곧 '총체적인 하나님 나라'의 전망 안에서 우리에게 은혜로 주어진 그 영광스러운 지위와 우리에게 맡겨진 새로운 '처소'에 관한 특권과 책임을 의미한다. 즉 유다는 죄와 경건의 의미를, 창조와 구원 그리고 새 창조의 세계 안에서 은혜로 주어진 지위와 영역을 지키고 다스리는 특권과 사명을 얻었다는 관점에서 새롭게 해석하고 있는 것이다.

끝을 확인하라!

문맥적으로 보면, 타락한 천사들의 죄는 본질적으로 '은혜를 방탕거리로 뒤바꾼 죄'(4절)이다. 하지만 그들이 범한 죄의 심각성은, '하늘과 땅의 경계라는 질서를 파괴'하고 또한 '천사와 사람 사이의 성적 관계'라는 경계조차 파괴한 우주적 범죄에 참여한 데에 있다. 6절은 '자기 지위를 지키지 않고 처소를 떠나는' 극단적인 범죄의 사례이다. 또한 그 범죄가 우주적 창조 질서의 파괴라는 차원에서 엄청난 혼돈의 발단이었다는 의미가 함축되어 있다. 6절이 묘사하는 타락한 천사들의 '하늘에서의 자기 자리 이탈'이라는 범죄가, 5절과 6절이 묘사하는 '땅에서 일어난 사람들의 범죄'의 전형(典型, prototype)처럼 소개되는 것이다.

그만큼 6절이 묘사하는 타락한 천사들의 범죄에 대한 심판의 형벌 역시, 거의 우주적 스케일이라 할 만큼 광범위하고 엄중하다. 유다는, 창조 세계의 아름다운 은혜의 지위와 조화로운 질서와 그 경계를, 그들의 무지한 탐욕으로 마구 파괴한 타락한 천사들의 범죄에 대한 심판의 형벌이 얼마나 엄중한 것인지를 강조한다. 정말 끔찍한 형벌이니, 절대로, 결단코, 저들의 범죄에 가담할 생각일랑 조금도 하지 말라는 의도가 깔려 있다. 항상 깨어서, 있는 힘을 다해 싸워, 무슨 일이 있어도 그런 심판에 직면할 가능성은 조금도 남겨놓지 말라고 당부하는 것이다.

그만큼 그들이 받을 형벌이 끔찍하기 때문이다. 그들의 미래는 이미 결정되어 있다. 그들은 다가오는 '큰 날의 심판'에 최종적인 심판을 받을 것이다. 그 마지막 날에, 그들은 그들의 우주적 반란죄에 해당하는 막중한 형벌을 받아 처형될 것이다. 그것만으로도 두렵고 떨리는 일이다. 하지만 그들은 지금도, 즉, 그 처형의 날 전까지도 '끔찍한 교도소'(!)에 갇혀 있다. 주(主) 되신 하나님께서는, 그들이 범죄한 후로 그들을 '흑암'의 감옥에 가두어 두셨고, 거기서 그들을 '영원히 결박'하셨으며, 지금도 그 감옥에 가두어 두신 채로 '지켜오고 계신' 것이다(6절).

'흑암 아래서'(휘포 조폰, ὑπὸ ζόφον)라는 표현에서 '흑암'은 어디를 가리키는가? 일차적으로는 '지옥'이라고 불리는 '죽음의 땅'(Hades)이나 '스올'(Seol)일 수 있다. 거기는 빛이신 하나님의 임재와 분리된 어둠의 영역이기 때문이다. 하지만, 창세기 6장에서 타락한 천사들이 하늘로부터 쫓겨났고 다시는 하늘로 돌아갈 수 없는 채로 이 세상 곧 흑암의 권세 안에 갇혀 있기 때문에, 그 '흑암'은 이 세상을 가리킬 여지도 있다(마 4:16; 행 26:18; 골 1:13). 예수님께서 이 땅에 '참빛'으로 오셔서 어둠을 이기시고, 귀신들을 내쫓으시고 사탄 곧 세상 임금을 멸하신 사건이 이를 방증한다(마 12:28; 요 12:31; 요일 2:8)

그들은 흑암 아래 갇혀 있을 뿐 아니라, 그 안에서도 '영원히 결박'(데스모이스 아이디오이스, δεσμοῖς ἀϊδίοις)되어 있다. 그들은 하나님의 은혜도 그의 주권적 의지도 무시한 채 하늘과 땅의 창조 질서의 경계를 제멋대로 짓밟고 넘어간 자들이다. 말하자면 그들은 자신의 '무지한 교만'과 짝을 이루는 '거짓 자유'를 마음껏 주장하고 누렸으며, 또한 그들의 악한 후손들과 그들의 패역한 문화를 통해 그 교만과 거짓 자유의 죄악을 온 피조 세계에 퍼뜨린 것이다(참조. 유 1:10, 13, 18; 벧후 2:9-10, 14, 19).

그러나 그들은 이미 '영원토록 결박'되어 있다. 주권자이신 하나님께서 그들을 '결박'하셨다는 것은, 그들이 이전처럼 하나님의 세계의 질서를 파괴하는 범죄를 하지 못하도록 그들의 권한을 제한하고 통제했다는 뜻이다. 그들이 하늘에서 쫓겨났다는 사실 자체가, 이미 일종의 '결박' 상태인 셈이다. 또한 그들이 '영원히' 결박되었다는 것은, 그들은 이제 그들이 당할 심판의 형벌 외에 다른 미래가 없는 존재라는 의미를 포함한다.

타락한 천사들이 자신에게 주어진 은혜의 자리를 지키지 못한 결과는 무엇인가? 그들이 창조 세계의 다른 영역을 '자기 멋대로' 침범한 결과는 무엇인가? 흑암이고 영원한 결박이다. 그들은 한때 그들에게 주어졌던 은혜와 자유, 권리와 사명을 영원히 잃게 되었다. 타락한 천사들은 결국 한 분 하나님의 주권을 벗어나지 못한다. 그들이 포박되어 감옥에 갇힌 사실은, 결국 하나님이 '주인'이시요 '주'이시라는 강력한 증거이고 선포이다(1:4).

거짓 교사들의 눈먼 교만과 무지는, 저들이 그 아래에서 영원히 묶이게 된 그 '흑암'이 그들의 본성 속에 이미 '어둠'으로 자리 잡고 있었다는 사실을 방증한다. 저들은 애초에 육적인 자들이며 성령은 없는 자들이고, 더 정확히는, 하늘에서 쫓겨난 타락한 천사들, 그 악한 영들의 영향력 아래서 저들의 죄를 반복하는 악인들인 것이다. 결단코, 하늘의 천사들이나 땅의 그 어떤 자들이라도, 또한 피조 세계나 이 피조 세계의 질서 곧 하나님의 의로우신 법, 그 말씀의 은혜와 능력 안에 있는 그 어떤 피조물이라도, 결국 그분의 법 그분의 말씀을 결단코 벗어나지 못한다.

유다가 묻는 질문

그러므로 누구든지, 자신에게 주어진 은혜의 지위를 '지키지 못하고' 그 은혜로 말미암아 돌보아야 할 처소를 '내팽개친' 자는, 그 은혜와 처소를 그에게 선물과 사명으로 주신 하나님의 세계 안에서 스스로를 '내팽개친' 자들이 된다. 결국은 스스로를 그 무질서와 혼돈의 어둠이라는 감옥에 가두고, 거기서 영원히 결박되는 결과를 자초하는 것이다.

이것이, 6절 끝에서 하나님께서 그 타락한 천사들을, '큰 심판의 날까지 흑암 아래서 영원히 결박하여 지켜 오고 계신 것'이라는 말씀이 함축하는 의미이다. 저들이 받는 형벌이 스스로 자초한 '자가당착'이라는 뜻이다. 하나님께서 저들을 그 흑암의 감옥에 '지켜 오고 계신 것'(테테레켄, τετήρηκεν)이라는 표현이, 1절에서 '예수 그리스도로 말미암아 지키심을 입은 자들(테테레메노이스, τετηρημένοις)'이라는 문구에 사용되었던 표현과 정확히 짝을 이루며 대조되어 있기 때문이다.

무슨 뜻인가? 하나님께서 타락한 천사들을 감옥에 '지켜 오고 계신 것'은, 그들이 자신에게 주어진 은혜의 지위와 사명의 처소를 '지키지 못한' 당연한 결과라는 의미이다. 그러니까 그들이 '심은 대로 거둔' 셈이다. 하나님께서 그들에게 특별히 다른 심판의 형벌을 내리셨다기보다는, 그들이 스스로 '은혜를 지키지 못한' 결과로 '비은혜'(非恩惠), 곧 은혜라고는 찾아볼 수 없는 흑암의 감옥에서 '지키심을 받게' 되었다는 역설(!)이다.

하나님의 심판이란, 어떤 면에서는 자신이 심은 대로 거두게 되는 '자업자득'의 결과이다. 하나님께서 '은혜 없는 행위의 결과'를 그들의 손에 돌려주시는 것이다. 만일 성도가 은혜를 보존하고 지켜 낸다면, 그는 은혜로 얻은 영원한 생명과 새 하늘과 새 땅이라는 선물을 자신의 것으로 온전히 소유하게 되었을 것이다. 하지만 은혜를 방탕거리로 삼은 자들에게는, 자신의 악행에 따른 그 '은혜 없는 형벌'이 있을 뿐이다. "스스로 속이지 말라. 하나님은 업신여김을 받지 아니하시나니, 사람이 무엇으로 심든지 그대로 거두리라"(갈 6:7)는 말씀 그대로이다.

사람이 버릴 것이 따로 있지, 하나님의 '은혜'를 저버리면 어찌 될 것인가? 사람이 혹시 죄를 짓는다 해도, 그 죄는 하나님의 은혜의 선물인 예수 그리스도의 속죄 안에서, 빛이시고 사랑이신 하나님과의 교제 안에서, 용서받고 깨끗해질 길이 있다(요일 1:5-10). 하지만 만일, 사람이 하나님의 은혜 자체를 잊고, 더 타락하여 그 은혜를 방탕거리로 악용하고 나면, 그는 무슨 수로 하나님의 용서를 구할 수 있을 것인가? 그가 하나님의 은혜의 세계 안에 남아 있지 않는다면, 그 은혜의 관계를 거절하고 그것을 악용한다면, 그에게는 죄 사함의 은혜도 남지 않게 될 것이다. 이것이 '은혜를 방탕거리로 뒤바꾸는' 죄의 심각한 결말이다.

유다서는 이렇듯, 수신자 교회를 위협하는 거짓 교사들의 핵심적인 죄의 본질을 '은혜의 지위를 지키지 못하는 것'에서 찾는다. 이것이 유다서가 폭로하는 거짓 교사들의 가장 큰 죄이다. 그들은 교만하고 방탕했지만, 그들의 더욱 심각한 죄는 그런 교만과 방탕에서라도 그들을 돌이키게 할 수 있는 '하나님의 은혜'를 훼손하고 변질시켰던 것이다. 그들은 자신들에게 주어진 은혜의 자리를 지켜 내지 못했다. 그렇다면 유다서가 권면하는 '경건'의 핵심적인 내용은 무엇이겠는가?

그것은 당연히 '하나님이 지켜 주시는 은혜' 안에서 '자신을 힘써 지키는 경건'이다(1:1, 21). 우리 스스로는 그 은혜를 지켜 갈 수 없다. 우리 중에 자신의 힘으로 그 은혜가 목적하는 바의 생명과 경건을 이루어 낼 자가 어디에 있겠는가? 그래서 유다는 처음부터 우리를 '부르심을 받은 자'요, '하나님의 사랑을 입은' 자요, 무엇보다 '예수 그리스도로 말미암아 지키심을 입은' 자, 곧 지키심의 은혜를 입은 자라고 부른 것이다(1절).

하나님께서 지켜 주시는 은혜를 입은 성도의 특징 또는 그런 참된 성도의 확실한 증거는, 그가 '자신을 지키는 일', 곧 '하나님의 은혜 안에서 자신을 지키는' 일에 목숨을 건다는 사실에 있다. 그런 성도는 하나님의 은혜를 죄를 짓는 방패막이로 쓰지 않는다. 그는 혹시 죄를 짓게 된다 해도 '빛이시고 거룩하신 하나님' 앞에 나아와 자신의 죄와 어둠을 '자백'하기에 주저함이 없다(요일 1:7, 9).

그는 자신의 죄를 숨기며 '위선'을 일삼거나, 죄를 지으면서도 은혜를 남용하여 자신과 타인을 '기만'하거나, 죄를 죄라고 분명히 밝히시는 하나님의 말씀 앞에서 그 말씀이 잘못된 것이라는 식으로 주장하여, 말씀의 빛을 자신의 어둠으로 가리는 '왜곡'의 죄를 결단코 범하지 않을 것이다(요일 1:6, 8, 10; 『코이노니아와 코스모스: 요한일서의 이해』, 115-156 참조). 그는, 언제나 말씀이 빛이고 자신의 지성과 감성과 의지가 어둠이라는 사실을 인정하고, 온 마음으로 성령의 탄식을 경청하여 항상 참회의 은혜 안에 거하는 성도이다.

오직 하나님의 은혜 안에서, 그 은혜를 누리며, 그 은혜로 말미암아, 그 은혜가 목적하는 바의 참된 경건과 생명과 사랑에 이르는 자가, 하나님의 창조세계뿐 아니라 장차 오는 '의가 거하는바 새 하늘과 새 땅'을 소유하게 될 것이다. 거기서 곧 그 영원한 나라에서, 주께서 주시는 그 복된 '처소'를 그분의 뜻대로 다스리는 새 언약의 영광스러운 백성이 될 것이다. 하나님의 은혜는, 지금 우리의 삶에서 어떠한 생명과 경건과 사랑의 열매들을 맺어 가고 있는가? 우리는 우리에게 주어진 하나님의 은혜를 어떻게 누리며, 그 은혜에 어떻게 응답하고 있는가? 유다서가 묻는 가장 치명적인 질문이 여기에 있다.

소돔의 죄악, 그 본질

하늘에서 일어난 일이 땅에서도 이루어진다. 범죄도 그렇고 구원도 그렇다. 삼위 하나님께서 하늘에서 작정하시고 합의하신 구원의 결정이, 그 아들을 세상에 보내신 성육신의 사건으로 역사 안에서 일어났다. 하늘의 일은 이렇듯 땅의 일에 개입한다. 맨 처음 죄가 어디에서 시작되었는지는 알 길이 없다. 하지만 창세기의 이야기는 아담의 범죄가 뱀의 유혹을 계기로 일어났고, 땅에서 죄가 편만하고 가득하게 된 것에는 하늘의 타락한 천사들의 악한 영향이 있었다고 알려 준다(창 3:1-15; 6:1-8).[11]

물론, 죄는 어떤 계기로 어떤 영향하에서 짓게 되었든지, 그런 죄를 지은 사람 자신의 의지적 결정이고 그 책임 역시 그 사람이 지게 되어 있다. 유다서 1:7이 사례로 드는 소돔과 고모라와 그 주변 도시 사람들의 죄악 역시 이런 식으로 설명된다. 그들은 하늘의 타락한 천사들의 죄의 패턴을 따라 그 죄에 참여한 자들이었다는 것이다. 소돔과 고모라 사람들의 죄악은, 그래서 본질적으로 '주인이요 주' 되신 하나님의 통치 질서를 뒤집고 깨뜨리는 반역 즉 '구조적인 죄악'에 참여한 것이다.

8절에서 유다는, 이런 동일한 죄의 본질을 유다서의 수신자 교회에 몰래 침입한 거짓 교사들의 죄악에서도 찾아낸다. 그들의 죄악은 근본적으로 '주관하는 자를 무시하고 영광을 훼방하는' 죄악임을 지적하는 것이다. 이들의

11 Bauckham, *Jude*, 2 Peter, 51, '천사들'(Watchers)의 타락은, 악의 기원에 대한 설명이었다(1 Enoch 6-19). 하지만 주후 1세기에 오면 악의 기원으로서의 중요성이 소진되면서, 강조점이 아담의 타락으로 옮겨 간다(롬 5장; 4 Ezra). 이것이 신약에서 죄의 천상적인 기원에 대한 언급이 적은 이유이다(벧전 3:19-20; 벧후 2:4; 참조. 고전 11:10; 딤전 2:9).

죄악은 단순한 탐욕이나 방탕 그 이상이다. 이들은 창조 질서와 구속의 은총 그리고 그것을 기반으로 내다보는 새 창조의 '의의 질서'(벧후 3:13)를 거부하고 파괴하는 '구조적인 죄'를 짓도록 충동질하고 있는 것이다. 유다는 이런 식의 우주관을 배경으로 거짓 교사들의 죄의 본질을 간파한다. 7절을 다시 찬찬히 읽어 보자: "소돔과 고모라처럼 그리고 그 주변에 있던 도시들 역시, 그 동일한 방식으로 그와 같이 행음하며 다른 육체를 좇아갔기 때문에, 영원한 불의 형벌을 받았다는 표본이 여러분 앞에 놓여 있습니다."

7절과 6절을 이어 주는 연결 고리는, '동일한 방식으로 그와 같이'(호스…톤 호모이온 트로폰, ὡς…τὸν ὅμοιον τρόπον)라는 부사구에 있다. '동일한 방식'(호모이온 트로폰)이라는 표현은, 소돔과 고모라 지역 사람들이 (이하, 대표적으로 '소돔 사람들'로 통칭) 지은 죄가 6절에서 폭로한 하늘의 천사들이 지은 죄와 '본질적으로 같은 방식'으로 행해진 것이라는 의미이다. 즉, 소돔 사람들이 구체적으로 어떤 죄들을 지었든지 간에, 그들이 행한 죄의 본질은 '자기 지위를 지키지 않고, 그 처소를 내팽개친' 죄악이라는 점에서 동일하다는 것이다.

소돔 사람들의 죄악은 '구체적으로' 어떻게 나타났는가? 그들은 하늘의 타락한 천사들의 죄악의 본질과 패턴을 따라 '행음하며 다른 육체를 좇아'갔다. '행음하며'(에크포르뉴싸사이, ἐκπορνεύσασαι)는 신약에서 여기서만 사용되지만, 칠십인경(LXX)에서는 자주 부도덕한 성적 관계나(창 38:24; 레 19:29; 호 2:7) 하나님과의 관계에서 신실하지 못한 행동에 몰입하는 것을 가리킨다(출 34:15; 신 31:16; 겔 20:30; 호 1:2; 4:12; Green, 72).

한편 소돔 사람들은 '다른 육체를 좇아갔다'고 비난받는데, 이는 그들의 음행이 어떤 식으로 행해진 것인지를 알려 주는 단서이다. 소돔 사람들은 '어떤 대상과 음행하는' 죄를 범했다는 것인가? 여기서 '다른 육체'(사르코스 헤테라스, σαρκὸς ἑτέρας)란, 문자적으로 '종류가 다른' 육체이다. 자신의 육체와는 '종류가 다른 육체'와 성적 결합을 추구하는 행위이다. 예를 들면, '짐승의 육체'와 성적 결합을 추구하는 수간(獸姦)이 이에 해당할 수 있다. 하지만 소돔 사람들이 수간을 대대적으로 행했다는 기록은 없다.

흥미로운 사실은, 유다서 1:6이 말하는 천사들이 범한 성적 죄악이 바로 '종류가 다른 육체를 좇아갔던' 성적 타락의 '선례'(先例)로 제시된다는 점이다. 이렇게 보면 7절에서 소돔 사람들이 '종류가 다른 육체를 좇아간' 성적 죄악은, 그들이 타락한 천사들이 저질렀던 성적 타락의 유형을 그대로 반복했다는 사실을 의미한다. 그러니까 소돔 사람들은 6절의 타락한 천사들이 사람의 딸들을 취하려 했던 것과 유사하게, 그러나 이번에는 거꾸로 '천사들의 육체'와 성관계를 맺으려 했다고 추정할 수도 있다(Bauckham, 54; Painter and deSilva, 203).

그렇다면, 소돔 사람들은 '천사들의 육체와 성관계'를 추구했던 것이고, 유다서는 그것이 소돔의 죄악이었다고 말하는 것인가? 이렇게 보기는 어색하고 어려운 점들이 있다. 우선, 천사들에게 '육체'(싸르코스, 7절)라는 단어를 적용하는 것은 확실히 낯선 표현이다(Moo, 242). 게다가 창세기 19:1-11이 묘사하는 소돔 사람들의 만행을 살펴보면, 소돔의 남자들은 '젊은이들이나 나이 든 자들'이나 상관없이(창 19:4), 롯의 집에 머무는 '사람'들이(창 19:5) 그저 힘없는 나그네들이며 또한 남자들이라는 사실 때문에 성폭행을 하고자 한 것임을 알 수 있다.

이 사건에 관련해서 소돔 사람들이 롯의 집에 머물렀던 나그네들의 정체가 '천사들'이라는 사실을 알았다거나, 그래서 그들이 의도적으로 '천사들의 육체'와 성관계하려 했다고 볼 수 있는 가능성은 희박하다(참조. 창 19:1-3). 확실히, 유다서 1:7에서 소돔 사람들이 좇았던 '다른 육체'가 천사들의 '육체'를 의미한다고 보는 것은 근거가 취약하다. 7절에서 '동일한 방식'이라는 표현도, 단순히 천사들과 인간들 간의 성적 결합이라는 좁은 의미가 아니라, '자기 지위를 지키지 않는' 방식, 또는 '은혜로 주어진 처소, 경계를 넘어가는'(6절)

이라는 뜻으로서, 문맥 안에서 거짓 교사들의 악한 행위들을 겨냥하는 의미의 연장선상에서 읽는 것이 훨씬 타당해 보인다.

타락한 천사들이나 소돔 사람들이나 그 '양상이나 형태'는 다를 수 있지만, 그 '본질'에서는 창조주 피조물들에게 정해 주신 '지위와 처소, 그 경계'를 넘어가거나 파괴하는 죄를 지었다는 점에서는 동일하다는 식으로 읽을 수 있는 것이다. 후대의 다양한 유대 문헌들이 창세기 19장이 묘사하는 소돔의 죄악을 가리켜 '자연의 질서'('the oder of nature', *T. Naph* 3:4-5)를 파괴한 것으로 표현하는 것이나, 남자들이 그 '공통된 본성'(common nature)을 무시하고 서로를 욕망하는 '동성애적 관계'로 규정한 것은 이런 해석의 정당성을 충분히 뒷받침한다(Philo, *De Abrahamo*, 135-136; Josephus, *Ant. 1.194*; Davids, 52-53).

대부분의 주석가 역시, 유다서 1:7이 말하는 소돔 사람들의 죄악은 '동성 성행위적 관계'(homosexual relations)를 가리킨다고 해석하면서, 종종 그것이 타락한 천사들을 통해 소개된 혼란이라는 점을 지적한다(Kelly, 259; Moo 242; Davids, 52). 말하자면, 소돔 사람들의 동성 성행위적 죄악의 본질은, 그들이 결국 창조 질서의 경계를 넘고 파괴했던 '하늘의' 타락한 천사들을 따라, '땅에서도' 그런 구조적인 혼란을 야기하고 우주적 혼란을 악화시키는 파괴적 범죄를 더욱 강화시켰다는 사실에 있다는 것이다.

그러므로 유다가 소돔 사람들의 동성 성행위적 죄악을 지적하는 이유는, 그것이 '음행'으로서도 죄악이지만, 더 나아가서 이미 하늘에서부터 시작한 타락한 천사들의 구조적인 반란이라는 데에 강조점이 있다. 즉 그런 행위는, 한 분 '주인이시고 주'이신 하나님의 주권적인 통치에 대한 거부로서, 그의 창조 세계를 구조적으로 뒤집고 뒤섞어 붕괴시키려는 훼방의 일환이라는 사실을 폭로하고자 하고자 하는 것이다.

한편, '소돔의 죄악'이란 동성애를 가리키는 것이 아니라, 나그네들과 가난한 자들을 학대하고 억압했던 사회, 경제적인 불의였다는 주장도 있다. 일부

유대 문헌과 후대의 랍비 문헌에서 이런 해석들이 나오기도 하고, 특히 에스겔 16:49는 구체적으로 소돔의 죄악이 그들의 풍족함에서 오는 교만과 그로 인해 가난한 자들을 돕지 않았던 긍휼과 정의의 부재(不在)였음을 증거하기도 한다. 하지만 바로 그다음 구절인 에스겔 16:50은, 소돔 사람들이 하나님 앞에서 '가증한 일'을 행했다고 지적한다. 이 '가증한 일'의 내용이 무엇인지는 정확치 않으나, 그들이 행했던 동성 성행위를 배제하는 것으로 보기는 어렵다(창 19:1-11). 하나님이 주인이 되시는 창조 세계의 질서와 구별을 무시하고 뒤섞으며 그 경계를 파괴하는 행위는 분명, 하나님 앞에서 '가증한' 일이기 때문이다(참조. 레 11:11; 18:22; 20:13; 신 14:3; 계 17:4).

무엇보다, 창세기 19:1-11이 묘사하는 소돔 사람들의 죄악은 명확하게 동성 성행위적 죄악을 포함한다. 따라서 소돔 사람의 특징적인 죄악 가운데에는 나그네와 가난한 자들을 학대한 사회적이고 경제적으로 불의한 죄가 포함되지만, 그것으로 그들의 동성 성행위적 죄악을 대치하거나, 배제시키거나, 덮을 수는 없다. 차라리, 소돔의 대표적인 두 가지 죄악으로 지적되는 '가난한 자들을 학대한 불의'와 '동성 성행위의 죄악' 모두가, 하나의 본질 곧 하나님께서 인간에게 주신 '은혜의 지위'인 '마땅한 이웃 사랑의 왜곡과 변질'의 두 가지 다른 형태라고 보는 것이 적절하다(참조. 벧후 2:6-8; 『신적 성품과 거짓 가르침: 베드로후서의 이해』, 272-275).

소돔 사람들이 물질에 대한 탐욕으로 가난한 자를 학대한 것은, 확실히 '왜곡되고 변질된 사랑'의 한 현상이며 특히 그것이 '경제, 사회적' 영역에서 나타난 것이라 할 수 있다. 우리를 창조하시고 우리에게 모든 것을 은혜로 주신 하나님은, 우리에게 '이웃 사랑'을 명령하셨다(레 19:18; 마 22:39). 그것은, 자신이 가진 모든 것을 하나님의 은혜로 받은 사람이 마땅히 감당해야 하는 사명이다. 그래서 부(富)에 대한 탐욕과 가난한 이웃에 대한 학대는 서로 깊이 연결되어 있다. 그것은 하나님의 은혜를 잊고 하나님 대신 물질을 '사랑'함으로써 변질되고 왜곡된 사랑이, 이웃을 향해 멸시와 착취와 폭력으로 나타나는 현상이기 때문이다.

그러므로 소돔의 죄악은 근본적으로 '사랑'의 왜곡과 변질의 문제이다. 이런 맥락에서 유다서 1:7이 지적하는 소돔의 죄악은, '하나님의 은혜를 잊은' 그런 왜곡되고 변질된 사랑이 특히 '성적'(sexual) 차원에서 나타나는 것이라고 볼 수 있다. 하나님께서는 '남자와 여자가 한 몸이 되어 생명과 사랑을 누리도록' 창조하셨다(창 2:24; 마 19:5-6). 유다서의 우주론적 관점에서 보면, 그것이 성적(性的)인 사랑에 관하여 피조 세계의 '주인이요 주' 되신 하나님께서 인간에게 은혜로 주신 지위요 처소인 것이다.

소돔 사람들의 죄악의 본질은 바로 이런 창조 질서 안에서 그들에게 주어진 자리를 떠나고 그 경계를 파괴한 데에 있다. 그 결과는 '왜곡되고 변질된 사랑'이다. 결국, 부에 대한 탐욕으로 인해 가난한 이웃을 짓밟게 되는 이웃 사랑의 결핍이든지, 혹은 성적 사랑의 대상에 관한 혼란이든지, 문제의 본질은 우리가 하는 '사랑의 왜곡과 변질'이며, 그런 어그러진 사랑들을 치유하고 회복하는 일의 중요성이다(『코이노니아와 코스모스: 요한일서의 이해』, 244-264, 418-446).

돌이켜 보면, 이것이 바로 유다서가 처음부터 수신자 교회의 성도들이 '하나님 아버지 안에서 사랑을 입은 자'(1절)들임을 상기시키는 이유이며, 이들을 세 번이나 반복해서 '사랑하는 여러분'(3, 17, 20절)이라 부르는 이유에 해당할 것이다. 이들이 바로 하나님의 그 언약적인 신실한 은혜의 사랑을 받은 자들이라는 사실을 끊임없이 일깨우는 것이다. 교회는, '왜곡되고 변질된 사랑들'이 판치는 세상의 소용돌이 한복판에서, 오직 예수 그리스도로 말미암아 하나님의 그 신실한 사랑을 받았으며, 세상 끝 날까지 '그 완전한 사랑 안에서 지키심을 입은' 자라는 사실을 잊어서는 안 되는 것이다.

마지막으로 21절에서 유다는, 우리가 하나님의 참되고 신실한 사랑을 받고, 그 사랑 안에 거함으로써, 바로 그 참된 사랑으로 우리 자신을 지켜 내야 한다고 역설함으로써 서신을 마무리한다. 이것이 거짓 교사들이 그들의 '탐욕과 방탕'으로 왜곡시키고 변질시키려고 하는 '사랑의 위기'에 대한 유다의 해법이다. 생각해 보라. 무엇이 우리의 '모든 형태의 왜곡되고 변질된 사랑들'을 치유하고 바로잡고 회복할 수 있는가? 과연 어떤 능력이 우리의 잘못된 사랑들을 치유하고 바로잡아 줄 수 있을까?

하나님의 사랑밖에 없다. 오직 아버지 하나님의 참된 사랑을 받고, 그 사랑 안에 거하는 수밖에 없다. 그 사랑 안에서 진리의 말씀이신 예수 그리스도로 말미암아, 잘못된 대상을 향해, 잘못된 방식으로, 잘못된 동기와 목적을 향해 내달리는 '우리의 모든 어그러진 사랑들'은 비로소 치유받고 회복될 길을 얻는다. 사랑은 오직 사랑으로만 치유되기 때문이다.

결코, 따라 하지 말라!

7절의 마지막 부분에 나오는 '영원한 불의 형벌'이라든지 '표본'이라는 표현들은 한결같이 단 하나의 강력한 메시지를 전달한다. '결코, 따라 하지 말라!'는 것이다. '표본'(데이그마, δεῖγμα)이란 이미 '보인 바 된 것'이라는 의미이다. 출애굽의 은혜를 입고도 광야에서 불신앙으로 패망했던 자들이 멸망한 것이, 너희의 눈앞에 있지 않느냐는 것이다. 은혜로 받은 지위를 지키지 않았을 뿐 아니라, 자신에게 맡겨진 처소를 내팽개쳤던 하늘의 타락한 천사들 그리고 그 타락한 천사들의 범죄의 패턴을 좇아 그 은혜로 주어진 창조의 질서를 뒤바꾼 소돔 사람들에게 임했던 그 끔찍하고 무서운 심판을 똑똑히 보라는 것이다.

이처럼 지금 '너희들' 가운데서 거짓 교사들이 유혹하는 바로 그 일도, 이런 동일한 본질의 죄악을 반복하는 것이다. 만일 이들의 악행을 따라간다면,

너희도 반드시 그들이 받은 엄위한 심판과 영원한 멸망을 피하지 못할 것이라는 강력한 경고인 것이다. 하나님의 은혜를 저버리고 그 은혜의 목적을 배반하면서도, 여전히 그 은혜를 자신의 방탕을 위한 변명거리로 삼는 거짓된 신앙의 끝을 직시(直視)하라는 것이다.

거짓 교사들에게 속지 말라는 것이다. 스스로 속이지도 말고, 남을 속이지도 말며, 하나님을 속일 생각도 말라는 것이다. 하나님의 은혜와 그 은혜로 주신 속죄와 생명, 그 영광과 소망을 지켜 내지 못하고, 도리어 그 은혜를 망령된 일의 핑계로 삼으며, 결국 그 은혜의 목적을 변질시켜서 그 은혜와 함께 주어진 사명을 내팽개친 결과는, 상상하기 어려운 끔찍한 심판일 것이라는 경고이다.

뒤바꿀 수 없는 '질서'

7절에서 '형벌'(디켄, δίκην)은 '정의, 바른 질서'의 의미를 포함하는데, 결국 그런 바른 질서가 회복되도록, 그런 질서를 파괴한 자들에 대한 심판과 형벌이 주어졌다는 뜻으로 확대된 것이다. 거짓 교사들이 부인한 것은, 하나님께서 피조 세계의 '주인이요 주'이시라는 것이었다(1:4). 그들은 '은혜를 방탕거리로 뒤바꾸는' 악행을 통해 그런 무지와 교만을 드러냈다. 유다는 그것을 하늘의 타락한 천사들이 '자기 지위를 지키지 않고, 그들의 처소를 내팽개친' 죄악과 동일시한다.

그러나 하나님께서 피조 세계의 '주인이요 주'이시라는 사실도 바꿀 수 없고, 그가 다스리는 질서를 파괴하거나 뒤집으려 해도, 그 질서는 완전히 파괴되거나 뒤집어지지 않는다. 그것은 피조 세계가 그것으로 인해 지음받은 '그 말씀'(요 1:1-3; 히 1:2)을 파괴하거나 뒤집는 것만큼이나 불가능하고 어리석은 도전이기 때문이다. 그런 일은 일어나지 않는다. '풀은 마르고 꽃은 시들어도,

하나님의 말씀은 살았고 영영히 서기' 때문이다(벧전 1:23-25; 사 40:6-8).

결국은 하나님의 의로운 통치의 질서를, 끝까지 뒤바꿀 수 있는 것은 아무것도 없다(시 148:5-6; 히 12:28). 하늘의 천사들이나, 불신자들이나, 거짓 교사들의 거짓된 속임수나 하나님의 창조의 질서를 허물고 하나님의 구속의 은총을 악행으로 뒤바꾸는 그 모든 시도는, 다시 '의(義), 곧 바른 질서의 심판' 즉, '말씀의 공의로운 심판' 아래 귀속된다. 주의 말씀은 죄와 죽음으로 어그러진 창조 세계도 결국, 최종적인 심판과 구속의 완성을 통해 다시 회복하시고 새롭게 창조하신다(고후 5:17; 계 21:5).

이런 의미에서, 소돔 사람들의 죄악에 따른 소돔과 고모라 지역에 내려진 형벌은, 하나님께서 자신의 창조의 질서와 영역을 반드시 '지켜' 나가신다는 확증이다. 7절에서 형벌을 언급할 때 '영원한 불'(퓨로스 아이오누, πυρὸς αἰωνίου)로 한다는 표현은 얼핏 과도하게 들린다. 실제로, 고고학적 증거들에 의하면 사해 남쪽 끝을 바라보고 있는 언덕에 있던 그 도시들은, 원인을 알 수 없는 화재로 갑자기 파괴되었고 단번에 불탔으며 다시 재건되지 못했다(Davids, 53). 혹자는, 소돔과 고모라가 불의 심판을 받은 것을 '지옥의 영원한 불'의 형벌에 비추어 보기도 한다(Bauckham, 55).

그 심판이 '영원한' 것이라고 강조된 것은, 그만큼 하나님께서 자신이 창조 세계의 주인이시며 그 의의 질서가 '영원할' 것이라는 사실에 대한 방증으로 볼 수 있다. 소돔과 고모라 지역에 대한 심판을 기록하는 창세기 19:24-25는, 그 심판의 주체가 '여호와'임을 재차 강조한다. 그뿐 아니라, 그 지역에 비같이 쏟아진 유황과 불이 여호와 자신이 계신 그 '하늘로부터' 내린 것도 분명히 한다. 과연, 하늘과 땅의 '주인의 지위'를 가진 하나님 자신이 자신의 '처소, 영역'에 대하여 확고하고 영원한 통치권을 행사하신 것이다.

피조 세계를 지키는 '경건'

여기서, 유다의 관점이 오늘날 점점 악화되는 '지구 환경 문제'에 봉착한 우리에게 시사할 수 있는 중요한 메시지에 귀 기울여 볼 필요가 있다. 이를 위해서 먼저, 유다서 1:5-7의 문맥을 형성하는 흥미로운 전후 대칭적인 구조를 확인해 보자.

A. 땅 / 물의 심판 – 출애굽(5절)

B. 사람 / 언약 백성 – 광야 세대 가운데 불신자들(5절)

C. 하늘 / 천사들 – 자기 지위, 처소를 떠난 자들(6절)

B′. 사람 / 세상 사람들 – 소돔 사람들의 죄악(7절)

A′. 땅 / 불의 심판 – 소돔의 파멸(7절)

위의 구조를 면밀히 살펴보면, 5절과 7절에서 '땅'에 대한 물과 불의 심판이 있었음을 알 수 있다(A와 A′; 참조. 벧후 3:5-13, '물과 불의 심판'). '땅'에 대한 심판은, '언약 백성'의 경우나 '세상 사람들'의 경우에 모두, '사람'의 불순종과 죄악으로 말미암는 것으로 나타난다(B와 B′). 물론, 광야 세대의 불신자들 때문에 출애굽 사건에서 이집트인들이 멸망을 받은 것은 아니다. 하지만 그 불신자들은, 본질상 하나님을 알지 못했던 이집트인들과 다를 바 없는 사람들로서 진정으로 출애굽한 사람들이 아니었다고 할 수 있다.

위의 5-7절의 전후 대칭적 구조에서 강조된 부분은, 역시 중앙에 위치한 6절 '하늘'의 타락한 천사들의 경우이다(C). '하늘'은 '사람'에게 영향을 미치고, '사람'은 다시 '땅'에 영향을 미치는 상호 연결 고리가 확연하게 드러난다. 고대의 동양 사상이 하늘과 사람과 땅 곧 '천지인'(天地人)을 서로 연결해서 보듯이, 유다서가 표방하는 성경적 우주관 역시, 하늘과 사람과 땅이 그 질서와 범죄와 형벌에 있어서도 깊이 연결되어 움직이고 있음을 드러낸다.

유다의 성경적 우주관, 즉 하늘과 땅이 서로 연동하고 그 가운데서 사람의 범죄나 순종, 불경건이나 경건이 다시 땅과 하늘의 질서에 깊은 영향을 미친다는 이런 성경적 세계관은, 오늘날의 물질주의적인 관점에서 매우 낯설게 보인다. 만일 오늘날 누군가가, 지구 환경의 문제는 이 지구 위에 사는 인간들이 하나님을 경외하고 경건하게 살지 않은 결과라고 말한다면, 이에 동의할 과학자들은 그리 많지 않을 것이다. 지구 환경의 문제는 인간의 물질적이고 물리적인 행위에 따른 결과이지, 그것이 하나님이나 하늘의 천사들과 무슨 관계이며, 하나님을 경외하여 의와 선을 행하는 경건과 무슨 관련이 있느냐고 되물을 것이다.

하지만 성경의 해법은 다른 방향을 향하고 있다. 하늘과 사람과 땅은, 사실상 하나의 원리 곧 하나님의 '말씀'으로 뗄 수 없이 연결되어 있다. 하늘의 하나님이 '자기의 형상'을 따라 창조하신 사람으로 하여금(창 1:26), 그가 '말씀'으로 창조하신 세상을(창 1:1-3; 잠 8:22-31; 요 1:1-3), 그의 말씀과 성품을 따라 다스리도록 하신 것이다(창 2:15-16; 마 4:1-11; 히 1:1-14). 이처럼, 피조 세계를 구성하고 붙들고 있는 본질적인 '의'(義)의 구조는 철저하게 하나님의 말씀에 의존해 있으며, 하나님의 형상을 따라 지음받은 사람이 그 땅 위에서 그 말씀을 따라 행하는 것과 결정적으로 연관되어 있다.

구약에서 종종 '땅이 그 위에서 말씀을 불순종하며 악을 행하는 자들을 토해 낸다'(레 18:25; 20:22)는 표현을 하는 것도 이런 사실에 근거한다. 하나님께서 말씀으로 창조하신 하늘과 땅 모두가 그 말씀의 '의'(義)의 구조로 형성되어 있고 유지되기 때문이다. 하나님께서 소돔을 불로 멸망시키시기 전에 아브라함과 논쟁하면서, 그 땅 위에 의를 행하는 사람을 열 명이라도 찾으면 그 땅을 보존하겠다고 약속하신 것도 이런 이유이다(창 18:16-33).

오늘날 지구를 지키고 보존하겠다는 '영웅'(hero)들의 이미지는, 실제 정치-군사적 영역에서나 아니면 영화와 같은 가상의 문화적 세계 속에서나 한결같이 '폭력적인(violent) 구원자'상(像)에 가깝다.[12] 하지만 유다서가, 창조의 질서와 구속의 은혜를 지켜 내고 회복할 가능성이 있는 존재로 지목하는 자는, 바로 하나님 앞에서 경건과 의를 행하는 수신자 교회 성도들이다. 만일 하나님께서 이 세상을 창조하지 않으신 것이라면, 그래서 이 세상은 주인도 주도 없는 '물질' 덩어리라면, 지금 유다가 지적하는 죄나 권면하는 경건은 모두 헛소리에 불과할 것이다. '세상을 지키는 것이 경건이라고? 웃기는 소리'라고 할 것이다.

그런데 바로 노아가 당대에 그런 영웅이었다. 그는 전 세계를 덮쳐 멸망시킬 홍수의 심판을 앞두고, 하나님 앞에서 인정받은 유일한 '의인'(義人)이었다. 심판주이신 하나님은 그 '의(義)의 전파자'였던 노아와 그의 일곱 식구를 '아끼셨고', 그들을 구원하셨을 뿐 아니라 그 의로운 노아에게 다시는 물의 심판이 없는 세상, 곧 '새 하늘과 새 땅'을 약속하신 것이다(벧전 3:20; 벧후 2:5-9; 3:5-14; 참조. 『신적 성품과 거짓 가르침: 베드로후서의 이해』, 266-271, "세상을 구하는 경건").

파괴되어 가는 지구 환경을 지키기 위해, 우리는 모든 가능한 물리적, 정치적, 경제적, 사회적, 문화적 수단을 동원해야 한다. 하지만, 하나님이 이 피조 세계의 '주인이요 주' 되심을 알고 인정하고 고백하는 교회는, 그 무엇보다 하나님을 경외하고 그분의 말씀에 따라 이 피조 세계의 의의 질서를 '지키는' 일에 힘을 다해야 한다. 하나님을 향하여 경건하고, 또한 이웃과 세상을 향하여 불의를 행치 않으며, 적극적으로 정의를 행함으로써 창조 질서를 지켜 나갈 때, 교회는 노아처럼 경건한 '의의 전파자'로서 심판을 피할 뿐 아니라, 이미 유업으로 약속받은 그 새 하늘과 새 땅을 소유하고 다스리게 될 것이다.

---

12 윙크, 『사탄의 체제와 예수의 비폭력』, 44-67, 현대 문화에 편만한 '슈퍼맨'과 같은 '구원하는 폭력'이라는 영웅들의 이미지는 고대의 '폭력을 통한 창조'를 미화하는 바빌론 신화와 유사하며, 이는 '자기를 희생하는 사랑'으로 세상을 구원하는 성경의 '메시아'상과 극적으로 대조됨을 지적한다.

인간 구성의 해체

"하나님에 의해 창조된 영(靈)인 인간 영혼은, 인간을 자신의 형상과 모양에 따라 창조하신 하나님 안에서가 아니라면, 그 어디에서건 만족도 휴식도 평화도 위로도 기쁨도 발견할 수 없다. 하나님으로부터 한번 분리된 인간 영혼은 피조물 안에서 만족하려 하고, 마치 돼지 여물과도 같은 정념들로 배를 채운다. 그러나 참된 휴식도 참된 만족도 찾지 못하고 영혼은 결국 굶주려 죽고 만다. 영에는 영적인 양식이 필요하기 때문이다." – 성(聖) 보로네시의 티콘

'영혼은 굶주려 죽고 만다.' 이 한 문장은, 오늘날의 세상과 그 세상에 찌든 교회의 상태를 명확하게 묘사한다. 우리는 영혼이 굶주려 죽는 시대에 살고 있다. 어떻게 하다가 영혼이 굶주려 죽게 되는가? 영혼은 도대체 무엇을 먹고 살기에 먹을 것이 없다고 하는가? 동방 교회의 한 성자가 알려 주는 저 깊고 명확한 사실에 의하면, 우리 영혼이 허겁지겁 먹고 또 먹어도, 그 주린 배를 채우지 못하는 '돼지 여물'은 바로 우리의 '정념(情念)들'이다.

'정념'이란 무엇인가? 사람의 마음과 생각으로부터 나오는 '정'(情, feelings) 곧 느낌, 감정, 열정이나 '념'(念, thoughts) 곧 여러 생각들, 계획들, 꿈들, 비전들, 사상들이다. 왜 그런 것들이 사람의 영혼을 채워 주지 못하는가? 누구나 다 열정이 있고 꿈과 계획에 자신의 영혼과 삶을 불사르지 않는가? 거기서 만족을 얻고 기뻐하지 않는가? 그렇게 사는 것이 인생 아닌가?

그렇지 않다는 것이다. 인간의 영혼이 먹게 되어 있는 양식은 원래 하나

님에게서 나오는 것들이라는 것이기 때문이다. 하나님의 입으로부터 나오는 말씀, 곧 생명이신 그 아들과의 교제 그리고 그 아들을 통해 성령 안에서 나누는 하나님 아버지와의 사귐 안에서, 우리 영혼은 비로소 만족을 누리고 쉼을 얻으며 기쁨을 누리게 된다는 것이다. 하나님께서 인간을 그렇게 '영'(spirit)으로 창조하셨고, 그렇게 '구성'하셨다는 것이다.

이것을 믿지 못하겠으면, 자신이 왜 그렇게 먹고 또 먹어도, 온갖 열정과 꿈을 가지고 열심히 살아도, 끊임없이 지치며 허탈한지를 돌아보면 된다. 원하는 직장에 다니면서도, 하루 24시간이 거의 다 '견디는 시간'이며, 그냥 '하는 일 없이도 지친다'고 토로하지 않는가? 먹고살기 위해서 일하거나, 아니면 자신이 좋아서 하는 일이라도, 영혼은 육체의 일로는 만족하지 못한다. 그 이상을 원하기 때문이다.

사람은 무엇으로 사는가? 사람의 영혼은 무엇을 먹고 사는가? 세상에서 우리가 얻을 수 있는, 영혼을 만족시키는 최선의 양식은 결국 '사랑'일 것이다. 서로를 조건 없이 '추앙하고, 응원하는' 사랑을 할 수 있다면, 우리의 영혼은 비로소 해방감을 느끼게 될 것이다. 하지만 그런 '사랑'도 쉽지가 않다. 우리는 누구나 우리의 영혼과 마음을 만족시킬 만한 참된 사랑을 찾지만, 이 세상은 그야말로 끝없이 사랑을 찾아 헤매는 '실낙원'(失樂園)이기 때문이다. 그렇다고 사랑을 하지 않을 수도, 사랑을 찾아 헤매지 않을 수도 없다. 우리의 굶주린 영혼은, 무엇인가 그 이상을 향해, 무한하고 영원한 것을 향해 끊임없이 갈망하기 때문이다.

'영에는 영적인 양식이 필요하다.' 사람에게는 '영'(靈)이 있고, 그 영은 '영적인 양식'을 먹어야만 산다. 그때 비로소 영혼은 살고, 쉬고, 성장하고, 기뻐하고, 제대로 작동한다. 오늘날 우리의 시대, 특히 서구 근대 계몽주의 이후의 지금까지의 사회가 저지른 가장 큰 어리석은 짓은, 인간에게 '영'이 있다는 사실 그리고 '영적인 세계'가 있다는 사실 자체를 '부정'(否

定)한 것이다. 이 피조 세계와 인간에게서, '영'의 영역을 잘라내 버린 것이다.

무엇이 남았는가? 오늘날 근대의 물질주의적 세계관이 지배하는 곳에서는 어디든지, 모든 것을 '물질'로 설명하고 '물질'로 먹여 살려야 한다고 생각한다. 그것은 유물론을 기반으로 한 공산주의나, 재물이 근본이 되는 사회를 꿈꾸는 자본주의나 다 마찬가지이다. 그리고 물질로 채울 수 없는 영역은, 모두 육신의 '정념'으로, 느낌과 감정, 사상과 이념, 비전과 꿈들로 채우는 것이다.

하지만 그렇게 해도, 인간의 반쪽, 이 우주의 반쪽밖에 채우지 못한다. 인간은 계속 공허하고, 이 세계는 신음한다. '영'이 잘려 나간 인간, '권세들과 능력들과 천사들'이 잘려 나간 우주, 물질과 인간의 정념만이 가득한 이 세상에서, '영'으로 지음받은 인간은 마치 돼지우리에서 여물을 먹고 죽어 가는 돼지처럼 비참한 존재가 된 것이다. 사람에게 '영'이 없다는 것보다 더 비극적인 '거짓 가르침'이 또 어디에 있겠는가.

사람에게는 무한과 영원을 갈망하는 '영'이 있고, 그 '영'은 무한하시고 영원하신 하나님과 교제하며, 그분에게서 나오는 신령하고 풍성한 모든 은총을 받아 누리며 살게 되어 있다. 정확히 말하면, 그분에게서 나오는 '생명의 말씀'으로 살게 되어 있다. 곧 '말씀이신 그 아들'의 은혜와 생명을 누리며, 죄와 죽음을 떠나 성령 안에서, 아버지의 그 영원하고 완전한 사랑을 먹고 마시며 살게 되어 있는 것이다. 사람의 '영'이 그런 영적 양식을 먹지 못하면, 그 영혼은 '육신의 정욕과 안목의 정욕과 이생의 자랑'으로 자신의 배를 채우게 된다. 그렇게 되면, 인간의 육체에도 과부하가 걸리고 만다.

원래 인간의 마음도 육체도, 영으로부터 나오는 만족과 쉼과 기쁨을 먹고 살게 되어 있다(요 6:33). 하지만 우리의 영이 하나님과 분리되어 떨어져 나가면, 영혼은 굶주린 채 방치되고, 그런 영혼은 육체의 삶 곧 정념으로 자신을 채우게 되며, 우리의 육체도 외부의 생기 없는 물질로 자신을 채우다가 결국 죽음을 만나게 된다. 동방 교회의 신학자 블라디미르 로스키(Vladmir Lossky)는 이를 가리켜 '인간 구성의 분해'라고 불렀다. 너무나도 정확한 표현이다. 하나님께서 조화롭게 구성해 놓은 인간의 영과 육의 조화와 온전함이 깨어지고 해체되어, 마치 뿌리 뽑힌 가을 나무처럼 말라 죽어 가는 것이다.

어떻게 이런 '인간 구성의 해체'로부터 해방될 수 있을까? 사람에게는 '영'이 있다. 하나님은 '영'이시다. 그분이 창조하신 이 우주는, 단지 물질만으로 되어 있는 것이 아니다. 과학자들은 자신이 알 수 있는 경계선, 거기에 멈춰 서서, 자신이 알 수 없는 세계를 향해서는 엎드린 채 경배를 시작해야 한다. 그것이 참된 지식인의 가장 합리적인 태도이다. 인간의 '영'이, '영'이신 하나님을 만나 교제하는 영적이고 육체적이고 우주적인, 총체적 '코이노니아'가 회복되어야 한다. 그것이 '영생'(永生)이다. 그것이 새로운 '코스모스' 곧 새 하늘과 새 땅의 삶이다.

4. 거짓 교사들의 특징(1)(8-10절)
주(主)의 권위를 훔치는 교만

가끔, 재판관이 사회에 큰 물의를 일으킨 범죄자에게 선고를 내리는 재판정의 모습을 본 적이 있을 것이다. 재판관은 범인의 범죄 사실을 조목조목 나열한 후, 그런 죄에 대해 법이 정하는 형량에 근거해서 그리고 그와 같은 죄를 저지른 자들이 처벌받은 판례(判例)들을 참고해서, 최종 선고에 해당하는 주문(主文)을 읽는다.

유다서 5-16절은 바로 이런 장면과 유사하다. 흥미로운 점은, 거짓 교사들을 심판하시는 분이 바로 그들이 '주인이요 주'로 순복하기를 거부했던 그 하나님이시라는 사실이다(4절). 누가 주인(Master)인가? 누가 주(Lord)인가? 창조세계에서 인간은 자신의 지위와 처소를 은혜로 부여받은 피조물이다. 피조물이 창조주가 되지 못한다. 그런 일은 일어나지 않고, 그렇게 되는 것이 인간의 자아실현도 아니며, 행복이나 영광을 쟁취하는 길도 아니다.

유다는, 하나님의 주권을 모독하는 거짓 교사들의 허풍에 불과한 말과 그들의 영적 교만, 그리고 뒤로는 탐욕과 방탕을 일삼는 그들의 정체를 낱낱이 밝혀낸다. 마치 쥐들이 숨어 사는 어두운 곳간에 갑자기 엄청나게 밝은 전등을 켜서 비추는 것처럼, 저들의 사악한 속임수와 숨겨진 영적 본질을 남김없이 폭로한다. 거짓 교사들의 겉모습에 속지 말라는 것이다. 그들의 열매와 본질과 결국이 무엇인지를 똑똑히 보라는 것이다. 하나님께서 저들을 어찌 생각하시는지, 어찌 판단하시는지, 어찌 처리하시는지를 확실히 보고 두려워하라는 것이다. 결단코, 저들을 칭송하거나 따르거나 흉내 낼 생각도 하지 말라는 것이다.

유다는 5-7절에서, 거짓 교사들과 그들을 따르는 자들이 받을 심판의 세가지 확실한 '판례'들을 제시했다. 이제 8-16절에서는, 저들의 죄목과 저들의 숨겨진 본질을 낱낱이 열거할 것이다. 특별히, 8-10절은 거짓 교사들이 '주(主)의 권위를 훔치는 교만함'에 대하여, 11-13절은 그들의 '길을 이탈함'에 대하여, 그리고 14-16절은 그들의 '불경건과 숨겨진 정체'에 대하여 상세하게 밝힌다. 거짓 교사들을 심판하시는 하나님을 두려워하며, 또한 거짓 교사들을 분별하고 경계하는 마음으로, 그리고 우리 자신을 돌아보며 두렵고 참회하는 마음으로, 우선 8-10절의 본문을 찬찬히 살펴보자.

> 8 그런데도 불구하고 이와 같이, 이자들은 꿈에서 뭔가를 본다고 하면서 한쪽으로는 육체를 더럽히고 다른 쪽에서는 주의 권위를 개의치 않으며 영광의 존재들을 모독하고 있습니다. 9 하지만 천사장 미가엘조차, 마귀와 논박하며 모세의 육신에 관해 변론할 때 감히 모독하는 판결을 선고하지 않고, 다만 '주께서 너를 꾸짖기를 원한다'고 말했습니다.
> 10 이자들은 하지만, 알지도 못하는 대상들을 마구 모독하며, 생각 없는 짐승처럼 본성에 따라 느껴지는 대로 그렇게 함으로써 썩어져 갑니다.

이 본문은 유다가 염두에 두는 거짓 교사들의 특징이 그들의 '무지(無知)한 교만'임을 잘 보여 준다. 무지하기 때문에 교만해지고, 교만을 통해 그들의 무지가 드러나는 경우이다. 8절에서 '그런데도 불구하고 이와 같이'(호모이오스 멘토이, ὁμοίως μέντοι)라는 표현은, '그렇게 심판의 사실이 확실함에도 불구하고' 거짓 교사들은 심판을 불러오는 죄악을 반복한다는 의미이다. 이렇게 하는 이유는 그들이 무지하기 때문인데, 그들의 무지함은 자신이 알지 못하는 영적 존재들에 대해 마치 자신들이 권위가 있는 듯이 주장하는 그들의 '허세'(虛勢)에서 잘 나타난다. 마치, 호랑이 앞에서 자신이 숲속의 주인이나 된 것처럼 까부는 '눈먼 생쥐' 행세를 하는 것이다.

유다는 8-10절에서 거짓 교사들을 세워 놓고 마치 엑스레이를 찍는 것처럼, 그들의 근거와 행태 그리고 정체와 결말을 낱낱이 폭로한다. 먼저 8절 상반절에서는, 거짓 교사들의 거짓 가르침이 '근거'하고 있는 '꿈'에 대해서, 그리고 8절 하반절에서 10절 상반절까지는 그들의 교만한 '행태'에 대하여, 마지막으로 10절 하반절에서는 그들의 '정체와 결말'에 대해 경고함으로써 교회가 어떻게 거짓 교사들로부터 자신을 지켜 내야 하는지 설명한다.

직통 계시 운운하는 자들

유다가 지목하고 있는 거짓 교사들은, 특별히 '꿈에서 뭔가를 본다고'(에뉴프니아조메노이, ἐνυπνιαζόμενοι) 하며 자신의 영적 권위를 거짓으로 포장하려 했던 자들이었다. '꿈에서 뭔가를 본다고' 하는 것은 정확히 어떤 현상을 말하는 것인가? 같은 8절에서 '육체를 더럽히는' 것과 관련된 꿈을 말한다고 보는 경우도 있고, 또는 영적이고 도덕적인 잠에 빠져 있는 태만을 가리킨다고 보기도 하지만(Richard, 268), 대부분의 학자는 '예언적 계시를 받는 수단'으로서의 꿈을 가리킨다고 해석한다(Moo, 244; Green, 74; Painter and deSilva, 204).

'꿈'은 구약이나 유대교의 묵시 문학, 그리고 초기 교회에서 종종 하나님의 계시가 전달되는 수단으로 사용되었다(단 2:1-24; 욜 2:28; 행 2:17; 10:10-11). 그래서 '꿈에서 뭔가를 보았다'는 주장만으로 거짓 교사가 되지는 않는다. 초기 교회 당시를 배경으로 하면, 하나님께서 꿈을 통해 무엇인가를 보여 주셨으며, 그것을 통해 자신의 뜻을 전달하셨을 수 있다는 가능성은 열려 있다. 문제는, 유다서의 거짓 교사들이 꿈을 통해서 뭔가를 본다는 식으로 영적 권위를 주장하며 자신들이 지어낸 거짓 예언들로 사람들을 '가르쳐 미혹하고' 자신들의 탐욕을 채웠던 것이다(참조. 벧후 2:2-3, 10-14).

유다는 직통 계시를 받았다는 저들의 주장에, 어떤 식으로 반박하고 있는가? 유다는 '계시'에 관련해서 거짓 교사들이 꿈에서 뭔가를 본다는 방식 자체를 긍정적으로 보고 있지 않다. 처음부터 사도들을 통하여 주께로부터 '단번에 받은 믿음'(3절)이 성도들이 믿고 따라야 할 유일하고 견고한 지침임을 강조하기 때문이다. 대조적으로, 거짓 교사들은 사도들에게서 전해 받은 것이 없고 그 복음과 가르침을 따르지도 않는다. 저들이 믿고 가르치는 근거는 저들 스스로 '꿈에서 보았다'고 주장하는 것들이다.

그러니까, 지금 '사도들의 가르침'과 거짓 교사들의 '자의적인 꿈의 비전'이 서로 대립되고 있는 것이다. 게다가 유다는 저들의 '꿈'의 출처가 결단코 하나님일 수 없음을 폭로한다. 왜냐하면 저들은 애초에 '성령은 없는 자들'(19절)이기 때문이다. 성령을 통해 꿈에서 본 것이 아니라면, 그 꿈에서 본 것은 어디에서 나왔겠는가? 마치 자기의 수치를 뿜어내는 바다 물결처럼(13절), 그들 자신의 탐욕과 방탕에서 솟아나온 세속적인 야망이요 꾸며 낸 거짓 예언들이 아닌가.

유다는, 거짓 교사들이 꿈에서 뭔가를 본다는 '내용'을 사도들의 가르침과 조화되거나, 그것을 보완하거나, 또는 대치할 수 있는 종류의 계시나 가르침으로 보지 않는다. 저들이 꿈을 통해 떠벌리는 내용은 애초에 '계시'라는 명칭으로 불릴 수도 없는 것으로서, 그 출처와 동기 그리고 목적에 있어서 하나님께서 그 아들 예수 그리스도와 하늘에서 보내신 성령을 통해 나타내신 '역사적이고 객관적인 계시'와는 관련 없는 '사적(私的)인' 것들이기 때문이다(참조. 벧후 1:20).

초기 교회에서 예언을 하는 경우에도, 그것은 복음의 내용을 구성하는 성경과 같은 계시의 수준이 아니라, 하나님의 백성을 그리스도 안에서 세워 성숙하게 하는 실천적 목적으로 주어진 것들이었다(살전 5:20; 고전 11:4-5; 롬 12:6; 엡 4:11; 딤전 1:18; 4:14). 이런 경우 예언이란, 그 자체로 절대적인 권위를 갖는 것이 아니다. 항상 성령으로 충만한 교회 공동체의 검증을 받아야 하고, 정말로 그 예언과 가르침을 통해 교회가 그리스도 안에서 더욱 성숙해지는 결과가 오는지가 확인이 되어야 한다(Fee, 253-256).

누가 '꿈에서 하나님께서 말씀하시거나 보여 주셨다'고 주장하든지, 그런 신비 체험에 관한 모든 내용은 그것들보다 '더 확실한 예언'(벧후 1:19)인 하나님의 기록된 말씀인 성경을 통해 확인되고 검증되어야 한다. 성령의 모든 신비한 활동과 역사를 체험하는 것은 그리스도인의 삶의 생명력이며 본질이다. 하지만, 성경이나 성경에 근거한 교회의 정통 교리에 의해 설명되지 않는 신비 체험은 성령으로부터 나오지 않은 것이다. 교회로 하여금 신비 체험을 가능하게 하시는 성령님은, 또한 성경을 기록하신 하나님이시며, 역사 안에서 그 아들이신 예수 그리스도를 통해 자기를 계시하신 하나님의 영이시기 때문이다.

구약에서도 '꿈을 꾼다' 하며 자기의 것으로 지어내어 예언했던 거짓 선지자들에 대해 경고한 말씀들이 있었다(Bauckham, 55). 꿈을 꾼다 하며 예언하고 가르치는 선지자의 말이 하나님께로부터 온 것인지 확인하려면, 그런 가르침이 율법에 기록된 계명 곧 하나님을 전심으로 사랑하라는 말씀과 일치하며, 그와 동일한 열매를 맺게 하는지 확인해야 한다. 신명기의 경고를 들어 보자. "너는 그 선지나나 너는 그 선지자나 꿈꾸는 자의 말을 청종하지 말라. 이는 너희의 하나님 여호와께서 너희가 마음을 다하고 뜻을 다하여 너희의 하나님 여호와를 사랑하는 여부를 알려 하사 너희를 시험하심이니라"(신 13:3).

유다서의 경고와 더욱 밀접한 연관성이 있는 경고의 말씀도 찾을 수 있다. "그런 선지자나 꿈꾸는 자는 죽이라. 이는 그가 너희에게 너희를 애굽 땅에서 인도하여 내시며 종 되었던 집에서 속량하신 너희의 하나님 여호와를 배반하게 하려 하며, 너희의 하나님 여호와께서 네게 행하라 명령하신 도에서 너를 꾀어내려고 말하였음이라. 너는 이같이 하여 너희 중에서 악을 제할지니라"(신 13:5). 유다서에서도, '꿈에서 뭔가를 본다고' 하며 거짓 가르침을 퍼뜨리는 자들은 하나님의 '은혜를 방탕거리로 뒤바꾸는' 죄를 범하도록 꾀는 것이라고 교훈한다.

저들이 꿈에서 본 것은 결코 하나님의 계시가 아니라, '그 마음에 있는 간교한 것'이다(참조. 렘 23:25). 그 거짓되고 허망한 '직통 계시' 때문에, 하나님의 이름은 훼방을 받고 복음의 길은 막히며(참조. 벧후 2:2), 그 거룩한 이름을 짊어진 하나님의 백성은 낭패를 경험하게 되고 만다. 특히, 유다서의 거짓 교사들은 입으로는 '잔뜩 부풀린 허풍을 말하고, 얼굴은 이득을 위하여 놀라는 표정을 짓는 자들'(1:16)로서, 거짓으로 아첨하며 자신의 배를 불리는 자들이다. 이런 모습은, 마치 악한 자들의 죄를 가리는 담벼락에 '회칠해 주고', 장차 임할 하나님의 심판에 눈감도록 거짓된 '평안'만을 지껄였던 이스라엘의 거짓 선지자들을 떠올리게 만든다(겔 13:10-16).

'행태'(1) – 주의 권위를 훔치고 모독함(8-9절)

유다서의 거짓 교사들은 '꿈에서 뭔가를 본다고' 하며, 주 되신 예수 그리스도의 권위를 자기의 것으로 훔치고, 그 훔친 권위로 교만을 떨며 신자들을 속임으로써 결국 자신의 탐욕과 방탕의 욕구를 채운다. 8절 하반절에서 10절 상반절까지는, 거짓 교사들이 어떻게 '주인이시요 주'이신 예수 그리스도의 권위를 훔치고 부인하는지를 보여 준다(참조. 4절). 8절 하반절에서 '주의 권위'(큐리오테타, κυριότητα)는 지도자들의 권위를 가리킬 수도 있고('권위', 개역개정, NIV), 천상적 존재들의 '권세들'(dominion, KJV)을 가리킬 수도 있다. 다만, '큐리오테타'가 단수인 점과 4절에서 거짓 교사들의 특징이 예수 그리스도의 주인과 주 되심을 부인했다는 사실 때문에 '주의 권위'로 해석하는 것이 적절하다(Green, 76; Bauckham, 56-57).

거짓 교사들이 '주의 권위를 개의치 않으며'라 할 때 '개의치 않으며'(아쎄투신, ἀθετοῦσιν)는, '무시한다'('업신여기며', 개역개정) 또는 적극적으로 '거부한다'(새한글)는 의미를 포함한다. 원뜻은, 마땅히 인정하고 순복해야 할 주의 권위를

'제쳐 둔다'(set aside)든지 '신경 쓰지 않고 제멋대로 한다'는 뉘앙스가 들어 있다. 유다서의 거짓 교사들은 예수 그리스도를 노골적으로 부인하는 이단과는 다르게, 교회 안에 있으면서도 교회와 온 세상의 주가 되신 예수 그리스도의 권위를 마치 없는 것처럼 취급하고, 동시에 자신들이 '꿈에서 뭔가를 본다고' 하면서 주님의 권위를 훔쳐 자기의 것처럼 남용하며 성도들을 속이는 자들이었던 것이다.

저들이 '꿈'을 들먹이며 주장한 거짓 가르침의 내용은 무엇인가? 8절을 보면, '영광의 존재들을 모독'했다는 표현이 나온다. '영광의 존재들'(독싸스, δόξας)은, 세상의 권력자들이나 교회의 지도자들을 가리킬 수도 있지만, 병행 본문인 베드로후서 2:10-11에서처럼 '천사들'을 가리키는 것으로 보는 것이 합당하다(Kelly, 263; Moo, 244; Green, 76-77). 물리적인 세계 속에서 해와 달이 '빛나는' 물체인 것처럼, '영광들'이란 천상에서 하나님의 영광을 반영하고 드러내는 '천사들'을 가리키는 표현이다(LXX, 출 15:11; 1QH 10.8; 2 En. 22.7; *Clement of Alexandria*, ANF 2:573; Bauckham, 57).

유다서의 거짓 교사들이 '천사들을 모독'했던 이유는 무엇인가? 8절에서 '모독하고'(블라스페무신, βλασφημοῦσιν)라는 말은, 그 앞에서 저들이 '주의 권위를 개의치 않고'라고 했을 때 그 연장선상에서 저질렀던 일이라는 점에서 의미가 깊다. 즉, 저들은 천사들에게 그 지위와 처소를 정해 주시고 저들을 통치하시는 '주'의 권위를 아랑곳하지 않았기 때문에, 당연히 천사들을 모독하는 짓도 서슴지 않았던 것이다. 그렇다면 천사들을 모독하는 것이 어떤 의미에서 하나님의 주권을 모독하는 것이 되는가?

9절을 살펴보자. 여기서 유다는, 하나님의 주권을 훔치는 거짓 교사들의 '눈먼 교만'을 하나의 결정적인 사례를 들어 꾸짖는다. 9절이 묘사하는 장면은 오늘날의 독자에게 낯설기 그지없다. 이 이야기의 발단은, 모세가 죽은 후에 그 시신이 정확히 어디에 묻혀 있는지 알려진 바가 없다는 사실에 기인한다(신 34:5-6). 지금까지 모세가 묻혀 있는 곳을 왜 아무도 모르게 되었는지에 대한, 일종의 배후 설명인 셈이다.

유다는 사람의 눈에 보이지 않는, 역사 이면에서 벌어진 천사들 간의 논쟁 곧, 모세의 시신을 두고 천사장 미가엘과 마귀 사이에서 벌어진 논쟁에 대해 기록한다. 이 논쟁을 기록한 몇몇 유대 문헌의 진정성에 관해서는 의문이 들지만(*The Testament of Moses; Assumption of Moses*), 교회의 정경으로 인정된 유다서가 이 이야기를 기록한 것을 보면, 천사들 간에 벌어진 이 논쟁 자체는 받아들일 수 있을 것이다.

논쟁의 내용을 재구성하면 대략 이러하다. 모세가 죽었을 때 천사장 미가엘이 그 시신을 가져가려 했다. 그런데 마귀가 와서, 모세는 살인자였으므로 영예로운 매장이 부당하며 그 시신을 자기에게 넘겨줄 것을 주장했다는 것이다. 마귀는 그 시신을 가져다가 이스라엘이 우상으로 숭배할 대상으로 만들 셈이었다. 하지만 미가엘은, 마귀가 모세의 시신을 가지고 가서 사람들을 미혹할 것을 간파했음에도, 자신이 직접 마귀를 꾸짖지 않고 재판장이신 주의 권위에 순복하여 '주께서 너를 꾸짖기를 원한다'고 했다는 것이다(Reese, 51).

모세의 시신을 두고 벌어진 천사들의 논쟁이 어디까지가 진실인지는 모른다. 확실히 알 수 있는 바는, 유다가 기록한 말씀이 전해 주는 내용까지이다. 즉, 천사들 가운데서도 최고의 지위를 받은 천사장(天使長)이라도, 그리고 이렇게 마귀의 악한 의도가 뻔히 보이는 명확한 안건에 대해서조차도, 미가엘은 마치 자신이 재판장이신 '주의 권세를 가진 것처럼 직접' 그를 꾸짖지는 않았다는 사실이다. 말하자면, 유다의 관점에서 미가엘은 자신에게 '은혜로 주어진 지위와 처소'를 넘어가지 않고 잘 지킨 사례인 셈이다(6절).

그렇다면 거짓 교사들은 어떻다는 것인가? 천사장 미가엘이든 마귀든, 저들은 자신이 알지도 못하는 대상들을 마구 모독한다. 자기 분수를 모르는 채, 하나님께 속한 지위와 영역까지 마구 침범하는 것이다. 10절에서 거짓 교사들이 '모독하며'(블라스페무신, βλασφημοῦσιν)라는 표현이, 9절에서 천사장 미가엘이 '모독하는'(블라스페미아스, βλασφημίας) 판결을 하지 않았다는 표현과 명확히 대조되는 것도, 미가엘은 자기 지위를 지킨 반면, 거짓 교사들은 그런 의식 자체가 없는 방종의 상태에 있음을 잘 드러낸다.

9절에서 천사장 미가엘이 '모독하는 판결'을 쓰지 않으려 했던 대상이 모세인지 마귀인지는 정확치 않다. 한편으로는, 모세가 살인을 했다는 사실로 인해 마귀가 그의 평생의 순종과 사역을 모욕한 것과는 대조적으로, 미가엘은 모세를 모독하는 판결을 하지 않았다는 뜻일 수 있다. 다른 한편으로는, 마귀가 '악한 천사'이기는 하나, 천사장 미가엘이 주권을 가지신 하나님을 염두에 두어 그를 직접 꾸짖지 않은 사실이 '모독하는 판결'을 피한 행위일 수도 있다.

하지만 거짓 교사들이 모독한 대상에 관하여는 비교적 명확하다. 10절에서 '모독하며'는, 8절에서처럼 저들이 '영광의 존재들' 곧 '선한 천사들'을 모독하는 것으로 읽을 때 무리가 없다. 그러니까, 9절에서 천사장 같은 높은 지위에 있는 미가엘이 비록 '악한 천사인 마귀'를 꾸짖을 때조차 자신의 권위로 직접 하지 않고 주의 권위를 빌려 그렇게 했다면, 도대체 '선한 천사들'(8절)에게 함부로 모독하는 말을 서슴지 않는 무지한 거짓 교사들은 얼마나 눈이 먼 교만에 빠진 것인가! 이런 의미이다.

유다서가 지적하는 거짓 교사들의 특징은 그래서 근본적으로, 주의 권위와 또한 주께서 허락하시고 인정하시는 권위들을 '아랑곳하지 않는' 저들의 오만방자한 태도에 있다. 주께 권위가 있다는 사실을 알고 또 그렇게 입으로 고백한다고 해도, 실제로는 꿈에서 직통 계시를 받았다는 식으로 주의 권위를 훔치며 제멋대로 말을 지어내고, 그렇게 교회와 세상을 속여 자신들의 탐욕을 채우는 것이다. 오늘날도 이런 거짓 교사들은 쉬지 않고 그 수치의 거품들을 뿜어 댄다. 자신이 하늘의 보좌를 뒤흔드는 영력이 있다는 듯이 속이는 말들을 하고, 마치 하나님 다음으로 2인자가 된 양, 만들어 낸 '꿈 이야기들'로 떠벌리기를 좋아하는 것이다.

말씀에 굳건히 서지 않은 채 설교자가 무슨 말을 해도 그저 '아멘, 아멘'을 외치기 좋아하는 신자들은, 이런 허풍에 쉽게 속아 넘어가게 된다. 깨어 있는 성도라면, 혹시 누가 '직통 계시를 받았다'며 환상 중에 본 것이나 들은 것을 말하거든, 정말 그 말이 '기록된 계시인 성경' 말씀에 합당한지를 검토해 보아야 한다. 그들의 말이 인간의 세속적 탐욕을 자극하는 것이 아니라 성령 안에서 깨끗하고 긍휼이 가득한 선한 일을 일깨우는 것인지, 결국 교회에 덕을 세우는 말인지, 그리고 세상 사람들 앞에서 하나님의 이름이 거룩히 여김을 받게 할 말들인지를 반드시 물어보아야 하고, 성경에 근거해서 엄밀히 검증하여 분별해야만 한다.

'행태'(2) – 율법과 창조 질서를 무시함(10절)

유다서의 거짓 교사들은 왜 굳이 '천사들을 모독'하려 했던 것인가? 이를 위해서는, 하나님께서 하늘의 천사들을 통해 보이지 않는 세계와 지상의 일들을 다스리신다는 성경의 우주관을 이해해야 한다. 천사들을 모독한 거짓 교사들의 숨겨진 전략은, 특히 천사들이 하나님의 '율법을 사람들에게 전달'하고 또한 하나님의 '창조 세계의 질서를 보존'하는 일을 맡아 했다는 사실과 깊은 관련이 있기 때문이다. 거짓 교사들은, 겉으로는 '천사들'을 무시하고 모독했지만, 실제로는 '율법의 요구나 창조 질서'의 경계를 무시하고 깨뜨려서 결국 저들의 거짓 자유, 탐욕, 방탕을 위한 근거와 빌미를 얻고자 했다.

성경에서와 마찬가지로 유대 전통에서도, 모세의 율법은 천사들에 의해 전달되었고 그 천사들이 율법이 잘 지켜지는지를 관장한 것으로 알려져 있다(갈 3:19; 행 7:38, 53; 히 2:2; Jub. 1:27-29; Josephus, *Ant.* 15.136). 천사들은 '파수꾼들'(Watchers)로서 창조 질서의 각 영역들, 처소들을 관할하는 보호자들이기도 했다(1 Enoch 6-19; 벧후 3:10-13; Bauckham, 58). 당대의 성경적 세계관에 의하면, 천상의 '영광의 존재들'인 천사들은 물리적인 피조 세계의 질서를 관장하는 것뿐 아니라, 사람들의 도덕적인 세계의 질서인 율법을 전달하고 관장하는 일도 함께 담당한 것이다.

하나님께서 '말씀'으로 세상을 창조하시고 또한 택하신 백성에게 그 말씀을 '율법'으로 주셨다는 사실을 고려하면, 천사들은 결국 '말씀'을 받들어 실행하는 수종자들이었다. 그래서 유다서의 거짓 교사들이 '영광의 존재들'을 모독했다는 것은, 곧 하나님의 말씀의 수종자인 하늘의 '천사들'을 모독했다는 것이고, 그것은 결국 율법과 창조 질서에 나타난 '의'(義)의 본질인 하나님의 말씀을 모독하고 대적했다는 뜻이 된다. 놀라운 것은, 유다서의 거짓 교사들의 경우에는 교회 밖이 아니라 교회 안으로 침투해서, 하나님의 말씀 곧 그의 율법과 창조의 질서를 무시하고 교란하려 했다는 것이다.

저들은 어떻게 하다가 이렇게 되었을까? 혹자는 이것이 사도 바울의 '은혜의 복음'을 지나치게 강조하다가 오해하고 곡해한 결과라고 보기도 한다. 바울은 '그리스도를 믿음으로 그리스도 안에' 거하게 된 자유의 복음을 설명하면서, '율법'과 그 율법을 전달한 '천사들'을 함께 묶어 '세상의 초등 학문'(스토이케이아 투 코스무, στοιχεῖα τοῦ κόσμου)의 세계에 속한 것으로 간주하며, 그리스도인들은 더 이상 이런 초등 학문의 세계 아래에서 그런 율법이나 천사들을 따르며 종노릇하지 않게 되었다는 식으로, 율법을 부정적으로 묘사한다(갈 4:3, 9; 골 2:8, 20).

바울의 은혜의 복음에서, 믿는 자가 '은혜 아래'로 또는 '그리스도 안으로' 옮겨졌다는 것은, 이제 더 이상 '율법 아래'에 있지 않다는 혁명적인 변화를 선언하는 것이다(롬 6:14-15). 그럼에도 불구하고 '율법은 여전히 의롭고 선하고 거룩한'(롬 7:12) 것이어서, 성령 안에 사는 새 언약 백성에게 죄를 깨닫게 하며 '의(義)의 요구'를 계속해서 선명하게 드러내는 중대한 역할을 한다(롬 3:20; 7:7; 8:4; 참조. 마 5:17-20).

그뿐 아니다. 그리스도인은 '새로운 피조물'로서 이미 새 하늘과 새 땅을 받은 것이나 다름없지만, 그 '신천신지'(新天新地) 역시 여전히 '하늘과 땅'으로서 지금 있는 이 첫 번째 세상과 '연속성'을 가진 세계이다. 하나님은 이 창조 세계의 의(義)의 질서를 무시하거나 파괴하시는 것이 아니라, 도리어 회복하고 새롭게 하심으로써, 끝내 '의가 거하는바' 새 하늘과 새 땅을 완성하시는 것이다(벧후 3:13; 계 21:1-8).

유다서의 거짓 교사들은, 율법과 창조 세계에 관해서 더 이상 '의'(righteousness)가 없어도 될 것처럼 가르쳤지만, 복음이 선포하는 새 하늘과 새 땅은 그 '의'가 없어지는 것이 아니라, 도리어 '그 의가' 온전히 회복되어 영원토록 거하는 하나님의 나라라는 것이다. 그들이 '의'에 관하여 이렇게 왜곡되고 변질된 거짓 가르침을 지어낸 이유가 무엇인가? 자기 속에 있는 탐욕과 방탕의 죄악 된 욕망을 실현하고자 했기 때문이다. 더 깊은 동기는, 그 욕망 배후에 있는 그들의 타락한 자아(自我)가 스스로 온 우주의 '주인이요 주'가 되어 보려는 '신(神) 놀음'에 빠졌기 때문이다.

거짓 교사들이 '천사들'을 모독했다는 것은, 저들이 자기 자신의 좁은 세계 속에서만 주인이요 주가 되려 한 것이 아니다. 저들은 사실상 온 피조 세계를 겨냥하여 그것이 '하나님이 창조하신 세계도 아니며, 하나님이 주인이요 주가 되신 세계도 아니다'라고 주장한 것이다. 이는 마치 오늘날 포스트모던의 일부 무신론적인 상대주의자들이, '절대적인 것은 아무것도 없다'는 일종의 '절대적인' 주장, 즉, 아무도 이것에만큼은 반대할 수 없다는 식의 절대적인 주장을 강요하면서, 실제로는 자신의 영적이고 지적인 혼돈(chaos) 속에서 불의와 죄악을 '정상화'하고 거기서 스스로 '신 놀음' 하고자 하는 것과 다르지 않다.

유다서의 거짓 교사들은, 그저 탐욕과 방탕의 악행을 유행처럼 퍼뜨린 정도가 아니다. 저들은 자신의 탐욕과 방탕을 뒷받침하는 철학 또는 신학적 토대를 가지고 있었으며 그런 거짓된 사상을 '꿈에서 뭔가를 보았다는' 식으로 영적 권위를 위장해서 교회 안과 밖에 퍼뜨렸다. 이런 점에서, 오늘날의 교회는 기록된 성경을 확고한 '하나님의 계시의 말씀'으로서 인정하고 순복하는 태도를 견지해야 한다. 하나님의 말씀이 계시라는 뜻은, 하나님의 말씀인 성경을 해석할 때, 그 말씀이 '빛'이고 그 말씀을 해석하는 우리 자신의 지성과 감성과 의지가 '어둠' 속에 있다는 사실을 전제하는 것이다(벧후 1:19-21; 참조. 『신적 성품과 거짓 가르침: 베드로후서의 이해』, "성경적인 성경관과 성경 해석법", 178-214).

동시에, 기록된 하나님의 말씀인 성경이 '빛'이고, 이 세상에서 우리가 보는 여러 현상은 그 말씀의 '빛'에 의해 드러나야 할 '어둠'이라는 사실도 인정해야 한다. 이 타락한 세상에서 우리가 보고 경험하는 현상들은 '있는 그 자체로서' 항구적인 법이거나 질서이지 않다. 그것은 죄와 죽음과 하나님 없는 허무 아래서, 왜곡되고 변질된 세상의 일부이기 때문이다. 성경에 기록된 하나님의 말씀은, 세상이 그로 말미암아 지은 바 된 바로 그 말씀이다. 성경의 말씀이 '빛'이고 이 세상이 '어둠'이다. 하나님의 말씀만이 이 세상의 참된 질서, 그 본래의 의의 질서를 알려 준다. 타락한 세상의 '현상들'을 기준으로 성경을 해석하는 것은, 한 줌의 어둠으로 빛나는 태양의 중심을 밝히겠다는 어리석음에 불과하다.

'정체와 결말' – 부패한 본성에 따라 썩어져 감

거짓 교사들은, 하나님의 말씀인 성경만이 우리 자신과 세상의 어둠을 밝히는 '계시의 빛'임을 인정하지 않는다. 아니, 인정하지 못한다. 왜냐하면, 저들이 믿고 있는 '빛'은 그들 속에 있는 부패한 인간의 이성이거나, 자아의 경험이거나, 또는 그들 자신의 탐욕과 방탕의 욕망이기 때문이다. 이것이, 즉 유다서의 거짓 교사들이 스스로를 '계시의 주체요, 원천'으로 믿는 그 '거짓된 꿈'이, 10절이 폭로하는 거짓 교사들의 행태의 진짜 동기이며, 그들의 비참한 영적 정체성과 그 피할 수 없는 종말의 원인이다.

저들은 '자기 자신의 어둠에 갇혀 있는' 것이다. 자신들이 모독하며 지껄이는 그 천사들이 어떤 존재인지 알 수 있는 영적 감각조차 없다. 10절에서 거짓 교사들이 '알지도 못하는 대상들을'(호사 멘 우크 오이다신, ὅσα μὲν οὐκ οἴδασιν) 모독한다는 표현은, 저들이 실제로 하늘의 천사들에 관하여 아는 바도 없고 알 수도 없는 '육적인 자들'이라는 뜻이다.

그 정확한 의미가 10절 하반절에서 더욱 명확하게 드러난다. '생각 없는 짐승'(타 알로가 조아, τὰ ἄλογα ζῷα)이라는 표현에서 '생각 없는'(알로가)은, '로고스' 곧 '이성(理性), 말씀이 없는'이라는 뜻으로, 하나님의 형상을 갖지 못한 짐승과 같은 존재라는 심한 모욕의 말이다. 저들이 무지하고 교만하게 되는 이유는, 원래 '영적'인 것과는 전혀 거리가 먼 '육적인' 본성뿐인 자들이기 때문이다. 자신의 죄악 된 정체성에 따른 마땅한 결과를 향해서 내달리고 있는 짐승 같은 존재라는 것이다.

인간의 '이성'(reason)은 하나님의 성령과 말씀의 새롭게 하심으로 세례를 받고, 그 계시의 말씀의 빛 아래에 온전히 순복할 때, 자신의 기능을 발휘하여 그 충만한 이해와 통찰의 기능을 다하며 빛나게 된다. "하나님 아는 것을 대적하여 높아진 것을 다 무너뜨리고, 모든 생각을 사로잡아 그리스도에게 복종하게"(고후 10:5) 하라는 말씀은, 아예 우리의 생각 자체를 포기하라는 뜻이 아니다. 우리의 모든 '생각하는 기능'과 '생각들'이 그리스도의 주권과 의지에 순복함으로써, 하나님의 은총 아래서 주어진 그 원래의 '은혜의 지위와 사명의 처소'를 회복하고, 거기에서 자신의 기능을 온전하고 충분하게 발휘하게 하라는 의미이다.

인간의 '이성'이 '말씀의 빛'을 떠나 스스로를 '빛'으로 착각하고, 죄로 어두워진 이성으로 진짜 '빛이신 하나님'(요일 1:5; 2:8)과 하나님께서 지으신 하늘과 땅의 모든 세계를 제멋대로 판단하고 속단하는 것은, 그야말로 자신에게 주어진 지위와 처소를 내팽개치고, 하나님께서 정해 주신 경계와 질서를 넘어서고 파괴하는 행위가 된다. '이성 없는 짐승'이란, 이런 점에서 단지 도덕적으로 죄악 된 탐욕이나 방탕에 찌든 인간의 악한 행위만을 지칭하는 것이 아니다. 현대의 지성인들에게서도 얼마든지 일어나는 지적 교만도 포함한다.

오늘날의 학문으로서의 '과학'과 이념으로서의 '과학주의'(科學主義)가 보여주는 차이가 그렇다. 과학이, 인간의 이성과 경험으로 계산하고 확인할 수 없는 세계는 '존재하는지 존재하지 않는지 모른다'고 하면, 그것은 겸손함으로 자신의 지위와 처소에 머무는 것이다. 하지만, 인간의 이성과 경험으로 실증할 수 '없는' 세상의 창조에 관해서나 세상 이후의 영원의 세계에 대해서, 그런 세계가 '존재하지 않는다'고 단언하면, 그것은 과학주의(scientism)로서 곧 과학이 자신의 경계를 넘어서 스스로 이념과 종교의 역할을 자처하는 것이 된다.

신학적으로 말하자면, '은혜'는 '자연'을 회복하지만, 자연은 스스로 은혜의 세계를 재구성하지 못한다. 과학은 말씀이 증언하는 실재(reality)를 이성과 경험을 통해 확인해 갈 뿐이다. 과학은 실증적인(positivistic) 언어로 말해야 하지만, 성경은 사실과 신비, 자연과 초자연이 함께 공존하는 세계에 대한 역사적이고도 신학적인 언어로 설명하기 때문이다. 각기 주어진 지위와 처소가 있는 셈이다. 신학은 과학의 영역을 존중해야 하고, 과학 역시 신학의 영역을 존중해야 한다. 각자 주어진 지위를 지키고, 자기에게 맡겨진 처소를 겸허함으로 감당할 때, 하늘의 천사들처럼 주께 복종하고 서로 도와 하나님의 세계를 다스리게 되는 것이다.

10절에서, 거짓 교사들의 영적 본질은 '성령의 거듭나게 하심을 경험하지 못한' 자연인의 상태 그대로임을 알 수 있다. 그들은 한 번도 '빛이신 하나님'을 경험한 적이 없다. 자신과 세상의 '어둠'에 갇혀 있는 것이다. 저들은 단지 '본성에 따라 느껴지는 대로 그렇게'(푸쉬코스 호스, φυσικῶς ὡς) 자신들이 모르는 것을 지껄이는 것이다. 교회 안에 들어와 말씀을 가르친다 하고 설교를 한다고 하지만, 거짓 교사들은 실제로는 '빛이신 하나님, 빛이신 예수님, 빛이신 성령님'을 만나거나 경험한 적이 없고 중생한 적도 없는 사람들이다(1:19). '그렇게 함으로써 썩어져 갑니다'(프떼이론타이, φθείρονται)는, 저들이 자신의 부패한 본성을 따라 무지하고 교만한 언행을 일삼고 탐욕과 방탕을 따라 살다가, 그 죄 된 본성과 세상의 결국인 썩어짐 곧 죽음이 가는 그 종말을 맞는다는 뜻이다. 죽음 아래 있는 모든 것은 실로, 썩어져 가기 때문이다(참조. 벧전 1:3-4; 롬 8:1; 고후 4:16).

결론적으로, 유다는 거짓 교사들의 겉모양에 속지 말라고 단단히 부탁하고 있다. 교회가 그들에게 속는 이유는, 그들이 주의 권위를 무시하고 훔쳐서 마치 자기의 권위인 양 허세를 부리기 때문이다. '내가 꿈을 꿨는데, 하나님이 이렇게 말씀하셨다, 하나님이 이런 걸 보여 주셨다'고 부풀리며 속이기 때문이다. 그러면 이런 속임수를 어떻게 감별하는가? 우선, '기록된 성경 말씀'에 비추어 보아야 한다. 유다의 표현으로는, 사도들을 통하여 주께로부터 '단번에 받은 믿음'에 비추어 확인해 보라는 것이다(1:3). 성도이든 목회자이든 말씀에 굳게 서지 못하면, '직통 계시' 운운하며 잡아먹는 이런 들짐승들에게 물려 가고 만다.

저들이 가르치는 거짓 예언, 거짓 가르침은 결국 하나님의 기록된 성경 말씀 곧 '위로부터 오는 지혜'의 깨끗함, 정직함, 순결함, 긍휼이 가득하고 선하며 덕(德)을 세우는 온전함의 기준에서 어긋난다(약 3:17-18). 그다음으로는, 하나님의 말씀의 빛에 비추어 저들의 '행실의 열매'를 유심히 확인해 보라는 것이다. 저들은 결국, 자신들의 탐욕을 채우는 변명거리를 만들고 있을 뿐이다. 결국은, 자신들의 방탕을 정당화하고 세상의 헛된 자랑거리를 위해 주의 권위를 훔치고 있을 뿐이다.

그것이 확인이 된다면, 눈에 보이지 않고 지금 여기서는 최종적으로 확인할 수는 없지만, 저들의 영적 정체성을 의심해야 한다. 저들은 어쩌면 애초에 거듭나지도 않은 자들이다. 빛 되신 성령께서 죽은 양심을 새롭게 하신 그 거룩한 역사를 경험한 적이 없는, 부패한 심령의 인간 본성 그대로(1:10, 14)일지 모른다는 의심의 눈초리를 거두지 말고, 경계하라는 것이다. 저들의 속임수로부터 자신과 가정과 교회를 끝까지 '지켜 내라'는 것이다.

십자가와 하늘의 법정

십자가 사건은, 불공정한 법집행으로 '의인'(義人)이 억울하게 형벌을 받은 사건이다. 사형을 받을 만한 죄를 지은 적이 없는 하나님의 아들을 잔혹한 죽음의 형틀에 매단 사건이다. 그저 권력을 쥔 자들 마음대로 집행되던 당시의 사법 권력의 만행에 치를 떨었을 힘없는 그 땅의 사람들은, 예수의 죽음 앞에서 낙심하고 절망한 채 아무런 말도 하지 못했다.

예수를 심판하기 위해 야밤에 모였던 산헤드린의 '기획된 심문'이나 빌라도 총독의 어이없는 '졸속 재판'이 보여 주듯이, 고대의 사법 체계는 대체로 공정하지 않았다. 성전 권력이나 정치 권력자들과 결탁하기도 하고, 또는 많은 땅을 가진 대지주들과 결탁하여, 소작농들에게 정당한 삯을 주지 않는 억울한 판결을 하기도 했다.

야고보가 기록한 당시의 탄원을 들어 보라. "들으라 부한 자들아 너희에게 임할 고생으로 말미암아 울고 통곡하라 … 보라 너희 밭에서 추수한 품꾼에게 주지 아니한 삯이 소리 지르며, 그 추수한 자의 우는 소리가 만군의 주의 귀에 들렸느니라"(약 5:1, 4). 왜 '품꾼'이 아니라 품꾼의 '삯'이 소리 질러야 했을까?

당시의 법정이, 이미 부한 자들과 결탁하여 소작농들에 대한 공의로운 재판을 내동댕이쳤기 때문이다. 그래서 결국 그들이 원하는 대로 모든 것이 무마되고 덮어졌을까? 인간의 법정이 하찮아 보이는 일용 노동자의 절규하는 입을 틀어막았을 때, 그 노동자가 받지 못한 '삯'은 '하늘의 법정'에서 소리치기 시작했다.

그것을 누가 들었을까? 당시의 사법 체계는 예수의 죽음에서처럼 거짓 소문들을 만들어, 그 품꾼들의 절규가 세상에 들리지 않도록 사람들의 귀를 막으려 했을 것이다(참조. 마 28:11-15). 하지만 그들이 받지 못한 '품삯이 지르는 소리'는 곧바로 '만군(萬軍)의 여호와' 곧 전능하신 심판주의 귀에 직접 들어갔다.

1세기에 십자가에서 처형된 예수님의 죽음은, 복음서가 증언하듯이 '무고한 의인'의 죽음이기도 했다(눅 23:47; 약 5:6). 죄 없는 의인이 무고하게 처형되었을 때에, 무법한 사법 체계는 승리한 것 같았고, 모든 것은 그대로 덮어질 것 같았다. 하지만 정확히 사흘 뒤, 십자가에서 죽었던 그 사형수가 다시 살아났다. 그가 부활했다는 소식이 온 유대 땅에 퍼졌다. '하늘의 법정'이 지상의 판결을 뒤집은 것이다.

빌라도는 죄 없는 사람의 피를 흘리게 한 자가 되었고, 당대의 법 기술자들이었던 대제사장들과 장로들 역시 씻을 수 없는 범죄자가 되었다. 배후의 마귀는 이로써, 영원히 캄캄한 어둠에 갇힌 채 불못의 형벌을 기다리는 신세가 되었다.

법은 누구에게나 공정해야 한다. 죄 없는 자를 죄 있다 하지 말고, 죄 있는 자를 죄 없다 하지도 말아야 한다. 죄가 적은 자를 많다 하지 말고, 죄가 많은 자를 적다 하지 말아야 한다. 법이 공정해야 억울한 자가 없다. 지위 고하를 막론하고, 내 편 네 편 없이, 법이 누구에게나 똑같이 공정해야, 백성이 마음 놓고 살 수 있다.

하나님께 판결할 권한을 받은 자들은, 그 자신도 언제든 하나님께 판결받을 것을 잊지 말아야 한다. 권한 주신 이가, 그 권한을 사용한 것에 대하여 반드시 물을 것이기 때문이다. 판결하는 권한이란, '독(毒)이 든 성배(聖杯)'와 같다. 마귀의 다른 이름은 '디아볼로스' 곧 '참소하는 자'(prosecutor)이다. 위로부터 판결할 권한을 받은 자가 마귀가 갔던 그 길을 피하려면, 모든 것을 공의로 심판하실 그분 앞에서 '언제나 두렵고 떨리는 마음'으로, 주어진 권한을 '오직 공정하게' 사용해야 한다.

"그의 선지자들의 죄들과 제사장들의 죄악들 때문이니, 그들이 성읍 안에서 의인들의 피를 흘렸도다"(애 4:13).

5. 거짓 교사들의 특징(2)(11-13절)
자기 지위와 처소를 떠남과 온갖 악행들

별은 하늘에 떠 있다. 그리고 정확히 자신의 궤도를 달린다. 한 치의 오차도 없이 수천만 년을 그렇게 운행한다. 고래는 바다에서 산다. 치타는 들판을 뛴다. 별이 자기 궤도를 달리고, 고래가 바다를 헤엄치고, 치타가 들판을 뛰는 것은 주어진 자유를 만끽하는 것이다. 사람이 하나님의 형상으로 지음받아 하나님의 말씀에 따라 사는 것도, 한계 안에 갇힌 것이 아니라 사람으로서의 자유를 누리기 위함이다.

세상이 가르치는 자유는 그렇지 않다. '금지하는 모든 것을 금지하라!'라는 구호처럼, 자유란 금지가 없는, 말 그대로 어떤 제한도 없는 상태이다. 고래가 사람이 되고, 사람이 새가 되면 어떤가. 사람이 짐승도 되고, 짐승도 사람이 되고, 남자가 여자가 되고, 여자가 남자가 되는 무제한의 자유이다. 하지만, 성경이 가르치는 자유는, 오히려 제한 속에 있다. 테니스 선수가 누리는 자유는, 공을 치는 법을 훈련하고 익혔을 때 비로소 누릴 수 있는 희열이다.

하나님을 떠난 인간은 스스로 하나님이 되는 꿈을 꾼다. 하지만 사람은 하나님이 아니다. 사람은 하나님의 세계 안에서 자신에게 주어진 '은혜의 자리와 사명의 처소'가 있다. 사람은 하나님이 아니라 하나님의 영광을 반영하는 하나님의 형상으로서, 하나님을 영화롭게 하고 그를 영원토록 즐거워할 때 가장 행복하고 자유롭다. 물리적 세계에도 도덕적 세계에도, 하나님께서 지으신 모든 세계 안에는 주어진 법이 있다. 높은 절벽에서 뛰어내리면 다리가 부러지고 온몸이 부서지듯이, 그 어느 누구도 양심의 법을 어기고서는 편히 살 수 없다.

유다는 이렇듯, 하나님과 주 예수 그리스도께서 '주인과 주'가 되시며 그의 '말씀'으로 통치하시는 견고하고 흔들리지 않는 하나의 통합된 세계를 전제한다. 거짓 교사들은 누구인가? 저들은 이미 하늘에서 자기 지위와 처소를 떠나 쫓겨난 타락한 천사들의 악한 패턴을 따라(1:6) '은혜를 방탕거리로 뒤바꾼' 자들(4절)이다. 자신에게 주어진 지위를 버리고 그 사명을 내팽개친 '길을 이탈한 별들'(13절)과 같은 자들이다. 저들은 결국 하나님의 세계에서 영원토록 자기의 지위와 처소를 잃고 캄캄한 흑암에 떨어질 것이다.

유다는, 거짓 교사들이 하늘과 땅에서 이미 그 선례(先例)들을 가진 불경건한 자들임을 재차 확인시킨다. 가인뿐 아니라 발람과 고라가 그러했듯이, 저들은 정확히 그 악한 조상들이 '이탈한 길'을 좇아가고 있다(11절). 저들은 자신들이 은혜로 받은 특권과 지위를 저버렸을 뿐 아니라, 저들에게 맡겨진 처소 곧 사명도 내팽개치고 방탕거리로 뒤바꾸었다. 명칭은 '교사'이지만, 성도의 교제를 더럽히고 자기만 먹이는 열매 없는 삯꾼 목자 즉 '거짓' 교사들인 것이다(12절).

그뿐 아니다. 저들은 자신에게 주어진 '은혜롭고 영광스러운' 지위와 처소를 내버리고 타락한 하늘의 천사들의 충동질을 따라, 영원토록 캄캄한 흑암에 떨어질 그 멸망의 길을 가는 자들이 된다. 결국 하나님의 세계에서 영원히 자기 자리를 잃어버린 '길을 이탈한 별들'의 운명에 떨어진 것이다(13절). 예시와 비유로 가득한 이 흥미로운 본문을 찬찬히 읽어 보자.

11 화(禍)가 이들 자신에게 임할 것은, 이들이 가인의 길로 달려간 것이며, 발람의 뇌물에 속아 길을 벗어난 것이고, 고라의 내적하는 말들로 멸망한 것입니다. 12 이들은 겁도 없이 여러분의 사랑의 식탁 교제에서 함께 먹고 마시는 오점(汚點)들이요, 자기 자신만 먹이는 목자들이요, 바람에 휩쓸려 다니는 비 없는 구름이고, 추수 끝에 열매 없는 나무들로 뿌리째 뽑혀 또다시 죽음을 맞이하는 자들이며, 13 자기의 수치를 거품처럼 뿜어내는 바다의 길들여지지 않는 파도이자, 거짓되어 길을 이탈한 별들로서 캄캄한 흑암만이 영원토록 그들을 지키고 있습니다.

유다는 무슨 말을 하고 싶은 것일까? 일단은 '화가 있다!'는 말로 시작하면서(11절), 앞선 6절에서부터 시작한 심판의 주제를 계속한다. 흥미로운 점은 이 단락이 끝나는 13절에서 거짓 교사들을 '거짓되어 길을 이탈한 별들'로 표현하는 것이다. '길을 이탈했다'는 것은, 6절이 밝히는 것처럼 하늘의 타락한 천사들이 자기 지위를 지키지 않고 그 처소를 방치한 죄악의 본질을 염두에 둔 표현이다.

그렇다면, 유다는 거짓 교사들의 죄악의 본질을 6절에 언급한 하늘의 타락한 천사들이 범한 '자리 이탈'의 죄로 보고 있는 것이 분명하다. 마찬가지로 11절에 나열되는 가인의 죄, 발람의 죄 그리고 고라의 대적 역시 본질상 '자리 이탈'의 죄로 파악되고 있다는 인상을 준다. 11-13절이 열거하는 사례들과 사안들을 그 문제점과 결과라는 관점에서 분석하면, 아래의 도표처럼 정리될 수 있을 것이다.

자기 지위와 처소를 이탈한 거짓 교사들

	A. 사례(지위)	B. 사안(처소)	C. 문제	D. 결과
11절	가인	제사	길을 이탈함	증오
	발람	예언	길을 이탈함	탐욕
	고라	권위	길을 이탈함	대적
12절	거짓 교사들	목양	자기 처소 이탈	열매 없음
13절	거짓 교사들	영광	자기 처소 이탈	길을 잃음

우선 11절에서 사례로 든 세 인물인 가인, 발람, 고라를 그들의 이름이 나타내는바, 그들의 지위로 간주할 수 있다면(A), 가인에게는 '제사'가, 발람에게는 '예언'이 그리고 고라에게는 '권위'의 영역이, 그들이 맡은 '사명 또는 처

소'(B)에 해당한다고 볼 수 있다. 그들은 각기 자신들에게 맡겨진 사명 또는 처소에서 실패했지만, 그 '문제'의 본질은 한결같이 자신에게 주어진 '길을 이탈한'(C) 것으로 표현할 수 있다.

원래 '죄'라는 것이, 하나님의 법 곧 말씀의 기준, 그 의(義)의 길을 이탈한 것으로 이해할 수 있음은 물론이다. 하지만 11절의 경우에는, 6절에 언급된 하늘의 천사들이 자기 지위와 처소를 이탈한 것, 그리고 13절이 결론짓는 것처럼 거짓 교사들 역시 '거짓되어 길을 이탈한 별들'이라는 표현이 암시하듯이, 하나님께서 그들에게 은혜로 허락하신 지위와 사명을 '지키지' 못하고, 그것을 도리어 악한 것으로 '뒤바꾸어'(4절) 버렸다는 데에 그 특징이 있다(D).

그러니까 가인은 아담과 하와의 맏아들이라는 지위를 받았음에도 불구하고, 제사의 영역에서 그 은혜를 변질시켜 '증오와 살인'의 결과에 이른 것이다. 마찬가지 형태로, 발람은 이스라엘의 선지자였지만 예언을 함에 있어 그 은혜를 변질시킴으로 자기 '탐욕'을 채운 죄를 범하게 된 것이다. 고라는 모세의 조카로서 이스라엘의 지도자로 세워졌지만, 오히려 자신을 하나님과 이스라엘의 총회 위에 높이는 반역을 행함으로써, 하나님께서 그에게 준 지도자의 지위를 지키지 못하고 공동체를 올바르게 이끄는 사명을 내팽개친 셈이 된 것이다.

유다는 12-13절에서 보다 직접적으로 거짓 교사들의 죄를 폭로하는데, 저들이 '교사'(A)라는 은혜로 주어진 지위를 자처했음에도 불구하고, '목양과 영광'(B)의 사명 또는 그런 영역(처소)에서 자신의 지위를 망각하여 지키지 못하고 실패했음을 지적한다(C). 결국 거짓 교사들이 목양에서는 열매 없음의 처참한 결과를 드러내었고, 저들이 드러냈어야 할 영광은 도리어 수치와 영원한 형벌로 뒤바뀌어 버렸음을 폭로한다(D).

결국 유다는 거짓 교사들이야말로 '은혜를 방탕거리로 뒤바꾸는'(4절) 죄악의 '달인들'이라고 지적하는 셈이다. 그리고 저들은 그 '악한 기술'을 궁극적으로 하늘의 타락한 천사들에게 배운 셈이다(6절). 물론, 이미 오래전에 그 타락한 천사들과 함께 그 '자리 이탈의 죄악'의 충동질에 휩쓸려 갔던 불신앙과 불경건의 선조들도, 거짓 교사들의 악한 모델이 되었다. 그러니까, 하늘의 타락한 천사들과 불신앙의 선조들 그리고 지금 수신자 교회에 침투한 거짓 교사들은 모두 한마음 한뜻으로, 하나님의 선한 창조 세계 안에서 하나님께서 각자에게 주신 은혜와 사명의 자리를 지키고자 믿음의 길을 가는 교회를 뒤흔들고 있는 것이다.

그렇다면 우리는 정말 하나님께서 그 사랑 안에서 그리스도로 말미암아 주신 그 크고 놀라운 은혜를 제대로 지켜 나가고 있는가? 그 은혜가 지금도 우리를 생명과 경건으로 인도하고 있는 중인가? 아니면, 죄를 더 짓게 하는 구실로 그 은혜를 사용하고 있는 ? 우리는 어느 쪽으로부터 충동을 받고 있는 것인가? 하나님의 은혜가 우리를 더욱 경건한 자로 양육하는 길로 가고 있는가? 아니면, 하나님의 은혜가 도리어 우리를 죄짓고도 방만하게 만들어 추락의 길로 가는 구실이 되고 있는가?

눈에는 보이지 않지만, 성도 각자는 이런 점검을 통해서 자신이 '하나님의 은혜와 의의 세계'를 굳건히 세워 가고 있는지, 아니면 그 아름답고 선한 세계를 허물고 있는지를 돌아보아야만 한다. 이것이 유다서가 던지는 결정적인 메시지이다. 이런 질문을 마음에 품고, 이제부터 11절의 세 가지 사례를 하나씩 들추어 보기로 하자.

'가인의 불법'으로부터 교회 지키기

11절에 거짓 교사들이 '가인의 길로 달려갔다'고 했을 때, '가인의 길'(테 호도 투 카인, τῇ ὁδῷ τοῦ Κάϊν)은 부정적인 표현이다. 가인이 '마땅한 길'을 벗어나 잘못된 길로 빠져들었고, 거짓 교사들은 바로 가인이 빠져든 그 잘못된 길로 내달렸다는 것이다. 그렇다면 가인은 어떤 길을 어떻게 이탈했다는 것인가?

창세기 4:1-15이 기록하는 가인의 죄는 크게 두 가지이다. 첫째는 '제사'에 관련된 것이고 둘째는 동생 아벨을 죽인 '증오와 살인'이다. 그리고 이 둘은 서로 연결되어 있다. 가인은 제사에 관련된 문제로 말미암아 아벨을 죽이게 되었기 때문이다. 결국 가인의 근본적인 죄는 제사에 관련된 것이다. 가인이 드렸던 '곡물 제사'가 무엇이 잘못되었다는 말인가?

하나님께서 가인의 제사를 받지 않으셨다는 것이 문제였는데, 그 이유가 무엇인가에 대해 논란이 있다. 통상적으로, 아벨은 양을 잡아 피의 제사를 드렸는데 가인은 농사지어 거둔 곡물로 '피 없는' 제사를 드린 것이 문제라고 본다. 가인의 제사는 '피 흘림이 없이는 죄 사함이 없다'(히 9:22)는 속죄의 원리에 어긋나는 제사였다고 보는 것이다.

오늘날에는, 레위기에 근거해서 곡물 제사도 하나님이 받으시는 제사이기 때문에 가인의 곡물 제사 자체는 문제가 없는 것이라고 보는 경향이 많다(Davids, 90). 하지만 히브리서는 명확하게 가인보다 아벨이 '믿음으로 더 나은 제사'를 드렸다고 증언한다(히 11:4). 그러니까 거꾸로 말하자면, 가인이 제사를 드린 것은 '믿음'의 제사가 아니었고, 또 '더 나은 제사'도 아니었다는 뜻이 된다.

말하자면, 가인이 설령 '양을 잡아 피의 제사'를 드렸다고 해도 그가 '믿음으로' 드리지 않았다면, 하나님께서 받지 않으셨을 것이다. 가인은 믿음도 없었고, 그 제사 방식도 아벨의 것보다 못했던 것이다. 가인의 범죄 이야기가 기록된 창세기 4장의 전후 문맥을 보면, 가인의 '제사와 범죄와 형벌'(창 4장) 이야기는, 아담과 하와의 '범죄와 제사와 형벌'(창 3장) 이야기의 꼬리를 물고 이어진다. 비슷한 패턴의 이야기가 반복되는 것이다.

이런 질문을 해 볼 필요가 있다. 가인과 아벨은 애초에 누구에게 하나님께 제사하는 법을 배웠을까? 그들의 부모인 아담과 하와가 아니었다면, 누가 그들에게 하나님께 제사해야 한다는 필요성과 그 제사하는 방식을 가르쳤겠는가? 그렇다면 한 걸음 더 나아가서, 아담과 하와는 누구에게서 제사의 필요성과 그 방식을 배웠던가?

적어도 창세기 4장의 전후 문맥 안에서, 아담과 하와에게 제사의 근본적인 필요성과 그 방법을 가르치신 분은 하나님 자신이시다. 하나님은 아담에게 선악과를 따 먹는 경우 '정녕 죽으리라'고 말씀하셨고, 선악과를 따 먹은 후 정녕 죽게 되었던 아담과 하와를 불러 세우신 후 그들에게 '가죽 옷'을 지어 입히셨다(창 2:16; 3:21). 그러니까 아담과 하와가 보는 앞에서 양을 잡아 피를 흘려 죽인 후, 가죽 옷을 만들어 입히시며 제사의 모범을 보이신 분은 바로 하나님 자신인 것이다.

그것이 아담과 하와가 범죄하고도 하나님 앞에 나아가 설 수 있는 방식인 '피 흘리는 제사'의 기원이었을 것이다. 그리고 아담과 하와는 에덴동산에서 쫓겨나 하나님의 임재를 떠나 살면서, 다시 하나님의 임재 가운데 나아가는 방편이 되는 제사법을 가인과 아벨에게 가르쳤으리라 추측할 수 있다. 그렇다면 가인이나 아벨이나 둘 다, 그들의 부모로부터 동일한 '피의 제사'를 배웠을 것이다.

즉, 아벨은 양을 잡아 피의 제사를 드림으로써, 부모로부터 '전해 받은 그대로'의 제사 방식을 따랐다. 반면에, 가인은 자신이 부모로부터 전해 받은 제사의 방식을 따르지 않고, '자기가 정한 방식'으로 제사하기로 결정했던 것이다. 죄인이 하나님께 나아가는 제사의 방법을 '자신이 결정'한다는 것 자체가 죄이다. 그것은 '내가 이만큼 했으니 나를 용서하고 받으시오'라고 자기 멋대로 명령하는 것과 같다. 가인은 바로 이런 점에서 '하나님의 주권'과 그 주권에 따른 말씀 또는 '의'의 질서를 거부하고, 자기 자신이 세운 질서로 법을 삼았던 것이다(참조. 사울의 제사, 삼상 13:8-13).

신약 시대 전후의 유대교에서도, 가인은 '자기를 사랑한 자'(self-love)였으며 그런 '악행을 가르치는 교사'로 알려져 있었다(Philo, *Worse* 10.32; Josephus, *Ant*. 1.2.1; Green, 90). 그는 거짓과 증오, 범죄와 살인을 특징으로 하는 '악한 자(the Evil One)의 아들'이며, 자신의 방식에 의존하여 하나님을 거역하는 자, 그리고 자신을 불경건과 방탕에 넘겨주는 자들의 교사요 인도자로 묘사된다(Philo. *De post. Cain*. 38f.; *Migr. Abr*. 75). 후대에도 가인은 폭력과 탐욕 그리고 신성 모독의 화신으로서, '심판이나 심판주는 없으며, 영생이나 의로운 자에게 주어지는 보상 그리고 악한 자에게 임하는 형벌도 없다'고 가르치는 거짓 교사의 전형으로 알려지게 된다(Jerusalem Targum, *on Gen*. iv. 7; Kelly, 266-267).

이것이 구약과 또한 당시 유대교가 이해하는 '가인의 길'이었을진대, 이 길이 바로 유다서가 지적하는 거짓 교사들의 길이 아니고 무엇인가? 저들도 하나님께서 사도들을 통해 '단번에 주신 믿음'(3절)을 버리고, 자신들이 '꿈에서 뭔가를 보았다고' 주장하며 거짓 가르침을 만들어 가르치지 않았는가? 가인의 첫 번째 죄는 하나님이 정해 주신 법을 따르지 않고 '내가 법(法)'이라고 생각한 것이었다. 마찬가지로 유다서의 거짓 교사들 역시, 무(無)율법주의, 반(反)율법주의를 퍼뜨리고 거기다가 자신들이 꿈에서 받았다는 직통 계시의 거짓 예언을 더함으로써, 하나님의 법을 자기의 거짓으로 대체하는 '가인의 길'로 내달렸던 것이다.

가인의 죄를 언급할 때 또 하나의 특징은, 그의 근거 없는 '증오'와 그 결과로 생긴 '살인'이다. 가인이 부모로부터 전해 받은 제사법을 무시하고, 자신이 '땅에서 수고해서 얻은'(참조. 창 3:17) 곡식으로 제사를 드렸지만, 하나님께서는 그의 불의(不義)한 제사 즉 하나님께서 '정하신 바른 관계'에 합당하지 않은 제사를 받지 않으셨다. 그 때문에 가인은 바른 제사를 통해 하나님과 바른 관계를 맺은 의(義)로운 아벨을 '증오'하여 그를 죽였다(창 4:8).

그러니까 가인의 '증오'는 인간에게 원래 정상적으로 작동하는 '좋아함과 싫어함'의 감정의 표출이 아니다. 사람은 본래 선하고 의로운 것을 보면 기뻐하고 좋아하며, 악하고 불의한 것을 보면 싫어하고 미워한다. 그것이 창조주께서 주신 정상적인 감정이다. 하지만 가인은 '의로운' 아벨을 칭찬하는 것이 아니라 도리어 '증오'하게 되었다. 스스로 어둠이기 때문에 어둠을 사랑하여 빛 가운데 나오기를 거부할 뿐 아니라, 그 빛을 없애려고 하는 악한 충동에 휘말린 것이다(참조. 요 1:5) 그러니까 가인이 동생 아벨을 죽인 것은, 동생의 행위가 불의했기 때문이 아니라 정확히 그 반대로 '의로웠기' 때문이다(요일 3:12).

이것이 가인의 '뒤바뀌고 변질된' 정서이다. 그가 하나님께서 정하여 주신 제사법을 지키지 않고 그것을 무시한 후에, 원래 하나님의 말씀의 본질인 '의'(義)를 사랑하는 것이 아니라 도리어 증오하게 된 것이다. 그에게 주어진 정상적이고 선한 감정조차 악한 것으로 변질되어 버렸다. 유다서의 거짓 교사들도 마찬가지로 이러한 '가인의 길'로 달려간 것이다.

그들이 하나님의 주인과 주 되심을 부인했기 때문에, 그 율법을 관장하는 천사들을 조롱하며 모독함으로써 하나님의 법, 그 말씀을 버리고 짓밟은 것이다. 그 결과로 그들은 거룩한 성도들의 애찬을 더럽혔고, 스스로 죽고 또 죽은 가을 나무가 되어 원망하고 불만을 토하며, 그뿐 아니라 연약한 자들을 미혹하여 불 가운데로 끌고 가서, 결국 자신들의 영원한 멸망 속으로 함께 내달렸던 것이다(1:12-13, 16, 23).

여기에 우리가 새겨들어야 할 교훈이 있다. 무리를 가르치며 인도하는 설교자, 목회자, 사역자는 언제든 '하나님의 말씀'이 '빛'이요, 자신이 '어둠'이라는, 하나님의 계시로서의 성경관과 그런 올바른 성경 해석의 자세를 결단코 잊지 말아야 한다(벧후 1:19-21). 성경을 해석한다는 것은, 하나님의 생각과 뜻이 우리의 지성적, 정서적, 의지적 어둠을 '밝히고 치유하고 바로잡는' 과정이다. 성경을 읽거나 해석하는 자의 심령과 성품이 그 말씀의 빛과 생명으로 밝혀지고 치유되고 변화되지 않는 성경 해석은, 무익할 뿐 아니라 거짓된 것이다. 어떻게 빛이 어둠을 비추었는데, 어둠이 밝아지지 않는가?

성경을 해석하는 우리 자신의 죄와 탐욕, 방탕과 악한 의도가 빛 가운데서 드러나지 않는다면, 그런 해석자는 자신의 죄 된 욕심에 따라 '말씀을 이용하게' 될 것이다. 그러므로 말씀을 읽을 때는 물론이고, '말씀대로 행한다'라고 말하기 전에, 그리고 '하나님, 이것저것을 주세요'라고 기도하기 전에, 자신이 정말 왜 그것을 행하고 원하는지, 그 숨은 동기를 깨닫게 되도록 '말씀과 성령의 빛' 안에 거하기를 힘써야 한다. '하나님이여 나를 살피사 내 마음을 아시며, 나를 시험하사 내 뜻을 아옵소서'(시 139:23)라는 다윗의 기도가 항상 우리의 기도가 되어야 한다. 이것이 성도가 목회자와 함께 교회를 '지키는' 길이다. 하나님은 '말씀이신 예수 그리스도로 말미암아' 우리를 지키시기 때문이다(1:1).

'발람의 탐욕'으로부터 교회 지키기

유다가 거짓 교사들의 조상으로 꼽은 두 번째 인물은 발람이다. 민수기 22-24장의 기록에 근거하면, 발람은 이방 복술가였다. 당시 모압 왕이었던 발락은, 모압 평지에 진을 친 이스라엘 백성이 자신들보다 더 강함을 보고, 예언자의 힘을 빌려 이스라엘을 제압할 방법을 찾고 있었다. 그러던 중 브올의 아들 발람의 명성을 듣고, 그에게 뇌물을 주어 이스라엘을 저주하는 예언을 해 달라고 부탁하기로 한다. 민수기 22-24장의 내용은 표면상으로는, 발람이 발락의 뇌물을 거절하고 이스라엘을 향해 저주가 아니라 하나님께서 주신 말씀 그대로 축복의 예언을 한 것으로 되어 있다.

하지만 유다서는 1:11에서 확실히 '발람의 뇌물에 속아 길을 벗어난 것'(테 플라네 투 발람 미스뚜, τῇ πλάνῃ τοῦ Βαλαὰμ μισθοῦ)이라 표현한다. 발람이 무엇을 잘못한 것인가? 여기서 '미스뚜'(μισθοῦ)는 '삯, 보상'(reward)으로 번역할 수 있지만, 발람과 연관된 구약 본문들에서 '뇌물'로 표현되므로 구체적으로 '뇌물'로 특정해서 이해하는 것이 적절해 보인다. 또한 '플라네'(πλάνη)는 자주 '미혹'(개역한글)으로 번역되기도 하는데, 정확히는 '속임수'(deception)와 '길을 잃고 방황한다'(lead astray)는 의미가 함께 들어 있다(참조. '미혹의 길', 약 5:20).

발람은 정말 뇌물을 받았는가? 민수기 22-24장을 읽어 보면, 통상 발람은 그렇게 노골적으로 재물을 탐하는 인물처럼 보이지 않는다. 심지어 민수기 22-24장은, 발람의 의도가 어떠했는지는 몰라도 결국 그는, 하나님께서 이스라엘을 축복하시는 예언 그대로를 전달할 수밖에 없었고, 그 예언 가운데는 모압의 멸망을 내다보며 장차 메시아의 도래를 확신하는 본문까지 포함되어 있다: "한 별이 야곱에게서 나오며 한 규가 이스라엘에게서 일어나서 모압을 이쪽에서 저쪽까지 쳐서 무찌르고 또 셋의 자식들을 다 멸하리로다"(민 24:17).

도대체 발람이 무엇을 잘못했다는 것인가? 어찌 되었든지, 그가 이스라엘을 축복하는 예언을 전달한 것은 맞지 않는가. 더구나 뇌물도 선뜻 받지 않고 머뭇거리는 '일말의 양심'도 보였지 않은가. 그런데도 발람은 결국, 모세가 미디안을 정벌할 때 소집된 군사들에 의해 칼로 죽임을 당한다(민 31:8). 이것이 그의 최후였다. 말하자면 발람은, 사도 바울이 염려했던바 '남에게 전파한 후에 자신은 버림을 당한' 비극적인 경우에 해당하는 것이다(고전 9:27).

하나님은 손해 보지 않으신 것이다. 발람을 통해서라도 이스라엘을 축복하는 예언을 하게 하시고, 정작 발람은 징벌하셨기 때문이다. 왜 이렇게 되었는가? 발람과 관련된 민수기의 본문을 자세히 뜯어보면, 발람이 뇌물의 유혹에 흔들리는 정황에 대한 단서들이 나온다. 발람은 처음에는 발락의 요청과 뇌물 공세를 거절한다. 그 후에 발락이 시도한 더 큰 뇌물 공세 앞에서도, 그는 단호하게 '그 집에 가득한 은금을 내게 줄지라도 내가 능히 여호와 내 하나님의 말씀을 어겨 덜하거나 더하지 못하겠노라'(민 22:18)고 말하며 거절한다.

하지만 발람이 흔들리는 장면은 바로 그다음에 나오는데, 그가 발락이 보낸 신하들을 하루 묵게 하고 '여호와께서 내게 무슨 말씀을 더하실는지 알아보리라'고 여지를 두는 대목이다(민 22:19). 발람이 탐욕에 미혹되는 과정은, 단번에 넘어간 것이 아니라 여러 차례에 걸쳐 마치 늪에 발목이 빠지듯이 조금씩 서서히 이루어지게 된 것임을 알 수 있다. 하나님께서는 발람이 발락에게 가서 이스라엘을 향해 예언하는 것 자체를 원치 않으셨다.

하지만 결국 하나님께서는 발람을 가도록 내버려 두셨고, 다만 발락에게 가서도 그가 이르는 말씀만 하라고 명하신다(민 22:20, 35). 여기서 이미 발람은, 하나님께서 그를 '그 정욕에 내버려 두신 바' 된 상태에 들어간 것이다(참조. 롬 1:24-28; 엡 4:17-19). 그가 탐욕으로 그 길을 고집했기 때문이다. 발람이 이렇듯 탐욕에 눈이 멀게 된 상황을 극적으로 보여 주는 장면이 바로, 그가 발락에게 가는 길에 여호와의 사자가 그 길을 막은 사건이다.

하나님은 발람이 타고 있는 '나귀'를 통해 그를 꾸짖으셨다. 이미 탐욕으로 인해 보이는 것이 없었던 이 어리석은 선지자는 영문을 모른 채 지팡이로 나귀를 때리며 '네가 나를 거역하기 때문이니 내 손에 칼이 있었더면 곧 너를 죽였으리라'(민 22:29)고 다그친다. 그가 알지 못하고 내뱉은 이 말은 정확히 그의 '주인이요 주' 되신 하나님 앞에서 그가 '자기 뜻대로 행하여, 길을 벗어난 짐승'이 되었다는 사실을 방증하는 역설이다(1:4, 10; 벧후 2:16).

결과적으로 발람이 하나님의 말씀을 변질되게 전하지는 않았지만, 그가 이미 탐욕에 빠진 정황은 분명하다. 발람이 이스라엘을 축복하는 예언을 다 마쳤음을 기록하는 민수기 24:25의 바로 다음 구절인 민수기 25:1-3은, 이스라엘 백성이 모압 여자들과 음행하며 그 이방 신들에게 제사하고 절하는 큰 미혹에 빠져 여호와의 진노의 심판을 불러온 사건을 기록한다. 그 사이에 무슨 일이 있었던 것일까? 발람은 발락에게 '이면(異面) 계약'(?)을 맺었던 것일까? 혹시, 공식적으로는 이스라엘을 축복하는 예언을 하고, 뒤로는 발락의 뇌물의 대가로 이스라엘을 망하게 하는 책략을 제공한 것은 아니었을까?

후대의 유대 문헌은, 발람에 관련하여 민수기 24장과 25장 사이의 급변하는 정황을 설명할 만한 '배후의 이야기'를 제공한다. 우선 발람은 탐욕으로 인해서 뇌물을 받은 자로 확인된다(*Tgs. Num* 22:7; Philo, *Mos.* 1.266-68). 발람이 이스라엘을 저주하는 데에는 실패했지만, 저주를 못한 대신 뇌물을 받은 대가로 발락에게 이스라엘을 망하게 할 책략을 제공했다는 것이다. 그것은, 미디안에서 가장 아름다운 여인들을 골라, 금과 각종 보석으로 치장하여 이스라엘 앞에 벌거벗은 채로 세우면, 이스라엘 백성이 그들을 보고서 주 하나님을 거역하고 범죄하여 발락의 손에 떨어질 것인데, 다른 방식으로는 발락이 결코 이스라엘을 이길 수 없다고 조언한 것이다(Bib. *Ant.* 18:13; Josephus, *Ant.* 4.126-130; Bauckham, 81).

'야사'(野史)처럼 들리는 이 이야기가 성경에 기록되어 있지는 않기 때문에 그 진위 여부를 알 수는 없다. 하지만 발람이 왜 결국 모세의 군사들에 의해 칼에 맞아 죽었으며(민 31:8), 왜 성경의 다른 본문들이 그를 탐욕에 굴복한 선지자로 기록하는지에 관한 '하나의 가능한 설명'이 될 수 있다(신 23:4-5; 느 13:2). 특히 발람이 이스라엘을 음행에 관련된 방탕과 우상 숭배의 죄로 빠뜨렸다는 유대교의 해석은, 유다서의 거짓 교사들이 '발람의 뇌물에 속아' 탐욕에 빠졌고, '은혜를 방탕거리로 뒤바꾸는' 죄악을 범한 것과 서로 직결된다는 점에서 매우 설득력 있게 들린다(1:4, 18, 23).

결론적으로, 발람이 '탐욕의 거짓 선지자'의 조상으로 낙인찍힌 사실에 대하여, 발람 자신의 입장에서 생각해 보면 다소 '억울한'(?) 면이 없지 않을 것 같다. 이런 점에서 발람의 이야기는 그 교훈의 초점을 찾기가 간단하지 않다. 발람은 어찌 되었든, 모압 왕 발락의 뇌물 공세를 받지 않아야 한다는 것을 '알고' 있었고 '여러 번 거절'하기도 했다. 하나님의 뜻이 무엇인지도 명확히 알고 있었다. 모압 왕 발락이 '이스라엘을 저주해 달라는 자리'에 가서는 안 된다는 사실도 알고 있었다. 이런 점에서 발람의 '일말의 진정성'을 볼 수 있다.

하지만, 발람 이야기가 충격적인 점이 바로 여기에 있다. 그가 노골적으로 탐욕을 추구하지 않았고, 하나님을 뜻을 모르지도 않았음에도 불구하고, 결국 '그런 자리에 갔다'는 사실이다. 왜 갔을까? 성경과 후대의 기록은, 발람이 그 '가지 말았어야 할 자리'에 간 것이 그의 속 깊은 곳에 도사린 '돈 욕심' 때문이었다고 밝혀 준다. 발람은, 결국 자신의 그 작은 탐욕 때문에, 하나님이 '가장 싫어하시고 심판하실 자리'에 가서 서게 된 것이다. 그것이 그의 실패였다.

여기서, 발람과 유다서의 거짓 교사들의 결정적인 공통점을 짚어 보아야 한다. 그들은 비록 하나님의 말씀을 전하는 선지자요 교사였지만, 자신이 전하는 하나님의 말씀에 의해 그들의 영과 심령 그리고 성품은 '전혀 변화되지 않은 채'로 남아 있는 경우였다는 사실이다. 하나님의 말씀은 발람 자신의 의지나 성품에 상관없이 그를 통해 '단지 전달'되는 형태로 나타났다. 발람은 결국, 하나님께서 예외적으로 사용하신 '복술가'에 지나지 않았던 것이다.

유다서의 거짓 교사들도 크게 다르지 않다. 저들의 영적 본질은 거듭나지 않은 '육적 본능'뿐이요 '성령은 없는 자들'이다(1:10, 19). 이런 자들은, 자신의 이성이나 경험이나 욕망의 '빛'으로 말씀이라는 '어둠'을 밝힌다고 믿기 때문에, 마치 숟가락이 국 맛을 모르듯이, 해석자요 설교자를 자처하는 그 자신이 신성(神性)의 모든 충만함을 따라 하나님의 '신성한 성품'에 참여하는 일이 일어나지 않는다(벧후 1:4-6).

혹시 '성령의 빛' 가운데서 하나님 '말씀의 생명수'가 그들의 영혼과 심령에 닿아 그들이 희미하나마 그 빛과 생명을 감지하더라도, 그 '신성한 빛'으로 심령의 어둠이 걷히거나 그 '영원한 생명과 사랑'으로 부패한 의지와 성품이 치유받고 변화되는 일이 일어나지 않는다. 아무리 말씀을 전하고 가르쳐도, 그들 자신은 죄악 된 본성, 탐욕과 방탕의 본성 그대로인 것이다. 결국, 그들은 말씀을 전달하는 도구로 사용되어도 그 자신은 버려지는 종말을 맞게 된다.

그러므로 말씀을 해석하고 가르치는 설교자와 교사, 그리고 말씀을 읽고 듣는 성도들에게 있어서, 그렇게 하는 자신이 하나님의 '신성한 성품'에 참여하며 변화되어 가는 일이 결정적이다. 말씀으로 거듭나고 성령이 그의 안에 거하시는 그리스도인이라면, 느리지만 확실하게, 그 말씀의 생명과 성령의 열매가 아름답고 덕스럽게 드러나게 될 것이기 때문이다(갈 5:22; 약 1:18, 21; 벧전 1:23-2:3; 요일 3:9-10).

말씀을 듣든지, 읽든지, 배우든지, 가르치든지, 전하든지, 그 '말씀의 빛과 생명'으로 말미암아 그 자신이 변화되지 않는 것은, 그래서 극히 위험한 신호이다. 말씀의 빛 가운데 서면, 자신의 온갖 어둠, 곧, 탐욕과 거짓과 방탕이 드러나 보여 부인할 수 없게 된다. 그래서 심령과 삶의 진정한 '참회'야말로, 우리가 거짓 교사가 아니라는 유력한 증거가 된다. 거짓 교사에게는 말씀의 빛 가운데서 드러나는 자신의 죄악에 대한 수치와 참회가 없기 때문이다.

동시에 말씀의 빛 안에는 우리를 살리는 하나님의 사랑과 그 아들의 생명이 있다(요일 1:5-10). 하나님의 말씀의 생명수에 닿아 있는 심령은 마치 '시냇가에 심은 나무'처럼 시들지 않고 시절을 좇아 과실을 맺는다(시 1:1-6). 하나님의 은혜를 방탕의 변명거리로 삼지 못하고, 진실로 참회하며 그 은혜에 합당한 사랑의 삶으로 나아간다. 말씀의 빛 앞에서 자신의 어둠을 인정하는가? 말씀의 생명으로 우리의 영은 만족하는가? 우리의 삶은 그 영적 생명을 꽃피워 내며 열매 맺어 가고 있는가? 유다서의 도전 앞에서, 묻지 않을 수 없는 질문들이다.

11절에서 유다는 거짓 교사들의 조상 격인 가인, 발람 그리고 고라가 자신들에게 주어진 지위를 지키지 못하고, 그 사명을 뒤바꾸어 길을 이탈한 사례들을 열거한다. 가인의 죄는 제사에 있어서 하나님의 법을 무시하고 자신의 방식을 고집한 것이었다. 그 결과로 그는 의로운 동생 아벨을 증오하고 살인하게 된다. 발람은 예언하는 일에 있어서 하나님의 말씀을 전달하기는 했지만, 뒤로는 뇌물을 받아 자신의 탐욕을 채우는 길로 갔고 결국에는 하나님의 백성을 미혹의 길로 빠뜨리는 악행을 저질렀다. 그렇다면, 고라는 어떤 식으로 거짓 교사들의 조상이 되었는가?

유다는 11절에서 고라의 죄악과 그 파국적인 결과에 관해서 거짓 교사들은 '고라의 대적하는 말들로 멸망한 것'과 마찬가지라고 단언한다. 여기서 '멸망했다'(아폴론토, ἀπώλοντο)는 표현은 고라의 악행을 따라가는 거짓 교사들의 멸망은, 이미 일어난 사건이나 다름없이 확실하다는 뜻이다. 볼 것도 없다는 의미이다. 앞선 가인이나 발람보다 고라의 경우에, 그 패역한 길을 따라간 거짓 교사들에게 임한 심판이 한층 무겁게 강조되어 있다.

거짓 교사들은 마치 시기했던 가인의 길로 달려가, 발람의 탐욕의 함정에 빠지고, 결국에는 교만했던 고라가 갈라진 땅 속으로 떨어져 영원한 흑암 속에 갇혀 버린다는 식으로, 그 파멸성에 있어서 '점층적'으로 묘사된다. 굳이 가인과 발람과 고라의 죄를 세밀하게 구분하자면, 고라의 경우가 더 심각하다고 할 수도 있다. 고라는, '하나님께서 세우신 질서'를 보다 적극적으로, 그리고 정면으로 대적하는 죄를 지었기 때문이다.

유다서 1:11에서 고라의 죄는 '반역' 또는 '대적하는 말들'(테 안티로기아, τῇ ἀντιλογίᾳ)이라는 점이 강조되는 것도 이런 이유라 볼 수 있다. 이는 '반대하는 말'(disputing arguments)이라는 뜻으로, 상대의 말을 훼방하고 무시하는 언행을 가리키는데, 유대 문헌에서는 고라가 전형적인 '반(反)율법주의자'(antinomian)로 등장한다(*Num. Rab.* 18.3, 12; Green, 92). 후대의 유대 전승에서도, 고라는 '(모세를 통해 전해진) 율법은 너무 비합리적이어서 하나님께로부터 온 것이 아니며 지켜질 필요가 없다'라고 주장한 이단적인 인물로 지목된다(Reese, 56).

그러므로 고라의 죄의 본질은, 모세라는 '인물'을 대적한 것이 아니라 정확히 말하자면 '하나님의 율법'을 대적한 것으로 판단하기도 한다(Bauckham, 83). 하지만 현실에 있어서, 이 둘 사이, 즉 '하나님의 말씀'을 대적하는 것과 그 말씀을 '대변하는 지도자'를 대적하는 것을 구분하는 일은 그리 단순하지 않다. 여기에도 분별과 지혜가 필요하다. 현실 교회에서 말씀 사역자는 예수 그리스도의 권위를 대변하기도 하기 때문이다. 하지만 그만큼 말씀 사역자는 예수 그리스도의 성품과 순결함을 유지하고 드러내야 하는 것도 필수적이다.

이런 점에서, 고라의 범죄를 언급할 때 성도들은 '무조건' 담임 목사님이 하는 결정에 반대해서는 안 된다는 식으로 사용하는 경우는 깊이 돌아보아야 하는 대목이다. 예를 들어, 목회자가 설교 중에 자신의 사적인 욕망에서 나온 깨끗지 못한 뜻을 관철하기 위해, '구약의 고라를 보십시오. 모세에게 반대하다가 땅이 갈라져 지옥에 떨어졌지 않습니까? 목사를 반대하고 병 안 걸리는 사람, 사고 안 당하는 사람 못 봤습니다'라고 협박하는 경우이다.

민수기가 기록하는 고라 사건은, 모세가 했던 일은 '여호와께서 나를 보내사 이 모든 일을 행하게 하신 것이요 나의 임의로 함이 아닌'(민 16:28) 것이 명확한 경우이다. 그러므로 목회자가 고라 사건을 예로 들 때, 자신이 '임의로' 한 결정에 관해서 고집을 부리고 있는 것은 아닌지 필히 돌아보아야 한다. 물론, 거짓 교사가 이런 일로 자신을 돌아볼 가능성은 없을 것이다. 참으로 하나님의 뜻을 행하고자 하는 목회자라면, 오히려 성도를 이런 식으로 협박하는 방식을 택하지는 않을 것이다. 사랑 안에서 오래 참으며, 자신이 친히 솔선수범하여 짐을 지고 욕심을 내려놓으면서, 하나님은 신뢰하고 하나님의 때를 기다리며 끝까지 온유하게 설득하고자 할 것이다.

하지만 고라의 사건은, 역시 목회자의 정당한 권위를 무시하고 훼방하는 행위에 대한 엄중한 경고이기도 하다. 이 경우의 문제는 '이유 없이 또는 자신의 사적인 욕망 때문에' 목회자의 권위를 훼방하는 상황이다. 이런 점에서 고라가 250명의 족장을 이끌고 세를 규합하여 모세를 대적하여 펼치는 논리는 그럴듯하다: "회중이 다 각각 거룩하고 여호와께서도 그들 중에 계시거늘 너희가 어찌하여 여호와의 총회 위에 스스로 높이느냐"(민 16:3).

오늘날의 표현으로 하자면, '성도 한 사람 한 사람이 모두 제사장인데, 목사가 뭐가 다르다고 우리에게 이래라저래라 하느냐'고 불평하는 것처럼 들린다. 맞는 말이다. 성도 한 사람 한 사람 안에 하나님이 계신다. 그런 점에서 목회자나 성도가 다를 바가 없다. 하지만, 교회는 그리스도의 몸으로서, 각자가 다른 은사와 기능을 가지고 있고, 협력하여 하나님의 뜻대로 움직이는 질서와 조화의 체계 안에 존재한다. 잘 다스리고 말씀을 가르치는 장로와 목회자와 모든 좋은 것을 나누고 배나 존경해야 마땅하다(딤전 5:17).

성도들이 이런 기본적인 가르침을 잘 알고 있지만, 이렇게 하지 못하는 것은 종종 혹독한 시험에 휘말리기 때문이다. 고라는, 그가 레위 지파에 속해 있지만 '제사장'의 지위에 욕심을 낸 것 같다(민 16:10). 하나님께서 자신에게 주신 '지위와 처소' 곧 그에게 은혜로 주신 권한과 사명 안에서 참된 감사와 기쁨과 보람과 충성된 길을 찾지 못하고, '분수에 넘쳐'(민 16:7) 하나님께서 다른 이에게 주신 지위를 '질투하고'(시 106:16) 욕심을 내면서 시험에 든 것이다.

그러니까 고라는 자신에게 어울리지 않는 '자리 욕심'에 휘말려 질투에 눈이 멀게 되었고, 하나님께서 세우신 정당한 권위를 대적함으로써 결국에는 자신에게 그러한 은혜와 사명을 주신 '주인이요 주' 되신 하나님을 대적하게 된 것이다. 이렇게 보면, 유다가 수신자 교회에 침입한 거짓 교사들의 특징을 꼬집으면서 고라의 사례를 들었던 이유는 더 없이 명확해진다. 고라의 경우에, 자신에게 주어지지 않은 제사장이라는 지위에 대한 사적인 욕망과 질투가 불씨였다. 고라는 그 욕망과 질투의 불로 남을 태우려 하다가 결국 자신을 불구덩이 속에 넣어 버림으로써, 자신에게 주어진 은혜의 자리조차 지키지 못하게 된 것이다.

유다서의 거짓 교사들의 악행의 뿌리 역시 '은혜를 방탕거리로' 삼을 만큼 걷잡을 수 없는 '경건치 않은 정욕'에 있었다. 저들이 천사들을 모독하고 그 천사들이 주관하는 하나님의 율법을 거절함으로써 하나님의 주 되심을 인정하지 못하며 훼방했던 것은, 오직 저들 속에 있던 가인의 무법(無法)함과 발람의 탐욕, 곧 거듭나지 못한 육에 속한 본성 때문이었다. 마치 수치의 거품을 뿜어 대는 거친 바다의 파도처럼, 온갖 원망과 불평 그리고 헛된 자기 자랑이 거기로부터 쏟아져 나온 것이다(1:13, 19).

교회는 때로 걷잡을 수 없이 분당(分黨)과 분쟁에 휘말리기도 한다. 누가 옳은가? 목사파인가? 성도파인가? 관건은 이것이 사람들 간의 다툼이 되지 않게 하는 것이다. 사람은 누구나 '원수'가 될 수 없다. 우리의 싸움은 혈과 육에 대한 것이 아니다. 핵심은, 하나님의 말씀에 있다. 다시금 '주 앞에서 자신을 낮추고', 하나님의 말씀 곧 '위로부터 오는 지혜'를 구하며, 그 깨끗하고 긍휼이 가득한 말씀으로 돌아가야 한다(약 3:17-18; 4:10).

모두가, '주인이요 주' 되신 하나님 앞에서 자신을 낮추며, 진리와 사랑의 말씀이 회복될 수 있도록(요이 1:7-10; 요삼 1:9-11), 온유와 오래 참음으로 기도하고 인내해야 한다. 주께서 이 모든 고난을 통해 모두 함께 세상의 '더럽고 썩어지고 허무한' 정욕에서 나와서(벧전 1:3-4), 새 하늘과 새 땅에 거하기에 합당한 '신적 성품에 참여하는' 기회로 삼아 주시기를 간구해야 한다(벧후 1:4-6).

거짓 교사들의 '몽타주'

평범한 성도가 신앙을 잃을 만큼 실족하거나, 그런 성도의 가족이 큰 시험과 고난에 휘말리게 되는 이유 가운데는, 종종 교회 안의 거짓 교사들 때문인 경우가 많다. 거짓 교사 하나 잘못 만나면, 그 인생이 거친 바다 위의 난파선처럼 가라앉을 만큼 아찔한 위기를 만난다. 그래서 거짓 교사를 분별하는 일은 필수적이다. 저들을 피할 수 있는 분별력만 있다면, 자신과 가족과 교회를 구할 수 있는 지혜를 얻게 되기 때문이다.

하지만 마귀가 천사의 옷을 입고 나타나듯이, 늑대가 양의 가죽을 뒤집어쓰고 나타나듯이, 거짓 교사는 변장술에 능하다. 그래서 유다는 11-13절에서 수신자 교회의 성도들이 알아듣도록, 이들의 특징을 더욱 세부적으로 명확히 묘사하려 애쓴다. 11절에서는 이들이 구약에 나타난 대표적인 범죄자들인 가인, 발람, 고라와 닮아 있다는 설명을 했다. 이제 12절과 13절에서 유다는 보다 세부적으로, 과연 이런 거짓 교사들이 수신자 교회의 당시 정황 속에서는 어떤 모습으로 나타날지 그들의 '현재의 몽타주'(montage)를 제시한다.

다시 한 번 12절과 13절을 찬찬히 뜯어보자: "이들은 겁도 없이 여러분의 사랑의 식탁에서 함께 먹고 마시는 오점(汚點)들이요, 자기 자신만 먹이는 목자들이요, 바람에 이리저리 휩쓸려 다니는 비 없는 구름이고, 추수 끝에 열매 없는 나무들로 뿌리째 뽑혀 또다시 죽음을 맞이하는 자들이며, 자기의 수치를 거품처럼 뿜어내는 바다의 길들여지지 않는 파도이자, 거짓되어 길을 이탈한 별들로서 캄캄한 흑암만이 그들을 영원토록 지키고 있습니다." 이것이 거짓 교사들의 보다 상세한 몽타주이다.

13절의 '거짓되어 길을 이탈한 별'이라는 표현은, 6절이 묘사하는 '자신의 원래 지위를 지키지 않고 그 처소를 내팽개친' 하늘의 타락한 천사들을 배경으로 하는 것이 분명하다. 거짓 교사들이 하늘에서 창조 질서를 파괴한 타락한 천사들의 악한 행적을, 땅 위의 교회 안에서 그대로 재현하고 있다는 사실을 암시하는 것이다. 이런 이해를 바탕으로, 12-13절에 나타난 거짓 교사들의 행적과 특징을, 저들의 영적 정체성의 뿌리인 하늘의 타락한 천사들의 본질과 행적에 비추어 그려 내면 다음과 같이 정리할 수 있다.

거짓 교사들의 몽타주

	지위와 처소	특징과 결과
12절	성도의 교제	오점 / 암초
	설교와 가르침	공허함
	목양과 자신의 삶	열매 없음
	윤리적, 도덕적 삶	수치
13절	하나님의 세계	소속도, 영광도 잃음

거짓 교사들은 말씀을 맡은 자들이기 때문에, 교회 안에서 설교도 하고 말씀을 가르치기도 한다. 초기 교회에서 '말씀 사역'은 단순히 말씀을 '선포하는'(케루쏘, κηρύσσω; 예컨대, 행 9:20) 설교에 그치지 않았다. 그것은 말씀을 '가르치는'(디다스코, διδάσκω; 딤전 4:13) 교사의 일을 통해서 그리고 말씀의 교훈을 따라 '말로 상담하고 조언하는'(랄레오, λαλέω; 특히, 벧전 4:10-11) 거룩한 대화를 통해서도 이루어졌다.

오늘날에도 교회 안의 거짓 교사들은 반드시 목회자나 사역자의 형태로만 존재하는 것이 아니다. 성도로 위장해서 기도나 상담 혹은 이단에 관련된 잘못된 성경 공부로 유도함으로써 그렇게 할 수도 있는 것이다. 이렇듯 '말씀'과 관련된 다양한 영역에서, 거짓 교사들은 그들 나름의 특징들을 보인다. 12-13절을 살펴보면, 명확하지는 않다 하더라도 저들이 당시 교회 안의 여러 영역 속에서 어떤 특징들을 보였는지를 알 수 있다. 이를 하나씩 확인하면서, 거짓 교사들의 정확한 몽타주를 자세하게 그려 보기로 하자.

'성도의 교제'를 더럽히고 깨뜨리는 자들(12절)

먼저 저들은 '성도의 교제'의 영역 속에 몰래 침입해 들어와, 성도들과 함께 먹고 마시며 교제하면서 그들 가운데서 불경건한 '오점' 또는 '암초'가 된다. 이를테면 구역이든 목장이든 작은 교회 모임이든 성도가 모일 때에, 저들은 거기에 더러운 가르침과 행실을 퍼뜨리고 결국에는 편을 갈라 다툼을 일으키는 형태로 교회를 파괴하려 드는 자들인 것이다.

12절에서 '사랑의 식탁'(아가파이스, ἀγάπαις)은, 초기 교회 성도들이 자주 모여 함께 먹고 마시며 교제하고 때로는 예배와 함께 행해지기도 했던 식사 교제를 가리키는데, 당시에는 종종 '주의 만찬'과 함께 행해지기도 했다(행 2:42; 27:35; 참조. 고전 11:11-34). 오늘날에는 애찬식과 성만찬 예식이 혼돈되어 무질서하게 행해지는 것을 방지하기 위해, 공적인 예배 시에 거행하는 성만찬 예식과 예배 후에 식탁 교제를 갖는 것이 서로 구분되어 있다.

성도의 식탁 교제는 '애찬'(愛餐, love-feast)이라 불리는 만큼, '아가페'(ἀγάπη) 곧 하나님의 사랑이 그 특징이 되는 친밀한 식사 교제이다. 넓게 보자면, 애찬 곧 성도 간의 사랑의 식탁 역시 '생명의 떡'(요 6:48)이신 예수 그리스도의 '살과 피'를 나누는 것을 기념하는 성찬식의 연장선상에 있는 성도의 교제라 할 수 있다. 애찬도, 하나님 '아버지의 사랑'을 받아 그 아들의 생명을 얻은 자들이, 함께 먹고 마시는 '사랑의 교제'를 통해 성령 안에서 '하나 됨'을 확인하는 자리이기 때문이다.

유다는 그런 거룩한 성도의 교제의 자리에, 거짓 교사들이 끼어드는 일이 있다는 사실을 확인해 준다. 저들의 특징이 무엇인가? 한마디로 '겁이 없다'는 것이다. 12절에서 거짓 교사들의 영적, 도덕적, 행위적 특징을 '겁도 없이'(아포보스, ἀφόβως)라고 표현한 것은, 저들이 심판주가 되시는 '하나님을 향한' 마땅한 두려움이 없기 때문에, '성도의 교제' 속에 있는 하나님의 사랑과 성령의 깨끗하심에 대한 감각조차 없는 상태를 지적하는 것이다.

거짓 교사들은 마치 돼지가 주인의 밥상에 먹을 것이 있다고 뛰어드는 꼴처럼, 자신이 하는 짓이 무엇인지를 모르는 채로 성도의 식탁 교제에 세속적이고 더러운 언행들을 퍼뜨리며 달려드는 것이다. 저들은 성도의 식탁 교제 속에서 결국 어떻게 '드러나게' 되는가? 유다는, 거짓 교사들이 거룩한 성도의 식탁 교제를 더럽히는 '오점들'(스필라데스, σπιλάδες; stains, spots)이라 폭로한다. 원래 '스필라스'(σπιλάς)라는 말에는 '오점'의 뜻도 있지만, 얕은 바닷가 밑에 숨어서 배를 좌초시키는 뾰쪽한 바위 같은 '암초'(reef)라는 의미도 있고, 그 연장선상에서 '위험'(danger)이라는 뜻까지도 포함한다(Reese, 59-60).

이 세 가지 의미 중 어느 하나를 고르기는 쉽지 않다. 차라리 이 세 가지 의미 중 어느 하나도 배제하지 않는 '중의적'(multi-meaningful)인 용법으로 볼 수도 있다. 그럼에도 굳이 한 가지 의미만을 택해야 한다면, 거짓 교사들이 성도의 '거룩한' 교제를 더럽혔고 또한 그것이 결국 '사랑'으로 연합된 성도의 공동체를 깨뜨리는 발단이 되었다는 점에서, '스필라스'를 '오점, 흠결'로 번역하는 것이 문맥상 적절해 보인다.

거짓 교사들은 성도의 '거룩하고 순전한' 교제를 악한 행실로 더럽히는 '오점들'이다. 마치 하얀 와이셔츠에 묻은 흙탕물처럼, 저들은 성도의 식탁 교제가 더 이상 사랑과 순결함 가운데 진행되지 못하도록 망쳐 버리고 만다. 유다는, 거짓 교사들이 '그 자신의 정욕을 따라 살면서 남을 힐난하고, 불평을 토하며, 무슨 이득을 얻으려고 놀라는 얼굴을 하며, 그들의 입으로 헛되고 세속적인 자랑을 떠벌린다'(16절)고 묘사했는데, 이는 저들이 성도의 식탁 교제의 현장에서 했던 악행들을 가리키는 것으로 간주할 수 있다.

고대 근동에서도 그러했지만, 오늘날에도 누군가와 음식을 나누어 먹는 행위는, 상대방에게 느끼는 공동체적 연대감에 기초해서 서로를 받아들이며 삶을 나누고 교제하는 사랑의 행위로 여겨진다. 특별히 성도의 식탁 교제는, 하나님께 '사랑을 입은 자들'로서 '예수 그리스도의 은혜와 진리로 말미암아' 지키심을 입은 자들의 거룩한 은혜의 교제이다(1:1). 예배 후든지 어느 때든지, 성도가 음식을 나누며 대화하고 교제하는 자리에는 '성도의 코이노니아'가 일어나는 것이다.

이런 점에서 성도가 함께 먹고 마시며 나누는 '대화'는, 단순히 식탁 교제라 하더라도 언제나 하나님을 향하게 되고, 그분께 대한 감사와 그 베푸신 은혜와 지혜로 말미암은 간증과 찬양으로 이어지기 마련이다. 거듭난 성도들은 자신 안에 심겨 있는 말씀과(약 1:18, 21; 벧전 1:23-25; 요일 3:9) 내주하시는 성령에 따라(롬 8:1-4), 무엇보다도 자신의 '말'이 '깨끗하고 상대방을 살리는 사랑의 말들'로 바뀌어 가는 사람들이기 때문이다.

그러므로 어느 때건, 성도 간의 대화 속에서 세속적인 탐욕에 물든 거짓되고 더러운 말들이 오가지 않도록 주의해야 한다. 성도가 교제하는 자리에서, 누군가를 죽이고 파멸시키는 독하고 썩은 말들이 오갈 때, 헛된 자랑의 말로 시기와 질투와 분쟁을 일으키는 말이 끼어들 때, 거기가 거짓 교사들이 들어와 독사의 새끼들을 낳는 어둠의 둥지가 될 수 있다는 사실을 기억해야 한다. 성도의 식탁 교제를, 감사와 찬송과 서로를 살리는 대화로 '지켜 낼' 때, 거짓 교사들이 끼어들어 공동체를 더럽히고 파괴할 틈을 주지 않을 수 있는 것이다.

생명 없는, '탐욕적인' 설교와 가르침

거짓 교사는 목양의 영역에서 '교사'이기 때문에, 설교를 하거나 말씀을 가르치는 지위를 맡게 된다. 그런데 유다는 설교나 가르침을 듣고, 그것이 거짓 교사에게서 나오는 것인지 아닌지를 분별할 수 있는 기준을 제시한다. 물론, 12절에서 유다가 거짓 교사들을 빗대어 '자기 자신만 먹이는 목자들이요 바람에 이리저리 휩쓸려 다니는 비 없는 구름'이라 했을 때, 그것은 단지 그들의 설교나 가르침만 염두에 둔 표현은 아니다.

하지만 '먹이는'이라든지 '비 없는 구름'이라는 표현은, 거짓 교사들의 '공허한' 목양 행위가, 실제로는 그들의 '속이 텅 비고 이기적이며 탐욕적인' 설교나 가르침에서 비롯하는 것임을 시사한다. '비 없는 구름'(네팔라이 아누드로이, νεφέλαι ἄνυδροι)이라는 은유적 표현은, 마치 거짓 교사의 설교를 눈앞에서 듣고 보듯이 생생한 광경을 연상하게 만들어 준다. 오랫동안 가물어서 땅이 갈라질 때, 농부는 하늘에 검은 구름이 몰려오는 것을 보고 '조금 있으면 비가 쏟아지겠지'라고 잔뜩 기대하게 될 것이다. 그런데 정작 그 검은 구름이 머리 위에까지 와 있는데도, 끝내 비가 쏟아지지 않으면 그 허탈함과 실망은 이루 말할 수 없게 된다.

성도들도 마찬가지이다. 매번 설교자나 교사로부터 말씀을 듣고 배울 때에, 하나님께로부터 오는 말씀의 생명이 성령의 역사하심을 통해 메마른 영(靈)과 심령을 치유하며, 하늘의 신령한 은총과 아버지의 사랑이 그들 안에 가득 채워지기를 기대한다. 하지만 목마르고 굶주린 심령으로 듣게 된 설교나 가르침이, 마른 모래를 쏟아붓는 것처럼 세속적이고 피상적인 말들로 가득하기만 하다면, 성도의 영과 심령은 큰 실망을 안고 돌아가게 될 것이다.

거듭난 심령을 가진 참된 설교자는 이렇게 성도를 영적인 양식으로 먹이지 못하는 '실패'를 가장 두려워한다. 성도들이 '영적으로' 굶주린 채로 돌아가는 주일 예배를 견딜 수 없어 하는 것이다. 설교자도 실패할 수 있기 때문에, 한두 주를 그렇게 공허한 설교를 하게 될 수 있다. 하지만, 그것이 한 달이나 두 달간 지속되게 되면, 양 무리는 기아 상태에 빠지고, 굶어 죽기 직전에 보이는 험악한 증상들을 드러낼 수도 있다. 참된 설교자는 성도를 실망시켜서는 안 된다. 화려한 언변과 다채로운 내용으로 가득 채운 설교, 울고 웃기는 재미있는 설교를 하라는 것이 아니다. 사람의 영과 심령을 하늘의 거룩하고 은혜로운 진리와 사랑으로, 복음의 진정한 능력으로, 치유하고 회복하고 채우는 생명의 말씀을 전할 수 있어야 한다는 것이다.

12절에서 '비 없는 구름'을 수식하는 '바람에 이리저리 휩쓸려 다니는'(휘포 아네몬 파라페로메나이, ὑπὸ ἀνέμων παραφερόμεναι)이라는 전치사구는, 거짓 교사들이 쉽게 빠지는 함정을 묘사하며, 저들의 거짓 가르침의 특징이기도하다. 자신의 설교가 '말씀과 성령에서 오는 영적 생명'이 없음을 눈치챌수록, 거짓 교사들은 유행하는 세속적인 문화의 '풍조'에 편승하여 자신의 설교를 포장하려 하기 때문이다.

저들은 성경적으로 합당한 개념이나 용어가 아님에도 불구하고, 유행에 따라 '기괴하게 꾸며 낸' 용어들을 무슨 새로운 신학이나 비전인 것처럼 선전하여, 청중의 귀를 솔깃하게 만들기도 한다. 종종 그럴듯한 세상적인 지식이나 화려한 말솜씨를 동원하기도 하고, 쓸데없이 인간적이고 세속적인 감정에 호소하여 청중의 정신을 혼미하게 만들어 속이려 든다. 거짓 교사들이 이런 함정에 빠지는 것은, 애초에 저들이 하나님의 말씀의 생명을 알지도 못하고 그 말씀의 생명을 경험하고 전달하게 하시는 성령의 역사도 알지 못하기 때문이다.

거짓 교사들은 '육에 속하여 성령은 없는' 자들로서 '말씀 자체의 생명과 능력'을 경험하지 못하기 때문에(1:19), 성령의 역사도 '흉내 내는 수준'에서 할 수밖에 없다. 세속적 지식이나 감성을 동원할 역량이 부족한 경우, 유다서의 거짓 교사들처럼 자신이 꿈에서 보고 들었다는 '직통 계시'의 거짓 예언에 호소하기도 하는 것이다. 이런 자들은 입으로는 '성령의 바람'을 외치지만, 실제로는 '돈의 바람, 권력의 바람, 유행의 바람, 내 욕심의 바람'에 편승하라고 설교하고 가르칠 뿐이다. 그들은 흉내만 낼 뿐, 결단코 성령을 통해 하나님의 말씀에 순종하여 '자기를 부인(否認)하는 십자가'와 부활의 길로 가지 못한다.

거짓 영에서 나온 것은, 말씀과 성령의 거룩하고 정직한 빛 아래서 견디지 못한다. 설교이든 가르침이든, 입에서 나온 것은 입으로, 머리에서 나온 것은 머리로, 감정에서 나온 것은 감정의 차원으로 전달될 뿐이다. 살아 계신 하나님의 말씀은 '그 말씀의 생명이 설교자나 교사의 거듭난 영혼과 그의 신적 성품을 통해 성령의 역사로 전달'될 때(벧후 1:4-6, 19-21), 그 말씀을 듣는 성도의 영과 심령을 하늘의 단비에 젖게 한다. 사람의 영은, 영의 양식인 '하나님의 입으로 나오는 모든 말씀'으로 살게 되어 있기 때문이다(신 8:3; 마 4:4; 요 6:33).

거짓 교사들의 설교는 겉으로는 화려하고 감동이 있는 것 같아도, 거듭난 참된 성도가 들을 때는 영의 굶주림을 채우지 못하는, 그저 '한없이 세속적이고 내용이 없는 혼잡한 이야기'이거나 '인간의 죄 된 탐욕을 자극하는' 속이는 말들일 뿐임이 드러난다. 중생한 성도의 심령 안에는, 이미 그들을 '능히 구원하고 치유할 생명의 말씀'이 '심겨' 있고, 참된 성도의 심령은 오직 그 말씀의 생명의 능력으로 산다(약 1:18, 21). 그들의 심령은 '썩지 아니하는 씨앗' 곧 '살아 있고 영원한 말씀'으로 이미 새롭게 되었고(벧전 1:3, 23-25; 요일 3:9; 히 9:14), 그 선하고 아름다우며 온유하고 긍휼이 가능한 '말씀의 생명'을 '맛보아 알 수 있는' 능력, 그 '신령한 젖'을 먹고 성장할 내적 욕구와 능력을 갖고 있기 때문이다(벧전 2:1-4).

이것이 참으로 거듭난 성도가, 거짓 교사들의 '속이 텅 비고 무익한' 설교와 가르침을 분별할 수 있는 근거이다. 물론, 거듭났지만 아직 미성숙해서 그러한 영적 감각이 무딘 어린 신자들도 있을 것이다. 마치 해변 모래밭에서 갓 태어나 바다로 걸어가는 새끼 거북이들을 낚아채 잡아먹는 갈매기나 바닷새들처럼, 거짓 교사들이 연약한 초신자들을 공략하여 저들을 다시 더럽고 썩어지고 허무한 흑암의 세상으로 끌고 들어가는 것도 이런 이유 때문이다(벧후

2:18; 유 1:22-23).

거짓 교사들의 거짓 가르침을 분별하여 자신을 지키려면, 설교자나 교사들뿐 아니라 모든 성도가 하나님의 '말씀의 생명에 접촉하는 방식으로' 즉, 말씀을 통해 하나님을 만나고 사귀는 방식으로 성경을 읽고, 암송하고, 묵상하는 훈련을 해야 한다. 하나님의 말씀을 따라 '성령 안에서 기도하고'(1:20), 기도한 대로 행동으로 옮겨 실제로 몸으로 순종해 보고, 다시 그 어려움과 문제들을 가지고 말씀을 숙고하며 성령 안에서 기도하기를 반복하며 훈련하는 일이 반드시 필요하다. '순전하고 긍휼이 가득한 말씀' 곧 '위로부터 오는 지혜'를 받지 못하면(약 3:17-18), 거짓 교사들의 세속적이고 속이는 설교와 가르침을 분별하기 힘들고, 그들의 올무에서 나오기도 어렵게 되기 때문이다.

'자기만 먹이는 거짓 목자'로부터 자신을 지키기

거짓 교사들은 '경건을 이익의 재료로 삼아'(벧후 2:3), 어떻게 해서든지 분별력이 아직 미숙한 어린 신자들을 낚아채어 가려 한다. 저들은 왜 그런 악한 일을 하는가? 유다는 12절에서 저들의 사역의 가장 본질적이고 궁극적인 '숨겨진 목적'을 폭로한다. 그것은 거짓 교사들이 '자기만 먹이는 목자들'(헤아우투스 포이마논테스, ἑαυτοὺς ποιμαίνοντες)이라는 것이다. 상당히 충격적인 이 표현에서 강조된 단어는 '헤아우투스'로서 '자기 자신들'이다.

그러니까 주께서 '양 무리를 먹이라고' 그들에게 지위와 일터를 주셨는데, 거짓 교사들은 정작 거기서 그 양들을 잡아 그 양고기로 자기 배를 불리고, 그 벗긴 가죽으로 화려한 옷을 해 입는 자들이라는 것이다. 이들이 목회하는 목적은 '그들 자신'을 배불리기 위함이다. 목회해서 얻어지는 유익과 재물과 권력이 모두 '믿음의 가족'이 아니라, 실제로는 '자기 자신과 자신의 혈육들'을 향해 있는 것이다. '자기들만 먹이는 목회'라는 것이다. 표현이 다소 지나

친가? 놀랍게도, 이 날카롭고도 정직한 표현의 출처는 구약의 에스겔 34:1-6이다.

에스겔 선지자는 타락한 옛 언약 백성을 섬기라고 주어진 목자와 지도자의 '지위를 지키지 못하고' 그 주어진 사명을 '탐욕과 방탕의 기회로 뒤바꾸어 버린' 거짓 목자들을 향해, 이스라엘의 영원한 목자가 되신 하나님 자신의 뜨겁디뜨거운 불덩어리 같은 말씀을 선포한다. 마음을 한껏 낮추고, 귀 기울여 들어 보자.

> "여호와의 말씀이 내게 임하여 이르시되, 인자야 너는 이스라엘 목자들에게 예언하라. 그들 곧 목자들에게 예언하여 이르기를, 주 여호와께서 이같이 말씀하시되 자기만 먹는 이스라엘 목자들은 화 있을진저. 목자들이 양 떼를 먹이는 것이 마땅하지 아니하냐. 너희가 살진 양을 잡아 그 기름을 먹으며 그 털을 입되, 양 떼는 먹이지 아니하는도다.
> 너희가 그 연약한 자를 강하게 아니하며, 병든 자를 고치지 아니하며, 상한 자를 싸매 주지 아니하며, 쫓기는 자를 돌아오게 하지 아니하며, 잃어버린 자를 찾지 아니하고, 다만 포악으로 그것들을 다스렸도다. 목자가 없으므로, 그것들이 흩어지고 흩어져서 모든 들짐승의 밥이 되었도다. 목자가 없으므로 그것들이 흩어지고 흩어져서 모든 들짐승의 밥이 되었도다. 내 양 떼가 모든 산과 높은 멧부리에마다 유리되었고, 내 양 떼가 온 지면에 흩어졌으되 찾고 찾는 자가 없었도다"(겔 34:1-6).

하나님께서 부르신 참된 목자들은 이 말씀을 읽을 때에, 자기 양 무리를 향한 하나님의 찢어지는 마음의 아픔과 탄식을 느끼게 될 것이다. 거짓 목자들에게 수탈당하고 상처 받은 양 무리를 향한 뜨거운 하나님의 뜨거운 긍휼이, 자신의 거듭난 심령 속으로부터 솟아오름을 알게 될 것이다. 그리고 뜻밖에도, 자기 자신 역시 그런 거짓 목자의 한 사람이 아닌지 돌아보며 참회의 괴로움과 고통에 시달리게 될 것이다.

자신의 양 무리를 보시며 '목자가 없음을 인하여' 애간장이 끊어질 듯 안타깝고 괴로워하는 긍휼의 목자 예수 그리스도의 심정이, 바로 에스겔이 토로한 이스라엘의 목자 여호와 하나님의 심정 그대로였다(마 9:35). 그것이 '한 마리 잃은 양을 찾으러' 오셔서, 결국 그 양 무리를 위하여 자기 생명을 내주신 '선한 목자' 되신 주님의 심정이었다(눅 15:6; 요 10:11). 이것이 또한, 살아 계신 긍휼의 목자 예수님께서 친히 그 안에 거하시는 '정상적인' 목자와 교사의 심정이다.

거짓 교사들에게는, 양 무리를 향한 하나님과 예수 그리스도의 이러한 '뜨거운 긍휼'을 찾아볼 수 없다. '양 무리를 향한 긍휼의 부재' 그것이 그들의 두드러진 특징이다. 거짓 교사들은 양 무리를 '벗겨 먹을 고깃덩어리'로 생각하고, 그렇게 업신여기고 소홀히 취급한다. 그들은 거짓된 방식으로 교인들의 목줄을 쥐고, 뒤로 뇌물을 요구하며, 거룩한 교회 직분마저도 '헌금'으로 거래하는 식으로 사고판다. 그들이 진실로 안타까워하는 것은, 목양의 온갖 결실이 자신과 자신의 가족에게 돌아가지 못하게 될 것에 대한 두려움뿐이다.

평생을 양 무리를 위해 땀과 눈물과 수고를 아끼지 않은 목회자와 그들의 가족을 돌보는 것은, 성도의 마땅하고 꼭 필요한 사랑의 의무이다. 정상적인 교회라면 반드시 이렇게 해야 한다. 목회자에게 과도한 희생을 요구하지 말아야 한다. 미리미리 준비하여, 선한 목자들의 노후를 책임져 주어야만 한다. 하지만 유다가 지적하는 거짓 교사들은 다른 종류이다. 그들은 원래 목양의 목적이 '자기 자신들'인 자들인 것이다.

참된 목자는, 자신의 목숨을 많은 사람을 위하여 내주신 긍휼의 목자 예수님이 친히 그의 안에 살아 계셔서, 그의 심령과 삶을 이끌어 가시는 그런 선한 사역자이다. 양들을 위해 생명을 주시고, 그 생명을 더욱 풍성케 하시기 위하여 죽으시고, 하늘 보좌 우편에서도 그 양 무리를 위하여 간구하시는 그분을 닮아 가고 그분만 따라가는 목자이다(막 10:45; 요 10:10; 롬 8:34). 성도는 참된 목자를 분별하여 존경하고 따르며, 끝까지 섬기고 돌보아야 한다. '자기만 먹이는' 거짓 목자들에게서는 반드시 돌아서야 한다. 다른 대책이 없다.

거짓 교사들은 성령으로 역사하는 말씀의 생명을 먹일 수 있는 능력이 없기 때문에, 불만족의 상황을 무마하기 위해 더 많은 '가짜 양식'을 먹이려 든다. 그들은 때로 구약의 율법을 잘못 사용하여 지나치게 '율법주의적'(legalistic)이고 억압적인 '공포 목회'를 하기도 한다(참조. 『신적 성품과 거짓 가르침: 베드로후서의 이해』, 323-324). 인간의 죄악 된 정욕을 부추기고 채워 줄 것처럼 속이기도 하고, 반대로 성도 상호 간에 지나치게 경쟁하도록 자극하여, 우월감과 열등감 속에서 공동체를 분열시키는 방식으로 양 무리를 지배하기도 하는 것이다. 이렇게 함으로써 더욱더, 거짓 목자는 계속해서 자기에게만 충성하고, 자기만 먹이는 목회 구조로 만들어 간다.

거짓 교사들에게 계속해서 거짓 가르침을 듣고 그들을 따르면, 당사자뿐 아니라 가족과 교회가 모두 피폐하여 뼈만 남게 될 것이다. 혹시 겉으로는 다소간의 세상 복을 받는 것처럼 보여도, 이런 사악한 목자들의 거짓 가르침을 따르는 양 무리의 영적 생명은 점점 더 고갈되어 갈 뿐이다. 저들은 영적 생명을 빼앗고, 더 철저하게 빼앗으러 온 자들이다. 참으로 기이하고 놀라운 일은, 간혹 이런 거짓 목자들 아래서도 진실하고 순전한 성도가 나타나며 성장하기도 한다는 사실이다. 그것은 다만, 하나님의 은혜롭고 신비한 역사와 섭리의 결과이다.

성도들은 거짓 교사들에게서 속히 돌아서야 한다(딤후 3:5; 벧후 3:16; 유 1:23). 저들에게 임할 하나님의 심판이 확정되었고 이미 실행되고 있다. 결단코, 그들이 받을 심판의 불 가운데 함께 들어가지 않도록 힘써 돌이켜야 한다. 혹시 그럴 수 있는 처지가 아니라 해도, 오직 말씀에 근거한 거룩한 믿음 위에 자기를 건축함으로써 자신을 견고하게 지켜 내야 한다.

시험의 때마다, 성령의 말할 수 없는 탄식을 따라 기도함으로써 자신을 온전히 지켜 내야 한다. 무엇보다 '우리를 지키시는' 하나님의 사랑 안에서, 지금 누리고 있는 영생의 삶이 새 하늘과 새 땅에서의 충만한 삶에 이르기까지 인내하고 인내해야 한다. 다시 오셔서 심판하시며 구원하시는 우리 주 예수의 공의와 긍휼을 간절히 기다리며, 살아 있는 소망을 붙잡고 끝까지 '자신을 지켜 내야' 한다(1:1, 20-21).

열매 없음과 뿌리 뽑힘

유다가 알려 주는 거짓 교사들의 또 다른 모습은, 저들이 교회적으로나 개인적으로나 '열매'가 없는 자들이라는 사실이다. 무슨 그런 말을 하느냐고 되물을지 모른다. 거짓 교사들은 천사들도 꾸짖고, 거침없이 자랑하는 말을 하고, 아첨하는 말도 한 것으로 보아(1:10, 16), 나름 대중적인 인기도 누리고 권력자들과 가까이 지내는 자들이었을 법하다. 더러 따르는 자들도 많고, 종교적 행세를 한 덕에 지위나 권력을 누리기도 했을 것이다.

유다가 말하는 '열매 없음'은 그런 의미가 아니다. 여기서 '열매'는, 서신의 끝에서 밝히듯이 '그의 영광의 임재 가운데 흠 없이' 서게 되는 심령과 삶에 가깝다(24절). 정확히 말해서, 세상의 더러움과 썩어짐과 허무함으로부터 '자신을 지켜 낸' 결과를 가리키는 것이다. 그것이 유다가 말하는 '경건'의 내용이고 특징이다(15절). 그런 경건은 어떻게 얻어지는가? 하나님께서 이미 그의 사랑 안에서 예수 그리스도를 통해, 우리 각자에게 주신 '은혜와 영광'을 빼앗기지 않고 끝까지 '지켜 내는' 믿음을 통해서이다.

거짓 교사들은 결국 교회적으로나 개인으로서나, 이러한 '열매'를 맺지 못한다. 12절에서 '나무들'은 '추수 끝에 열매 없는' 채로 발견된다. 개역개정에서 '가을 나무'라 할 때 '가을'(프띠노포리나, φθινοπωρινὰ)로 번역된 단어는 정확히 표현하자면 '늦은 추수 때'로 옮기는 것이 의미상 명확하다. 마땅히 기대했던 열매를 얻을 수 없었다는 충격적인 사실과 함께, 모든 것이 끝을 향해서 달려가는 종말의 때가 올 것이라는 뉘앙스가 포함되어 있는 것이다.

자, 이 모든 것의 끝에는 어떻게 될까? 거짓 교사들에게 시달리며 자신을 지키기 위해 몸부림쳤던 성도들은 어찌 될까? '하나님의 영광의 임재 가운데 흠 없이' 서게 될 것이다(1:24). 거짓 교사들은 어찌 될까? 저들은 결국 '열매 없는' 나무들로 판명이 나게 될 것이다. 저들이 자랑했던 열매들은 썩은 잎사귀들에 지나지 않았다는 사실이 드러나게 될 것이다. 그때가 추수 때이고, 추수 때에는 열매를 찾을 것이고, 그 추수의 끝에서 농부이신 하나님께서는 열매 없는 나무들을 그대로 두지 않으실 것이다.

열매가 없다는 것만으로도 '죽음의 심판'이나 다름없다. 그것은 이미 그 나무가 어떤 나무인지를 드러내는 증거이기 때문이다. 그런데 농부가 밭에서 다른 모든 열매를 거두고 나서, 열매 없는 나무들을 확인한 후에 그것들을 아예 '뿌리째 뽑아 버리는' 일이 생긴다. 12절에서 '또다시'(디스, δίς) 즉 '두 번째로' 죽음을 맞게 된다는 것은 이런 의미이다.

신약이 선포하는 하나님 나라의 복음을 세밀하게 들여다보면, 종말의 심판은 '이중적'으로 임하는 것으로 나타난다(마 13:47-50). 첫 번째 임하는 심판이 있고, 그다음 최종적인 심판이 있게 된다. 예수님께서 비유로 말씀하셨듯이, 어부가 바다에서 그물을 던져 물고기를 잡는데 먼저는 '좋은 것과 못된 것'들을 함께 건져 모은다. 이것이 첫 번째 분리이다. 물고기를 바다에서 건져 올리는 것이다.

하지만 어부는 그물에 가득 든 것들을 해변으로 가져가, 거기서 최종적으로, 좋은 것은 그릇에 담고 나쁜 것은 내버린다. 이것이 두 번째 심판 곧, 최종적 분리이다. 주님은 '세상 끝에도 이러하리라'고 말씀하셨다. 마지막 날에는, 천사들이 와서 '의인 중에서 악인'을 건져 내어 풀무불에 던져 넣을 것이라고 말씀하신다. 왜 '의인 중에서 악인'을 골라내는가?(마 13:49) 그 악인들, 거짓 교사들, 가라지들이 '의인들의 회중'에 끼여 들어가 있었기 때문이다.

그렇다면 누가 '의인'이라는 것인가? 마태복음 13:44-52의 천국 비유의 문맥 안에서 이야기하자면, 두 번째 분리 곧 최종적인 심판 때에 '의인'으로 판정받는 자들은, 자신의 모든 것을 팔지라도 '밭에 감추어진 그 보화'를 진실로 '자신의 것으로 소유'하는 자들이다. 진주 상인의 비유로 하자면, 역시 자신의 모든 것을 팔아서라도 그 '값비싼 진주'를 '자기의 것으로 소유'하는 자이다. 끝까지, 자신이 받은 '그 아들의 생명'을 지켜 낸 자인 것이다.

'심김'과 '거함'의 신비한 능력

그러므로 예수를 믿어도, 그 예수와 그 예수의 모든 것을 자신의 것으로 소유하는 자가, 진정한 의미에서 '의인'이 된다. '믿음으로 의롭다 하심을 입은 의인'은, 하나님과의 '바른 관계'에 들어갈 뿐 아니라, 그 '바른 관계' 안에 거하여 '의로운 성품'에서 자라며 '의의 행실과 열매'를 맺는 성도이다. 유다서 식으로 하면, '의인'이란 바로 하나님께서 자신에게 은혜로 주신 성도의 지위, 그 아들 예수 그리스도의 의(義)와 영광, 거룩과 지혜, 구원함과 생명을 끝내 '자신의 것으로 끝내 소유하고 지켜 내는' 성도인 것이다(1:21, 24).

하나님께 은혜를 받았다고 해서, 그것이 금방 온전히 '내 것'이 되지는 않는다. 마치 나무가 땅에 심겼다고 해서 곧바로 그 나무와 땅이 서로 뒤섞여 열매를 맺게 되지 않는 것과 같은 이치이다. 나무의 뿌리와 땅의 흙이 서로 '연합'하여, 생명의 역사를 이루어 내는 '과정'이 있어야 하는 것이다(히 4:2). 하지만 거짓 교사들은 애초에 '참포도나무'이신 예수 그리스도에게 접붙여진 것도 아니다(1:19). 결국 저들은 추수 때에도 열매를 맺지 못한 채, 최종적으로는 아예 '뿌리째 뽑혀'(에크리쪼쎈타, ἐκριζωθέντα) 버리는 영원한 죽음에 직면하게 되는 것이다.

나무가 뿌리째 뽑힌다는 것은, 그 나무가 그 자리에서 뿌리내리고 자신의 생명을 꽃피울 아무런 기회가 남지 않았다는 것을 의미한다. 한마디로, '소속이 없는' 상태이다. 사막의 가시덤불처럼 메마른 땅 위를 굴러다니는 처지가 된 것이다. 유다서의 배경이 되는 '하나님의 세계로서의 통합된 우주'라는 관점에서 보면, 거짓 교사들은 결국 하나님의 세계에 속하지 못한 채 영원한 흑암 속을 떠도는 '무국적자'가 되는 셈이다. 이런 결과는, 애초에 저들이 '은혜의 자리와 처소'를 떠나기로 했던 그들 자신의 욕망이 최종적으로 실현된 '영원한 분리'의 상태이다. 만일 거기가 '지옥'이라면, 그 지옥은 그들의 선택의 결과인 것이다.

예수님은 '참포도나무'이시다(요 15:1). 왜냐하면 그분만이 죄와 죽음과 하나님 없는 허무의 세력을 이기셨기 때문이다. 오직 참포도나무이신 예수님에게 '접붙여진 가지'라야, '의(義)와 생명과 영원한 사랑'의 열매를 맺는다. 내가 아무리 '멋진 가지, 잘난 가지, 많이 배우고 많이 가진 가지'라고 스스로 확신하고 자랑해 보아야 아무 소용이 없다. '가지' 혼자서는 아무런 열매도 맺지 못한다. 예수님께서 '너희는 나를 떠나서는 아무것도 할 수 없다'(요 15:5)는 말씀이 그 뜻이다. 아무리 그럴듯한 열매들을 생산한다 해도, 그것은 예수님 안에 있는 영원한 생명의 열매는 결코 되지 못한다는 뜻이다.

그렇다면 참포도나무인 예수님에게 '접붙여진 가지'가 되었다는 것은 무슨 뜻인가? '그분이 내 안에, 내가 그분 안에 거하는 신비의 삶'(요 15:5; 요일 4:13-16)이 계속될 뿐 아니라, 느리지만 완연한 열매를 맺는다는 의미이다. 그것이 '거(居)함'이 가진 신비와 능력이다(참조. 『코이노니아와 코스모스: 요한일서의 이해』, 140-156). 예수님 안에 있는 영원한 생명이, 그분과 연합한 우리의 영과 심령과 성품과 삶에 드디어 '나타난다.' 그리고 그런 영원한 생명의 삶이 뿌리내린 그 공동체와 세상 속에, 서서히 나타나 꽃피고 열매 맺기 시작한다. 이것이 '삼위 하나님과의 코이노니아' 곧 '영생의 삶'이다(요일 1:1-4).

팥죽 한 그릇에 장자권(長子權)을 팔아 버린 에서처럼 어리석은 자가 아니라면, 누가 이런 놀랍도록 신비하고 영광스러운 영생을 빼앗기기까지 자신을 방치하겠는가? 유다가 간곡히 권면하는 대로, 하나님께서 은혜로 주신 그 아들과 그 아들의 생명을 '지키는 자'가 세상을 이기는 자이다. 세상에서 이보다 더 나은 '성공적인 삶'은 없다.

수치의 거품을 뿜는 자들

유다가 13절에서 그려 내는 거짓 교사들의 몽타주를 들여다보면, 저들이 '수치'(shame)와 깊이 관련되어 있음을 확인할 수 있다. 저들은 바다의 파도처럼 늘 '자기의 수치를 거품처럼 뿜어내는'(에파프리존타 타스 헤아우톤 아이스쿠나스, ἐπαφρίζοντα τὰς ἑαυτῶν αἰσχύνας) 자들이다. 여기서 특히 '자기 자신의' 수치라는 사실이 강조되어 있다. 정확히 풀어 설명하면, '자기 자신 속에서 솟아나오는 온갖 수치들'이라는 의미인데, 더 나아가면 '저들 자신이 바로 수치스러운 자들'이라는 뉘앙스도 포함되어 있다.

누구 다른 사람들을 탓할 근거가 없다는 뜻이다. 바로 거짓 교사들 자신이, 수치의 원인이고 출처이다. 법이 문제고, 상황이 문제고, 이런저런 사람들이 문제인 것이 아니라, 그 거짓 교사들 자신이 '수칫덩어리'이며, 그들에게서 나오는 것은 모두 '수치'요 덕(德)을 세우는 일은 하나도 없다는 의미이다. 돼지는 꽃단장을 해도 더러운 것을 먹고 진흙탕에서 구른다. 그런 뜻이다. 거짓 교사들은 그들의 본성 자체가 '육에 속해 있고, 성령은 없는 자'들인데, 거룩한 성도의 모임 앞에 나와 하늘의 거룩한 말씀을 입에 담으니, 그 모양새가 전혀 걸맞지 않은 옷을 입은 듯하다는 것이다.

성경을 펼쳐 말씀을 강론하기 시작하는데 어느새 돈 이야기, 권력 잡는 이야기, 어찌 되든지 세상 복 받는 이야기에 빠져들어, 거기가 설교단인지 잡상인 판매대인지 분간하기 어려워진다. 거룩한 예복을 걸친 채, 거짓 교사들은 입을 열어 온갖 더럽고 썩어지고 허무한 세상의 오물들을 쏟아 낸다. 저들은 온 교회와 세상 앞에서, 하나님의 이름과 영광을 땅에 떨어뜨린다. 다만 모아놓은 재산과 교인들 덕에, 여전히 유명세를 누리고 있을 뿐이다.

유다는 성도에게 하나님께서 은혜로 주신 지위와 사명을 '지키라'고 말하지만, 거짓 교사들이 거룩한 강단을 '지키는' 것이나 사명을 다하겠다고 '자리를 떠나지 않는' 것은 그 자체로 '수치의 거품을 뿜는' 일이 아닐 수 없다. 그들은 이미 잘못된 지위와 처소에 와 있기 때문이다. 파도가 거품을 만들어 내고 뒤로 물러갔다가 다시 와서 반복적으로 거품을 만들어 내는 모습처럼, 거짓 교사들도 수치의 거품을 만들어 내는 일을 다반사처럼 하며 그치지 않는다. 그 수치가 자신의 '중생하지 않은 본성'에서 나오는 것이기 때문에, 자신도 어쩔 수 없고, 멈추지 못하며, 깨닫지도 못하는 것이다.

'이름이 거룩히 여김'을 받으소서

자기 어둠 속에 갇혀 있는 자는, 빛 속에 있어도 그 빛을 보거나 그 빛으로 자신의 모습을 볼 수 없다. 거짓 교사들은 자신 안에 갇혀 있고, 자신의 욕망이나 지성이나 경험이 모든 것을 밝혀 주는 '빛'이라고 굳게 믿는 자들이다. 그래서 자신들의 '부덕'한 행위로 교회와 세상 앞에서 하나님의 거룩한 이름을 땅에 떨어뜨리고 세상 사람들로 하여금 짓밟고 다니게 했어도, 그 부끄러움을 모른다. 부끄러움을 모르니, 회개할 일이 없는 것이다.

13절에서 거품을 뿜어 대는 바다의 파도를 묘사할 때 '길들여지지 않는'(아그리아, ἄγρια)이라는 표현은, '야생의, 거친 들판의'라는 뜻으로, '경작되거나 훈련되지 않은' 상태를 가리킨다. 거짓 교사들은 말씀을 설교하고 가르치는 교사의 지위에 있는데도, 그 말씀이나 그 말씀과 함께 역사하는 성령이 그들의 속사람 곧 그들의 영과 내밀한 심령을 근본적으로 씻으시고 고치시고 연단하여 다루신 역사가 없는 자들이다. 물에 기름처럼, 하나님의 말씀은 그들의 머리와 입 속에서 맴돌다가 사라진다. 그 공백을 채우는 것은 세속적인 것들, 결국, 하나님과 교회 앞에서 수치의 거품들뿐이다.

고대 근동 사회나 오늘날 유교권에 속하는 한국 사회에서도, '수치와 명예'는 여전히 중요한 가치이다. '옳고 그름'도 중요하지만, '수치와 명예'는 공동체 안에서 한 사람의 지위와 자리를 '지키는' 일에 매우 결정적인 역할을 하게 된다. 거짓 교사들은 하나님의 말씀의 기준 곧 율법의 요구를, 교회 앞에 '덕을 세운다'거나 하나님의 이름과 평판이 달린 '수치와 명예'의 문제로 받아들이지 못한다. 성도는 '옳고 그름'의 문제뿐 아니라, '수치와 명예'의 문제에 있어서도 하나님 앞에 엎드려 간구해야 한다.

우리가 짊어지고 있는 하나님의 이름과 영광을 우리가 더럽히고 짓밟게 된다면, 세상의 어떤 사람들이 그 명예롭지 않은 하나님의 이름을 부를 것인가. '누구든지 주의 이름을 부르는 자마다 구원을 얻으리라'(행 2:21; 롬 10:13) 고 하셨다. 열방들이 불러 구원을 얻을 이름을 우리가 수치스럽게 해서는 안 된다. '하늘에 계신 우리 아버지여, 아버지의 이름이 거룩히 여김을 받으시오며'(마 6:9). 주님께서는 제자들에게 기도를 가르치실 때 하나님 아버지의 이름이 명예롭게 되고 영광을 얻게 되는 간구를 맨 앞자리에 두셨다.

거짓 교사들은 결단코 이룰 수 없는 기도 제목이다. 그들이 염려하는 것은, 자신들의 수치나 하나님의 거룩한 이름이 불명예스럽게 되는 일이 아니다. 거짓 교사들은 유독 하나님의 명예에 관심이 없다. 자신들이 하나님을 믿고 '받은 복과 성공'이 전부이기 때문이다. 성도가 세상에서 자신을 지켜 낸다는 것은, 자신이 짊어지고 있는 그 '크고 거룩한 이름'을 지켜 낸다는 것을 뜻한다. 우리가 짊어지고 있는 하나님의 이름을 지켜야, 그 거룩한 이름이 우리를 지켜 주신다.

'궤도 이탈'과 '흔들리지 않는' 나라

등산을 갔다가 깊은 숲속에서 홀로 길을 잃어버렸다고 상상해 보라. 여행을 갔다가 낯선 도시에 들어섰는데, 여행 가방도 잃고 지갑도 여권도 잃어버렸다고 생각해 보라. 어떤 기분이 드는가? 버려졌다는 느낌, 막막하다는 느낌, 소속된 곳도 전혀 없이 이제는 나를 지켜 줄 것이 아무것도 없다는 불안이 엄습하지 않는가. 이것이 유다가 그려 내는 거짓 교사들의 결국이다.

13절 끝에서 유다는 거짓 교사들의 최종적인 운명을 묘사하면서, 저들을 '거짓되어 길을 이탈한 별들'로 표현한다. '거짓되어 길을 이탈한'(플라네타이, πλανῆται)은 자주 '미혹되어'라고도 번역되는데, 여기에는 '속임수'라는 의미와 '길을 벗어났다'는 뜻이 함께 들어 있다. 첫 사람 아담이 뱀의 거짓말에 속아, 자신에게 주어진 은혜의 지위와 온 세상을 돌보고 다스리는 사명을 내팽개치고 상실과 타락의 길로 들어섰던 것이 그 전형적인 사례라 할 수 있다.

유다는 거짓 교사들을 가리켜 거짓되어 길을 이탈한 '별들'(아스테레스, ἀστέρες)이라고 묘사하는데, 이는 다분히 중의적이다. 우선, 저들은 하늘의 '영광의 존재들'('천사들', 8절)을 훼방하고 모독했다는 점에서 '별들'의 이미지와 연관된다. 또한, 하늘에서 자기 지위를 지키지 못하고 그 처소를 떠난 타락한 '천사들' 역시 '영광의 존재들'로서 '별들'과 같다는 점에서(6절), 그리고 무엇보다 저들 역시 타락한 천사들처럼 영원한 흑암 가운데 갇히게 된다는 점에서(13절) 그러하다.

하나의 은유이지만, '거짓되어 길을 이탈한 별들'이라는 표현은 유다서의 문맥 안에서 '은혜의 지위를 지키지 못하고 그 처소를 내팽개친 자들'의 처지와 운명과 병행되는 적확한 이미지를 제공하는 것이다. 거짓 교사들은 하늘의 타락한 '천사들'('영광의 존재들')과 똑같은 짓을 했고, 똑같은 운명에 이르렀다는 것이다. 하늘의 타락한 천사들은, 영적 존재로서 영광스러운 지위를 받고 하나님의 뜻을 따라 땅의 일을 관할하는 사명을 부여받았다. 하지만 탐욕과 교만으로 인해 자기 지위를 지키지 못하며 그 맡겨진 처소를 내팽개쳤고, 하늘과 땅의 경계를 넘었으며, 성(性)과 생명에 관련된 창조의 질서를 파괴했던 것이다(6-7절).

결국 타락한 천사들은 자기들이 '시작하고 원했던바 그대로', 하나님의 세계 안에서 자기 지위와 처소를 떠나 영원히 길을 잃었고, 자신에게 주어졌던 은혜와 영광은 물론, 소속과 안전과 의미를 상실한 채, 영원한 흑암에 갇히게 된 것이다. 거짓 교사들의 운명도 바로 이와 같다. 거짓 교사들의 거짓 가르침에 속아 흔들리며 저들을 따라가는 신자들의 운명도 이와 같을 것이라는 경고(!)인 것이다.

성도로서 하나님의 은혜로 받은 그 영광의 자리, 영원한 생명과 새 하늘과 새 땅의 약속까지 모두 잃어버리고, 하나님의 창조와 구원과 새 창조의 세계 안에서, 아무런 자리도 지위도 맡겨진 사명도 없이, 그저 영원토록 흑암 속을 떠도는 신세가 될 것이라는 뜻이다. 거기가 '지옥'이 아니면 어디가 지옥인가? 거짓 교사들이 그런 영원한 상실과 버려짐에 처한 것은, 결국 자신의 교만과 탐욕을 따라 그 자신이 원한 바대로, 그렇게 잘못된 길에 들어선 마땅한 결과라고 말하는 셈이다.

거짓 교사들이 애써 노력했는데도, 하나님께서 강제로 저들을 영원한 흑암 속에 가두어 두신 것이 아니다. 저들 스스로가 결국 그 흑암 속에 영원히 갇혀 버리는 길을 택하여 들어갔던 것이다. 그렇게 말할 수 있는 증거는, 무엇보다 13절에 나오는 '지키고 있습니다'는 완료형 동사 '테테레타이'(τετήρηται)에 잘 드러난다(참조. 1:1, 21). 이 표현에서 모든 것이 명확해진다. 왜 캄캄한 흑암이 그 타락한 천사들과 함께 거짓 교사들을 영원토록 '지키고' 있는가? 그것은 그들 모두가, 하나님께서 은혜로 주신 지위를 '지키지 않은' 결과이다. 심은 대로 거둔 것이다.

하나님의 은혜는, 우리가 그 은혜에 대하여 하는 응답 자체를 무시하거나 소멸시키거나 짓밟지 않는다. 하나님께서는, 그분이 주신 은혜에 대한 우리의 응답을 강제하고 강요하지 않으시지만, 동시에 우리의 응답을 그에 상응하는 아무런 결과가 없는 것으로 무력화시키지도 않으신다. 하나님의 은혜가 이 세상에 들어올 때, 그 은혜는 하나님 없이 높아진 모든 '인간의 공로적 행위들'의 바벨탑을 무너뜨린다. 선한 자나 악한 자나, 가진 자나 못 가진 자나, 바리새인들이나 죄인들이나, 유대인이나 이방인이나, 율법을 가진 자들이나 양심뿐인 자들이나, 아무런 차이가 없다. 모두가 다, 하나님이 은혜로 주신 그 아들을 믿음으로 죄 사함을 받고 성령을 받고 하나님 나라를 유업으로 받는 자녀가 된다. 이것이 은혜가, 하나님 없이 높아진 인간의 모든 자력 구원적인 공로의 바벨탑들을 무너뜨리는 방식이다. 은혜는 모든 것을 파괴한다.

하지만 하나님의 은혜가 들어와 그 은혜가 지배하는 세계가 회복되면, 즉 모든 것이 하나님의 은혜의 토대 위에서 다시 회복되고 세워지고 나면, 마치 농부가 '회복된 땅'에 씨앗을 뿌리고 작물을 키워 열매를 수확하듯이, 각자가 그 '은혜의 땅'에서 수고하고 심은 대로 거두게 된다(갈 6:7-8). 은혜는 모든 것을 회복한다. 구원이란 무엇인가? 유다에게 물으면, 구원이란 하나님의 '흔들리지 않는 세계에 뿌리내리는 것'이라고 대답할 법하다. 하나님의 흔들리지 않는 세계가 있다(히 12:28). 그 나라 안에는 이미 완전한 조화와 질서, 다양성과 생명의 풍성함, 온갖 신성한 은총들이 가득하다. 그 나라는 영원하고, 그 영원한 나라는 흔들리지 않는다. 구원이란 바로 이 흔들리지 않는 나라 안에 뿌리를 내리는 것이다.

거기서 하나님이 주신 은혜의 지위를 지키고 그 처소를 돌보며 다스리는 것이다. 그것이 구원이다. 그분의 흔들리지 않는 나라에 영원토록 뿌리내리

라. 그분이 주신 은혜의 자리를 지키라. 그분이 맡기신 은사와 사명의 섬김을 기쁘게 감당하라. 그렇게 하는 것이 가장 탁월한 '경건'이다. 그것이 거짓 교사들과 타락한 천사들의 속임수와 미혹을 이기는 길이다. 이것이 유다서의 메시지이다.

삶으로 내리는 뿌리

'기복교'와 기독교 그리고 성경적 가치

이 땅에 불교, 유교, 기독교가 들어왔지만, 여전히 가장 강력한 종교로 남아 있는 것은 '샤머니즘' 곧 무속 신앙이다. 이 샤머니즘은 마치 밭의 토양과도 같아서, 그 위에 어떤 씨앗을 뿌리든 그 씨앗의 생명을 질식시키기도 하고, 설혹 싹이 나더라도 변색되거나 그 모양조차 이상하게 변질시키는 '바탕'의 역할을 한다.

그러니 이 땅에 불교가 들어와도, 유교가 들어와도, 기독교가 들어와도, 토속적인 무속신앙에 그 뿌리가 붙잡히거나 휘둘리면 모두 변질되고 만다. 겉모습은 천 년 된 불교고, 오백 년 된 유교고, 이백 년 된 기독교처럼 보여도, 그 내용은 샤머니즘과 다를 것이 없이 변질되어 버리는 것이다. 무속신앙이 그렇게 무섭다.

불교가 원래 돌부처에게 절해서 자기 소원 성취하는 종교였던가? 그렇지 않을 것이다. 유교가 원래 끼리끼리 편먹고 파당 지어 권력 때문에 사소한 예법 문제로 상대 파를 멸문지화(滅門之禍)시키는 혈연, 지연, 학연의 파벌 공동체를 장려했던가? 그렇지 않을 것이다.

기독교가 원래, 예수 믿고 세상 복 받고 그것이 공의(公義)인지 불의인지 묻지도 따지지도 않고 출세하고 성공하는 것을 '믿음의 승리'라고 간증하는 종교였던가? 그렇지 않다. 기독교는 '기복교'(祈福教)가 아니라 '기독'(基督) 즉 '그리스도'(Christ)교이다.

사람은 복을 받아야 산다. 하나님도 복 주시기를 기뻐하신다. 하지만 복이 목적이 아니다. 하나님이 목적이라야 복도 비로소 복이 된다. 예수 그리스도 자신이 복음이고 복이다. 기독교는, 예수 그리스도를 받고 그와 연합하여 그를 사랑하고 순종하여 그의 길, 새롭고 산 길, 곧 예수 그리스도의 십자가와 부활의 길을 따라 새 하늘과 새 땅으로 가는 신앙이다.

기독교는 역사의식과 윤리가 실종된 '기복교'가 아니다. 목사는 무당이 아니고, 교회는 성경에 나타난 하나님의 뜻과 상관없는 '비나이다, 비나이다'의 산당이 아니다. 성경은 아무데나 펼쳐서 한 구절 떼다가 운세를 점치는 점괘가 아니며, 설교는 그저 '예수 믿고 복 받아라'를 외치고 복비 받아먹는 수단이 아니다.

기독교는 예수 그리스도를 믿고 사랑하고 따르는 종교이다. 목사는 '하늘의 백성'을 '새 하늘과 새 땅으로 인도하는' 목자이며, 교회는 '하나님의 은혜와 공의의 법을 따르는 하늘의 성도, 거룩한 무리'이다. 성경은 우리를 '의와 경건으로 인도하기에 합당한 복음과 교훈'이며, 설교는 예수 그리스도와 그의 나라의 복음의 선포이다.

이 땅의 정치 체제는 그 어떤 것이든 '하나님의' 나라, 그분의 뜻대로 통치되는 그 나라와 일치하지 않는다. 언제나 불완전하다. 하지만 교회는 무엇이 성경이 가르치는 공도(公道)이며, 하나님 나라의 가치인지, 성경의 명확한 가르침인지는 분명히 분별하여 선포해야 한다.

하나님은 거짓말을 원치 않으시고, 사술(邪術)을 미워하신다. 땅은 하나님의 소유고 공동체를 위한 선물이어서, 이웃의 것을 무한대로 빼앗아 독점할 수 있는 소비재가 아니다. 약자는 보호해야 하고, 억울하거나 억압하는 자가 없도록, 법은 부자나 가난한 자, 힘이 있는 자나 없는 자 가릴 것 없이 누구에게나 공평무사(公平無私)해야 한다.

생명은 태아라도 하나님의 형상이며, 사람은 남자와 여자로 지음받았고, 인간이 스스로 자신의 '성'(性)을 취향대로 결정하는 것은 생명을 주신 창조주의 뜻이 아니다. 육체도 자연처럼 하나님의 선물이며, 하나님의 뜻을 배제하는 인간의 자율적 조작의 대상이 아니라, 하나님께서 사람과 함께 거하시고 소통하시는 거룩한 처소로 보존되고 보호받아야 한다.

교육은 정부의 이념과 사상적 편향에 따라 강제할 수 없으며, 국민의 신앙의 자유와 가치관과 창의성을 존중하는 방식으로 열어 두어야 한다. 평화는 말과 병거, 군사력과 힘에서 오지 않고, 하나님의 은혜와 주권을 인정하며 정의와 인애를 실행하는 땅 위에서만 지켜진다.

기독교는 하나님의 존재와 주권을 인정하고, 그분의 약속에 따라 그분의 나라 곧 '새 하늘과 새 땅'을 간절히 바라고 기다림으로 살아가는 언약 신앙이다. 그런 종말의 신앙을 가진 교회는 이 땅에서도, 전능하고 유일하신 그분의 주권적 긍휼과 공의의 질서에 순복하고 따라야 한다. 만유를 다스리시는 주께서, 교회에 분별력과 지혜, 용기와 헌신, 사랑과 충성을 더해 주시기를 기도한다.

6. 거짓 교사들의 특징(3)(14-16절)
'경건치 않음'

이제 유다는 거짓 교사들의 몽타주를 거의 다 완성해 간다. 유다서 1:14-16이 묘사하는 거짓 교사들의 마지막 특징은, 그들의 '경건치 않음'이다. 경건하지 않다는 것은 어떻다는 것인가? 우리는 언제 어떻게 '경건하다'는 인상을 받게 되는가? '종교적인 형식들'은 필요하고 기본적인 요소이지만, 그것만으로는 어떤 신자가 참된 경건을 가진 자인지 확인할 수 없다. 교회에서 직분이 무엇이든지, 찬양할 때 손을 들고 뛰며 한다든지, 기도할 때 큰 소리로 눈물을 흘리며 한다든지, 집회 때 언제나 정해진 자리에 가서 앉는다든지, 그런 것들만으로는 그가 참으로 경건하다는 판단을 하기 어렵다.

거짓 교사들도 그렇게 할 수 있기 때문이다. 물론, 이런 기본적인 신앙적 훈련도 하지 않는다면 경건을 연습하기 어려울 것이다. 하지만 거짓 교사들은 경건한 '외모'를 덧입고 성도들을 속일 수 있다. 그래서 분별의 기준이 필요하다. 유다가 말하는 참된 경건은 어떤 것인가? 거짓 교사들은 어떤 면에서 '경건하지 않은 자들'로 묘사되었는가? 유다가 그려 내는 거짓 교사들의 불경건한 모습을 14-16절의 말씀을 통해 꼼꼼히 확인해 보자.

> 14 이런 자들을 향해, 아담의 칠 대손인 에녹이 말하여 예언했습니다. '보라, 주께서 그의 수천만의 거룩한 자들과 함께 오셨나니, 15 이는 모든 자들에 대해 심판을 행하려 하심이요, 모든 영혼들을 심문하여, 그들의 경건치 않게 행한 경건치 않은 모든 것들에 관하여, 그리고 죄인들이 그분께 대하여 경건치 않게 말한 모든 심한 것들에 대하여 그 수치를 드러내시리라.' 16 이들은 그 자신의 정욕을 따라 살면서, (주께 대하여) 불평을 늘어놓으며 못마땅하여 수군거리는 자들이요, 그 입은 잔뜩 부풀린 허풍을 말하고, 얼굴은 이득을 위하여 놀라는 표정을 짓는 자들입니다.

이 말씀은 크게 보면 두 덩어리로 되어 있다. 앞부분은 '에녹의 예언'으로, 경건치 않은 자들에 대한 심판이 있을 것임을 확실히 선포하는 14-15절이다. 그리고 16절에서는 그렇게 경건치 않은 자들이 '구체적으로' 어떤 자들이며 어떻게 말하고 행동하는지를 묘사한다. 이는 마치 유다가 수신자 교회에 몰래 들어와 활동하는 거짓 교사들이 어떻게 말하고 행동하는지를 넌지시 알려주는 내용처럼 들린다. 이처럼 16절이 유다가 수신자 교회의 정황을 잘 알고 말하는 경우라면, 14-15절에 언급하는 '에녹'이라는 인물도 수신자 교회의 청중에게 익숙하거나 그들에게 존경받는 인물이었을 가능성이 충분하다.

왜, '에녹의 예언'인가? – 정경성의 문제

유다는 그 많은 구약의 선지자들을 두고 왜 굳이 '에녹의 예언'을 사용했는가? 이에 관해서는 그동안 논란이 없지 않았다. 유다는 14절에 에녹이 '예언한'(프로페튜센, προεφήτευσεν) 내용을 인용하고 있는데, 이 출처는 제1에녹서에서 가져온 것으로 알려져 있기 때문이다: "보라, 그가 모든 사람에게 심판을 행하기 위해서 수백만의 거룩한 자들과 함께 올 것이다. 그가 악한 자들을 파멸할 것이며, 모든 육체들이 행한 모든 일들로 인하여 심문할 것인데, 죄인들과 악한 자들이 그를 대적하여 범한 모든 것들에 대하여 그렇게 할 것이다"(1Enoch 1:9; Charlesworth, 13-14).

유다는 왜 당시에 정경의 지위에 있지 못했던 '제1에녹서'를 인용했는가? 이런 의혹은 초기 교회에서부터 제기되었다. 3세기 초에 활동하던 테르툴리아누스나 알렉산드리아의 클레멘트와 같은 교부들은 실제로, 제1에녹서가 유다가 인용할 만큼 권위 있는 정경이라고 변호하기도 했다. 하지만 유다서 1:14에서 에녹의 예언을 언급한 경우를 자세히 살펴보면, 신약의 저자들이 구약 본문을 인용할 때 사용했던 인용 형식들인, '주께서 선지자로 하신 말씀을 이루려 하심이니'(마 1:22)라든지 '이렇게 기록된 바'(마 2:5)와 같이, 하나님께서 선지자들을 통해 기록하신 정경을 공식적으로 언급하는 수준과는 거리가 멀다는 것을 알게 된다(Moo, 273).

유다는 '에녹의 예언'이 '성령의 영감'을 받은 것으로 보고 그것을 언급한 것이지, 그 예언을 담고 있는 '제1에녹서 전체'를 영감 받은 정경으로 취급한 것이 아니라고 판단할 수 있는 대목이다(참조. 행 17:28). 덧붙여, 만일 베드로후서가 유다서를 참고해서 기록된 서신이라면, 베드로후서는 유다가 인용한 제1에녹서 1:9가 영감 받은 내용임을 인정한 것이 된다. 후대의 아우구스티누스도, 제1에녹서 자체는 위경(pseudepigrapha)이지만 유다서는 정경이기 때문에 유다서 1:14가 인용한 그 본문은 영감 받은 것으로 인정해야 한다고 설명한다(Green, 30-32).

사실상 유다가 제1에녹서의 이 본문을 그대로 인용한 것도 아니다. 제1에녹서 1:9에서 장차 오셔서 심판하시는 분은 '그' 곧 '우주의 하나님, 거룩하시고 위대하신 그분'("The God of the universe, the Holy Great One")이시다(1Enoch 1:3). 그런데 유다는 1:14에서 그 '우주의 하나님'을, 부활하고 승천하사 하늘 보좌에 앉으셔서 통치하시는 '주'(큐리오스, κύριος) 예수 그리스도를 의미하는 것으로 옮겨 놓았다. 주 예수 그리스도가 바로 그 '우주의 하나님, 거룩하시고 위대하신 그분'이시며 하나님 자신의 지위와 권위를 행사하신다고 본 것이다(1:4).

유다는 신약의 저자들이 종종 예수 그리스도 중심의 해석을 따라 그렇게 하는 것처럼, 제1에녹서가 '하나님께서' 행하시는 심판을, 실제로 '주 예수 그리스도'께서 하시는 것으로 해석하고 사용한다. 따라서 유다가 1:14-15에서 에녹의 예언을 통해 선포하는 바는, 주 예수 그리스도가 온 피조 세계를 통치하고 심판하시는 '주인'이시요, 그의 세계는 결단코 '흔들리지 않는 하나의 통합된 우주'라는 것이다(히 12:28). 결국 '주 예수 그리스도의 세계' 안에 살면서, 주인 되신 그분께 대한 마땅한 두려움과 사랑 그리고 순종을 바치지 않는다는 것은, 그것 자체만으로 그의 주권과 은혜에 대한 배은망덕한 도적질이요 반란이 되는 것이다.

그나저나 유다는 왜 굳이 '에녹'이 한 예언을 인용했을까? 실제로 구약 시대 이후 유대교 전통에서 에녹은 신비하고도 경건한 인물로 널리 존경받았다. 에녹은, 평생 하나님과 동행하다가 죽음을 보지 않고 엘리야처럼 하늘로 들려 올라간 놀라운 인물이었기 때문에(창 5:24; 히 11:5; 참조. 왕하 2:1-13), 성경에는 나오지 않는 그에 대한 여러 뒷이야기들이 유대 전승 속에 남아 있었다. 당시 수신자 교회에서도 에녹은 존경받는 신앙적 인물이었을 것이다.

왜 '에녹'인가? – 일상적이고 평범한, '자신을 지키는 경건'

그렇다면 유다가 에녹이라는 인물을 택한 것은, 에녹에게서 유다가 말하고 싶은 '경건'의 전형(archetype)을 찾았기 때문은 아닐까? 15절 한 절에서 유다는 '경건'이라는 개념을 3회나 반복한다(아세베이아스…에세베산…아세베이스, ἀσεβείας…ἠσέβησαν…ἀσεβεῖς). 주께서 종말에 심판을 행하실 때에 그 핵심적 대상은 '경건치 않은' 언행들이다. 유다는 특히 죄인들이 경건치 않게 주(主)를 대적하여 '말한 모든 심한 것들'(페리 판톤 톤 스켈론 혼 엘라레산, περὶ πάντων τῶν σκληρῶν ὧν ἐλάλησαν)에 대한 심판을 강조한다(참조. 1Enoch 27:2). 이것은 수신자 교회에 침입한 거짓 교사들의 행태를 염두에 둔 표현이기도 하다.

유다서에서 거짓 교사들은 '주인이요 주' 되신 예수 그리스도를 부인하고, 주께서 세우신 '율법을 관장하는 천사들'을 모독하며, 광야에서 하나님을 불평하고 원망하던 불신자들처럼 주께 대한 불평과 원망을 퍼뜨리는 자들이었다(1:4, 10, 16). 유다가 굳이 에녹을 언급한 이유는, 에녹이야말로 거짓 교사들의 불경건과 대조되는 '경건의 전형'이었기 때문일 것이다.

단서가 없지 않다. 14절에서 유다는 에녹을 소개하면서 '아담의 칠 대손'(헤브도모스 아포 아담, ἕβδομος ἀπὸ 'Aδὰμ)이라고 묘사한다. 숫자가 가진 상징성을 중요하게 생각했던 당시 고대 근동의 문화를 고려하면, 유다가 에녹을 굳이 아담의 '7'대손(代孫)이라고 표현한 것은 의도적일 수 있다. 7이라는 숫자가 제7일째인 안식일이나 제7년째인 안식년처럼 '쉼과 완전'의 개념을 표상하기 때문이다(참조. 벧후 2:5, '새 하늘과 새 땅의 숫자인 8번째 사람인 노아'; 계 7:4, '하나님 백성의 전체 숫자'인 144,000).

그러니까 에녹은 '아담 이후 가장 완전한 사람' 또는 하나님이 창조하신 '아담의 원형(原型)'에 도달한 인물로 소개되는 것이다. '경건'이라는 주제에 관한 유다서의 전체 문맥도, 이러한 해석을 지지할 수 있다. 유다가 부각하는 경건의 내용이 무엇이었던가? 그것은 온 우주의 주인이요 주 되시는 하나님의 견고한 세계 안에서, 그의 사랑 안에서 은혜로 주신 '지위'와 맡기신 사명의 자리인 그 '처소'를 '지키는' 것(1:1, 6, 21)이 아닌가.

이런 관점에서 보면, '에녹'은 그야말로 최적의 인물이다. 에녹은 모세처럼 홍해를 가르며 억압받는 백성을 해방시킨 기적적인 역사의 주인공이 아니다. 여호수아처럼 가나안 정복이라는 혁혁한 공로를 세운 인물도 아니다. 에녹은 그야말로 평범한 인생을 살았다. 그가 한 일이라고는, 하나님께서 첫 사람 아담에게 요구했던 그대로 일평생 '생육하고 번성하라'는 창조의 명령에 순복하며 '하나님과 동행'한 것뿐이다(창 1:28; 2:15). 유다서식으로 말하자면, 에녹은 그것이 지극히 평범하고 기본적인 것이라도 자신에게 주어진 지위와 처소를 '지키는 일'에 지극히 충실했던 경건의 대표적 인물인 셈인 것이다.

유다는 이렇듯 '에녹식의 경건'을 수신자 교회 성도들에게 권면하고 강조하고 싶었던 것은 아닐까? 거짓 교사들이 욕망을 따라 자극하는 헛된 영광의 유혹에 휩쓸리지 않고, 하나님께서 은혜로 주신 성도의 지위와 사명, 그 영광을 끝까지 지켜 내는 것, 그것이 에녹의 경건이라고 말하고 싶었던 것은 아닐까? 경건이란, 우리가 이 땅에서 무슨 큰일을 이루는 것이 아니라도, 하나님께서 이미 허락하신 은혜와 진리, 거듭나게 하신 심령 속에 살아 있는 소망과 우리 안에 이미 임하여 있는 그 영원한 나라를 '끝까지 지켜 내는 것'이다.

요한식으로 말하면, '삼위 하나님과의 코이노니아 안에' 영원히 거하는 것(요일 1:1-4; 5:18-21), 그것이 참된 경건이다. 에녹은 이 땅에서 그런 은혜 가운데서 일평생 평범한 일상 속에서 하나님과 동행하다가, 그 영원한 하나님과의 코이노니아 안으로 온전히 옮겨 간 것이다. 이것이 에녹의 경건이요 유다가 말하고 싶은 '세상을 이기는 경건'이다.

거짓 교사들의 '디테일'

유다는 16절에서 수신자 교회에 침투한 거짓 교사들의 행태에 관해 자신이 직접 눈으로 보고 귀로 들어서 알고 있다는 듯이 생생하게 묘사한다. 16절은 모두 네 부분으로 나뉘는데, 첫째는 저들이 종교적인 허울을 뒤집어쓴 근본적인 동기는 그들 속에 도사린 '정욕'이라는 것이며, 둘째는 특히 '주께 대한 불평'을 늘어놓는다는 점, 그리고 셋째는 자신을 위대하게 보이도록 속이는 '잔뜩 부풀린 허풍'을 잘 떤다는 것, 마지막으로 정의와 긍휼을 잊은 채 '부유하고 강한 자들에게 아부하면서' 무언가를 얻어 내려 하는 자들이라는 것이다. 이를 한 가지씩 세밀히 들여다보자.

(1) 자기 자신의 정욕 우선, 16절은 거짓 교사들의 속에 도사린 '그들 자신의 정욕'(에피쑤미아스 헤아우톤, ἐπιθυμίας ἑαυτῶν)이, 저들이 교회 안에서 가르치고 행하는 모든 일의 근본적인 동기요 목적이라는 사실을 지적한다. 강조점은 '그 자신의'('헤아우톤')에 놓여 있다. 하나님이 주신 의지나 소원, 열망이 아니라는 것이다. 실제로는 자기에게서 나온 것인데, 하나님의 뜻으로 포장한 가짜 열망이라는 뜻이다.

인간의 '정욕'은 그 자체로서는 하나님이 주신 선물이요 인간에게 주어진 조건이다. 그러나 인간이 타락하고 세상과 함께 죄와 죽음과 허무 아래 갇혀 있기 때문에, 정욕은 그대로 두면 '자연스럽게' 죄와 죽음과 헛된 일로 내달리게 된다. 하나님께서 말씀과 성령을 통해 우리의 심령을 거듭나게 하시고 깨끗하게 씻으실 때에, 우리의 '정욕들'도 하나님의 사랑을 덧입어 새롭게 태어난다(히 9:14; 10:22). 중생한 성도의 정욕들, 열정들은 그래서 하나님을 사랑하고 하나님의 뜻을 행하고자 하는 소원과 선한 욕망들로 불붙게 되는 것이다(딛 2:14).

거짓 교사들은, 겉으로는 거룩한 열정을 가진 것처럼 꾸미면서, 실제로는 '하나님의 뜻, 열정'이 아니라, '그들 자신의 부패한 욕망'에 휘둘리는 자들인 것이다. 저들이 뒤집어쓰고 있는 양가죽을 벗기면, 사실상 저들 자신의 정욕을 따라 설교하고 가르치며 그 정욕을 성취하기 위해 온갖 수단과 방법을 가리지 않는 자들일 뿐인 것이다.

그것을 어찌 알게 되는가? 저들이 결국 무엇을 택하는지를 보면 알게 된다. 우리가 무엇이라고 말하든, 우리가 결국 사랑하고 택하는 그것이 우리가 실제로 예배하는 '신'(神)이다. 거짓 교사들은 하나님의 이름이 땅에 떨어져 세상 사람들에게 짓밟히든 말든, 결국 자신의 정욕을 선택한다. 그 때문에 온 교회가 수치를 뒤집어쓰고 복음 전파의 길이 막힌다 할지라도(벧후 2:2-3), 저들은 결코 자신의 정욕을 대(代)를 이어 채울 길을 버리지 않는다. 솔로몬의 재판정에 섰던 '가짜 엄마'가 그 아기를 둘로 가르라고 한 것처럼, 그들은 예수 그리스도의 몸 된 교회, 그 거룩한 이름을 둘로 쪼개어도 아무렇지도 않다. 그들에게는, 자신의 정욕을 따라 얻은 것을 둘로 쪼개어 남과 나누는 것만큼 고통스러운 일이 없기 때문이다.

(2) 주께 대한 불평 유다는 16절에서 거짓 교사들이 습관적으로 '불평을 늘어놓으며(메므프시모이로이, μεμψίμοιροι) 못마땅하여 수군거리는 자들(공그스타

이, γογγυσταὶ)'이라고 묘사하는데, 이는 원래 자신의 운명에 대하여 늘 투덜거리며 불만을 제기하는 모양새를 가리킨다. 특히 여기서는, 이런 불평불만이 교회 지도자들에 대한 것이 아니라 '하나님을 대적하여' 내뱉는 심한 말들을 의미한다(Bauckham, 98; Moo, 270).

유다가 1:5에서 지적했듯이, 출애굽의 은혜와 능력을 경험하고도 광야에서 하나님을 신뢰하지 못하고, 그의 인도하심과 통치에 대해 의심과 불평불만의 말들로 이스라엘을 시험 들게 하는 악행들을 가리키는 것이다(민 14:2, 27, 28-9, 36; 신 1:27; 시 106:25). 유다서에 나타난 거짓 교사들의 경우에는, 그들이 천사들에 대해 '모독하는 말들'을 함으로써 간접적으로 하나님과 주 예수 그리스도의 주권에 도전한 것을 들 수 있다(1:8). 천사들을 모독한 것은 그 천사들이 관장하는 것으로 여겨졌던 '율법'을 무시한 것이고, 또한 그 율법을 주시고 이를 통해 통치하시는 하나님의 주권을 거부하는 것이었기 때문이다.

유다서의 거짓 교사들은, 율법이나 예수 그리스도의 도덕적인 가르침에 대해 은밀하고 또 노골적으로 불평을 늘어놓았을 것이다(1:12). '하나님의 은혜'로 인해서 이제는 '율법의 요구' 자체가 무효화되었다고 주장하기도 했을 것이다(1:4). 이를테면, 율법의 요구나 그 율법을 성취하신 예수 그리스도의 더 수준 높고 엄격한 도덕적인 가르침들에 대해서(마 5:17-48; 요 13:34), 거짓 교사들은 그것들은 지켜 보아야 "아무런 유익이 없는 짓이며, 인간의 자유에 짐이 될 뿐"이라거나(Bauckham, 98), 또는 어차피 "인간으로는 할 수 없는 것이며, 너무 지나치고 합리적이지도 않다는 식으로 불평"했을 것으로 본다(Daivds, 82).

오늘날처럼 '관용'(tolerance)이 최고의 가치요 기준인 현대 후기 사회에서, 율법의 도덕적인 요구나 예수님의 산상수훈의 가르침은, 자주 '편협하고 독단적인 근본주의적 기독교'의 퇴행적인 주장처럼 들린다. 하지만 세속 사회가 그렇게나 칭송하는 '관용과 사랑'은, 성경에서는 오직 죄와 죽음에 대한 하나님의 심판과 예수 그리스도의 승리 위에만 기초한다. 의사가 환자의 배를 열고 암 덩어리를 발견한 후에, 그 배를 닫으며 '당신은 그저 남들과 다른 육체를 가졌군요. 그저 다를 뿐이에요. 안심하고, 자신을 있는 그대로 사랑하세요'라고 말한다면, 그것은 얼마나 기만적인가.

기독교의 메시지는 사랑이다. 맞는 말이다. 사실, 옛 언약의 율법의 요구나 예수 그리스도께서 성취하신 새 언약의 계명도 모두 '사랑'에 관한 것이다. 사랑해야 한다. 하지만 '하나님의 사랑으로' 사랑해야 한다. 우리의 사랑은 너무나 자주 죄와 죽음과 허무에 의해 상처 받은 채로 왜곡되고 변질되기 때문이다. 사랑의 하나님은 또한 '빛'이시다. 그에게는 '어둠이 조금도 없다'(요일 1:5). 기독교의 사랑이, 인간과 세상의 죄와 불의를 그대로 두고 '관용'하는 그런 사랑이었다면, 애초에 그 아들의 십자가는 없었을 것이다. 속지 말아야 한다. 교회는 '하나님의 사랑 안에서' 자기를 지킨다(1:21). 그리고 그 아버지의 사랑은, 우리를 살리려 자기 아들을 십자가에 속죄(贖罪) 제물로 내주신 사랑이다(요일 4:7-9).

(3) 부풀린 허풍을 쏟아 내는 입 유다가 16절에서 묘사하는 거짓 교사의 세 번째 디테일은, 그들이 '부풀린 허풍'(휘페로그카, ὑπέρογκα)을 쏟아 내는 자들이라는 것이다. 이는 본격적으로 저들이 '거짓 예언, 거짓 비전, 거짓 가르침'을 퍼뜨리는 모양새를 표현한다. 앞서 '주를 대적하여 불평하는' 말들이 소극적인 태도로 주의 일을 훼방하는 방식이라면, 이제는 적극적으로 '자신들의 헛된 망상'을 가르치고 퍼뜨리는 악행을 지적하는 것이다.

유다가 밝힌 대로 저들은 '꿈에서 뭔가를 본다고 하면서'(1:8), 소위 직통 계시를 통해 '하나님이 이렇게, 저렇게 말씀하셨다'고 하는 식으로, 주인 되신 예수 그리스도를 끌어내리고 자신들이 그 왕좌(王座)에 올라 주인 노릇 하며, 탐욕과 방탕에서 나오는 거짓 가르침을 통해 양 무리를 벗겨 먹는 패악을 일삼는 것이다. 그들의 '부풀린 허풍'은 이런 악한 계략의 일환으로서, 자기 자신을 극대화시켜 자신을 따르는 어리석은 무리로부터 거의 신격화(神格化)된 우상처럼 대접받기 위함이다(참조. 단 11:36; 계 13:5).

하나님의 말씀인 성경의 가르침이 아니라, 바로 '자신의 가르침'을 따르는 것이 자유롭게 되고 복 받는 길이라는 식으로 속여, 양 무리를 멸망의 길로 끌고 가는 사악한 자들인 것이다. 저들의 입에서 나오는 세속적인 설교와 거짓되고 허황된 가르침은, 저들의 부패한 정욕에서 뿜어져 나오는 수치의 거품이다. 유다가 15절에서 밝힌 대로, 주께서 종말에 죄인들을 심판하실 때에, 주께 대하여 심한 말을 한 것과 함께 이런 거짓되고 헛된 말들로 성도들을 노략질하는 자들의 수치를 '드러내실'(엘렉싸이, ἐλέγξαι) 것이다.

결국, 거짓 교사들이 장차 영원히 마주하게 될 캄캄한 흑암은, 이미 지금도 그들의 정욕으로 솟구쳐 나오는 수치(disgrace)의 거품으로 그들 안에 똬리를 틀고 있다. 하나님의 은혜 안에 거하는 성도는 그래서, 날마다 '말씀과 성령의 빛' 가운데 힘써 거해야 한다. 그 말씀과 성령의 빛 안에서 끊임없이 자신과 세상의 어둠을 마주하는 것(벧후 1:19-21; 요일 1:5-10; 유 1:20)이, 거짓 교사의 노략하는 올무를 밝히 보고 거기서 벗어날 수 있는 길이다.

(4) 부와 권력에 아첨하는 얼굴 유다는 거짓 교사들의 몽타주를 완성하면서 마지막으로 16절에서, 저들의 '얼굴은 이득을 위하여 놀라는 표정을 짓는'다고 묘사한다. '이득을 위하여'(호페레이아스 카린, ὠφελείας χάριν)라는 말은, 저들이 애써 만들어 짓는 표정을 하는 것은 다 이득을 노리기 때문이라는 뜻이다. 진정성이라고는 찾아볼 수 있는 말과 행동이며 거짓된 인간관계를 맺는 모양새이다. 저들이 부자와 권력자들 앞에서 '놀라는 표정'(따우마존테스 프로소파, θαυμάζοντες πρόσωπα)을 짓는 모습은, 상대방을 우쭐하게 만듦으로써 자신에게 떨어지는 떡고물을 얻고자 하기 때문이다.

진실이나 진리, 정의나 불의, 옳음이나 그름, 긍휼이나 자비와는 상관없이, 오직 자신들의 이익을 달성하기 위해 권력에 접근하는 모습을 묘사한다. 이런 거짓 교사들은 '대'(大)자를 좋아한다(참조. 벧후 2:3). 자신들의 가치와 영광이 '큰 것'을 얻는 데에서 나온다고 믿기 때문인데, 이는 '크고 많을수록 좋고, 선하고, 아름답고, 옳은 것'이라는 현대의 세속적인 물질 만능주의 문화에 편승한 까닭이다. 바람에 휩쓸려 다니는 '비 없는 구름'과 다르지 않다(1:12).

이는 마치 야고보서 2장에 나오는 차별의 공동체에서처럼, 부자가 들어올 때는 '여기, 제일 앞에 좋은 자리에 앉으소서' 하고 가난하고 볼품없는 자가 들어올 때는 '내 발밑에 앉든지, 거기 서 있든지 하시오'라고 말하는 세속적인 그리스도인들의 모습을 떠올리게 한다(참조. Moo, 271). 이들은 무엇이 진리이고 거짓인지, 무엇이 정의이고 불의인지, 무엇이 거룩이고 더러움인지에 상관하지 않고, 탐욕스러워도 크고 성공하면 칭송한다. 이런 자들은 '뇌물을 받으며 정의를 팔아넘길' 자들이다(*Test. Moses* 5:5; Davids, 82).

큰 것이 무조건 나쁘지는 않다. 그것도 편견일 수 있다. 하나님과 그의 세계는 광대하고 풍족하다. 하지만 하나님과 그의 나라는, 진리와 정의, 공평과 긍휼의 통치로 다스려지는 세계이다. 오직 그런 세계만 흔들리지 않는다. 거짓 교사들은 애초에 하나님의 율법이 요구하는 정의와 긍휼을 버리고, 주 예수 그리스도의 거룩하고 덕스러운 가르침을 버린 자들이다. 저들이 판단하고 행하는 기준이요 순복하는 경전(經典)은, 단지 '더 많이, 더 크게'를 욕망하는 탐심이다. 저들은 율법을 가르치는 지도자들이지만, 그 속에는 탐욕과 방탕으로 가득한 '회칠한 무덤'인 것이다(마 23:27).

거짓 교사들은 스스로 '회칠한 무덤'이지만, 불의하고 불법한 부자들과 강대한 자들의 죄악을 가리는 '담벼락'에 '회칠해 주는' 아첨의 말과 거짓 가르침을 퍼뜨리기도 한다. 거짓 교사들은 설교하고 가르치기 때문에 영향력이 있다. 하지만 저들은 거짓 가르침을 통해, 명백한 죄와 불의를 바로 보지 못하게 하고, 거기서 자신의 이득을 취하는 데 몰두할 뿐이다. 에스겔은, 언약 백성을 유혹하여 '평강이 없으나 평강이 있다' 하며 속이는 거짓 선지자들을

'회칠하는 자'라고 불렀는데, 유다서의 거짓 교사들이 바로 그런 자들인 것이다(겔 13:10-16).

이로써 유다는 14-16절에 이르러 거짓 교사들의 몽타주를 완성했다. 16절의 묘사가, 저들의 입과 얼굴 표정까지 언급하며 구체적이 된 이유는, 수신자 교회 성도들이 저들을 쉽게 분별하게 하기 위함일 것이다. 또 다른 면에서, 거짓 교사들의 외모에 대한 구체적인 묘사는 수신자 교회의 지도자들과 성도들이 어떤 말과 표정과 행동을 해야 할지를 제시하는 '반면(反面)교사'의 역할을 하기도 한다.

하나님의 은혜를 지켜 가는 참된 성도는, 그들의 거듭난 심령에 '심긴 말씀'의 생명을 꽃피우고 열매 맺게 하는 성령의 능력을 따라, 언제든지 하나님께 감사하고 그분의 모든 행하시는 일을 찬송하고 널리 전파하는 입술을 가질 수밖에 없다. 그들의 시선은 하나님께서 긍휼히 여기시는 모든 죄인들과 소외되고 억눌리고 쫓겨난 모든 이들을 향하게 될 것이다. 그들은 중생한 심령에 부어진 하나님의 빛과 사랑에 의해 이끌리는 참된 성도들이기 때문이다.

선거철과 교회의 품격

선거철이면, 교회에 오지 않던 손님들이 오기도 한다. 지역 유명 인사들이다. 가장 꼴불견인 것은 광고 시간에 그들을 일으켜 세워, 성도들 앞에 인사시키는 것이다. 그것을 자랑으로 하는 태도이다. 우리 교회에 이런 유명 인사가 왔으며, 여러분의 담임 목사는 이런 유명 인사와 친분이 있는 사람이라는 것이 그렇게도 뿌듯한, 그 누추하고 초라한 태도이다.

어쩌면, 우리 교회에 그런 유명 인사가 온 것이 그리 뿌듯한 성도들이 있을지도 모른다. 이는 잘못 배우고 가르치는 것이며, 잘못 이끌고 또 잘못 따라가는 양 무리이다. 주의 양무리가 그래서는 안 된다. 주님은 한 번도 그렇게 하신 적이 없기 때문이다. 복음서를 샅샅이 뒤져 읽어 보라. 어디에 예수님께서 산에 오르사 무리를 보고 말씀하시되, '여러분, 오늘은 옥타비아누스 씨가 원로회에 추천을 받는데 인사하러 여기에 오셨습니다' 이런 구절이 있는가?

그럴 필요가 없다. 어떻게 감히 '하나님의 아들'이신 분 앞에 와서 그분의 영광에 또 어떤 영광을 덧붙여 그 영광을 더 영광 되게 하겠는가? 성도도 마찬가지이다. 존귀하시고 지존하신 하늘의 하나님의 거룩한 성도 앞에, 세상의 어떤 정치인이 와서 어떤 영광을 더하겠는가? 초라할 뿐이다.

교회가 선거철에, 이렇게 한심한 행태를 보이는 것은, 자신이 진정 누구인지를 모르기 때문이다. 성도가 누구인지, 어떤 존엄한 존재들인지 생각지 않으며, 하나님의 존전이 어떤 곳인지 잊고 경거망동하기 때문이다. 혹시 온다면, 있는 듯 없는 듯 왔다가 가야 한다. 그들도 복음을 들어야 하는 죄인의 신분으로 왔다가, 하나님의 말씀을 듣고 회개하고 바른 양심으로 살 생각이 들어 돌아가는 것, 그 이상이어서는 안 된다.

도리어, 예수님은 '어린아이'를 무리 앞에 불러 세우신 적이 있다. 미약하고, 의지할 곳 없는 존재, 남의 눈에 잘 띄지도 못하는 존재이다. 하나님 외에 다른 것을 의지할 것이 없는 아이를 주님은 높여 주셨다. 하나님 나라에서는, 교회에서는, 하나님이 전부라고 고백하는 연약한 죄인들만이 설 자리가 있기 때문이다.

예배 중에, 선거철에 혹시 표를 얻고자 방문하는 지역 인사를 소개시키며, 더구나 그와 정치적 견해를 같이하는 김에, 간접적으로 자신의 정치적 입장을 양 무리에게 주입하는 목자도 천박한 종이라 하지 않을 수 없다. 성도는 하나님의 소유이다. 저들은 가치관에 따라 자신의 정치적 입장을 달리할 수도 있다. 적어도, 예배에서만큼은, 하늘의 보좌 앞에 선 거룩한 성도의 품격을 갖춘 교회의 존엄한 지위를 보전하기를 간절히 기도한다.

7. 거짓 교사들의 실체(17-19절)
성령은 없는 자들, 열매와 참회

몽타주의 비유를 계속해 보자. 17-19절은 마치, 그동안 그려 놓은 몽타주 밑에 이름과 나이와 출신을 적어 그들의 정체를 밝혀 명백하게 드러내는 장면과 같다고 할 수 있다. '자, 여러분 보세요. 우리가 믿고 있는 사도들에게 전해 들은 말씀 그대로가 아닙니까! 하나도 놀랄 것이 없습니다. 이자들은 교회에서 떨어져 나갈 뿐 아니라, 하나님의 세계에서 아주 영원히 떨어져 나갈 자들입니다. 겉모양에 속지 마세요. 절대로! 이자들은 입만 열면 자기들이 가장 영적인 것처럼 무슨 신령한 계시나 꿈 이야기를 떠벌리지만, 실제로는 성령도 받지 못한 육적인 자들입니다. 예수 믿지 않는 자들이라는 것이지요. 정신 차리고, 이런 자들에게서 돌이켜야 합니다.' 이렇게 말하는 것이다. 17-19절의 말씀을 찬찬이 음미해 보자.

> 17 그러나 여러분, 사랑하는 자들이여, 기억하십시오. 우리 주 예수 그리스도의 사도들에 의해 미리 언급된 말씀들을. 18 그들이 여러분에게 말하기를, 시간의 끝에 자신들의 불경건한 정욕을 좇아 살며 조롱하는 자들이 올 것이라 했습니다. 19 이자들은 분리되어 떨어져 나가는 자들이요, 육적인 자들이며, 성령은 없는 자들입니다.

유다는 17절에서 수신자 교회 성도들을 향해 정답게 '사랑하는 자들이여' 라고 부르며 시작한다. 이 칭호는 3절에 사용된 후에 지금 처음으로 다시 사용되었다. 그동안은 주로 거짓 교사들에 대한 심판과 그들의 특징들을 자세히 묘사했지만(4-16절), 이제는 저들의 공격을 받는 수신자 교회 성도들에게 주는 권면을 시작하려는 것이다.

유다서에서 '사랑하는 자들이여'(아가페토이, ἀγαπητοί)라는 표현은 단지 형식적인 호칭이 아니다(1:3, 17, 20; 참조. 1:1, 21). 이미 1절이 밝히듯이, 수신자 성도들은 '하나님 아버지 안에서 사랑을 입은' 자들이다. 이 '사랑'은 하나님의 '언약적' 사랑이다. 하나님께서 그 아들의 순종을 통해 이루어진 십자가와 부활 그리고 하늘로부터 보내 주신 성령의 역사로 말미암아, 믿는 자들 안에서 이루신 새 생명의 거룩한 구원의 역사를 가리키는 표현이다. 그러므로 '너희는' 그 사랑 안에서 부르심을 받고(1:1) 그 영광에 이르기까지 지키심을 입은 자들이므로(1:24), 결단코 거짓 교사들의 미혹에 휩쓸려 가지 않을 것이라는 확신의 표현이다.

다시, 말씀으로

유다는 17절에서, 하나님의 사랑이 그들을 끝까지 지켜 주실 것이라는 확신을 주면서, 동시에 그들이 자신을 지켜 낼 수 있는 전략을 제시한다. 그것은 사도들을 통하여 그들에게 '단번에 주신 믿음'(3절)의 경우처럼, 그들이 '사도들로부터' 전해 들은 확고한 말씀으로 돌아가서 그 말씀 안에 굳게 서야 한다는 것이다. 17절에서 '기억하십시오'(므네스떼테, μνήσθητε)라는 권면이 바로 그 전략이다.

듣기에는 단순해 보이지만, 의미심장한 신학이 담긴 전략이다. 거짓 교사들이 '만들어 낸 온갖 새로운' 이야기들, 하나님의 말씀의 권위를 '우습게 여기는 교만한 말들' 그리고 '헛되이 부풀린 허풍들'에 부딪혀 흔들릴 때, 부르심을 입은 성도가 해야 할 일은 단순히 하나님의 말씀을 '기억하는'(!) 것으로부터 시작해야 한다는 것이다. 기억한다는 것은 무엇을 새로 '만들어 낸다'는 것이 아니다. '이미 있는 것'을 인식함으로써 자기의 것으로 소유하라는 것이다.

이것이 '존재와 인식'의 차이이다. 교회는 거짓 교사들의 거짓 가르침에 맞서, 무엇을 스스로 새롭게 만들어 내야 하는 것이 아니다. 그 큰 구원을 이미 행하셨고 지금도 행하고 계시고 장차 온전히 이루실 분은 하나님 자신이시다. 우리가 할 일은 그분이 하신 일을 '기억하고, 깨닫고, 받아들임으로써' 그 크신 하나님의 구원이 우리 안에서 실제로 이루어지도록 하는 것이다(참조. 벧후 1:12, 15, 19. 『신적 성품과 거짓 가르침: 베드로후서의 이해』, 153-177).

그러므로 거짓 교사들에 맞서는 교회의 대응과 전략은 모두 '주'(主)께 있고 '주께서 주신 말씀' 안에 있다. 17절에서 '기억하십시오'라는 명령의 목적어는 사도들에 의해 전해진 말씀인데, 이는 '우리 주 예수 그리스도의 사도들에 의해'(휘포 톤 아포스톨론 투 규리우 헤몬 예수 크리스투, ὑπὸ τῶν ἀποστόλων τοῦ κυρίου ἡμῶν Ἰησοῦ Χριστου) 미리 알려지고 전해진 말씀이다. 이 표현은 전치사에 딸려 있는 문구이지만, 그 안에서 의미상의 주어는 '예수 그리스도'이시다. 주 예수 그리스도께서 우리를 지키고자 사도들을 보내셨고, 그 사도들을 통해 주신 말씀 안에 이미 거짓 교사들의 출현과 그들의 몰락에 관해 알려 주신 내용이 있다는 것이다.

교회는 거짓 교사들의 나타남과 활동에 대해 당황하거나 낙심해서는 안 된다. 그럴 필요도, 이유도 없다. 계속해서 말씀으로 돌아가, '하나님께서 하셨고, 하고 계시고, 하실 큰 구원의 일'을 끈질기게 선포하며 가르쳐야 한다. 주께서는 단 한순간도 교회를 버려두지 않으신다. 사도들을 보내셨고, 그들을 통해 말씀을 주셨다. 그 말씀 안에 대책과 전략과 해법이 모두 담겨 있다. 거짓 교사들이 악을 행하고, 주의 이름을 더럽히며, 교회의 덕을 무너뜨리고, 복음 전도의 길을 막을 때에, 교회는 성경 말씀에 따라 그들의 심판과 멸망을 확신해야 한다. 주께서 사도들을 통해 전해 주신 말씀으로 세상 끝 날까지 우리와 함께 계시며 우리를 지키고 계시기 때문이다(마 28:20).

거짓 교사들 자신이 종말의 증거

주께서는 그 말씀 안에, 이미 종말에 일어날 일들에 관한 예언을 포함시키셨다. 유다는 18절에서, 지금 수신자 교회에서 목격하게 된 거짓 교사들의 출현 자체가 이미 말씀에 예언된 내용의 실현이라고 분명히 확인해 준다. 18절의 '시간의 끝'(에카스투 투 크로누, ἐσχάτου τοῦ¨χρόνου)에서 '시간'은 '물리적 시간'을 가리킨다. 하지만 그 물리적 시간의 '끝'이 언제인지는 정확히 알 수 없다.

성경에서 종말은 물리적 시간에 따라 '몇 년 몇 월 며칠'이라는 식으로 정해지지 않고, 종말을 결정짓는 '인물과 사건'의 나타남에 따라 결정된다(벧후 3:8-10). 세상 끝에 '메시아, 하나님의 아들'이 오셔서 '최종적인 심판과 구원과 새 창조'를 이루실 것이라 한 구약의 예언에 따라, 정말 그 '메시아, 하나님의 아들'이 세상 안으로 오셨다면, 바로 그때부터가 '종말의 시작'(beginning of the end)인 것이다. 동시에, 그리스도가 세상에 오셨다면 그리스도를 대적하는 '적그리스도'와 그리스도의 복음을 훼방하는 '거짓 영들' 그리고 그 거짓 영들의 부림을 받는 '거짓 선지자들, 거짓 교사들'도 나타난다.

종말에 나타날 인물들과 사건들이 일어나는 것이다. 유다서 1:18도 이런 성경적 종말론을 배경으로 한다. 사도들이 전해 준 말씀에 따르면, 종말에 하나님과 그의 메시아를 대적하며 조롱하는 거짓 교사들이 올 것이라고 했는데, 정말 수신자 교회에 주를 대적하는 거짓 교사들이 온 것이다. 거짓 교사들이 무어라 지껄이든, 저들 자신이 이미 말씀이 예고한 종말이 왔다는 '살아 있는'(?) 증거라는 것이다. 그만큼 거짓 교사들에게 임할 심판과 형벌도 확실한 것이다. 날이 저물어 어둠이 깊어 가고 있을 뿐, 새벽별이 떴으니 밝은 아침이 다가오고 있는 것은 너무도 확실하지 않은가!

그러니 놀랄 것이 전혀 없고, 새로울 것도 없으며, 당황하거나 흔들릴 이유도 없다는 것이다. 모든 것은 기록된 말씀 그대로 진행되고 있다. 하나님은 여전히 그리고 확실하게 통치하고 계신다. 거짓 교사들이 얼마나 승승장구하는 것처럼 보이든지, 그가 '주인이요 주'(4절)가 되신다는 사실에는 변함이 없다. 거짓 교사들을 향해 분을 품고 노할 이유도 없다. 그들의 출현 자체가 이미 종말의 심판이 임하고 있다는 확실한 증거이기 때문이다. 지금도 자신의 부패한 정욕에 갇혀 있다는 것이, 그들이 장차 갇히게 될 영원한 흑암의 시작이다. 심판은 이미 임한 것이다.

성령은 없는 자들

이제 유다는 19절에서, 마치 범인의 몽타주 아래 적어 놓은 그들의 이름과 나이처럼, 거짓 교사들의 신분과 정체를 폭로해 알려 주는 것과 같은 이야기를 한다. 그들의 정체는 진정 무엇인가? 그들은 교회 안에서 설교하고 가르치고 양 무리를 인도하는 목자들로 행세한다. 성도들은 그들의 종교적 직분과 지도자의 위치, 그리고 그들을 따르는 자들의 숫자와 영향력을 보기 때문에, 의혹이 강하게 들어도 쉽게 그들을 분별하고 판단하지 못한다.

하지만, 유다는 그들의 정체를 가감 없이 폭로한다. 이자들은 첫째 '분리되어 떨어져 나가는 자들'(호이 아포디오리존테스, οἱ ἀποδιορίζοντες)이다. 주 예수 그리스도를 믿으며 믿음 안에서 한 형제자매 된 그리스도인들이, 동일한 신앙고백을 하지만 몇 가지 중대한 이유로 서로 나뉠 수 있다. '분리되어 떨어져 나가는 것' 자체가 금지되거나 결정적인 문제가 되는 것이 아니다.

그러나 거짓 교사들은 자신의 '이단적' 정체를 감추고, 처음부터 교회 안에 몰래 들어온 자들이다. 예수 그리스도를 주인이요 주로 인정하지 않고 부인하면서(유 1:4; 벧후 2:1), 교회를 망가뜨리고 성도들을 노략질할 양으로 교회 안에 일부러 잠입해 들어온 불신자들인 것이다. 이들은 원래부터 '참포도나무'이신 예수 그리스도에게 '접붙여진' 자들이 아니다. 영적으로나 인격적으로

나 '이질적'인 본성을 가졌지만, 거짓과 속임수로 자신의 정체를 숨기고 성도를 미혹된 길로 빠지게 하려는 자들이다.

유다는 저들의 '영적 정체성'을 가감 없이 폭로한다. 겉으로는 영적인 일들을 하는 것처럼 보이지만, 실제로는 '육적이고, 성령은 없는 자들'(!)이다. '육적인 자들'(프쉬키코이, ψυχικοι)이라는 표현은 타락 아래 있는 '인간의 생각과 의지와 열정들'을 가리킨다. 이런 점에서 19절에서 '육적인'(ψυχικοι)이라는 말을, '세상적인'(worldly)으로 옮길 수도 있다(Kraftchick, 61). 저들은 굳이 말씀을 언급하지 않아도 세상에서 얼마든지 배울 수 있는 소위 '성공하는 처세술이나 공식'들을, 그 거룩한 설교단에서, 이미 세상을 이기고 승리한 하늘의 백성 앞에서 '자랑스럽게' 떠벌린다. 그것은 마치 이미 풍성하게 차려진 뷔페 식탁 위에, 과자 부스러기 몇 조각을 늘어놓는 것과 같지만, 그래도 저들은 수치를 모른다.

애초에 저들의 설교나 가르침에는, 사람을 하나님의 거룩하신 말씀과 성령의 새롭게 하시는 역사를 통해 회개케 하거나 살려 내는 '영적인 생명의 역사'가 없다. '비 없는 구름'이나 '열매 없는 나무'처럼, 저들의 설교나 가르침은 영적으로 거듭난 성도에게 영의 양식을 주지 못한다. 애초에 거짓 교사들 안에는, '영이요 생명이신 주의 말씀'(요 6:33)을 받아 스스로 그 말씀의 생명을 먹을 수 있는 영적 생명이 존재하지 않기 때문이다.

19절에서 유다는 결론적으로, 겉으로 온갖 영적인 제스처를 뿜어 대는 거짓 교사들을 향해 마지막 카운터펀치를 날린다. 거짓 교사들의 진짜 영적인 정체성은, 그들이 사실은 '성령은 없는 자들'(프뉴마 메 에콘테스, πνεῦμα μὴ ἔχοντες)이라는 것이다. 여기서 '성령'은 단순히 '프뉴마'(πνεῦμα)로 되어 있는데(참조. 1:20), 만일 이를 사람의 '영'으로 번역한다고 해도 결과는 비슷하다. 거짓 교사들은 아예 영적 생명이 없는 '짐승과 같은'(1:10) 자들이라는 뜻이 되기 때문이다.

저들은 교인들 앞에서 설교 강단에 올라 온갖 신령한 말을 흉내 낸다. 하지만 애초부터 저들은 성령으로 거듭난 심령이 아니다. 물론, 이 땅에서 그 어느 누구의 영적 실체를 최종적으로 확신하기는 어렵다. 다만 분별하고 경계하여야 하는 것이다. 그래서 유다는 그들의 속에 있는 '거듭나지 않은 육적인 자아'가 그 정욕으로 말미암아 '드러내는' 악행들을 낱낱이 열거해 보인 것이다.

열매와 참회

하나님의 사랑과 우리 주 예수 그리스도의 은혜를 받고, 성령의 말할 수 없는 탄식을 느끼며 살아가는 중생한 심령이라면, 계속해서 하나님께 불평하고 원망하며 받은 은혜를 남용하여 방탕거리로 삼을 수 없다. 더구나 그런 부패한 거짓 가르침으로 다른 성도들까지 타락의 길로 끌고 가는 망령된 일을 할 수가 없다. 포도나무라면 당장 포도 열매를 맺지 못한다 하더라도, 거기서 배꽃이 핀다든지 먹지 못할 탱자가 달릴 수는 없는 이치와 같다.

성도들은 교회의 목자들이나 교사들을 볼 때에, 그들의 종교적 행위들만이 아니라, 그들의 설교와 가르침과 목양과 삶에서 드러나는 가치관이나 그 열매를 중요하게 바라보아야 한다. 그저 번듯하고 크기만 한 탱자나무 밑에서, 달고 풍성한 포도 열매를 기대하고 서 있는 것은 어리석은 일이기 때문이다. 한편, 거듭난 심령을 가진 참된 성도라 하더라도, 자신의 삶에서 느리지만 꾸준하게 말씀과 성령의 뚜렷한 영적 생명의 열매를 맺어 가고 있는지를 항상 돌아보아야만 한다.

'참회'보다 더 확실한 중생의 열매는 없다. 거짓 교사는 그 무수한 영적인 흉내들을 내지만, 그들의 삶에서 참된 참회만큼은 찾아보기 어렵다. 참회한다는 것은, 살아 계신 하나님의 거룩한 빛 안에 실제로 거하고 있다는 증거이기 때문이다. 최후의 심판의 날에 불같은 성령께서 우리의 모든 어둠을 폭로하기 전에(벧후 3:10-13), 날마다 그분의 말씀의 빛과 그 사랑 가운데서 우리의 어둠을 마주하고 참회하는 것(벧후 1:19-20; 요일 1:7, 9), 그 생명의 길로 돌이키는 삶만이 우리를 거짓 교사들의 무지하고 파괴적인 미혹에서 지켜 준다.

삶으로
내리는 뿌리

참회

"참회는 낙원의 입구에 선 영혼의 전율이다." – 성(聖) 시리아의 이삭

이 격언은 온몸에 전율을 일으킨다. 뼛속 깊이까지 와닿는, 참으로 맞는 말이기 때문이다. 참회의 고통스러움과 기쁨을 동시에 맛본 사람만이 할 수 있는 고백이다. 빛 가운데 나아갈수록, 거듭난 우리의 영혼은 더 깊이 참회한다. '잎새에 이는 바람에도 괴로워했다'던 그 시인, 비참한 시대에 자신의 '시(詩)가 쉽게 쓰여지는' 것이 그렇게 부끄러웠다는 그 시인처럼, 성도는 작은 죄의 티끌에도 수치로 몸을 떨고, 참회의 눈물 속에 얼굴을 파묻는다.

그것은 참회가 그를 낙원의 입구로 데려가고 있기 때문이다. 그가 죄와 허물로 부끄러워 떠는 것 자체가, 두려움과 소망의 다리를 건너 낙원 앞에서 느끼는 환희의 '전율'이라는 것이다. 날마다 더 자신의 죄가 크게 보이고, 날마다 더 심령이 가난해지고, 날마다 더 애통하고, 날마다 더 의에 주리고 목마른 영혼은, 그분의 나라에 날마다 그만큼 더 가까이 다가가고 있는 것이다.

거짓 교사에게 없는 것, 가짜 신자에게 없는 것이, 참회이다. 그들은 애초에 하늘로부터 오신 참빛이신 그분의 빛, 그 성령의 밝은 빛을 받은 적이 없고, 여전히 흑암 속에 남아 있기 때문이다. 빛과 사랑이신 하나님 안에서 하는 성도의 참회는 '전율'이다. 고개를 파묻고 죄의 수치와 부끄러움에 몸을 떨 때, 그것은 이미 낙원 가까이에서 느끼는 '희망'이다.

그래서 참회는, 거듭난 심령의 증거이고 열매이다. 성(聖) 요한 클리막스

가 말했듯이, 우리는 기적을 베풀지 못했다거나 또 신학자가 아니었다거나 혹은 환상을 보지 못했다고 해서 문책을 당하지는 않을 것이다. 그러나 우리의 죄악을 두고 날마다 눈물 흘리지 않은 것에 대해서만큼은 반드시 하나님께 답변해야 할 것이다.

그분은 빛이시다. 우리가 지금 이 땅에서 그 빛 가운데 거할 수 있다는 것은, 놀라운 은혜이고 기회이다. 그 빛은 지금 우리의 죄와 어둠을 들추어내지만, 그것은 우리를 사하시고, 깨끗하게 하시고, 흠 없이 온전하게 빚으시기 위함이다. 아직 기회가 있을 때, 그 빛을 마주 대하고 그 빛 가운데 거하기를 힘써야 한다. 마지막 날에 그 거룩한 빛은, 참회 없는 영혼을 무섭게 삼키는 심판의 불로 나타날 것이기 때문이다.

8. 대책과 전략, 치유와 경계를 위한 조치(20-23절)
거짓 교사들로부터 자신과 이웃을 지키기

유다서는 확실히 '목회적' 서신이다. 수신자 교회를 거짓 교사들의 위험으로부터 지키려는 의도와 전략이 단계적으로 세심하게 전개되기 때문이다. 유다는 먼저 수신자 교회에게 하나님의 사랑을 확신시킨 후에(1-3절), 집중적으로 거짓 교사들에 관해 자세히 설명하고 경계와 분별을 거듭 요청한다(4-19절). 그리고 다시 수신자 성도들이 이 문제에 관해 어떻게 신앙적으로 대처해야 할지를 권면하며(20-21절), 또한 거짓 교사들에게 피해를 당한 자들을 각기 그 상태에 따라 어떻게 대해야 할지도 상세히 일러 준다(22-23절).

마지막으로는 하나님께 대한 송영(doxology)을 바침으로써, 하나님께서 얼마나 강한 능력으로 저들을 지키시는지 확신시키며 서신을 마무리한다(24-25절). 거짓 교사들의 위험을 예방하고자 하거나 혹시 저들의 거짓 가르침의 시험에 들어 고통당하는 그리스도인이 있다면, 유다서가 전개하는 방식대로 한 단계씩 따라가며 문제를 말씀이 가르치는 바대로 해결할 수 있을 것이다. 이제 20-23절을 통해서, 거짓 교사들에 대해 자신과 이웃을 지킬 수 있는 유다의 전략을 자세히 들여다보기로 하자.

> [20] 그러나 사랑하는 자들이여, 여러분은 자신을 여러분의 지극히 거룩한 믿음 위에 세워 감으로써, 성령 안에서 기도함으로써, [21] 여러분 자신을 하나님의 사랑 안에서 지켜 내십시오. 영원한 생명에 이르도록 우리 주 예수 그리스도의 긍휼을 바라고 기다리면서. [22] 그리고 스스로 판단받는 어떤 자들을 불쌍히 여기십시오. [23] 또한 어떤 자들은 불에서 끌어내어 건져 내고, 또 어떤 자들은 그 육체로 인해 더럽혀진 옷을 미워하면서, 두려움 가운데 불쌍히 여기십시오.

이 단락의 내용을 두 부분으로 요약하면, 거짓 교사들로부터 '자신을 지키는 전략'(20-21절)과 '이웃을 지키는 전략'(22-23절)으로 나눌 수 있다. 그동안 거짓 교사들에 대한 확실한 심판 그리고 그 특징들과 정체까지 밝혔으니, 이제 저들을 맞닥뜨린 성도들이 어떤 신앙을 가져야 할지, 그리고 주변에서 저들에게 흔들리고 시험받는 자들을 어떻게 대하여야 하는지를 알려 주겠다는 것이다. 이를 간단한 도표로 그리면 다음과 같다.

자신을 지키는 여섯 가지 전략	이웃을 지키는 세 가지 전략
(a) 하나님의 사랑을 확신하라. (b) 믿음 위에 자신을 세우라. (c) 성령 안에서 기도하라. (d) 영원한 생명을 소망하라. (e) 주 예수의 긍휼을 기다리라. (f) 하나님의 사랑 안에 거하라.	(a) 의심하는 자들을 불쌍히 여기라. (b) 시험에 든 자들을 불에서 꺼내라. (c) 더러워진 자들을 싫어하며, 두려워하며, 불쌍히 여기라.

'자신을 지키는' 전략들

유다서 1:20-21의 원문에서 주동사는, 명령형인 '지켜 내십시오'(테레싸테, τηρήσατε)이다. 그러니까 믿음 위에 자신을 세우고, 성령 안에서 기도하고, 주 예수의 긍휼을 기다리는 것은 모두 자신을 지키는 다양한 방식으로 제시되어 있다. 흥미로운 점은, 자신을 지키는 이 전략들이 크게 볼 때 '믿음'에 관한 권면들(b, c)과 '소망'에 관한 권면들(d, e) 그리고 '사랑'에 관한 권면들(a, f)이라는 세 가지 신학적이고 신앙적인 덕목에 잘 부합한다는 사실이다(고전 13:13; 또한, '신적 성품', 벧전 1:5-7).

또한 우리 자신을 지키는 일에 성부 하나님(a, f), 성자 하나님(b, e), 성령 하나님(c, d)의 역사하심도 분명히 드러난다(Moo, 284). 결국 '삼위 하나님'께서 우리를 지키시는 것이며, 우리는 그 삼위 하나님의 '믿음과 소망과 사랑'의 역사를 통해 우리 자신을 지킬 수 있다는 것이다. 이제 거짓 교사들에 맞서 '자신을 지키는 여섯 가지 전략'을 하나씩 살펴보자.

(1) 하나님의 사랑을, 확신하라 유다는, 거짓 교사들에 맞서 자신을 지키는 일에 있어서 '하나님의 사랑'을 확신하는 것이 얼마나 중요한지를 강조한다. 20절은 '사랑하는 자들이여'(아가페토이, ἀγαπητοί)라는 호격으로 시작한다. 17절에서도 사용된 이 표현은, 하나님의 언약적인 사랑을 받은 성도들을 가리키는 특별하고 영예로운 칭호이다.

거짓 교사들의 위험에 노출되었을 때 '하나님의 사랑'을 확신하는 것이 왜 그리도 중요한가? 단순해 보이지만, 이 전략은 매우 성경적이고 실제적이다. 왜냐하면 마귀와 세상이 주는 시험의 목적 자체가, 성도로 하여금 하나님의 사랑을 의심하게 만들고, 그래서 그 사랑에서 최대한 멀리 떨어져 나가게 만드는 것이기 때문이다(약 1:12-13).

생각해 보라. 거짓 교사들이 하는 일이 무엇인가? 하나님의 말씀을 의심하게 만들어서, 하나님의 주권을 부인하게 하고, 그의 말씀에서 떠나게 유혹하는 것이다. 이것이 첫 사람 아담 때부터, 하나님을 거짓말쟁이로 만들어 사람들을 미혹하는 '거짓의 아비' 마귀의 오래된 수법이다(창 3:1-5; 요 8:44). 유다서의 거짓 교사들은 특히, 하나님의 선하고 거룩한 율법의 요구와 예수 그리스도의 도덕적인 가르침을 오해하게 만들어, 결국 불순종을 '자유'로 치부하게 했다. 이를테면 '모든 게 다 사랑이야'라고 말하며 죄를 죄가 아니라는 거짓 가르침을 통해 방탕으로 이끌며, 결국 하나님의 참된 사랑에서 멀어지게 했던 것이다.

어떻게 해야, 이런 거짓 가르침에 맞서 승리할 수 있을까? 유다는, 무엇보다 우리가 하나님의 사랑을 받았고, 받고 있고, 그 사랑이 영원함을 확신해야 한다고 가르치는 셈이다. 사망이나 생명이나, 천사들이나 권세자들이나, 현재 일이나 장래 일이나, 그 어떤 피조물이라도, 결단코(!) 우리를 하나님의 사랑에서 끊어 낼 수 없다. 정확히 말하자면, 우리를 '우리 주 그리스도 예수 안에 있는' 하나님의 사랑에서 끊을 수 없다는 것이다(롬 8:38-39).

하나님은 우리를 사랑하시되, '그 아들의 십자가'를 통해서 우리를 사랑하셨다. 우리의 죄를 그대로 두고 사랑하신 것이 아니다. 하나님의 변함없는 언약적 사랑은 우리의 '죄(罪)를 대속'하신 그 아들의 십자가의 죽으심으로 말미암은 것이라는 명확한 사실을 직시해야 한다. 그래서 '죄를 죄라고 하지 않는' 사랑은, 사랑이 되지 않는다. 하나님이 우리를 끝까지 사랑하신다는 것은, 하나님께서 결국 우리를 '죄의 결과'인 죽음과 죄책에서뿐 아니라, '죄의 세력'인 불의에서도 구해 내시며, 끝내 '죄의 존재' 자체에서도 우리를 구해 내신다는 사실을 믿는 것이다.

사랑이신 하나님은 동시에 '빛'이시다. 이것이, 진리가 없는 사랑은 결코 사랑이 되지 않는 이유이다(요일 1:5-10). 하나님의 사랑은, 그 아들을 우리의 죄를 대속하기 위한 십자가에 내주신 사랑이다(요일 4:7-10). 속지 말라. 하나님의 사랑을 확신한다는 것은, 끝까지 그 아들의 십자가와 하나님의 사랑 안에서 우리 자신과 세상의 죄와 피 흘리기까지 싸우며 씨름한다는 것을 의미한다(히 12:4). 이것이 하나님의 사랑을 확신하는 자의 삶이다.

(2) 믿음 위에, 자신을 세우라 유다는 20절에서, 거짓 교사들과 싸우며 자신을 지키려면, 우리 '자신을 지극히 거룩한 믿음 위에 세워' 가야 한다고 조언한다. '세워 감으로써'(에포이코도문테스, ἐποικοδομοῦντες)는, 든든한 땅 위에 기초를 놓고 그 위에 차근차근 집을 세워 가는 모양을 떠올리게 한다. 집이 안전하고 튼튼하다면, 외부의 침입으로부터도 자신을 보호하기에 충분할 것이다. 신앙의 든든한 집을 세우려면, 믿음이 있어야 한다는 것이다.

'믿음'이란 무엇인가? 20절에 '여러분의 지극히 거룩한 믿음 위에'(테 하기오타테 휘몬 피스테이, τῇ ἁγιωτάτῃ ὑμῶν πίστει)에서 '여러분의 믿음'은, 수신자 성도들이 사도들을 통해 전해 받은 '단번에 주신 믿음'(3절)을 떠올리게 한다. 이것은, 하나님께서 행하신 모든 구원의 복음을 총괄하는 표현이기도 하지만, 동시에 그런 모든 신령한 은혜를 받을 수 있는 믿음을 주셨음을 의미하기도 한다.

믿음이란 일차적으로, 하나님께서 주신 선물로서 모든 신령한 은혜와 생명을 '받는 영적 수납(受納) 기관'이다. 믿음이 없다면, 하나님의 입으로부터 나오는 살아 있는 영적인 말씀을 받을 수 없다. 거짓 교사들에게는 바로 이 영적 수납 기관인 믿음이 없다. 말씀과 성령으로 중생한 적이 없는 그들은, 애초에 믿음이 없는 자들인 것이다. 이런 점에서 믿음은 '지극히 거룩한' 것이다. 믿음 자체가 거룩하신 하나님께서 주신 거룩한 것이기 때문에, 그 믿음 위에 세워지는 집도 거짓 교사들이 파멸시킬 수 없는 거룩한 요새가 된다.

유다가 5절에서 묘사하는 광야의 불신자들은, 그런 거룩한 믿음 없이 파멸된 경우이다. 그들은 결국 하나님을 '신뢰'하지도 못했고 '순종'하지도 못했다. 여기에 믿음의 또 다른 두 가지 의미가 있다. 믿음이란 우선적으로 하나님께로부터 오는 살아 있는 말씀과 신령한 은혜를 '받는' 기능일 뿐 아니라, 또한 하나님을 '신뢰'하는 것이며, 그래서 하나님께 '순종'하는 것을 가리킨다. 거짓 교사들은 하나님께로부터 오는 신령한 것을 받지도 못하고, 하나님을 신뢰하지도 않으며, 순종하지도 못한다.

거짓 교사들은, '믿음'이란 통상 '열심을 내서 봉사하고 바치는 것'이라고 가르칠 것이다. 물론 성도라면 열심히 예배하고 헌신하고 봉사해야 한다. 하지만 믿음을 그런 활동으로만 이해하면, '율법주의적인 종교 생활' 속에 갇히기 쉽다. 믿음은 나의 열심을 내는 것이기 이전에, 하나님께로부터 오는 생명의 말씀과 성령을 통해 주어지는 모든 신령한 은혜를 계속해서 '받는 능력'을 의미한다. 중생한 성도의 영은, 오직 영이요 생명인 하나님의 말씀을 먹음으로 살며 성장하게 되어 있기 때문이다(벧전 1:23-2:4).

누가 믿음이 좋은 성도인가? 하나님의 은혜와 진리, 생명과 사랑을 잘 받아들여 그 영적인 양식을 잘 먹고 성장하는 성도이다. 잘 먹을 줄 알아야, 힘있게 움직이고, 그럴 때 자유롭고 헌신 된 삶이 된다. 은혜받지 못한 성도가 은혜로운 헌신을 할 수가 없다. 사랑하려면, 먼저 사랑을 받아야 한다. 열매 맺는 '사역'은, 그래서 하나님과의 '사귐'을 통해, 하나님의 '사랑'을 받고, 그 사랑 안에 거함으로써 이루어진다. 거짓 교사들은 애초에 사귐이 없으므로, 사랑 없는 사역을 강제하는 율법주의에 빠지게 된다. 출애굽 한 성도들을 데리고 다시 애굽으로 돌아가, 채찍을 휘두르며 벽돌을 쌓아 올리는 노예 생활을 시키는 것이다.

거짓 교사들은 또한, 믿음이란 '반드시 이루어지기를 원하는 나의 생각, 나의 꿈'을 계속해서 반복해서 말하고 성취하는 '긍정적인 확신'이라고 가르칠 것이다. 확실히, 사람의 말(言)에는 힘이 있다. 사람이 하나님의 형상대로 지음받았고, 하나님은 말씀으로 세상을 창조하셨기 때문이다. 하지만 사람의 말은 하나님의 말씀이 아니다. 하나님의 말씀은 반드시 이루어지지만, 사람의 말은 자주 '더러움과 썩어짐과 허무함'에 붙잡혀 있기 때문이다. 그런 사람의 말이나 생각은 이루어져도 불행이 된다.

'지극히 거룩한 믿음'이란, 그 믿음의 대상이 사람의 말이 아니라 지극히 거룩하신 하나님의 말씀이라는 뜻이다. 하나님의 말씀에 대한 신뢰, 그런 믿음 위에 자신을 세워야 흔들리지 않는 반석 위에 서는 신앙이 된다. 풀은 마르고 꽃은 시들어도, 이 세상이나 이 세상에 있는 모든 것이 지나가도, 하나님의 말씀은 살았고 영영히 서기 때문이다(사 42:6-8; 벧전 1:23-25; 요일 2:17). 거짓 교사들은, '믿음이 센 사람'이란 무슨 반대를 무릅쓰고라도 자신이 계획하고 믿는 바를 관철하는 사람이라고 가르칠 것이다. 온 세상이 그것을 불법이라 비난해도, 온 교회가 그것은 하나님의 이름에 먹칠을 하는 짓이라고 탄식하며 경고해도, 거짓 교사들은 자기 정욕에서 나오는 확신을 끝까지 관철하는 것을 믿음으로 여길 것이다.

'지극히 거룩한 믿음'의 대상은, 지극히 거룩하신 하나님과 그분의 거룩한 뜻이다. 그래서 그 믿음 위에 자신을 세운다는 것은, 나의 정욕에서 나오는 나의 뜻을 부인(否認)하고, 그분의 선하고 의롭고 거룩한 뜻에 나를 복종시키는 것이다. '나의 원대로 마시옵고, 아버지의 원대로 하옵소서'(마 26:39). 이것이 믿음의 주(主)요 온전케 하신 주님이 보여 주신, 순종하는 믿음의 요체이다. 이것이 믿음 위에 자신을 굳게 세우는 바른길이며, 좁지만 생명에 이르는 유일한 길이다.

(3) 성령 안에서, 기도하라 거짓되고 세속적인 거짓 교사들로부터 자신을 지키려면, 지극히 거룩한 믿음 위에 자신의 신앙을 건축해야 하는데, 그렇게 하려면 '성령 안에서 기도'(엔 프뉴마티 하기오 프로슈코메노이, ἐν πνεύματι ἁγίῳ προσευχόμενοι)해야 한다(20절). 씨앗을 뿌려 놓고 물을 주지 않는 사람은 없다. 이처럼, '믿음'이란 하나님의 '말씀'을 믿음으로써 하나님을 신뢰하고 순종하는 것인데, 그 말씀을 우리의 심령 안에서 증거하시고, 우리로 하여금 그 말씀의 생명과 능력을 경험하게 하시고 누리게 하시는 분은 성령님이시다.

'성령 안에서 기도한다'는 것은 그래서, 성령님의 도우심으로 하나님의 말씀을 따라 하나님의 뜻을 분별하면 그에 합당하게 기도한다는 의미이다. '성령 안에서'라는 표현은 '성령으로써'로 번역할 수도 있는데, 이럴 경우 '성령에 의해 통제되거나 인도되는'(controlled or guided) 기도를 의미할 수 있다. 문자적으로 보면, 예컨대 방언의 경우처럼 신자가 성령에 이끌리어 자신의 영으로 하나님께 비밀을 말하는 것처럼 기도하는 경우가 이에 해당할 수 있다(고전 14:2, 14-16, 28; Davids, 95).

하지만, 성령 안에서 하는 기도가 그저 황홀경에 빠져 신비 체험을 하며 기도하는 것을 뜻하지는 않는다. '성령 안에서, 성령으로써 기도한다'는 말의 가장 근본적인 의미는 '하나님의 뜻을 따라 기도한다'는 것이다. 왜냐하면 성령님은 '하나님의 영'이시므로, 사람의 속에 있는 것을 사람의 영이 알 듯, 성령님은 하나님의 마음과 뜻을 아시기 때문이다(고전 2:11).

더구나, 우리가 마땅히 기도해야 할 바를 알지 못할 때에도, 성령님은 우리보다 더 우리를 안타깝게 여기시며 말할 수 없는 탄식으로 우리를 위하여 친히 간구하신다(롬 8:26-27). 성령님은 우리 안에서 '하나님의 뜻대로' 우리를 위하여 하나님께 친히 간구하시는 것이다.

그러므로, 무엇을 어떻게 기도해야 할지 모를 때, 우리는 하나님의 말씀을 묵상하며 그 말씀을 따라 기도할 수 있다. '하나님의 뜻'을 따라 기도하는 것이 '성령 안에서' 기도하는 것이기도 하기 때문이다. 하나님 아버지께서도, 우리가 기도할 때 우리의 마음을 살피시며 우리 안에 거하시는 성령의 생각을 아신다. 우리 안에 거하시는 성령님은, '하나님 자신의 영'이시기 때문이다.

우리는 종종 어떻게 기도해야 할지 모른다. 그럴 때에, 하나님의 말씀을 따라 성령님을 의지하며 기도할 수 있다. 성령님은 우리 안에서 하나님의 말씀과 더불어 역사하셔서, 우리로 하여금 하나님의 뜻을 알게 하시고, 하나님의 마음에 더 가까이 가도록 도우신다. 성령 안에서 하는 기도는, 말씀이신 그 아들을 통해 아버지의 마음과 뜻에 참여하는, 삼위 하나님과의 코이노니아이다.

(4) 영원한 생명을, 누리고 소망하라 21절에 나오는 '영원한 생명에 이르도록'(에이스 조엔 아이오니온, εἰς ζωὴν αἰώνιον)이라는 표현은, 그저 지나치기에는 너무 중요한 주제를 던진다. 지극히 거룩한 믿음 위에 자신을 건축한다고 할 때, 그것은 마치 흔들리지 않는 반석 위에 집을 짓는 것과 같다. 성령께서는 우리의 기도를 통해 말씀과 더불어 역사하심으로써, 그 '반석 위에 지은 집'을 위한 온갖 신령한 재료들을 공급하신다. '신적 성품'의 신성한 덕들이나 '성령의 열매'들도(벧후 1:4-6; 갈 5:22-23), 모두 믿음 위에 세워지는 신령한 집을 완성하고 꾸미는, 하늘로부터 온 은총의 재료들인 셈이다.

그렇다면 집을 짓는 목적이 무엇인가? 집이 필요한 이유는, 결국 그 집이 만들어 내는 공간이 필요하기 때문이다. 집을 지었다면 거실이나 방에서 '생명을 누리며 함께 사는' 사랑하는 가족이 있어야 하지 않는가. '영원한 생명'은 이와 같은 것이다. 영생이란, 그저 이 세상에서 죽지 않고 오래오래 사는 것이 아니다. 이 세상에는 '영원한' 것이 없기 때문이다. 영원한 생명이란, 죄와 죽음을 이긴 생명의 삶을 나누는 교제의 삶을 가리킨다. 예수 그리스도는 십자가와 부활로 죄와 죽음을 이기셨다. 성도는 예수 그리스도를 믿음으로 의(義)와 생명 안에서, 살아 계신 하나님과의 나눔과 사귐 곧 코이노니아를 누린다(요일 1:1-4).

이것이 영원한 생명의 본질적 내용이며, 더 이상 죄와 죽음이 없는 새 하늘과 새 땅에서 온전히 실현될 생명이다. 이 영원한 생명은, 그 아들이 육체로 오심으로써 이 세상에 이미 들어와 있다. 그 아들을 믿는 자들에게는, 이미 영원한 생명, 죄와 죽음과 하나님 없는 허무를 이긴 생명의 삶이 시작되었다. 이것이 복음이다. 그 아들이 있는 자에게는 영원한 생명이 있고, 그 아들이 없는 자에게는 이 영생이 없는 것이다(요일 5:12).

거짓 교사들이 자신의 정욕을 따라 그토록 원하고 갖고 싶어 하는 것이 무엇인가? 공교롭게도 그것은 돈과 권력과 쾌락으로 얻어 누릴 수 있다고 믿는 '생명'이다. 영원한 생명을 가질 수 없는 세상이 가장 원하는 것이 생명이다. 세상은 잘 먹고 잘사는 것, 그것도 남보다 더 잘살고 오래 사는 것, 그것을 생명이라 생각한다. 하지만 그런 생명도 죄나 죽음을 이기지 못한다. 거짓 교사들의 유혹에 빠지지 않는 길은, 이미 그 아들 안에서 시작된 이 '영원한 생명의 삶'을 받아 누리는 것이다. 그리고 그 영원한 생명이, 죄나 죽음이 온전히 사라지고 하나님이 우리와 친히 함께 거하시는 새 하늘과 새 땅에서 영원히 계속될 그날을 확신하고 소망하는 것이다.

(5) 주 예수의 긍휼을, 기다리라 21절에서 '우리 주 예수 그리스도의 긍

휼을 바라고 기다리면서'(프로스데코메노이 토 엘레오스 투 큐리우 헤몬 예수 크리스투, προσδεχόμενοι τὸ ἔλεος τοῦ κυρίου ἡμῶν Ἰησοῦ Χριστοῦ)라는 표현은, 우리 자신을 지키는 또 다른 방식을 알려 준다. '바라고 기다리면서'는, 무엇인가를 '받으려고 간절히 바라고 기다리는' 모양새를 가리킨다. 무엇을 그토록 간절히 기다리는가? '긍휼'이다. 특별히, 연약한 자들, 지쳐 쓰러지는 이들을 '불쌍히 보시고' 붙잡아 일으켜 주시는 주의 긍휼이다.

거짓 교사들을 상대하는 일은 힘겹다. 생각해 보라. 저들은 온갖 거짓과 불의함으로 악한 일을 저지르고도, 종교적인 자리에서 지도자요 목자요 교사의 자리에 앉아 있다. 저들은 교회의 흠과 점이요, 복음 전파의 걸림돌이다. 탐욕으로 연단된 자들이어서, 자신의 허물이 드러나도 부끄러워하거나 자신을 낮추지 않는다. 이와 동시에, 거짓 교사들의 위선과 탐욕과 방탕을 비난하는 우리 자신 속에서 그 동일한 유혹의 씨앗들을 발견할 때, 이 싸움은 더욱 힘들고 고통스러운 것이 된다.

이 세상 자체가 아직 죄와 죽음과 하나님 없는 허무에 갇혀 있으므로, 그리고 여전히 교회도 이 세상 안에서 함께 얽혀서 살고 있으므로, 주께서 다시 오셔서 이 모든 죄의 세력과 죽음의 억압과 하나님 없는 허무함의 광풍을 잠재우시며 사라지게 하시기 전까지, 성도는 언제나 주의 '긍휼'을 바라보며 간절히 기대할 수밖에 없다.

그래서 '심령이 가난한 자'가 복이 있고, 종말에 하나님 나라의 복을 받은, 부르심을 입은 성도는 '애통하는 자', '의에 주리고 목마른 자'로 살아갈 수밖에 없다. 하지만 우리에게 끝내 긍휼을 베풀어 주실 그분은 '주'(κυρίος) 하나님이시다. 우리를 택하시고, 우리를 위하여 자신의 목숨을 주신 '우리의' 주이시다. 그가 승리하셨다. 그리고 그 '어린양'이, 이 모든 싸움을 다 마치고 이르게 될 하나님 보좌 우편까지 우리를 인도하실 '목자'가 되신다. 거기서 그분이 우리의 모든 눈물을 씻어 주실 것이다(계 7:17). 우리를 위하여 죽으시고, 우리를 끝까지 지키시며 인도하실 긍휼의 목자 예수를 바라보라. 오직, 그분의 위로와 긍휼을 기다리라.

(6) 하나님의 사랑 안에, 거하라 마지막으로, 거짓되고 세속적인 가르침의 공격에 맞서 자신을 지키는 방법은 '하나님의 사랑 안에' 거하는 것이다. 21절에서 '여러분 자신을 하나님의 사랑 안에서 지켜 내십시오'(헤우투스 엔 아가페 떼우 테레사테, ἑαυτοὺς ἐν ἀγάπῃ θεοῦ τηρήσατε)라는 말씀은, '우리 주 예수 그리스도의 긍휼을 바라고 기다리며'라는 부대 상황을 동반하는 주된 권면이다. 그러니까, 하나님의 사랑 안에 거하는 가운데, 주 예수 그리스도의 긍휼을 기다리라는 것이다.

성도는 하나님의 사랑을 받고, 그 사랑 안에 거하며, 그 사랑을 더욱 사모함으로 살아간다. '사랑'이 무엇인가? 거짓 교사들을 움직이는 근본 동력은 그들 안에 있는 악한 정욕이나 탐욕인데, 이는 일종의 '변질된 사랑'이다. 사랑은 하나님께로부터 온 것이다(요일 4:7). 사람은 누구나 사랑을 하며 살 수밖에 없다. 하나님의 형상으로 지음받았기 때문이다. 하지만 그 사랑을 하는 자신이나 그런 사랑을 하는 이 세상 자체가, 죄와 죽음과 하나님 없는 허무에 갇혀 있다.

그래서 사랑은 누구나 하지만, 그 사랑이 그렇게도 쉽게 더러워지고 썩어지고 허무하게 되는 것이다. 교회는 우리의 병들고 왜곡된 사랑이 치유받는 곳이다. 바로 '여기에 하나님의 사랑이 있기' 때문이다(요일 4:10). 여기서, 우리는 우리를 위하여 자기 아들을 내주셔서 우리를 살리신 하나님의 사랑을 만나기 때문이다. 교회는 하나님의 사랑을 받고 그 사랑 안에 거함으로써, 그 사랑으로 우리의 모든 상처 나고 왜곡되고 변질된 사랑들을 치유받아, 하나님의 그 참되고 온전한 사랑으로 사랑할 수 있기까지 배우고 성장하는 곳이다.

오직 거룩하고 참된 하나님의 사랑, 살리고 회복하는 그 사랑 안에 거할 때만이, 우리는 거짓 교사들과 세상의 속이고 죽이고 파괴하는 탐욕 곧 그 '변질된 사랑'으로부터 우리를 지켜 낼 수 있다. 하나님의 아들을 믿는 자는, 그 아들을 세상에 보내신 아버지 하나님의 사랑이 그의 안에 거한다. 자신 안에 하나님의 사랑이 거하는 자는 또한, 그분의 사랑 안에 거하도록 힘써야 한다. 사랑은 상호적이기 때문이다.

하나님의 사랑은, 언제나 그가 먼저 우리를 사랑하신 은혜의 선물이지만, 또한 우리의 사랑을 기대하고 기다리시는 사랑이다. '그분이 내 안에, 내가 그분 안에'(요 15:4-7), '하나님의 사랑이 내 안에, 내가 하나님의 사랑 안에 거할 때'(요일 4:15), 이런 '상호 내주'(相互內住)의 사랑 가운데 거하는 성도를 무너뜨릴 수 있는 것은 아무것도 없다. 이런 사랑은 온전해서, 모든 두려움을 내쫓는다(요일 4:18). 이런 온전한 사랑만이 온갖 '거짓되고 왜곡된 사랑들'이 판치는 세상으로부터 우리를 끝까지 지켜 낸다.

'이웃을 지키는' 전략들

하나님의 사랑은, 그 아들로 말미암아 그 사랑을 '전달받은' 성도가 하나님과 함께 누리는 사랑의 코이노니아를 통해, 우리의 이웃을 향해 흘러가고 나타날 때 비로소 그 목적지에 도달하는 '온전한 사랑'이 된다(요일 4:19-21). 유다는 거짓 교사들에 맞서, 성도들이 자신을 지키는 전략뿐 아니라, 주변에 그런 피해를 당하는 믿음의 형제자매들 또는 이웃들을 지켜 내기 위한 전략을 제시한다. 22-23절에 소개되는 '이웃을 지키는' 전략들은, 거짓 교사의 시험을 당하는 믿음의 형제자매들의 처한 상황의 다양성과 정도에 따라 분류된다.

이 말씀을 다시 한 번 마음에 새겨 보자: "그리고 스스로 판단받는 어떤 자들을 불쌍히 여기십시오. 또한 어떤 자들은 불에서 끌어내어 건져 내고, 또 어떤 자들은 그 육체로 인해 더럽혀진 옷을 미워하면서, 두려움 가운데 불쌍히 여기십시오." 거짓 교사들의 시험을 당한 이웃들은 세 부류로 나뉜다. 우선 22절의 '스스로 판단받는 어떤 자들'은 시험에 빠지기 직전의 상태에 있는 경우이고, 그다음 23절에서 '불에서 꺼내야' 할 대상들은 이미 시험에 빠졌지만 회복될 가능성이 있는 경우이며, 마지막으로 '육체로 더럽혀진 옷'이 상징하는 대상들은 상당한 타격을 입은 자들에 해당한다. 피해를 입은 정도와 상태에 따라, 대책과 전략도 조금씩 달라진다.

거짓 교사들에게 피해를 당하는 이웃을 향한 가장 근본적인 태도는 '긍휼히 여기라'는 원리이다. 22, 23절에서 2회나 반복되는 주된 권면은 '불쌍히 여기라'(엘레아테, ἐλεᾶτε)는 것이다. 거짓 교사들에 대한 유다의 언어는, 가혹하리만치 단호하고 거침이 없다. 저들에 대한 '심판은 이미 결정'되어 있다. 하늘의 타락한 천사들에게 그렇게 하시는 것처럼, 거짓 교사들은 이미 '캄캄한 흑암'에 영원히 갇혀 있다. 저들은 '생각 없는 짐승'이고, '육적이며, 성령도 없는' 가짜들이다(1:4, 6, 10, 15, 19).

한편, 거짓 교사들에 의해 피해를 본 이웃들을 향한 유다의 권면은, 세심하고 따뜻한 긍휼의 마음으로 가득하다. 이제 막 유혹에 흔들리든지, 이미 시험에 빠졌든지, 혹은 아주 더럽혀진 경우라 할지라도, 유다는 우리가 그들을 비난하거나 꾸짖거나 정죄하기보다는 '불쌍히 여기는' 마음으로 접근해야 한다고 가르친다. 이런 대전제를 마음에 품고, '이웃을 지키는 세 가지 전략을 구체적으로 살펴보자.

(1) 흔들리는 자를, '불쌍히 여기라' 지켜야 하는 이웃의 첫 번째 대상은, 22절에 나오는 '스스로 판단받는 어떤 자들'(디아크리메누스, διακρινομένους)이다. 개역개정은 이를 '의심하는 자들'로 번역했다. 같은 표현이지만 단수형으로 사용된 곳이 야고보서 1:6인데, 여기서도 개역개정은 '디아크리메노스'(διακρινόμενος)를 '의심하는 자'로 옮겼다. 이 단어가 가리키는 정확한 의미

는, '마음이 나뉘어 스스로 정죄받는' 상태이다. 거짓이나 유혹에 부딪혀 스스로 잘못된 것을 알면서도 끌려가, 점차 마음이 나뉘고 '거리끼는 상태'를 묘사하는 것이다(약 1:8, 14-16; 참조. 『지붕 없는 교회: 야고보서의 이해』, 72-74).

이런 자들을 향해서는 '불쌍히 여기는' 마음이 중요하다는 것이 유다의 처방이다. 실제로 이단의 유혹에 빠지거나 거짓 교사들에게 흔들리는 경우, 단지 성경 교리에 관한 훈련이 잘되지 않았기 때문만은 아닌 사례가 많다. 교회 안에서 하나님의 사랑을 충분히 경험하지 못하거나, 깨끗하고 긍휼이 가득한 성도의 교제 가운데 거하지 못할 때, 또는 신앙생활을 통해서도 자신의 깊은 상처나 문제들이 제대로 치유되지 못할 때, 그런 거짓 가르침에 쉽게 노출되고 또 흔들릴 가능성이 높아지게 된다.

거짓 교사들이나 이단들이 처음부터 노골적으로 이단적인 거짓 가르침을 들이대지 않고, 포섭 대상의 가장 취약한 부분을 어루만지면서 속임수로 접근하는 것도 바로 이 때문이다. 그러므로 거짓 가르침에 이미 흔들리고 있는 이웃에게는, 하나님의 진실한 사랑과 그리스도의 뜨거운 긍휼로 다가가는 일이 중요하다. 단지 논쟁으로 그 흔들리는 마음을 설득할 수 있으리라 자신하기 전에, 먼저 주님의 참된 사랑을 확신시켜 주어야 하는 것이다. '무엇을 믿느냐 하는 문제'를 다루는 것과 함께, '그 사람 자신을 주님의 긍휼로' 바라보고 기도하며 권면하여 붙들어 주는 자세가 요청된다.

(2) 시험 중에 있는 자를, '건져 내라' 지켜야 할 이웃의 두 번째 대상은 '불에서 끌어내어 건져 내야' 하는 자들이다. '불에서'(에크 퓨로스, ἐκ πυρὸς)라 할 때, 그 '불'은 소돔과 고모라 사람들이 받았던 '불의 형벌'에서 나타나듯 강렬한 심판의 이미지와 연관된다(1:7). 또한 '불'은 '불 시험'에서처럼 자신의 존재와 근거까지 다 태워 버릴 두려운 시험의 상황을 가리키기도 한다(벧전 4:12). 이처럼 위험에 처한 두 번째 부류의 사람들은, 자신을 다 태워 버릴 만한 불같은 시험 속에 들어가 그 자체로 심판받는 상황에 처한 위기에 빠진 자

들이다.

유다는 이런 대상들을 향해서는, 그저 '불쌍히 여기'는 것 이상으로, 다소 급박하고 실천적인 대책을 제시한다. '건져 내야'(소제테, σῴζετε)한다는 말은 종종 '구원하다'로 번역되는 동사이지만, 상황에 따라 적절한 방식으로 옮겨질 수 있다. '구원'이란 일상적 차원에서 병이 낫거나 감옥에서 나오거나, 지금 본문에서처럼 위급한 시험에서 건짐을 받는 것을 의미한다. '끌어내어'(하르파존테스, ἁρπάζοντες)라는 표현은, 무엇인가를 '낚아채는' 행동을 가리킨다. 지하철 난간에서 떨어지려 하는 사람을 뒤에서 확 붙잡아 끌어당기는 것처럼, 위기에 빠진 사람이 더 큰 곤경을 당하지 않도록 급히 끌어내어 구하는 모양새와도 같다.

주변을 돌아보면, 이단이나 거짓 교사들의 올무에 걸려 점점 폐인이 되어 가는 사람을 건져 내려 안간힘을 다해 애쓰는 경우들이 많다. 가족 중에 한 사람이 그런 시험에 빠지면, 온 가족이 달려들어 빨리 조치를 취하고 끌어내야만 한다. 이미 거짓 가르침에 중독이 되어 세뇌가 되어 가는 상태에서는, 백약이 무효할 만큼 대화가 통하지 않기 때문이다.

이럴 때는, 그 영혼을 향한 간절한 기도뿐 아니라 신속한 조치를 통해 이단 상담소와 같은 곳에 데려가야 할 수도 있다. 그런 전문적인 도움을 받아, 거짓 가르침의 독(毒)이 퍼진 피폐한 몸과 마음을 쉬게 하고, 사랑 안에서 성경의 참된 교리와 가르침을 통해 '해독'(解毒)의 과정을 밟을 필요가 있기 때문이다. 너무 오래 깊이 빠진 경우가 아니라면, 이렇게 급하게 끌어내어 치유할 때 어렵지 않게 정상으로 돌아올 가능성이 높아진다. 그 어떤 경우에도, 주님의 오래 참는 긍휼이 필요함은 물론이다.

(3) 더러워진 자의 경우, '미워하라, 두려워하라, 불쌍히 여기라' 거짓 교사들로부터 지켜야 할 이웃의 세 번째 경우는, 이미 상당히 '더럽혀진' 자들로서, 앞의 두 부류보다 안 좋은 상태에 처한 자들이다. 유다의 대처법도 뚜

렷이 차이가 난다. 이들의 심각한 상태는 23절에서 '그 육체로 인해 더럽혀진 옷'이라는 말로 표현된다.

'육체로 인해'(에크 사르코스, ἐκ σαρκὸς)는 무엇을 의미하는가? 유다서 1:7에서 '다른 육체'(사르코스 헤테라스, σαρκὸς ἑτέρας)라고 한 것이나, 8절에서 '육체를 더럽히고'(사르카 미아이누신, σάρκα μιαίνουσιν)라 했을 때, 이 단어는 실제의 '육신'(body)을 가리키면서도 부정적인 문맥에서는 죄의 본성을 행하는 육체와 깊은 관련이 있어 보인다(참조. 롬 8:13).

육체로 인하여 '더럽혀진 옷'이라는 이미지 역시, 실제로 사람의 육신과 관련이 있으면서도, 죄의 본성에 이끌려 행한 더러운 행위로 생긴 결과를 뜻한다고 할 수 있다. 여기서 '옷'(키토나, χιτῶνα)은 '겉옷'(히마티온, ἱματίον)이 아닌, 피부와 직접 맞닿는 '속옷'이다(마 5:40; 눅 5:36; Green, 128). 또한 '더럽혀진'(에스필로메논, ἐσπιλωμένον) 안에는 '오점(汚點; 스필라스, σπιλάς)이라는 어근이 들어 있는데, 1:12에서 거짓 교사들을 향해 성도의 애찬에 끼어든 '오점들'(스필라데스, σπιλάδες)이라 했을 때와 정확히 같은 단어이다.

그렇다면 '더럽혀진 옷'은 무엇을 가리키는가? 인간의 배설물 같은 것으로 더럽혀진 것을 뜻하는데(Moo, 288-289), 이에 대한 구약적 배경으로 스가랴 3:1-4가 언급되기도 한다. 스가랴 3:2에서 '불에서 꺼낸 그슬린 나무'와 연이어 3:3에서 여호수아의 '더러운 옷'이 언급되는 순차는, 유다서 1:23에서 시험 들어 '불 속'에 있는 자들과 육체로 '더럽혀진 옷'이 언급되는 순차와 정확히 일치한다.

한편, 거짓 교사들은 '자신의 육체를 더럽히는' 자들이며(8절) 성도의 거룩한 교제인 애찬에 끼어들어 불경건한 언행을 하는 '오점들'(12절)이라는 점에서, 23절의 '육체로 인해 더럽혀진 옷'이라는 표현은 특히 그들의 탐욕과 방탕의 성적인 죄악을 가리킬 수 있다(Green, 128). 상징적으로 옷이란, 겉으로 보이기도 하고 다른 사람과 접촉되기도 하는 것인데, 이미 옷이 더럽혀졌다는 것은 다른 사람들을 오염시킬 수도 있음을 함축한다(Bauckham, 116).

그렇다면 유다는 이런 심각한 상태에 빠져 버린 '이웃을 지키기' 위해 어떤 대책과 전략을 제시하는가? 우선은, '미워하면서'(미순테스, μισοῦντες) 접근하라는 요청을 한다. 다소 뜻밖이다. 무엇을 미워하라는 것인가? '미움'이란 나쁜 것이며 그리스도인이 품어서는 안 되는 마음이 아닌가? 흔한 오해 중에 하나는, 그리스도인은 '아무것도 미워하지 않는' 착하고 친절하고 너그러운 사람이라는 이미지이다. 그렇지 않다. 예수님은 성전이 더럽혀졌을 때, 채찍을 들고 장사치들의 상을 뒤엎으며 분노하셨다(요 2:15). 하나님은 성도가 성전 된 자신의 몸을 더럽혔을 때 그 성전을 멸하겠다고 경고하셨다(고전 3:17).

의롭고 선한 것을 좋아하고 사랑하며, 불의하고 악한 것을 싫어하고 미워하는 것은, 사람의 정상적인 정서이다. 하나님에게도, '교만한 눈과 거짓된 혀 그리고 빨리 악으로 달려가는 발'처럼 그분이 싫어하고 미워하시는 것들이 있다(잠 6:16-19). '미워하는' 행위 자체가 문제가 아니라, 미워하는 '대상'이 무엇이냐가 문제이다. 유다는 거짓 교사들의 유혹에 빠져 행한 육체의 더러운 '행위들'을 적극적으로 미워하라고 명령한다. 미워해야 할 것을 미워하지 않으면, 마땅히 사랑해야 할 것을 사랑하지 못하게 된다.

유다는 23절에서 시험에 빠진 자들이 행하는 악행들을 미워하라고 하지만, 동시에 그들을 '불쌍히 여기라'(엘레아테, ἐλεᾶτε)고 권면한다. 자비를 베풀라는 뜻이다. 죄를 지적하는 것은, 그 죄인을 그 죄로부터 해방시키고 치유하며 회복시키기 위함이기 때문이다. '죄는 미워하지만, 죄인은 사랑하라'는 원리를 말하기는 쉽지만, 행하기는 어려운 것이 사실이다. 우리는 종종 죄를 미워하면서 죄인까지도 미워하고, 죄인을 사랑한다고 하면서 그 죄까지 좋은 것으로 치부하기 십상이다. 하지만 이런 잘못된 태도가 흔한 것이라고 해서, '죄인을 용납하려면 죄도 용납하라'는 식의 논리는 반(反)성경적이다. 그렇게 주장하는 것은 정확히 거짓 교사들의 반(反)율법적, 무(無)율법적 태도와 같은 것이다.

유다는 명확하게, 죄는 미워하고 죄인은 불쌍히 여기라고 가르친다. 이것은 주님 자신의 가르침에게서 온 것이다. '누구든지 죄 없는 자는 돌로 치라'고 하신 그분께서, 동시에 '다시는 가서 죄를 짓지 말라'고도 하셨기 때문이다(요 8:7, 11). 유다가 23절에서, 죄는 미워하고 죄인은 긍휼히 여기라고 말한 이유는, 죄를 범한 자들을 살려 낼 뿐 아니라, 수신자 교회 성도들을 그 죄로부터 '지켜 내기' 위함이다. 이 때문에, 유다는 죄를 미워할 때도 그리고 죄인들을 불쌍히 여길 때에도 '두려움 가운데'(엔 포보, ἐν φόβω) 그렇게 하라고 권면한다.

이것은 하나님의 지혜에서 나온, 절묘하고도 실제적인 참된 말씀이다. 죄인들의 죄를 보면서 그 죄를 간과하지 말고, 오직 '공의로 심판하실 하나님을 두려워'하라는 것이다. 동시에 그 죄를 지은 죄인들을 불쌍히 여기면서, 너희도 그와 '같은 죄를 짓지 않도록 두려워'하라는 뜻이다. 실제로, 우리는 죄에 대한 '하나님의 무서운 심판'을 부르짖으면서, 우리 자신도 같은 죄를 지을 수 있다는 사실을 자주 잊는다. 혹은 이미 같은 죄를 짓고 있으면서도, 다른 사람들을 비난함으로써 자신의 죄를 묵인하며 방치하기도 하는 것이다.

반대의 경우도 있다. '하나님은 사랑'이시라고 말하면서, 그런 죄들을 아무것도 아닌 양 치부하고 하나님의 심판을 조롱하며 같은 죄에 빠지는 경우이다. 유다가 23절에 제시한 '미워하라, 두려워하라, 불쌍히 여기라'는 전략은, 마치 예수 그리스도의 십자가가 하나님의 공의와 자비를 완벽히 드러낸 하나님의 지혜인 것처럼(고전 2:1-5), 균형과 조화가 들어 있는 경건의 원리이다. 어렵다 해도 꾸준히 실천하며 따라가야 할, 십자가의 길이 모두가 사는 길이다. 오직 이 길만이, 교회가 자신과 이웃을 지켜 낼 수 있는 유일한 길이다.

성도가 성경을 알아야, 교회를 지킨다

여기에 '오직 성경으로'의 종교개혁의 원리와 정신이 들어 있다. 루터는 종교개혁 당시에, 사제들에게만 고등교육을 시키는 가톨릭에 반해, 계급과 신분과 성별을 가리지 않는 보편 교육을 강조했다. 왜 그랬을까? 그래야만 '거짓 설교자와 수도사와 궤변론자의 어리석음을 분별할 수 있는 힘이 생길 것'으로 확신했기 때문이다. 그것이 루터가 택한 전략이었다.

어떻게 해야, 성경 본문 한 구절 읽어 놓고 그것을 자신의 욕망과 세속적 계산에 꿰맞추어 조작하는 엉터리 설교의 폐해를 피할 수 있을까? 어떻게 해야, 성도를 미혹하며 협박하여 거짓된 길로 들어서게 하는 악한 설교자를 분별하고 저항하고, 바로잡을 수 있을까?

설교를 듣는 성도들 자신이 똑똑해지지 않으면, 길이 없다. 요즘은 상품 만드는 회사가 소비자를 속이기가 어렵다. 그 상품에 대한 정보를 쉽고 정확하게 찾을 수 있기 때문이다. 소비자가 물건에 대해 불만을 제기할 수 있는 창구도 쉽고 다양하다. 음식을 먹고 재료가 상했거나 이물질이 들어갔거나, 가격 대비 양과 질이 떨어지면, 먹고 나와서 음식점 주소에 딸린 인터넷 '리뷰란'에 자신의 평가를 남긴다. 쌍방향 소통이다.

마찬가지로, 성도가, 강단에 올라간 설교자의 설교에 아무런 생각 없이 무조건 '아멘, 할렐루야'를 외쳐서는 안 된다. 확인해 보고, 따져 보라. 성도가 성경을 펴 놓고, 과연 그 설교가 하나님의 말씀에 합당한지, 그 읽어 놓은 성경 본문의 전후 문맥에 맞는 소리인지를 확인해 보아야 하고, 확인해 볼 수 있어야 하고, 확인해 볼 책임이 있다.

그 설교나 가르침이 말씀에 깊이 조화를 이루고, 하나님의 참되고 거룩하고 진실한 뜻을 온전히 드러내면, 성도는 전 인격으로, 온 삶으로 화답할 것이다. 그래야 하고 그럴 수밖에 없다. 하지만 그것을 확인하려면, '마음의 확증'만으로는 불가능하다. 거짓 가르침도 계속 듣다 보면, '잘못된 일관성'에 익숙해지고 '거짓된 감성'에도 중독될 수 있기 때문이다.

각 성도가 순전한 말씀의 빛, 거룩과 진실과 사랑이 충만한 살아 있는 하나님의 말씀에 충분히 젖어 있어야 한다. 성도들 자신이 그 '말씀의 빛', '성령의 빛' 가운데 거하고 있어야만, 거짓된 설교를 분별할 수 있고, 저항할 수 있고, 바로잡을 수 있다.

모든 성도에게는 스스로 성경을 읽고, 충분히 배우고, 온전히 알아야 할 책임이 있다. 성경 해석은 신학생들, 사역자들, 설교자들에게만 해당되는 것이고, 성도는 그저 듣고 실행하는 '머리 없는 손발'이라고 생각해서는 안 된다. 각 성도는 예수 그리스도 안에서 '지식에까지 새롭게 하심을 입은' 새로운 피조물이다.

성도 자신이 성경 말씀의 문맥을 따라 읽고, 부지런히 공부하고, 그렇게 읽은 말씀으로 기도하고, 기도한 내용을 실천해야 한다. 그렇게 말씀을 행하다가 다시 질문하고, 그 질문과 시련 속에서 다시 말씀을 읽고 확인하고, 그래서 더 체계 있고 균형 잡히고 온전한 말씀 이해로 나아가려는 노력을 해야 한다.

그렇게 하지 않으면, 주께서 피로 값 주고 사신 주의 양 무리는, '경건을 이익의 재료'로 삼아 양들을 속이고 뜯어먹는 종교 사기꾼들의 해악에서 나오지 못할 것이다. 주의 말씀에 충성된 진실한 사역자라면, 양 무리가 '오직 하나님의 말씀의 생명'을 먹고 마시며 성장하여 '하나님의 말씀 위에 굳게 서는 것'을 자신의 가장 간절한 소원으로 삼을 것이다. 그렇게 말씀에 진실하게 붙잡힌 사역자들을 존경하고 끝까지 섬기라.

성도 자신도 평생에 걸쳐 '모든 성경'을 깊고 넓게 온전히 알아 갈 마음을 먹어야 한다. 부지런히 말씀을 배우고, 기도하고, 행하고, 또 말씀으로 돌아가기를 연습하고 훈련해야 한다. 생각 없이 '교회 다닌다, 예배한다, 순종한다'고 말하지 말라. 성경을 배우라. 성경에 귀 기울이고, 오직 성경을 붙들고 씨름하라. 그것이 '말씀이신 예수님'을 믿는다는 뜻이다. 그것이 주의 몸 된 교회를 지켜 내는 가장 확실한 길이다.

9. 송영과 확신(24-25절)
능히 지키시는 하나님께 대한 찬송

유다서의 주제는 '지키심'이다. 교회는 하나님의 사랑 안에서 '지키심을 입은 성도'이다(1:1, 21; 참조. 요일 5:18, 21). 무엇을 지키라는 것인가? '은혜'이다(1:4). 하나님께서 주신 모든 신령한 은총, 그 은혜로 주신 구원, 성도의 지위와 영광, 새 하늘과 새 땅의 약속이다. 하나님께서 주신 최고의 선물은 그 아들 예수 그리스도이다. 이 은혜를 지켜 내는 것이다. 우리 힘만으로는 절대로 불가능한 일이다. 하나님께서 지켜 주신다.

말씀과 성령은, 성도가 단번에 받은 은혜를 지켜 내고, 또한 지속해서 은혜를 받을 수 있는 결정적인 방편들이다. 유다가 권면한 대로, 교회는 사도들로부터 '단번에 주신 믿음'(1:3) 곧 주 예수 그리스도에 관한 복음에 착념하고 '성령 안에서 기도'함으로써(1:20) 자신을 믿음 위에 건축하며, 하나님의 사랑 안에서 자신을 지켜 나갈 수 있다. 유다는 서신을 마무리하면서, 특별히 우리를 '지켜 내실 수 있는 능력'이 있으신 하나님을 찬송한다. 읽으면 읽을수록 힘을 얻게 되는 이 아름답고 거룩한 송영(頌詠, doxology)을 마음을 다해 묵상해 보자.

> 24 걸려 넘어짐이 없도록 여러분을 지키실 능력, 그의 영광의 임재 가운데 다함없는 기쁨으로 여러분을 흠 없이 세우실 능력을 행하시는 분께, 25 홀로 한 분이신 우리 구세주 하나님께, 우리 주 예수 그리스도로 말미암아, 영광과 위엄과 힘과 권세가, 이 세상의 모든 것 이전부터, 그리고 지금도, 그리고 장차 오는 세상들에 이르기까지 있을지어다. 아멘.

헬라 문화권에서 주고받았던 일반적인 서신의 끝부분은, 통상적으로 부가적인 인사와 건강에 대한 기원, 평안을 비는 기원, 날짜 그리고 서명 등으로 마무리된다(Green, 130). 하지만 신약의 서신으로서 유다서는, 사뭇 다른 내용을 보여 준다. 하나님을 향한 주체할 수 없는 확신과 감사와 함께 모든 찬송과 영광을 하나님께 돌리는 것이다.

신자의 모든 대화는 사실상, 다 함께 하나님을 우러르며 그를 영원토록 즐거워하는 마음으로 경배하는 것으로 마치는 것이 가장 자연스럽고 아름답다. 그것이 궁극적으로 우리가 이르게 될 그 영광스러운 나라에서 우리가 영원토록 즐거워할 모습이기 때문이다. 24절은 우리를 '지키고 온전케 하시는' 하나님을 바라보며 찬송을 시작한다. 25절은, 그런 하나님께 모든 능력과 영광을 돌리면서 하나님의 지키심에 대한 더욱 깊은 확신에 이르게 한다.

지키시는 능력

유다서의 송영의 첫째 부분인 24절의 원문은, '능력을 행하시는 분께'(토 데 두나메노, τῷ δὲ δυναμένῳ)로 시작한다. 모든 초점은, 하나님께서 능력이 있으시고 그 능력을 행하고 계신다는 사실에 놓여 있다. 이보다 더 놀랍고 든든하고 큰 은혜가 또 어디에 있는가! 그런데 그 '능력'은 어떤 능력인가? 첫째, 우리를 '지키실 능력'이고, 둘째, 우리를 그 영광 가운데 '흠 없이 세우실 능력'이다.

먼저 24절의 전반절에서 우리가 찬송할 하나님의 능력은, '걸려 넘어짐이 없도록 여러분을 지키실 능력'이다. '지키실'(풀락싸이, φυλάξαι)은, 1:1, 13, 21에 사용된 '지킨다'의 의미를 가진 '테레오'(τηρέω) 동사에 비해, 대체로 훨씬 강렬한 이미지를 전달한다. 파수꾼이 포도원을 지키듯이, 목자가 자기 양을 지키듯이, 혹은 간수가 감옥의 죄수를 지키듯이, 외부에서 침입자가 들어오거나 또는 그 지키는 대상이 자리를 이탈하지 못하도록, 안전하고 철저하게 보호하는 행위를 가리킨다(참조. 벧후 2:5).

하나님의 사랑을 입은 자들은, 그의 보호하심으로부터 '빠져나갈 방법'도 없고, 외부에서 그 어떤 세력이 와서 '빼앗아 갈' 가능성도 남아 있지 않다는 뜻이다. 역설적이지만, 그 사랑 안에 영원히 '갇혀'(?) 있는 셈이다. 이런 면에서 성도란 참으로 '행복한 죄수들'이다. 물론 하나님께서는 그 거룩한 사랑의 능력으로 '죄인 된 우리'를 변화시키시어, 새 하늘과 새 땅의 삶에 합당하도록 그의 '신적 성품'에 참여하게 하신다(벧후 1:4-11; 3:9-14).

이런 영광스러운 목적이 이루어지기 위하여, 하나님께서는 '걸려 넘어짐이 없도록'(아프타이스투스, ἀπταίστους) 우리를 지켜 주신다. '걸려 넘어진다'는 것은, 장애물에 부딪혀서 실족하여 가던 길을 더 이상 가지 못하게 되거나, 길을 잘못 드는 경우를 염두에 둔 표현이다. 우리에게 은혜를 주신 하나님께서, 그 은혜가 원래 목적하는 목적지에 다 이르기까지, 결단코 실패함이 없이 끝까지 우리를 보호하시고 인도하신다는 것이다.

신앙생활을 하다가 걸려 넘어지는 일이 왜 없겠는가? 있을 수 있다. 하지만, 주께서 우리가 아주 엎드러지지 않도록 붙드시고 지켜 주신다(시 37:24). 반드시 다시 일어서서, 이전보다 더 굳게 서고, 그 터가 견고하게 될 때까지 도와주신다. 한두 번이 아니라, 때마다 필요한 '모든 은혜'로 지키신다(벧전 5:10). 부르심을 입은 성도는, 하나님께서 주신 은혜의 목적지인 영광의 자리에 반드시 이르게 될 것이다(롬 8:31-39). 이것이 24절 하반절이 약속하는, '지키심'의 약속이다. 하나님의 능력은, 결국 우리를 '그의 영광의 임재 가운데 흠 없이 세우실' 능력이다.

온전케 하시는 능력

성도가 하나님의 지키심을 입어 끝내 도착하는 목적지는, '그의 영광의 임재 가운데'(카테노피온 테스 독쎄스 아우투, κατενώπιον τῆς δόξης αὐτοῦ) 서는 것이다.

거짓 교사들의 온갖 더럽고 썩어지고 허무한 말과 악행에 시달리면서, 죄와 죽음과 하나님 없는 허무와 비참이 가득한 이 세상을 지나, 결국 하나님의 영광이 가득한 새 하늘과 새 땅에 이르는 것이다.

하나님의 지키심 가운데 이 세상을 지나 마침내 그 영광의 임재 가득한 하나님 보좌 우편에 이를 때(벧전 3:22; 계 7:15-17), 하나님은 거기서 우리를 '흠 없이 세우실'(스테사이 아모무스, στῆσαι ἀμώμους) 것이다. 종말에 하나님 앞에 서게 되는 상황은, 하나님께 심판을 받거나, 하나님께 드려지거나, 하나님을 찬송하는 경우이다. 그 어떤 경우라도, 그분 앞에 서게 될 때, 우리는 '잘못이 드러나 비난받을 것이 없는' 상태에 이르게 된다는 것이다.

그러므로 일단, 하나님께서 우리를 능력으로 '지키신다'는 것은, 단순히 우리를 '있는 그대로' 보존한다는 뜻이 아닌 것이 분명하다. 이를테면, 서울에서 기차를 타고 도착지 부산에 가듯이, 그 중간에 아무 일도 일어나지 않게 하시겠다는 뜻이 아닌 것이다. 예수 믿고 천국에 간다는 것은, '우리는 그대로 있고' 나중에 천국에서 사는 단순한 '지리적 이동'이 아니다. 하나님께서 우리를 '지키신다'는 것은, 우리가 더 이상 죄와 불의, 죽음과 허무가 없는 새 하늘과 새 땅에 들어가 그 나라를 섬기고 다스리기에 '합당한 존재'가 되도록, 우리를 그의 신성한 성품에 참여하도록 보호하시며 능력으로 역사하신다는 뜻이다(벧후 1:4-11; 3:10-14).

어떻게 이런 일이 일어날 수 있을까? 오로지 성삼위 하나님의 역사로 인함이다. 성부 하나님의 '사랑'으로 말미암아, 예수 그리스도 안에서 '새로운 본성'을 받고, 성령 하나님을 통해 하늘의 모든 '신령한 은혜'들로 충만하게 채워져, 피조물인 사람이지만 하나님의 신성한 성품에 참여하며, 그리스도의 형상과 영광을 따라 온전히 변화되는 것이다(요 2:28-3:2; 골 3:3-4). 이것이 하나님의 사랑 안에서 지키심을 받고, 자신을 지키는 교회의 길이다.

교회여, 무엇이 성공한 신앙인가? '지키심을 입은 자'로서 '자신을 지키는'

신앙이 최고로 성공한 신앙이다. 그것보다 더 나은 성공이 없다. 무엇으로부터 지키심을 받고 또 자신을 지킨다는 것인가? 거짓 교사들의 거짓 가르침으로부터, 그들이 끌어들이는 세상의 더럽고 썩어지고 허무한 세력, 하나님을 반역하여 하나님의 세계로부터 떨어져 나가려는 '비(非)은혜'와 '반(反)은혜'의 세력으로부터, 지키심을 받는 것이다. 더 나아가서, 그 은혜 안에서 온전히 거룩하고 경건한 신적 성품에 참여하는 것이다. 결국 죄와 죽음으로 부패한 세상이 아니라, 새 하늘과 새 땅에서 살기에 합당한 '하나님의 자녀'가 되는 것, 그것이 성공한 신앙이다.

예배의 능력

하나님을 찬송하는 것이 성도의 힘이다. 예배의 능력이 여기에 있다. 하나님의 형상으로 지음받은 우리가 세상의 거짓되고 썩어지고 헛된 것들 앞에 머리 숙여 경배할 때, 우리는 가장 낮고 비참한 존재가 된다. 하지만 우리가 하나님을 예배하며 높일 때, 그동안 우리가 높여 왔던 온갖 우상은 고꾸라져, 우리의 발아래 뒹굴기 시작한다.

예배는 우상 숭배의 습관을 전격적으로 뒤집는 행위이다. 하나님께 모든 힘과 능력과 영광을 돌려 드릴 때, 우리는 보좌에 앉으신 하나님의 발 앞에서 비로소 그분의 존귀한 형상으로 회복되기 때문이다. 그리고 원래부터 우리가 다스렸어야 할 그 모든 피조물은 우리의 발아래서 복종하기 시작한다(시 8:1-9). 하나님을 예배할 때, 모든 것이 '자기 지위와 처소'로 돌아가 제자리에 놓이게 되는 것이다. 그래서 예배는 만유(萬有)를 치유하고 회복한다.

'하나님을 높이라, 하나님의 형상됨을 회복하라, 만물을 다스리라.' 예배의 능력이 여기에 있다. 새 하늘과 새 땅에서는, 모든 피조물이 영원토록 하나님을 높이며 예배할 것이다(계 4:1-5:14). 예배가 신천신지(新天新地)의 새 질서를 유지하는 능력이기 때문이다. 하나님만을 높이는 예배는, 진정한 치유와 회복이 시작이고 그 완성이다.

유다서 1:25는 송영으로서, 신학적이고 목회적인, 세 가지 역할을 해낸다. 첫째, 송영은 하나님만을 높이는 것이다. 그것은 마땅한 신학적이고 신앙적 고백이다. 둘째, 하나님께 모든 능력과 영광을 돌림으로써, 거짓 교사들이나 마귀나 그 어떤 세력일지라도 결코 하나님을 대적하여 승리할 수 없다는 확신을 북돋는다. 셋째, 그러므로 아무것도 두려워하지 말고, 오직 하나님만 의지하라는 것이다. 그분이 반드시 이루실 능력이 있고, 그렇게 하신다는 확신에 굳게 서라는 것이다.

하나님만 의지하라

25절의 '홀로 한 분이신 하나님'(모노 떼오, μόνῳ θεῷ)은, 구약에서부터 뿌리 깊은 '유일신'(唯一神) 사상을 표현하는 칭호이다(참조. '쉐마', 신 6:4-5). 오직 하나님만이, 만유의 창조주시요, 구원자시요, 심판주시라는 강력한 선포이다. 여호와 하나님에 비견할 다른 신들은 없다. 혹시 있다 해도 그것들은 사람의 손으로 만든 무능하고 헛된 우상들일 뿐이다(신 32:12; 사 44:6-20; 슥 14:9). '홀로 한 분이신 하나님'을 찬송하는 것은, 하나님을 대적할 만한 다른 신이나 능력이나 권세가 없다는 뜻이다.

아무것도 두려워할 것이 없다. 그 유일무이하신 전능한 하나님께서 우리를 지키고 온전케 하겠다고 하셨으니, 무엇이 두려우랴! 무엇이 걱정이랴! 담대하라는 것이다. 홀로 한 분이신 우리 하나님이 지키고 구해 내신다. 전능한 '우리 구세주께'(소테리 헤몬, σωτῆρι ἡμῶν) 감사와 찬송을 돌리는 예배야말로 우리를 큰 확신과 기쁨 가운데 굳게 서게 한다.

'구세주'(救世主)라는 표현은, 세상이 하나님의 진노의 심판 아래 있다는 사실을 전제한다. 그리고 그 거룩하고 공의로운 심판으로부터 우리를 건져 내실 분은 하나님뿐이며, 그 심판을 맡으신 우리 주요 동시에 우리의 속죄 제물이 되어 주신 예수 그리스도뿐임을 알려 준다(요 5:22; 요일 2:1-2; 계 20:11). 악한 자 아래 잠시 놓여 있는 첫 번째 하늘과 첫 번째 땅인 지금의 이 세상도, 그 악한 자 마귀와 함께 하나님의 심판, 종말의 불의 심판을 피하지 못할 것이다(벧후 3:10-12; 요일 5:19).

끝내, 주께서 '만물을 새롭게 하실' 것이다. 죄와 죽음과 허무가 더 이상 지배하지 못하는, 새 하늘과 새 땅을 가져오실 것이다(계 21:1-8). 부르심을 받아 하나님의 사랑을 입은 성도들은, 그때에 죄와 죽음과 상관없는 부활 육체를 받고(고전 15:50-58), 지금도 하나님과 성도와 함께 누리는 그 영원한 생명을, 영원토록 누리게 될 것이다(요 3:18; 11:25-26; 15:7; 요일 5:12). 하나님께서 이미 이루셨고, 이루고 계시고, 장차 온전히 나타내실 것이다.

25절 하반절을 통해, 유다는 모든 '영광과 위엄과 힘과 권세'가 하나님과 주 예수 그리스도께 있음을 선포하고 찬송한다. 이보다 더 확실한 일이 없으므로 그런 하나님께서 우리를 지키시고 온전케 하시는 일도, 의심의 여지없이 확실하다는 뜻이다. 찬송하라! 하나님을 찬송할 때, 성령께서 우리의 마음을 살려 내신다.

'영광'(독사, δόξα)에는 '무겁다'(*kabod*)라든지 '영예, 평판'이라는 뜻이 포함되지만(Davids, 113), 그 정확한 의미를 떠올리기가 쉽지 않다. 사실 '영광'을 상상하는 것이 어려운 이유는, 우리가 죄와 죽음과 하나님 없는 허무 아래에서 태어났고, 그 비참을 보고 자란 것 외에 다른 지식이 없기 때문이다. '비참'의 상태는 무엇인가? 원래 받았던 것도 빼앗기고, 헐벗고, 파괴되어, 처참하게 된 상태이다.

하지만, 중생한 성도는 말씀의 생명의 능력과 성령을 통해 하늘의 신령한 빛과 하나님의 영광을 경험한다(고후 4:4; 벧후 1:19; 요일 1:5; 2:8). 하나님은 빛이시고, 빛이신 하나님은 영광스럽다. 그 하늘의 빛과 함께 성령을 통해 우리에게 주어지는 모든 은혜들, 진리와 생명, 거룩과 사랑, 하나님의 모든 신성한 덕(德)들도 모두 그 신령한 빛으로 빛나는 영광스러운 모습을 띠고 있다.

또한, '하나님의 형상'으로서의 사람은, 그분의 영광을 반사하여 비추는 또 다른 '영광'이다. 이런 면에서, '영광'은 우리를 살리고자 하시는 그분의 거룩하고 신실한 '사랑과 덕'을 의미하며, 그 결과로 회복된 우리 자신을 의미하기도 한다. 주님께서 죽은 지 나흘이나 된 나사로를 살리시며 하셨던 말씀을 들어 보라: "오늘날, 네가 믿으면 하나님의 영광을 보리라"(요 11:40). 사람들이 보게 된 것은, '죽었다가 살아난 나사로'이다.

죽음의 비참에서 일어난 나사로가 곧, '하나님의 영광의 나타남'이다. 하나님께 모든 영광을 돌리는 우리의 찬송은, 하나님께서 그의 '영광스러운 능력과 덕으로써' 우리를 끝까지 지키고 살려 내고 온전케 하실 것이라는 확신에 찬 신앙고백이기도 한 것이다(벧후 1:3).

'위엄'(메갈로수네, μεγαλωσύνη)은, 그 크기나 규모가 기대나 상상을 초월할 만큼 엄청나게 크고 장엄함을 가리킨다. 출애굽 사건을 떠올려 보라. 홍해가 갈라진다. 쫓아오던 그 강력한 애굽 군사들이 모두 바다에 뒤덮인다. 예수님의 변화산상의 모습을 보라. 그것은 평소에 상상하기 어려웠던 하나님의 아들의 신적인 본체 곧 그 신비에 둘러싸인 영적 실상(實像)이다. 차원이 다르고, 규모가 다르고, 그 수준이 다르다.

장차 하나님께서 세상을 심판하시고, 우리 눈앞에 '새 하늘과 새 땅'을 열어 보이실 때를 상상해 보라. 그런 것이 '위엄'이다. 하나님만이 가지신 하늘 영광의 나타남이고, 하늘과 땅의 다른 모든 것을 압도하는, 그분만이 가지신 힘과 권세가 나타나는 것을 가리킴이다. 누가 이런 '위엄'을 가졌는가? 거짓 교사들이 떠벌리는 '위세'란 얼마나 어둡고 초라한 것인가. 그들의 거짓된 허세를 볼 때마다, 하나님과 우리 주 예수 그리스도의 거룩하고 신성한 위엄을 바라보라. 오직 하나님의 영광과 힘과 권세의 참된 능력이 나타남만을 바라보라.

'힘'(크라토스, κράτος)이란 그야말로 '센' 것이다. 무엇을 해낼 수 있는 실제적인 능력이다. 팔씨름을 하려고 상대의 손을 잡으면, 상대의 힘이 느껴진다. 힘이란 그런 것이다. 아무리 달려가도 앞으로 나아가지 않는 그런 허망한 꿈을 꾸어 본 적이 있는가? '거짓 교사들의 꿈'이 그런 것이다. 그들은 무능하고 무력하다. 참되고 거룩하고 선하고 덕스러운 일에 관하여, 그들은 전적으로 무력하며 아무것도 이루지 못한다.

세상에서 가장 강력한 힘은, 죄를 이기고 죽음을 이기는 힘이다. 세상에 그 어떤 힘센 자도, 죄나 죽음을 이길 만큼 '세지'는 못하다. 예수님이 가장 '센' 분이시다. 그분은 온유하고 겸손해서 채찍으로 때리면 맞으시고, 왼뺨을 치면 오른뺨을 대실 만큼 무력하게, 도살장에 끌려가는 양처럼 묵묵히 십자가를 지신 분이셨지만, 결국 죄를 이기고 죽음을 이기신 가장 강력한 '승리자'이셨다. 세상을 이기는 '가장 강력한 힘'은 오직 하나님과 그리스도께만 있다. 목양을 하는 목회자들이 한결같이 고백하는 능력의 비결이 무엇인가? '목사가 죽어야 교회가 산다'는 원리가 아닌가. 힘이란 그런 것이다. 사랑이 이끄는 길에 순복하는 힘이다.

'권세'(엑수시아, ἐξουσία)는, 주어진 '지위'에 합당한 '권리와 능력'이다. 장관의 지위에 앉아 있다면, 장관의 권력을 행사할 것이다. 대통령의 지위를 받았다면, 대통령의 권력을 행사하게 된다. 그런 것이다. 그 지위에 따라 허락된 능력이다. 예수님께서 세례를 받고 물 위로 올라오실 때, 하늘이 열리고 그 하늘로부터 성령이 내려오셔서 그분에게 기름 부으심이 되셨다. 마치 왕국 시대에 있던 왕의 즉위식을 연상하게 하는 장면이다(마 3:15-17; 시 2:6-9). 다만, 이번에는 선지자가 기름을 부어 왕을 삼은 것이 아니라, 하늘의 하나님 아버지께서 자신의 영 곧 '하나님의 영으로' 직접 기름 부어 왕을 삼으신 것이다.

복음서가 전하는 예수님의 권세는, 하늘의 하나님의 영의 권세 곧 하나님 자신의 권세였다. 하나님의 나라의 통치가, 하나님 자신의 권세를 통해 이 땅에 직접 실현되기 시작한 것이다. 이것이 '종말의 다윗 왕, 목자이신 예수님의 비할 바 없는 권세'이다(마 9:6-8; 11:27; 28:18). 귀신도 마귀도, 세상도 병도, 죄도 죽음도 그의 발 앞에 복종할 수밖에 없는 권세였다. 누가 우리 주 예수 그리스도의 권세에 도전하랴! 할렐루야, 모든 권세와 영광을 우리 하나님과 주 예수 그리스도께 돌리라. 그가 통치하시고, 그가 이루신다.

25절 하반절, '이 세상의 모든 것 이전부터, 그리고 지금도, 그리고 장차 오는 세상들에 이르기까지'는 통상 '영원 전부터 이제와 영원토록'(개역개정)으로 번역되는 원문을 문자적으로 풀어 옮긴 것이다. 다소 투박하지만, 원래의 의미를 감지할 수 있도록 번역했다. 개역개정의 '영원 전부터'는 문자적으로 '이 세상의 모든 것 이전부터'(프로 판토스 투 아이오노스, πρὸ παντὸς τοῦ αἰῶνος)이다.

신약성경과 유대 문헌에서 '아이오노스'(αἰῶνος)는 시간과 공간을 합친 '시대'(age) 또는 '세계, 우주'(world)를 뜻하는 단어이다. 시간과 공간이 어우러져, '일정 기간 정해진 우주 공간'을 의미하는데, 통상 '세상'으로 번역되기도 한다. 흥미로운 점은, 25절의 끝에 '영원토록'으로 번역되는, '장차 오는 세상들에 이르기까지'(에이스 판타스 투스 아이오나스, εἰς πάντας τοὺς αἰῶνας)에서 '세상들'(아이오나스, αἰῶνας)이 복수형이라는 것이다. 그러니까, 우리가 바라보는 새 하늘과 새 땅 곧 장차 오는 '하나님의 나라'는, 셀 수 없을 만큼의 여러 시대들, 세계들이 겹쳐서 지속되는 또 다른 '영원한 나라'라는 것이다.

그것은 아직 신비에 둘러싸여 있다. 하지만 세상 이전과, 지금도, 그리고 장차 오는 영원한 세상들에 이르기까지, 교회에 알려진 거룩하고 복되고 '기쁜 소식'이 있다. 그것은 지금뿐 아니라, 이 세상 전과 후에도 영원토록, 삼위 하나님께서 우리를 끝까지 지키실 것이라는 사실이다. 그분이 우리를 그 '의(義)가 거하는바 새 하늘과 새 땅'으로 인도하시고, 그 영원한 나라를 다스리기에 부족함이 없는 거룩한 백성으로 온전히 빚어 주실 것이다. 이것보다 확실하고 기쁜 소식은 없다.

'아멘'! 하나님의 전능하시고 신실하신 사랑에 대한 우리의 응답은 언제나 '아멘'(ἀμήν)으로 나타날 수밖에 없다. 하나님의 신실한 '언약적 사랑'을 확신하며 외치는 '아멘'(amen)이라는 화답은 '진실로 그렇게 이루어지기를 원합니다'라는 의미이다. 주의 거룩한 뜻에 대한 기쁨과 확신 가득한 동의(同意)요, 동시에 그 약속의 말씀을 믿고 순종하며 따라가겠다는 결연한 신앙고백의 표현이다.

누가, 이러한 전능하신 하나님을 막을 수 있는가? 누가 이 하나님께서 우리를 향하여 가지신 그 뜻을 꺾을 수 있는가? 교회여, 하나님을 찬송하라. 그분을 바라보라. 오직 그분만을 의지하라. 그분이 우리를 지키신다. 끝까지 지키시고, 온전케 하사, 우리를 그 영원한 영광 가운데 세우시리라! 성도여, 그 어떤 경우에도 이 복된 은혜와 약속을 빼앗기지 말라.

에필로그

'지키심의 은혜' 안에서, 자신을 '지키는' 교회

교회를 지킨다는 것은 어떻게 하는 것인가? 수많은 교회가, 자신을 지키기 위해 갖가지 결단들을 내린다. 잘못된 결정인데 정말 그대로 지켜질 것처럼 보이기도 하고, 올바른 결정인데 금방 무너져 버릴 것처럼 보이기도 한다. 그러나 그것은 '겉으로' 그리고 '잠시' 그렇게 보일 뿐이다. 병이 들어도, 더 이상 살 수 없는 지경에 이르기까지는 오래 걸린다. 반대로, 좋은 씨앗을 심어도 싹이 나고 잎이 나고 꽃이 피고 열매를 맺기까지는 오래 기다려야 한다.

교회를 지킨다는 것은, 어떻게 한다는 것인가? 요한이서와 요한삼서, 유다서의 가르침은 명확하다. '진리'를 버리거나 훼손하면, 그런 교회는 지켜질 수 없다. 교회가 하나님의 '사랑'을 버리거나 막아서면, 그런 교회도 지켜질 수 없다. 실제로 교회를 지키는 일은 어렵다. 목회자나 성도 자신이, 견고한 진리 위에 서 있지 못하거나, 하나님의 사랑이 아니라 세상 욕망에 휘말려 있으면 불가능한 일이다. 하지만 온 교회가 예수 그리스도의 말씀을 따라 진리를 끝까지 붙들고, 아버지 하나님의 사랑 안에 힘써 거하면, 성령께서 교회를 그분의 거룩한 긍휼로 지켜 주신다.

요한이서, 요한삼서, 유다서를 관통하는 주제

'지키심을 입고, 자신을 지켜야' 한다는 주제는, 요한일서가 마저 다루지 못한 채 남겨 놓은 주제이다. 요한일서 끝부분인 5:18을 보라. 하나님께로부터 나신 자가 교회를 '지키신다.' 5:21을 보라. 하나님의 자녀들은, '자신을 지켜' 온갖 우상을 멀리해야 한다. 지키심의 은혜를 입은 교회는, 힘써 자신을 지켜야 한다. 이것이 요한일서가 남긴 주제이다.

요한일서 다음의 '정경적인(canonical) 배열'을 살펴보면, 이 '지키심'의 주제는 유다서에서 본격적으로 설명되고 마무리된다. 유다서 1:1을 보라. 하나님 아버지 안에서 사랑을 입은 자들은, 그리스도로 말미암아 '지키심을 입은' 자들이다. 하나님의 은혜이다. 유다서의 끝부분인 21절도 보라. 그렇게 하나님의 사랑을 받은 자들은 힘써 '자신을 지켜야' 한다. 우리에게 주어진 사명이다. 요한일서 1:18, 21이 남긴 주제가, 유다서에 와서 마무리되는 것이다.

그 가운데 끼여 있는 요한이서와 삼서는, '정경적으로' 어떤 관점에서 보아야 하는가? 요한일서가 '코이노니아'의 신학을 제시하는 책이라면, 요한이서와 삼서는 그 '코이노니아'의 실제적인 문제들을 다룬다. 요한일서가 제시한 '영생'으로서의 '코이노니아'는, 과연 실제적으로 어떻게 지켜질 것이며 지켜나가야 하는가? 요한이서와 삼서는 이 질문에 대답한다. 요한이서가 당시의 실제 교회의 상황을 소개하면서 '진리'를 강조하는 것이나, 요한삼서가 당시의 실제 교회의 상황을 소개하면서 '사랑'을 강조하는 이유가 여기에 있다.

교회는 어떻게 지켜지는가? 돈이 필요하고, 성도가 단합해야 하고, 성도들이 목회자를 잘 따라야 할 것이다. 하지만, 그 어떤 경우에도, '말씀의 길', 진리와 의(義)의 길을 버리면 교회는 겉으로는 서 있어도, 속으로는 다 무너진 것이다. 교회는 '진리의 기둥과 터'이기 때문이다. 교회는 어떻게 지켜지는가? 교회 내의 강력한 그룹이 세(勢)를 모으면 되는가? '의리'로 똘똘 뭉치면 되는가? '의리'에 '진리'가 빠지면 그것은 참된 '사랑'이 되지 않는다. 교회는 '하나님의' 사랑으로만 올바르게 지켜진다.

사실, 교회는 이미 '하나님의 사랑'과 '진리이신 예수 그리스도로 말미암아' 성령 안에서 '지키심의 은혜를 따라' 하나님의 지키심을 입고 있다. 삼위 하나님께서 친히 교회를 세우고, 인도하며, 지키고, 온전케 하신다. 이것보다 더 확실한 은혜는 없다. 교회는 그 어떤 경우에도, 삼위 하나님께서 교회를 지키시는 은혜를 확신해야 한다. 아무도 삼위 하나님의 지키심의 은혜로부터 교회를 빼앗아 가거나 망하게 할 수 없다. 그럴 능력이 있는 피조물은 하늘과 땅 어디에도 존재하지 않기 때문이다.

거짓 가르침의 양상

지키심의 은혜를 입은 교회는, 힘써 자신을 지켜야 하는 사명을 받는다. 유다서는, 거짓 교사들에 맞서 본격적으로 '지키심'의 신학과 이에 근거한 신앙 곧 '지키심의 경건'이라는 주제를 전개한다. 누가 거짓 교사들인가? 거짓 교사들은, 교회 밖에서 활동하는 이단들과는 다르게 '양의 가죽을 뒤집어쓴 늑대'처럼 교회 안에 침투해서 교회를 흔들고 망하게 하려 한다.

거짓 교사들은 입으로는 신앙고백을 하지만, 실제로는 '불신자들'이다. 저들은 거듭나지도 않았고 성령을 받지도 않은 '육적인' 본성 그대로이지만, 성도 앞에서 설교하고 가르친다. 교회 안에 알곡과 함께 있는 가라지들과 같은 처지이다. 지금 여기서 저들을 최종적으로 분리해 내는 것은 어렵다. 그것은 최후의 날, 하나님 앞에서나 드러나게 될 것이다.

사실, 거짓 교사들에 대한 심판은 이미 행해졌다. 역설적이지만, 겉으로 어찌 보이든 간에 저들은 이미 캄캄한 흑암 가운데 '지키심'을 입고 있다. 교회는 저들에 대한 심판이 이미 행해졌으며, 저들은 지금도 자신의 어둠을 통해 캄캄한 흑암의 심판 속에 갇혀 있다는 사실을 확신해야 한다. 교회는 흔들리지 말아야 한다. 요한이서와 삼서 유다서가 교회에 하는 말씀은, 참된 성도는 저들을 분별하고 경계함으로써, 오히려 '자신을' 하나님의 사랑과 그리스도의 진리와 성령의 소망 안에서 힘써 '지키는' 싸움에 몰두하라는 것이다.

그렇다면, 구체적으로 어떻게, 거짓 교사들로부터 자신을 지키는가? 요한이서는, 교회를 지킨다면서 '진리를 희생시키는' 자들을 경계하라고 권면한다. 요한삼서는, 교회를 지킨다면서 '사랑을 버리는' 자들을 경계하라고 요청한다. 진리 없는 사랑은, 결코 사랑이 되지 않는다. 아들이 있는 자에게라야, 그 아들을 보내신 아버지가 있는 것과 같다. 사랑 없는 진리는, 죽이는 것이 된다. 하나님은 그 아들을 '사랑 때문에' 보내셨고, 그 사랑으로 우리를 '살리셨다.' 아버지와 아들이 분리될 수 없다. 아버지는 아들을 통해 알려진다. 아들은 우리를 오직 아버지께로 인도하신다. 진리와 사랑을 분리하려는 모든 시도는, 거짓 가르침에서 온다.

사랑은 오직 진리와 함께여야 '참된 사랑'으로 경험되며, 진리는 우리를 오직 '아버지의 사랑'으로 인도한다. '진리 없는 사랑'은 속이는 거짓 가르침이다. '사랑 없는 진리'도 살리지 못하고 죽이는 것이다. 이런 거짓 가르침들을 분별하고 경계하여 거짓 가르침으로부터 자신을 지켜야 한다. 오직 십자가에서 '공의와 사랑'의 길을 우리에게 보이신, 예수 그리스도의 길을 따라가야 한다. 그것이 교회가 '하나님의 지혜'로 자신을 지키는 길이다.

은혜의 지위와 사명의 처소

유다서는 '지키는' 신앙에 대해 더 본질적인 신학과 메시지를 던진다. 성도란, 하나님의 '사랑'을 입은 자이다. 그 사랑이란, 그들이 받은 '은혜의 지위'로 나타난다. 그것이 구원이든, 성도의 영광이든, 생명이나 기회이든, 성도는 하나님이 주신 '은혜의 세계'에 눈을 뜬다. 동시에, 하나님에게서 '은혜'를 받은 성도는, 그와 함께 '사명의 처소'도 부여받는다.

유다서에서 '죄'란, '은혜의 지위'를 떠나고 '사명의 처소'를 내팽개치는 것이다. 왜 그렇게 될까? 이를 이해하려면, 먼저 유다서가 전제하는 성경의 우주관을 이해해야 한다. 유다서는, 하나님께서 '주인이시요 주'가 되시는 세계를 복원(復元)한다. 오늘날 계몽주의 이후 물질주의적 과학 문명의 세례를 받은 현대인들에게는 낯선 세계관이다.

하나님은 하늘과 땅, 보이지 않는 세계와 보이는 세계 '모두'를 창조하셨고, 그 모든 영역에서 '주인(Master)이시요 주(Lord)'이시다. 사실, '천사들'과 '영광들'과 '권세들' 같은 영적 존재들이 없는 우주는 존재하지 않는다. 과학(science)은 유익하지만, 종교적 신념을 대치하는 이념적인 '과학주의'(scientism)는 '이성'이 자신에게 주어진 '지위와 처소'를 벗어난 병적인 증상이다.

유다서가 소개하는 '하나님께서 만유의 주가 되시는 우주'에서는, 하늘과 땅의 모든 피조물에게 각기 주어진 '은혜의 지위와 사명의 처소'가 있다. 혹시, 이런 주장에 대해 '갑갑함'을 느낀다면, 그것은 당신이 이미 '인간 중심'의 '계몽주의적 세계관'에 중독된 증상일 수 있다. 만유의 '주인이요 주'이신 하나님께서 다스리시는 하늘과 땅에 걸친 우주 전체는, 그분의 말씀의 질서 안에서 가장 조화롭고, 각 영역에서 자유로우며, 완전히 평화롭고, 충만한 빛과 생명으로 가득 차 있다.

유다서가 정의하는 '죄'는 이런 성경적 세계관을 배경으로 한다. 유다서가 심각하게 폭로하는 '죄'의 본질은, 피조물이 자신에게 '주어진 은혜의 지위'를 버리고 '그 사명의 처소'를 이탈하는 것이다. 그것이 '불경건'의 핵심이다. 죄는 단지 한두 가지 방식으로 정의되지 않는다. '하나님의 영광에 이르지 못하는 것'도 죄이고, '율법이 정한 경계를 넘어가는 것'도 죄이다. 하지만, 깨어진 유리 같은 이 타락한 세상에서, 죄란 그 깨어진 유리 조각들만큼이나 다양하게 드러난다. 그만큼 의와 생명의 질서가 풍요하기 때문이다.

공동서신의 책들이 정의하는 죄의 특징적인 면모들을 살펴보라. 야고보서가 가장 심각하게 지적하는 죄는, '나뉜 마음' 곧 '전심이 아닌 마음'으로 하나님을 대하는 죄일 것이다(약 1:8; 2:4; 3:9; 4:4, 8). 베드로전서가 폭로하는 가장 심각한 죄는 무엇인가? 그것은 '가짜 은혜'이다. 베드로전서는 세상 한복판에서 선한 양심으로 십자가의 길을 좇아감이 없이 '값싼 은혜'를 노래하는 '가짜 은혜'를 가장 큰 죄로 규정한다(벧전 5:12).

베드로후서가 가장 심각하게 보는 죄는 무엇이냐고 묻는다면, 그것은 '세상의 더러움을 피한 후에 거기에 다시 얽매이는 죄'(벧후 2:20)라고 말할 수 있다. 베드로후서에서 '토한 것을 다시 먹는 죄'(벧후 2:22)보다 더 심각한 죄는 없다. 그것은 영원한 나라에 들어가기 위해 신적 성품에 참여하는 것과 정반대의 방향으로 후퇴하는 것이기 때문이다.

요한일서를 기록한 요한은 조금 다르게 대답한다. 요한일서에서 근본적인 죄란, 단지 증오, 살인, 도적질 같은 것이 아니다. 그런 죄들은 '사망에 이르지 않는 죄들'이다. '사망에 이르는 죄'는 다른 모든 죄들을 용서받을 수 있는 '하나님과의 사귐'(koinonia)을 저버리는 죄, 곧 '단절(斷切)의 죄'이다(요일 5:16-17).

이런 식으로, 요한이서는 '사랑의 이름으로, 진리를 버리고 타협하는 죄'를 가장 심각하게 제시한다(요이 1:7-11). 대조적으로, 요한삼서는 '진리의 이름으로, 같은 믿음의 형제를 사랑하지 않는 죄'를 더 심각하게 본다(요삼 1:9-11).

참된 경건이란?

유다서에서 '죄'란 무엇인가? 그것은 하나님께서 주신 '은혜의 지위를 버리고 맡기신 사명의 자리를 떠나', 하나님의 통치 질서, 곧 그 말씀의 의(義)의 구조를 파괴하며, 경계를 넘어 욕망하고 빼앗고 거기에 뒤섞이는 것이다. 결과적으로는, 하나님께서 주신 '은혜를 변질시키고 다른 것으로 뒤바꾸는 것'이다. 유다가, 광야의 불신자들과 소돔과 고모라 사람들 그리고 거짓 교사들의 죄의 뿌리로 지적하는, 하늘의 타락한 천사들의 죄의 본질이 바로 이것이다.

저들은 하늘에서 자신들에게 주어진 '지위와 처소'를 이탈하고 내팽개친 자들이다. 저들은 자신들에게 '주어지지 않은' 지위와 처소를 탐욕으로 취함으로써, 단지 개별적인 죄를 범한 것 이상으로, 하나님의 세계의 구조를 깨뜨리고 흔듦으로써, 하나님께서 이 모든 세계의 '주인이요 주' 되신 사실을 부인한 것이다.

저들에 대한 심판은 확실하고, 확고하다. 해가 떴다가 저녁에 저물지 않는 것을 보았는가? 해가 지는데 어두워지지 않는다거나, 밤이 지났는데 새벽이 오지 않은 적이 있는가? 거짓 교사들의 심판은 이보다 더 확실하다. 저들은 이미 심판받은 자들이다. 완연하게 불의와 불법을 행하고도, 탐욕과 방탕으로 거짓 교사 노릇을 하면서도 승승장구하는 자들을 보는 것은 고통스럽다.

하지만 참된 교회는, 거짓 교사들의 심판을 확신해야 한다. 하나님께서는 자신의 지위와 처소를 '지키지 못한' 하늘의 타락한 천사들과 함께, '이미' 거짓 교사들을 캄캄한 흑암 가운데 '지키고' 계신다. 이것은 역설적인 표현이다. 거짓 교사들은 결국 '자신들이 원하고 택한' 대로 되고 마는 것이다. 저들이 원했던 그대로, 하나님의 세계 안에서 자기 자리를 영원히 잃고, '무소속'과 '상실'의 나락으로 떨어지는 것이다.

중요한 것은, 거짓 교사들에 대한 공의의 심판이 당장 나타나는 것이 아니라는 점이다. 유다가 강조하는 바는, 저들의 심판을 확신하는 참된 교회는 자신들에게 주어진 '은혜의 지위'와 '사명의 처소'를 굳건하게 지켜 나가야 한다는 것이다. 교회에 주어진 영광의 소망을 끝내 이루는 것이다. 그렇다면, 유다서가 가르치는 '참된 경건'이란 무엇인가?

유다서가 말하는 참된 경건을 이해하려면, 우선 '하나님의 흔들리지 않는 하나의 통합된 세계'를 받아들여야 한다. 하나님께서 창조하신 물질세계뿐 아니라, 눈에 보이지 않는 영적 세계를 겸허함과 경외함으로 바라볼 수 있어야 한다. 한 분 하나님과 주 예수 그리스도께서 '주인과 주'가 되셔서, 그 흔들리지 않는 세계를 다스리고 계심을 인정해야 한다.

구원이란, 이렇듯 '흔들리지 않는 견고한 세계에 뿌리내리는 것'이다. 대조적으로, 구원받지 못한다는 것은, 결국 하나님과 주 예수 그리스도의 이렇듯 견고한 세계에서 '영원히 떨어져 나가', 그의 세계 안에서 '지위와 처소'를 잃고, 영원토록 '소속됨이 없이' 컴컴한 흑암을 떠도는 것을 뜻한다.

유다가 말하는 '경건'이란, 하나님의 형상으로 놀랍게 지음받고, 성도라 불리는 영광스러운 구원을 얻은, 그 '은혜의 지위'를 끝까지 지켜 내는 것이다. 우리를 '지키시는' 하나님의 '모든 은혜'를 받고 누리고 그 충만한 실현을 바라보며, 교회에 주어진 사명, 우리가 돌보고 섬기고 헌신하여 이루어야 할 사명을 끝까지 지켜 내는 것이다.

사람으로 태어나서 짐승이 되지 않고, 돈이나 물건이 되지 않고, 하나님의 형상인 사람답게 살다가 죽는 일이 쉬운가? 성도가 되는 은혜를 입고, 끝까지 성도의 은혜를 누리며 성도의 본분을 다하다가 주 앞에 서는 일이 쉬운가? 교회에서 직분을 받고, 죽기까지 그 직분을 감당하는 일은 때로 얼마나 힘들고 고통스러운가. 부모가 되어 끝까지 부모의 자리를 지키는 것이나, 자녀가 되어 끝까지 자녀의 도리를 다하는 것도 쉽지 않다. 주께서 통치하시는 이 세상에서 주께서 주신 '새롭게 된 양심'을 따라 이 땅의 '시민'으로서 살아가는 일, 더구나 하늘나라의 '시민'으로서 살아가는 일은 어떠한가?

유다서는 오늘날 교회가 추구해야 할 '참된 경건'의 중요한 내용을 제시한다. 무엇을 새롭게 성취하여 '우리의 업적이나 영광'을 자랑하는 싸움이 아니라, 이미 주께서 주신 은혜와 사명의 자리를 풍성히 누리며 끝까지 '지켜 내는' 신앙의 중요성을 일깨워 준다. 출애굽기에서는 '모세'가 '오직 하나님의 능력으로 큰일을 해낸' 신앙의 대표적 인물이고, 로마서에서는 '아브라함'이 '일한 것이 없이 은혜로 의롭다 함을 입은' 믿음의 대표적 인물이듯이, 유다서에서는 '에녹'이, 그저 평범한 일상 속에서 '자신을 지키는 경건'으로 죽음을 보지 않고 하늘로 들려 올라간 '성공한 신앙'의 대표적 인물이다.

교회는 이 땅에서 따로 구할 영광이 없다. 교회가 받은 영광은 예수 그리스도이며, 그분 안에서 성령을 통하여 주어지는 모든 신성(神聖)의 충만이요, 삼위 하나님과 함께 누리는 성도의 코이노니아이다. 교회는 이미 받은 이 영광의 소망, 온 피조 세계마저 죄와 죽음과 허무에서 해방되어 장차 우리 눈앞에 나타날 새 하늘과 새 땅의 영광스러운 소망을 지켜 내는 것으로 '세상을 이기는 승리'를 누린다.

'성공한 그리스도인'이란, 하나님의 지키심을 입어, 세상의 거짓과 더러움과 썩어짐과 허무함으로부터 자신을 지키는 그리스도인이다. 교회에게 이것 외에 다른 승리나 성공은 없다. 왜냐하면, '썩지 않고, 더럽지 않고, 쇠하지 않는' 땅, 그 영원한 나라, 새 하늘과 새 땅이 '이미' 예수 그리스도를 통해 이 땅에 임했고, 그 아들을 믿고 성령 안에 거하는 그의 교회 안에 '지금, 여기에 임하여 있으며', 장차 주 예수 그리스도께서 다시 오시는 그날 온전히 이루어지게 될 것이기 때문이다. 그 영광의 날까지, 교회는 하나님의 사랑의 지키심 안에서 자신을 끝까지 지켜 내야 한다.

"하나님의 사랑 안에서 자신을 지키며 영생에 이르도록
우리 주 예수 그리스도의 긍휼을 기다리라"(1:21, 개역개정).

부록

요한이서 저자 사역

1절 장로는 택하심을 입은 부녀와 그 자녀들에게 편지합니다. 내가 진리 안에서 사랑하고 또
나뿐만 아니라 진리를 알게 된 모든 자들이 그렇게 하는 것은,
2절 우리 안에 그리고 우리와 함께하는 자들 안에 영원토록 거하는 진리 때문입니다.
3절 은혜와 긍휼과 평강이, 하나님 아버지께로부터 그리고 예수 그리스도, 그 아버지의 아들
로부터 와서, 진리와 사랑 안에서 우리들과 함께할 것입니다.
4절 내가 크게 기뻐하는 것은, 아버지께로부터 받은 계명을 따라 당신의 자녀들이 진리 안에
서 걸어가는 것을 알게 되었기 때문입니다.
5절 그래서 이제 당신에게 간절히 원하는바, 부녀여, 이것은 새 계명으로 당신에게 쓰는 것
이 아니라 처음부터 우리가 가진 것이니, 우리가 서로 사랑하자는 것입니다.
6절 그 사랑은 이것이니 곧 우리가 그의 계명들을 따라 걸어가는 것이요, 그 계명은 이것이
니 곧 여러분이 처음부터 들은 바대로 그 안에서 걸어가는 것입니다.
7절 왜냐하면 속여 길 잃게 만드는 많은 자들이 세상 안으로 나왔기 때문인데, 예수 그리스
도께서 육체로 오신 것을 고백하지 않는 자들입니다. 이런 자가 속여 길 잃게 만드는 자
요, 적그리스도입니다.
8절 여러분은 자기 자신을 잘 살펴서, 우리가 일해 놓은 것을 망쳐 버리지 말고, 도리어 풍성
한 상을 받도록 하십시오.
9절 누구든 앞에 나서서 이끌면서 그리스도의 그 교훈 안에 거하지 않는 자는, 하나님을 갖
지 못한 것입니다. 그 가르침 안에 거하는 자, 바로 이런 자가 그 아버지와 아들을 가진
것입니다.
10절 만일 누가 여러분에게 와서 이런 가르침을 전달하지 않으면, 그를 집으로 받아들이지 말

것이며 그에게 문안의 말도 하지 마십시오.

11절 그에게 문안의 말을 하는 것은, 그의 악한 일들에 참여하여 사귀는 것이기 때문입니다.

12절 여러분에게 쓸 것이 많이 있습니다만, 종이와 잉크로 하기를 원치 않습니다. 도리어 바
라기는, 여러분과 함께 있으면서 입에서 입으로 말하고 싶습니다. 그리하여 우리의 기쁨
이 넘치게 되기를.

13절 당신에게 문안합니다. 택함받은 당신의 자매의 자녀들이.

요한삼서 저자 사역

1절 장로는 사랑하는 가이오, 곧 내가 진리 안에서 사랑하는 자에게 편지합니다.

2절 사랑하는 자여, 모든 일들에 관해서도 바른길을 잘 가며 강건하기를 기도합니다. 당신
자신이 바른길을 잘 가는 것과 같이.

3절 내가 크게 기뻐하는 것은, 형제들이 당신이 진리로 행함을 증거하기 때문인데, 이와 같
이 당신이 진리 안에서 걸어가기 때문입니다.

4절 이보다 더 내가 기쁠 수 없는 것은, 나의 자녀들이 진리 안에서 걸어간다는 것을 듣는 일
입니다.

5절 사랑하는 자여, 당신은 어느 때나 그 형제들에게 그리고 이러한 낯선 이들에게 신실하게
행하고 있습니다.

6절 그들이 증거하기를 당신이 교회 앞에서 사랑으로 행한다고 하니, 당신이 그들을 선하게
환송하는 것은 하나님 앞에서 합당한 일입니다.

7절 왜냐하면 저들이 그의 이름을 위하여 나아가서 이방인들로부터 아무것도 받지 않기 때
문입니다.

8절 그러므로 우리는 이와 같은 자들을 후원하는 것이 마땅하며, 이로써 우리가 진리 안에서
함께 수고하는 자가 될 것이기 때문입니다.

9절 내가 교회에 몇 자 써서 보냈습니다만, 그들 가운데 으뜸 되기를 좋아하는 디오드레베는

우리를 영접하지 않으려 합니다.

10절 이 때문에, 만일 내가 가면 그가 악한 말로 우리를 조롱한 그 행위를 잊지 않을 것입니다. 그는 이것도 모자라, 자신이 형제들을 영접하지 않을 뿐 아니라, 그렇게 하고자 하는 이들도 못하게 막고, 교회로부터 내쫓았습니다.

11절 사랑하는 자여, 당신은 악한 것을 본받지 말고 선한 것을 본받으십시오. 선을 행하는 자는 하나님께로서 난 것입니다. 악을 행하는 자는 하나님을 뵈옵지 못한 것입니다.

12절 데메드리오는 모든 이들에게와 진리 자체의 증거를 받았습니다. 또한 우리도 증거하는 바, 당신도 우리의 증거가 참되다는 것을 알고 있습니다.

13절 내가 당신에게 쓸 것이 많지만, 잉크와 펜으로 당신에게 쓰기를 원치 않습니다.

14절 그 대신, 나는 곧 당신을 보고, 입에서 입으로 말하기를 원합니다.

15절 친구들이 당신에게 평안의 안부를 전합니다. 당신도 그 친구들에게 이름을 따라 문안해 주기를 부탁합니다.

유다서 저자 사역

1절 유다, 예수 그리스도의 종이요 야고보의 형제는, 하나님 아버지 안에서 사랑을 입은 자들이요, 예수 그리스도로 말미암아 지키심을 입은, 부르심받은 자들인 여러분에게,

2절 긍휼과 평강 그리고 사랑이 넘치기를 기원합니다.

3절 사랑하는 여러분, 우리가 함께 참여한 구원에 대해 온갖 열심을 다해 여러분에게 쓰려고 했으나, 여러분을 격려하기 위해 써야 할 필요가 생긴 것은, 성도에게 단번에 주신 믿음을 위해 힘써 싸워야 한다는 것입니다.

4절 왜냐하면 어떤 사람들이 몰래 들어왔는데, 이들은 옛적에 이에 관한 심판이 미리 기록된 불경건한 자들로서, 우리 하나님의 은혜를 방탕거리로 뒤바꾸고, 하나뿐인 주인이시요 우리 주(主)이신 예수 그리스도를 부인하는 자들입니다.

5절 내가 여러분으로 하여금 생각나게 하려는 것은, 여러분이 모든 것을 알고 있는 대로, 주

께서 그 백성을 애굽에서 단번에 구원해 내시고, 그다음에 믿지 않은 자들을 멸망시키셨
다는 것입니다.
6절 또한 천사들 곧 자신의 원래 지위를 지키지 않고 도리어 그들 자신의 처소를 내팽개친
자들을, 큰 심판의 날까지 흑암 아래서 영원히 결박하여 지켜 오고 계신 것입니다.
7절 소돔과 고모라처럼 그리고 그 주변에 있던 도시들 역시, 그 동일한 방식으로 그와 같이
행음하며 다른 육체를 좇아갔기 때문에, 영원한 불의 형벌을 받았다는 표본이 여러분 앞
에 놓여 있습니다.
8절 그런데도 불구하고 이와 같이, 이자들은 꿈에서 뭔가를 본다고 하면서 한쪽으로는 육체
를 더럽히고 다른 쪽에서는 주의 권위를 개의치 않으며 영광의 존재들을 모독하고 있습
니다.
9절 하지만 천사장 미가엘조차, 마귀와 논박하며 모세의 육신에 관해 변론할 때 감히 모독하
는 판결을 선고하지 않고, 다만 '주께서 너를 꾸짖기를 원한다'고 말했습니다.
10절 이자들은 하지만, 알지도 못하는 대상들을 마구 모독하며, 생각 없는 짐승처럼 본성에
따라 느껴지는 대로 그렇게 함으로써 썩어져 갑니다.
11절 화(禍)가 이들 자신에게 임할 것은, 이들이 가인의 길로 달려간 것이며, 발람의 뇌물의 속
아 길을 벗어난 것이고, 고라의 대적하는 말들로 멸망한 것입니다.
12절 이들은 겁도 없이 여러분의 사랑의 식탁에서 함께 먹고 마시는 오점(汚點)들이요, 자기 자
신만 먹이는 목자들이요, 바람에 이리저리 휩쓸려 다니는 비 없는 구름이고, 추수 끝에
열매 없는 나무들로 뿌리째 뽑혀 또다시 죽음을 맞이하는 자들이며,
13절 자기의 수치를 거품처럼 뿜어내는 바다의 길들여지지 않는 파도이지, 거짓되어 길을 이
탈한 별들로서 캄캄한 흑암만이 그들을 영원토록 지키고 있습니다.
14절 이런 자들을 향해, 아담의 칠 대손인 에녹이 말하여 예언했습니다. '보라, 주께서 그의 수
천만의 거룩한 자들과 함께 오셨나니,
15절 이는 모든 자들에 대해 심판을 행하려 하심이요, 모든 영혼들을 심문하여, 그들의 경건
치 않게 행한 경건치 않은 모든 것들에 관하여, 그리고 죄인들이 그분께 대하여 경건치

않게 말한 모든 심한 것들에 대하여 그 수치를 드러내시리라.'

16절 이들은 그 자신의 정욕을 따라 살면서, (주께 대하여) 불평을 늘어놓으며 못마땅하여 수군
거리는 자들이요, 그 입은 잔뜩 부풀린 허풍을 말하고, 얼굴은 이득을 위하여 놀라는 표
정을 짓는 자들입니다.

17절 그러나 여러분, 사랑하는 자들이여, 기억하십시오. 우리 주 예수 그리스도의 사도들에 의
해 미리 언급된 말씀들을.

18절 그들이 여러분에게 말하기를, 시간의 끝에 자신들의 불경건한 정욕을 좇아 살며 조롱하
는 자들이 올 것이라 했습니다.

19절 이자들은 분리되어 떨어져 나가는 자들이요, 육적인 자들이며, 성령은 없는 자들입니다.

20절 그러나 사랑하는 자들이여, 여러분은 자신을 여러분의 지극히 거룩한 믿음 위에 세워 감
으로써, 성령 안에서 기도함으로써,

21절 여러분 자신을 하나님의 사랑 안에서 지켜 내십시오. 영원한 생명에 이르도록 우리 주
예수 그리스도의 긍휼을 바라고 기다리면서.

22절 그리고 스스로 판단받는 어떤 자들을 불쌍히 여기십시오.

23절 또한 어떤 자들은 불에서 끌어내어 건져 내고, 또 어떤 자들은 그 육체로 인해 더럽혀진
옷을 미워하면서, 두려움 가운데 불쌍히 여기십시오.

24절 걸려 넘어짐이 없도록 여러분을 지키실 능력, 그의 영광의 임재 가운데 다함없는 기쁨으
로 여러분을 흠 없이 세우실 능력을 행하시는 분께,

25절 홀로 한 분이신 우리 구세주 하나님께, 우리 주 예수 그리스도로 말미암아, 영광과 위엄
과 힘과 권세가, 이 세상의 모든 것 이전부터, 그리고 지금도, 그리고 장차 오는 세상들
에 이르기까지 있을지어다. 아멘.

기초 참고 문헌

A. 요한이서, 요한삼서

김동수. 『요한신학 렌즈로 본 요한서신』. 서울: 한국성서학연구소, 2009.

장동수. 『요한서신』. 서울: 한국성서학연구소, 2015.

______. "신약성경의 정경 순서가 신약전서의 이해에 미치는 영향." 『복음과 실천』 63 (2019): 59-83.

조병수. "선교교회와 지역교회의 갈등." 『신학정론』 15/2 (1997): 454-488.

채영삼. "마음에 심긴 도를 온유함으로 받으라: 야고보서 1:21b의 신학적 중심성." 『신약연구』 9/3 (2010): 465-515.

______. 『긍휼의 목자 예수: 마태복음의 이해』. 고양: 이레서원, 2011.

______. 『지붕 없는 교회: 야고보서의 이해』. 고양: 이레서원, 2012.

______. 『십자가와 선한 양심: 베드로전서의 이해』. 고양: 이레서원, 2014.

______. "공동서신에 나타난 구원과 선한 행실." 『신약연구』 15/3 (2016): 154-205.

______. 『공동서신의 신학: '세상 속의 교회', 그 위기와 해법』. 고양: 이레서원, 2017.

______. 『신적 성품과 거짓 가르침: 베드로후서의 이해』. 고양: 이레서원, 2017.

______. 『코이노니아 성경 해석 가이드북』. 고양: 이레서원, 2017.

______. "계시의존적 만남과 생명의 성경해석학을 위한 소고." 『말씀과 생명』 24/2 (2019): 149-181.

______. "요한일서 3:9의 '그의 씨'(σπέρμα αὐτου)의 의미, 공동서신의 전통 그리고 새 언약의 성취." 『신약연구』 19/3 (2020): 574-632.

______. "요한일서의 φανερ-용어 사용과 '나타남'의 신학적 의미." 『신약논단』 27/2 (2020): 499-546.

______. 『코이노니아와 코스모스: 요한일서의 이해』. 고양: 이레서원, 2021.

한의신. 『요한일,이,삼서』. 대한기독교서회 창립 100주년기념 성서주석 49. 서울: 대한기독교서회, 1993.

Augustinus. *In Epistolam Ioannis ad Parthos Tractatus*; 『요한 서신 강해』. 최익철 옮김. 이연학, 최원호 해제. 분도출판사, 2011.

Brown, R. E. *The Epistles of John*. AB 30. Garden City, Doubleday, 1982; 『요한 서신』. 홍인규, 홍승민 옮김. 서울: 기독교문서선교회, 2017.

Bruce, F. F. *The Epistles of John*. Grand Rapids: Eerdmans, 1970.

Griffith, Terry. *Keep Yourselves from Idols: A New Look at 1 John*. JSNTSup 233. Sheffield: Sheffield Academic Press, 2002.

Findlay, George G. *Studies in John's Epistles*. Grand Rapids: Kregel, 1989.

Haas, C. & M. de Jonge. *A Handbook on The Letters of John*. Broadway, UBS, 1972.

Jobes, Karen H. *1, 2 & 3 John*. Grand Rapids: Zondervan, 2014.

Klauck, Hans-Josef. *Der erste Johannesbrief*. EKK, Zürich: Benziger Verlag, 1991.

Kruse, Colin G. *The Letters of John*. Grand Rapids: Eerdmans, 2000.

Lamb, David A. *Text, Context and the Johannine Community: A Sociolinguistic Analysis of the Johannine Writings*. London: Bloomsbury, 2014.

Landrus, H. L. "Hearing 3 John 2 in the Voices of History." Journal of Pentacostal Theology 11 (2002): 70-88.

Loader, W. *The Johannine Epistle*. London: Epworth, 1992.

Lieu, Judith M. *I, II & III John*. IVP, rep. 2002.

Malatesta, E. *Interiority and Covenant: An Exegetical Study of ei=nai evn and me,nein in the First Letter of Saint John*. Rome: Pontifical Biblical Institute Press, 1978.

Marshall, H. *The Epistle of John*. NICNT. Grand Rapids: Eerdmans, 1987.

Olsson, Birger. *A Commentary on the Letters of John: An Intra-Jewish Approach*. Tr. R. J. Erickson. Eugene: Pickwick, 2013.

Osborne, Grant R. *Revelation*. BECNT. Baker Academic, 2002.

Parsenios, George L. *First, Second, and Third John*. Grand Rapids: Baker Academic, 2014.

Perkins, Pheme. *The Johannine Epistles*. Wilmington: Michael Glazier, 1979.

Price, Robert M. "The Sitz-im-Leben of Third John: A New Reconstruction." *EvQ* 61 (1989): 109-119.

______. "Koinonia in 1 John 1:3-7." *CBQ* 45 (1983): 631-641.

Schnabel, Eckhard J. *Early Christian Mission I: Jesus and the Twelve*. Downers

Grove: IVP, 2004.

Schnackenburg, R. *The Johannine Epistles*. Herder & Herder, 1992.

Smalley, S. S. *1, 2, 3, John*. Rev. WBC 51. Nashville: Nelson, 2007.

Strecker, G. *The Johannine Letters: A Commentary on 1, 2, and 3 John*. Tr. L. M. Maloney. Ed. H. W. Attridge. Hermenia. Minneapolis: Fortress, 1996.

Thomas, J. Christopher. *The Pentecostal Commentary on 1 John, 2 John, 3 John*. London: T&T Clark, 2004.

Thompson, Marianne M. *1-3 John*. Downers Grove, IL: IVP Press, 1992.

Yarbrough, R. W. *1-3 John*. BECN. Grand Rapids: Baker Academic, 2008.

B. 유다서

박창환, 김경희. 『베드로전후서, 유다서』. 대한기독교서회 성서주석 48. 서울: 대한기독교서회, 1996.

강대훈. "유다서의 우주론." 『신약연구』 12/4 (2013): 875-899.

송영목. "요한계시록에 나타난 천사의 역할." 『신약연구』 11/4 (2012): 961-988.

왕인성. "유다서, 베드로후서 대적자들의 비교 연구 및 메시지 고찰." 『부산장신논총』 13 (2013): 111-130.

정창교. "유다서의 거짓 교사와 저자의 신학적, 수사학적 대응 전략." 『신학과 문화』 22 (2013): 89-120.

최홍진. "유다서의 거짓 교사들은 누구인가?" 『신학이해』 43 (2012): 53-84.

______. "거짓 교사들을 어떻게 대할 것인가?" 『신학이해』 48 (2015): 261-291.

Arichea, Daniel C and Howard A. Hatton, *The Letter from Jude and The Second Letter from Peter*. UBS Handbook Series. United Bible Societies, 1993.

Bauckham, R. *Jude, 2 Peter*. WBC 50. 1983.

Charlesworth, James H. ed. *The Old Testament Pseudepigrapha: Apocalyptic Literature & Testaments, vol. 1*. The ABRL. New York: Doubleday, 1983.

Dennis, John. "Cosmology in the Petrine Literature and Jude." in *Cosmology and New Testament Theology*, 157-164. ed. J. T. Pennington and S. M. Mconnough, London: T&T Clark, 2008.

Desjardis, M. "The Portrayal of the Dissidents in 2 Peter and Jude: Does It Tell Us

More about the 'Godly' Than the 'Ungodly'?" *JSNT* 30 (1987): 89-102.

Fee, Gorden D. *Paul, the Spirit and the People of God*. Grand Rapids: Baker Academic, 1994; 『바울, 성령, 그리고 하나님의 백성』. 길성남 옮김. 좋은씨앗, 2022.

Green, Gene L. *Jude and 2 Peter*. Grand Rapids: Baker Academie, 2008.

Green, Michael. *The Second Epistle of Peter and the Epistle of Jude*. Grand Rapids: Eerdmans, 2007.

Hafemann, Scott, J. "Salvation in Jude 5 and the Argument of 2 Peter 1:3-11." in *The Catholic Epistles and Apostolic Tradition*, 331-342, eds. Karl-Wilhelm Niebuhr, Robert W. Wall. Waco, Texas: Baylor University Press, 2009.

Heiser, Michael S. *Unseen Realm: Recovering the Supernatural World-view of the Bible*. Lexham Press, 2015; 『보이지 않는 세계』. 손현선 옮김. 좋은씨앗, 2019.

______. *Supernatural: What the Bible teaches about the unseen world and why it matters*. Lexham press, 2015; 『성경의 초자연적 세계관: 성경이 증거하는 보이지 않는 세계』. 채정태 옮김. 좋은씨앗, 2020.

Keating, Daniel. *First and Second Peter, Jude*. Grand Rapids: Baker Academic, 2011.

Kelly, J. N. D. *A Commentary on the Epistle of Peter and of Jude*. London: A & C Black, 1969.

Kraftchick, J. Steven. *Jude, 2 Peter*. Abingdon New Testament Commentaries. Nashville: Abingdon Press, 2002.

Moo, Douglas. *2 Peter, Jude*. Grand Rapids: Zondervan, 1996.

Neyrey, Jerome H. *2 Peter, Jude*. AB 37C. New York: Doubleday, 1993.

Reed, Annette Yoshiko. *Fallen Angels and the History of Judaism and Christianity: The Reception of Enochic Literature*. Cambridge: Cambridge University Press, 2005.

Reese, Ruth Anne. *2 Peter and Jude*. The Two Horizons New Testament Commentary. Grand Rapids: Eerdmans, 2007.

Perkins, Pheme. *First and Second Peter, James and Jude*. Louisville: John Knox, 1995.

Richard, Earl J. Reading *1 Peter, Jude, and 2 Peter: A Literary and Theological*

Commentary. Macon, GA: Smyth & Helwys, 2000.

Schreiner, Thomas R. *1, 2 Peter, Jude*. New American Commentary 37, Nashville, TN: Broadman & Holman, 2003.

Skaggs, Rebecca. *The Pentecostal Commentary on 1 Peter, 2 Peter, Jude*. New York: T&T Clark International, 2004.

Webb, Robert L. "The Eschatology of the Epistle of Jude and Its Rhetorical and Social Functions." *BBR* 6 (1996): 139-151.

Wink, Walter. *Unmasking the Powers: the invisible forces that determine human existence*. Fortress Press, 1986; 『사탄의 가면을 벗겨라: 인간의 삶을 결정하는 보이지 않는 힘들』. 박만 옮김. 한국기독교연구소, 2004.

______. *Engaging Powers: Discernment and Resistance in a World of Domination*. Fortress Press, 1992; 『사탄의 체제와 예수의 비폭력』. 한성수 옮김. 한국기독교연구소, 2004.